Informatik-Fachberichte 309

Herausgeber: W. Brauer
im Auftrag der Gesellschaft für Informatik (GI)

H.-J. Kreowski (Hrsg.)

Informatik zwischen Wissenschaft und Gesellschaft

Zur Erinnerung an Reinhold Franck

Proceedings

Springer-Verlag
Berlin Heidelberg New York London Paris
Tokyo Hong Kong Barcelona Budapest

Herausgeber

Hans-Jörg Kreowski

Universität Bremen, Fachbereich Mathematik und Informatik

Bibliothekstraße, Postfach 330 440, W-2800 Bremen 33

CR Subject Classification (1991): K.4

ISBN-13: 978-3-540-55389-2 e-ISBN-13: 978-3-642-77449-2

DOI: 10.1007/978-3-642-77449-2

Satz: Reproduktionsfertige Vorlage vom Autor

Vorwort

Am 13. März 1990 ist Prof. Dr. Reinhold Franck bei einer Bergtour in den Alpen im Alter von 43 Jahren tödlich verunglückt. Um seiner zu gedenken, veranstaltete der Studiengang Informatik der Universität Bremen im Juni 1990 ein ganztägiges Kolloquium mit dem Thema *Informatik zwischen Wissenschaft und Gesellschaft*, in dem Fachkolleginnen und -kollegen aus dem ganzen Bundesgebiet mit wissenschaftlichen Vorträgen Abschied von ihm nahmen. In diesem Zusammenhang ist auch die Idee entstanden, einen Sammelband mit den schriftlichen Ausarbeitungen dieser Vorträge, ergänzt um weitere Beiträge, herauszugeben.

Reinhold Franck begann nach einem Mathematik-Studium seine wissenschaftliche Laufbahn als Wissenschaftlicher Assistent an der Technischen Universität Berlin. Während dieser Zeit (1973 bis 1977) hatte er maßgeblichen Anteil am Aufbau des Fachbereichs Informatik. Insbesondere sein mit Ernst Denert gemeinsam verfaßtes Lehrbuch *Datenstrukturen* belegt das eindrucksvoll. In Berlin promovierte und habilitierte er auch mit der Entwicklung und Untersuchung eines Syntaxanalyseverfahrens für eine mehrdimensionale Programmiersprache (PLAN2D). Von 1977 bis 1983 arbeitete er in einem führenden Münchener Softwarehaus in der Softwareproduktion und -beratung. 1983 wurde er zum Professor an die Universität Bremen berufen und hat dort die Gebiete Softwaretechnik und Rechnernetze vertreten. In wenigen Jahren baute er eine für Bremer Verhältnisse große Arbeitsgruppe auf und leitete mehrere Drittmittelprojekte der Deutschen Forschungsgemeinschaft und der Europäischen Gemeinschaft. 1986 erschien sein Buch *Rechnernetze und Datenkommunikation*, in das insbesondere auch seine industriepraktischen Erfahrungen einflossen und das mit gutem Recht ein Standardwerk auf dem Gebiet genannt werden kann. Die wissenschaftliche Arbeit von Reinhold Franck wird im ersten Beitrag dieses Bandes von seinen wissenschaftlichen Mitarbeiterinnen und Mitarbeitern ausführlich gewürdigt.

Aber Reinhold Franck war nicht nur ein anerkannter Fachmann im Bereich der Softwaretechnik, was auch durch seine Tätigkeit als Vorsitzender der GI-Fachgruppe *Software-Engineering* zum Ausdruck kommt, sondern fühlte sich immer auch für die gesellschaftlichen Auswirkungen der Informatik verantwortlich.

Insbesondere setzte er sich kritisch mit der militärischen Nutzung von Informationstechnik auseinander. Sein Engagement beschränkte sich nicht auf Worte allein, sondern als Vorsitzender des *Forums InformatikerInnen für Frieden und gesellschaftliche Verantwortung* hat er sich auch tatkräftig um Technikentwicklung zum Nutzen der menschlichen Gesellschaft bemüht.

Da Reinhold Franck wie kaum ein zweiter Wissenschaftler einen Namen sowohl in der Softwaretechnik als auch auf dem Gebiet Informatik und Gesellschaft hatte, sind in diesem Sammelband auch Beiträge aus beiden Bereichen zusammengekommen. Die Arbeiten von Belli und Schmidt, Ehrig und Löwe, Grimm, Kreowski, Löhr, Matthiessen, Müllerburg, Nagl, Riedemann, Spitta und Winkler spannen im ersten Teil dieses Bandes einen weiten softwaretechnischen Bogen vom systematischen Softwaretest über logische und nichtsequentielle Spezifikation und Programmierung bis hin zur Software-Architektur. Dem gegenüber stehen im zweiten Teil die Texte von Bernhardt, Genrich und Ruhmann, Coy, Domke, Hesse, Höller, Klein und Kubicek, Klischewski und Rolf sowie Schnepel, die sich mit sozialen Aspekten von Bürokommunikation, Vernetzung und kartengesteuertem Zahlungsverkehr, mit wissenschaftstheoretischen Fragen der Computertechnik und der Künstlichen Intelligenz sowie mit der Verantwortung der Informatikerinnen und Informatiker auseinandersetzen. Der Reiz des Sammelbandes besteht also gerade in der Konfrontation von Beiträgen aus den Bereichen Softwaretechnik sowie Informatik und Gesellschaft. Darüber hinaus kommen die Autorinnen und Autoren nicht nur aus Hochschulen und wissenschaftlichen Forschungseinrichtungen, sondern auch aus der Industrie. Ich hoffe deshalb, daß der Band zu einer Fundgrube im Spannungsfeld zwischen aktuellen softwaretechnischen Entwicklungen und ihren gesellschaftlichen Auswirkungen werden kann. Die Beiträge sind – abgesehen vom ersten Beitrag – innerhalb der beiden Teile alphabetisch nach Autorinnen und Autoren geordnet.

Abschließend möchte ich allen danken, die am Zustandekommen dieses Bandes beteiligt waren, insbesondere Frank Drewes, Annegret Habel, Karin Limberg und Detlef Plump für ihre Hilfe beim Zusammenstellen des Bandes und dem Herausgeber der Reihe, daß er den Band dort aufgenommen hat, obwohl es sich nicht um einen üblichen Tagungsband handelt.

Bremen, Januar 1992

Hans-Jörg Kreowski

Inhaltsverzeichnis

Teil 1: Themenbereich Softwaretechnik

Teil 2: Themenbereich Informatik und Gesellschaft

DIE WISSENSCHAFTLICHEN ARBEITEN VON REINHOLD FRANCK

Björn Brünjes, Jens Herrmann, Jutta Hindersmann, Joachim Müller, Ingrid Nikschat-Tillwick, Andreas Spillner, Karin Vosseberg

Die wissenschaftlichen Arbeiten von Reinhold Franck decken eine breite Spanne in der praktischen Informatik ab. In drei Bereichen hat er sich besonders engagiert: Rechnernetze, Verteilte Systeme und Softwaretechnik. Dies spiegelt sich auch in der Zusammensetzung seiner Arbeitsgruppe wider. Die einzelnen Schwerpunkte seiner Arbeit und die von ihm geleiteten Projekte werden im folgenden kurz beschrieben.

1 Das Kampusnetz der Universität Bremen[1]

Die Dezentralisierung von Rechenleistung ist derzeit und wird auch zukünftig als ein prägendes Entwicklungsmoment in der Datenverarbeitung anzusehen sein. Parallel zu dieser Entwicklung existiert ein steigender Kommunikationsbedarf der dezentral und isoliert stehenden Rechner zu anderen Systemen. In Anbetracht dieser Situation wächst die Bedeutung der Rechnernetze.

An der Universität Bremen wird sich seit einiger Zeit mit dem Aufbau eines lokalen Datenübertragungsnetzes beschäftigt, das einen leistungsfähigen und flexiblen Zugang zu zentralen Diensten kampusweit bereitstellen soll. Im folgenden wird ein Einblick über die Anforderungen an eine universitäre Vernetzung und den bisherigen Planungs- und Realisierungsstand gegeben.

1.1 Anforderungen an ein kampusweites Datenübertragungsnetz

Die Anforderungsspezifikation gegenüber einem universitären Datenkommunikationsnetz unterliegt den allgemeingültigen Zielen wie sie bei Rechnernetzen existieren. Dies sind beispielsweise eine

- größere Auslastung von Ressourcen durch die gemeinsame Nutzung (resource sharing),.
- hohe Verfügbarkeit von Rechenleistungen, aufgrund von vorhandenen Rechneralternativen,
- umfangreiche Flexibilität aufgrund des Zugangs zu anderen Rechnersystemen und somit die Nutzung von anderen Anwendungen,
- höhere Performance bei dem Daten- bzw. Kommunikationsaustausch,
- etc.(ergänzend dazu [Tannenbaum 89]).

Es ist bei dem zu realisierendem Kampusnetz von einem Nutzungszeitraum von mindestens 10 Jahren auszugehen. Es gilt daher, ein zukunftsorientiertes Netzkonzept zu konzipieren, das

---

[1] Björn Brünjes

offen hinsichtlich der Netztopologie, des Zugangsverfahrens, der Datenübertragungsrate, der Kommunikationsprotokolle und der anzuschließenden Rechnersysteme ist.

Eine weitere Anforderung besteht darin, daß ein zukunftsorientiertes Universitätsnetz keine Annahmen über Anzahl und Lage der wichtigsten Erzeuger und Verbraucher von Daten machen sollte. Ein solches Netz muß als ein neutrales Übertragungssystem Kommunikationsmöglichkeiten für beliebig anschließbare Datenquellen und -senken bieten. Ob daran nur ein sehr leistungsfähiger, wenige etwas kleinere *number-cruncher* (Zahlenknacker) oder viele dezentrale Bereichsrechner angeschlossen werden, darf die heutige Netzplanung nicht beeinflussen. Alle diese und möglicherweise noch andere Entwicklungsperspektiven für die EDV-Versorgung der Universität sind vorstellbar und müssen offengehalten werden [Franck 88]. In der aktuellen Planung wird davon ausgegangen, daß in allen Gebäuden der Universität Datenübertragungsmöglichkeiten zukünftig angeboten werden müssen.

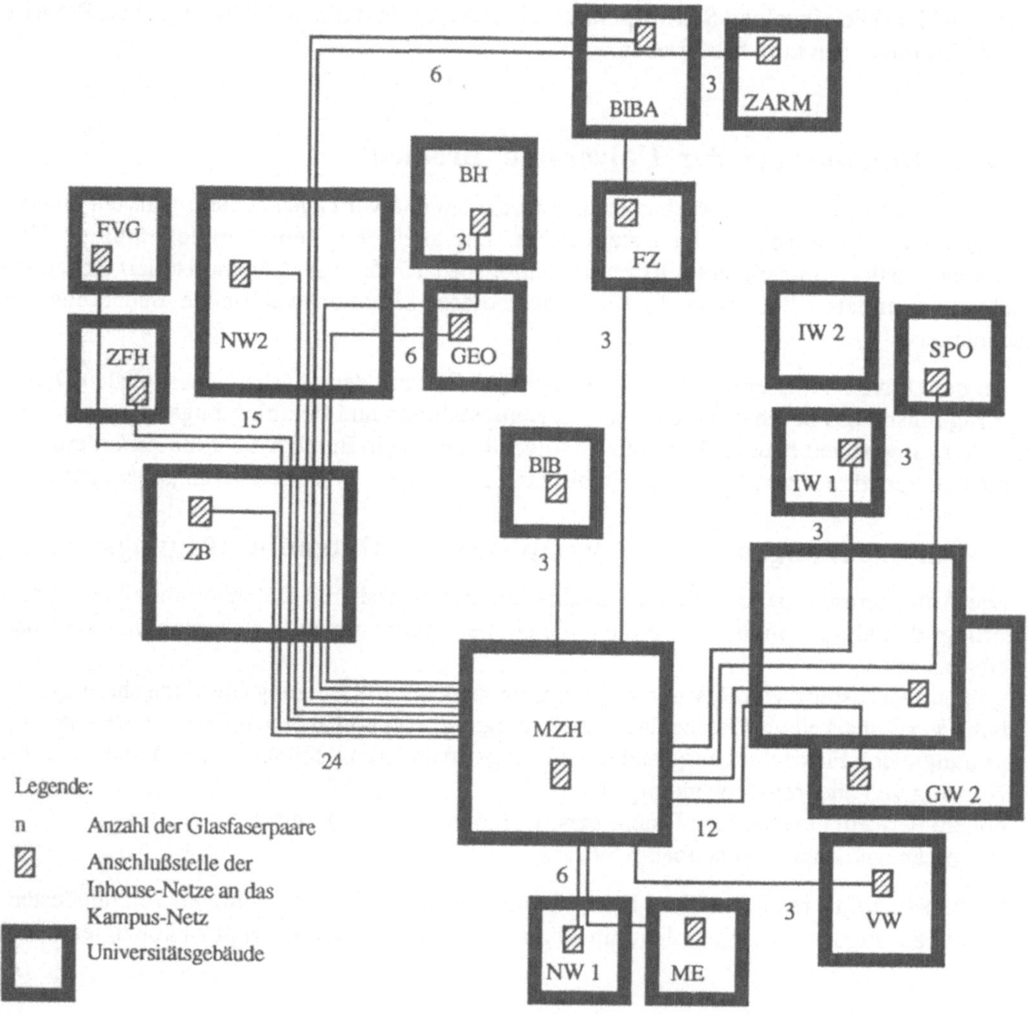

Abb. 1.1: LWL-Infrastruktur auf dem Kampus der Universität Bremen

1.2 Netzarchitektur auf dem Kampus

Auf dem Universitätsgelände werden zur Zeit LWL-Kabel (Lichtwellenleiter) als Übertragungsmedium zur Anbindung der Universitätsgebäude verlegt. Hinsichtlich der obigen Anforderungen an ein zukunftsorientiertes Transport- und Kommunikationssystem scheiden die klassischen Übertragungsmedien (Koaxialkabel, 4-Draht-Kupferleitungen) aus. Des weiteren hat sich der Kostenunterschied zwischen der Koaxial- und der Glasfaser-Technologie in den letzen Jahren enorm verringert. Die LWL-Netztopologie auf dem Universitätsgelände wird im weiteren als Kampus*backbone* bezeichnet.

Die Infrastruktur im Kampus*backbone* unterliegt hinsichtlich der Verkabelung einer Redundanz. Jedes Gebäude ist mittels eines 6-fasrigen LWL-Kabels mit dem MZH-Gebäude verbunden (siehe Abb. 1.1). Für die bisherigen lokalen Netzrealisierungen (Ethernet oder Token-Ring) reichen 2 Fasern zur Datenkommunikation aus. Sollte eine zusätzliche Ausfallsicherheit oder eine andere bzw. zusätzliche LAN-Technik (Local Area Network) zum Einsatz kommen, so finden die restlichen LWL-Fasern Verwendung.

Die quasi sternförmige Verkabelung ermöglicht zum einen, daß in dem in der Mitte gelegenen MZH-Gebäude aufgrund der dortigen Verknüpfungsmöglichkeit verschiedene Netztopologien (Stern, Bus oder Ring) physikalisch realisierbar bleiben. Zum anderen verursacht dieses Konzept aufgrund der vorhandenen Kabeltrassen die geringsten Kosten.

Die Kabel enden jeweils in den Fernmeldebetriebsräumen der einzelnen Gebäude. Von hieraus wird bei Bedarf der Anschluß ans *inhouse*-Netz (lokales Rechnernetz bezogen auf ein Gebäude) realisiert. Die Auswahl der zur Anbindung notwendigen Netzkomponenten ist abhängig von der vorhandenen Netzarchitektur.

1.3 Pilotinstallation

Seit September 1990 gibt es eine erste Pilotinstallation. An diesem Testbetrieb nehmen teil
- die Informatik und Mathematik (FB 3),
- das Rechenzentrum,
- das PC-Labor und
- und die Elektrotechnik (FB 1).

Es existiert eine Lichtwellenleiterverbindung zwischen dem MZH- und dem NW 1-Gebäude, an das die beiden vorhandenen Inhouse-Netze angeschlossen sind. Bei dieser Installation handelt es sich um eine reine Ethernet-Lösung (CSMA/CD - Zugangsverfahren, 10 MBit/s Übertragungsrate). Dieses liegt begründet in der Tatsache, daß an der Universität Bremen ein überwiegender Einsatz dieses Netztypes vorherrscht. Außerdem tragen fallende Komponentenpreise und das Angebot von weiteren standard-kompatiblen Systemvarianten mit erhöhter Funktionalität dazu bei, daß Ethernet-LANs weiterhin der am häufigsten installierte Typ eines lokalen Netzes in der Datenverarbeitung ist.

In Abb. 1.2 ist das derzeitige Netzkonzept dargestellt. Im folgenden wird auf die einzelnen Netzkomponenten näher eingegangen.

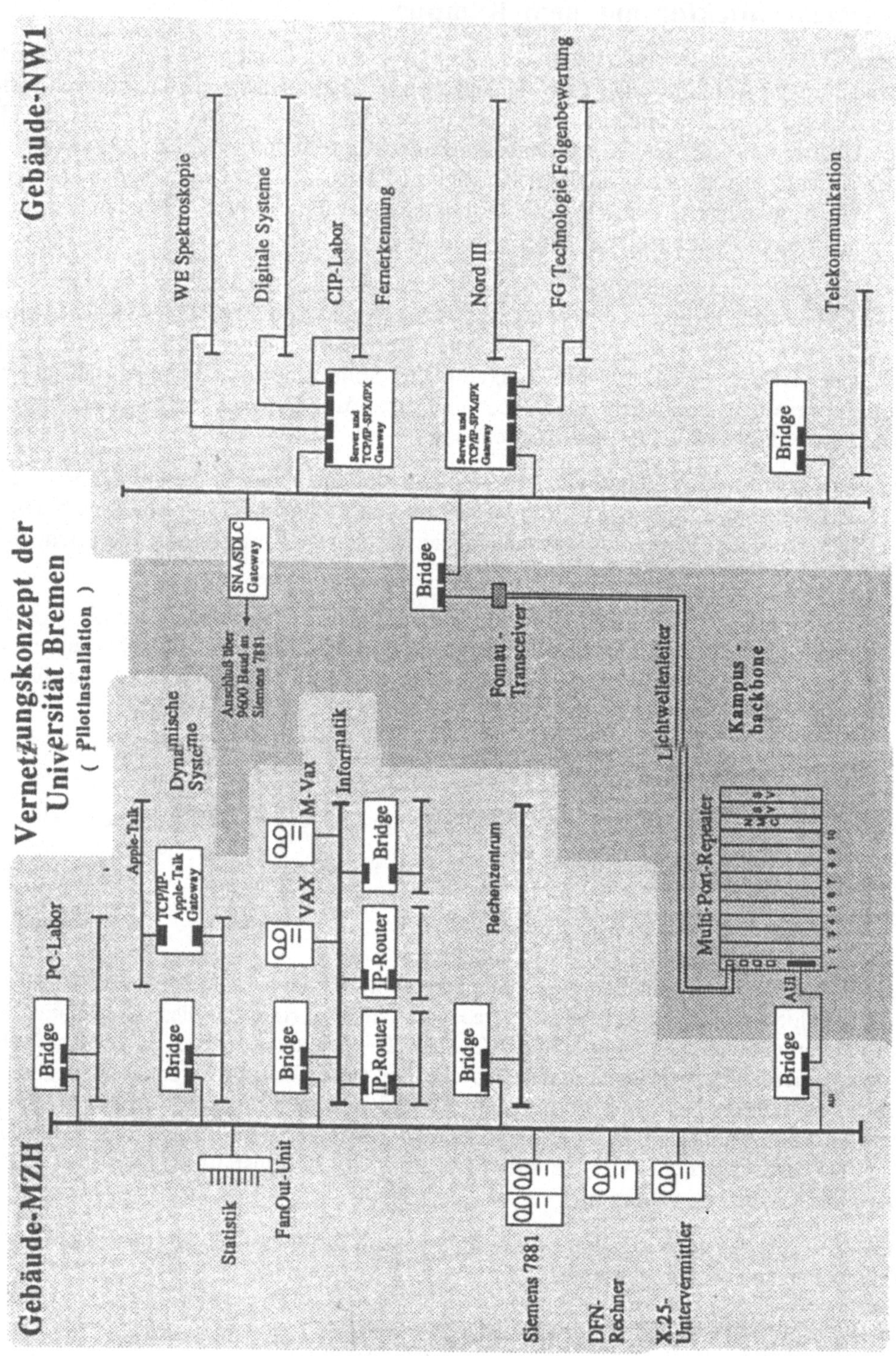

Abb. 1.2: Netzarchitektur in der Pilotphase

Der *FOMAU-Tranceiver* im Kampus*backbone* dient als elektro-optischer bzw. opto-elektrischer Wandler der Übertragungssignale. Der im Kampus-backbone verwendete *Multiport-Repeater* regeneriert das auf einem Segment ankommende Signal auf allen anderen angeschlossenen Segmenten. Die angeschlossenen Übertragungmedien können von unterschiedlicher Art sein (Thin/thick-Koaxialkabel, verdrillte ab- oder ungeschirmte 4-Draht Kupferkabel oder LWL-Kabel). Es besteht die Möglichkeit, im Fehlerfalle betroffende Netzsegmente automatisch abzuschalten.

Eine *Bridge* (Brückenrechner) koppelt im allgemeinen Netze auf der OSI-Ebene 2 (Datensicherungsschicht, LLC-layer link control), die darunterliegenden Protokolle können unterschiedlich sein. In dem vorliegenden Netzwerk werden lediglich Ethernetsegmente miteinander verbunden, somit ist eine Protokollumsetzung auf dieser Ebene nicht notwendig. Aus diesem Grund werden sogenannte *MAC-level-bridges* eingesetzt, die lediglich eine Strukturierung bzw. Segmentierung in diesem Netzwerk durchführen. Die Brückenrechner sind in der Lage, Adreßinformationen der Ebene-2 zu erkennen und zu interpretieren. Die Adreßinformation wird ausgewertet, um zu erkennen, ob der Datenverkehr innerhalb des Netzes verbleibt oder in das andere Netzsegment kopiert wird. Durch eine derartige Segmentierung

- wird eine Erhöhung der Kapazität im Gesamtnetz erreicht,
- hat eine Störung im Netz nur noch lokale Auswirkungen,
- wird eine größere physikalische Ausdehnung des Gesamtnetzes erzielt,
- wird eine Erhöhung der Anzahl der möglichen LAN-Teilnehmer erreicht.

Die Brückenrechner besitzen einen \`Selbstlern-Modus´, d.h. sie beobachten den Datenverkehr auf den Teilnetzen, werten die Absenderadressen (MAC-Level- oder Ethernetadressen) von den angeschlossenen Rechnern aus und lernen so, in welchen Netzteilen sich die entsprechenden Endsysteme befinden.

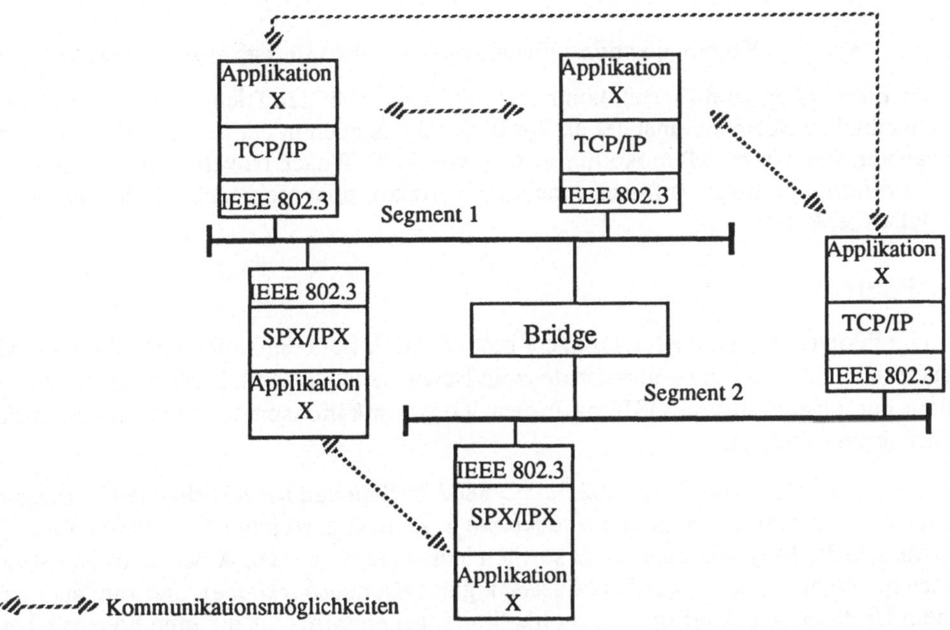

Abb. 1.3: Kommunikationsmöglichkeiten bei dem Einsatz einer Bridge

Die Brückenrechner sind transparent bezüglich aller Protokolle, die sich oberhalb der Ebene 2 des ISO-Referenzmodells befinden. Es ist für den Brückenrechner nicht von Bedeutung, welches Kommunikationsprotokoll bei einer Verbindung zwischen 2 Rechnern (hosts) benutzt wird. Wichtig bei der Datenkommunikation im Zusammenhang mit den Brückenrechnern ist, daß beide Teilnehmer das gleiche Kommunikationsprotokoll verwenden (siehe Abb. 1.3).

Soll eine Kommunikation zwischen zwei Teilnehmern zustande kommen, die unterschiedliche Kommunikationsprotokolle verwenden wie z.B. in Abb. 1.3 (TCP/IP, Novell-SPX/IPX), so gibt es zwei Möglichkeiten:

1) Einer der beiden Teilnehmer wechselt das Kommunikationsprotokoll oder
2) eine Protokollumsetzung wird bei der Netzkopplungskomponente vorgenommen (siehe Abb. 1.4)

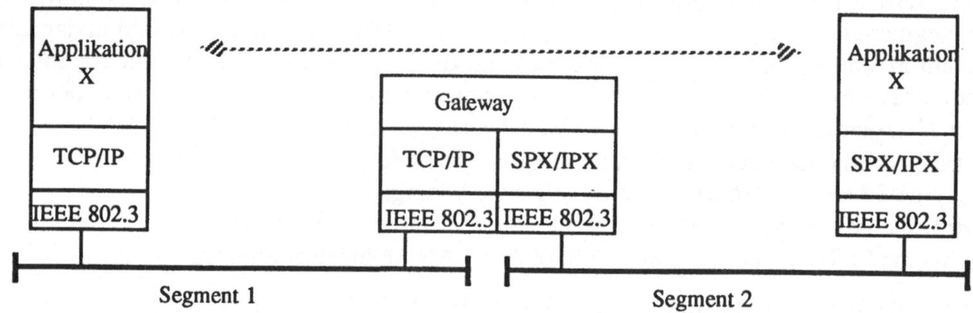

Kommunikationsmöglichkeiten

Abb. 1.4: Kommunikationsmöglichkeiten bei dem Einsatz eines Gateways

Die in diesem Fall zum Einsatz kommenden *Gateways* bilden Dienste oder Protokolle der unterschiedlichen Netze aufeinander ab. Im Beispiel wie auch in der Pilotinstallation liegt ein Gateway vor, welches eine Protokollumsetzung von TCP/IP nach Novell-*NetBIOS* und umgekehrt vornimmt (weitere Informationen zu Netzkomponenten siehe [Chylla/Hegering 88],[Müller/Zenk 89]).

1.4 Fazit

Das im Pilotnetz realisierte Netzkonzept bestimmt den weiteren Aufbau des Kampusnetzes. Die bisher eingehaltene Protokolltransparenz im Netzwerk ist von entscheidener Bedeutung hinsichtlich der Migration von OSI-konformen Kommunikationsprotokollen und wird daher zukünftig weiter verfolgt.

Ob die aus dem Ethernet(IEEE 802.3, ISO 8802.3)-Standard hervorgehende Übertragungskapazität von 10 Mbits/s im Kampus*backbone* zukünftig ausreichend ist, hängt zum einen davon ab, wie die Möglichkeiten eines solchen Netzwerkes von den Anwendern und Anwenderinnen quantitativ genutzt werden (Auslastung des Kampus*backbone*), und zum anderen, in welchem Umfang es zukünftig Netzapplikationen geben wird, für die eine höhere Übertragungsrate tatsächlich notwendig ist.

Die technische Integration eines Netzes mit einer höheren Übertragungsrate (z.B. *Fibre Distributed Data Interface* - FDDI, 100 Mbits/s) in das Gesamtkonzept ist unproblematisch. Ob und in welchem Umfang ein solches HLAN (*high speed loacal area network*) an der Universität Bremen entstehen wird, ist derzeit Diskussionspunkt.

Weitere wichtige Themen, die im Zusammenhang mit der uniweiten Vernetzung diskutiert werden müssen, betreffen den Datenschutz und die Datensicherheit als auch das Netzwerkmanagement eines solchen heterogenen Netzes (technisch und organisatorisch).

1.5 Literatur

[Chylla/Hegering 88] P. Chylla, H.G. Hegering: *Ethernet-LANs, Planung Realisierung und Netz-Management*, DataCom, 1988

[Franck 88] R. Franck: *Bausteine einer mittelfristigen Planung der Informations- und Kommunikations-Infrastruktur für die Universtät Bremen.* Forschungsericht des Studiengangs Informatik an der Universität Bremen, No 1/88, 1988

[Müller/Zenk 89] R. Müller, A. Zenk: *Die neuen Wege lokaler Netze.* Chip-Special, 1989

[Tanenbaum 89] A.S. Tannenbaum: *Computer Networks.* Prentice-Hall International, Inc., 2nd edition, 1989

2 Eine Plattform für Verteiltes Rechnen in heterogenen Umgebungen[2]

2.1 Von vernetzten Rechnern zu verteilten Rechensystemen

Lokale Rechnernetze bilden heute vielfach die Basis der informationstechnischen Infrastruktur von Organisationen. Vernetzte Rechner ersetzen zum einen den lange Zeit vorherrschenden zentralen Großrechner, zum andern aber auch die überwiegend isoliert eingesetzten "persönlichen" Computer einzelner Mitarbeiterinnen und Mitarbeiter. Mit zunehmender Dezentralisierung und Spezialisierung von Datenverarbeitungseinrichtungen steigt die Bedeutung der (Daten-) Kommunikationstechnik; räumliche Verteilung von Verarbeitungseinheiten sowie Heterogenität von Netzkomponenten, Rechner-Hardware und Betriebssystemen erfordern eine wirkungsvolle Kommunikationsunterstützung, die Benutzern wie auch Anwendungsprogrammiererinnen den Eindruck eines kohärenten Gesamtsystems vermittelt.

Netzdienste

Üblicherweise bieten Betriebssysteme in einem Rechnernetz neben den lokalen Systemdiensten explizite *Netzdienste* für die Kommunikation zwischen autonomen Systemen an. Gebräuchlich sind zum Beispiel Netzbefehle zur *Fernbenutzung (remote login)*, zur *Dateiübertragung (file transfer)* und für *Elektronische Post.* Diese Dienstprogramme basieren ihrerseits wieder auf elementaren Datenübertragungsdiensten.

Internationale Standardisierungsbemühungen haben zu weithin akzeptierten Konventionen für die Datenkomunikation zwischen Rechnern verschiedener Hersteller geführt. Netzdienste, die diese Normen oder de-facto-Standards berücksichtigen, ermöglichen heute auch in heterogenen Netzen einen komfortablen Datenaustausch (Stichwort: *Offene Systeme*, OSI).

---

[2] Joachim Müller

Netzbetrieb oder verteilter Betrieb

Was aus Sicht von Personal-Computer-Benutzern schon als Fortschritt gegenüber dem isolierten Betrieb angesehen werden mag, ist für Benutzer (hier und im folgenden eingeschlossen Softwareentwickler), die von voll ausgestatteten, zentralen Universalrechnern auf lokale Rechnernetze umsteigen, noch sehr unbefriedigend. Die drastisch gestiegene, exklusive Verfügbarkeit von Rechenleistung am Arbeitsplatz bedeutet nämlich längst nicht alles; sie ermöglicht zwar sehr komfortable Benutzungsschnittstellen (grafische Oberfläche, Fenstertechnik, Maus), doch für viele Anwendungen ist der Zugriff auf gemeinsame Daten oder zentral installierte, teure Spezialperipherie mindestens ebenso wichtig. Verteilung und Heterogenität der Systeme sind aber bei den angesprochenen netzorientierten Kommunikationsdiensten auf der Benutzungsebene wie auf der Programmebene voll sichtbar.

Netzbetriebssysteme und *verteilte Betriebssysteme* [Tanenbaum/van Renesse 85] gehen da einen Schritt weiter; sie erbringen gewisse traditionelle Betriebssystemdienste netzweit, ohne daß der Benutzer erfährt, ob außer seinem Arbeitsplatzrechner noch weitere Rechner an der Ausführung eines Befehls oder Systemaufrufs beteiligt sind. Man spricht hier von *netztransparenten* Diensten, da die zu ihrer Ausführung gegebenenfalls notwendige Kommunikation über das Netz vollständig hinter den Kulissen abläuft.

Verteilte Betriebssysteme sind von vornherein für den Betrieb verteilter Hardware konzipiert; Netzbetriebssysteme hingegen setzen auf den ursprünglichen Betriebssystemen auf und vermitteln die Abstraktion eines zusammenhängenden netzweiten Rechensystems durch geeignetes Umlenken von Systemaufrufen (die "Newcastle Connection" beispielsweise vereinigt so vernetzte Unix-Systeme zu einem "Unix United"-System [Brownbridge et al. 82]).

Zentrales Ziel des verteilten oder Netz-Betriebs ist zumeist ein *verteiltes Dateisystem* [Levi/Silberschatz 90]. Mehrere Hersteller bieten heute vernetzte *Workstation/Server*-Systeme an, die durch Netzbetrieb die Vorteile des Personal Computers – dezentrale, garantierte Rechenleistung – mit den Vorteilen eines zentralen Teilnehmersystems – gemeinsame Dateien, Programme und Betriebsmittel – kombinieren.

Verteiltes Rechnen

Was durchweg fehlt, ist die Möglichkeit, ein *Anwendungsprogramm* über verschiedene Rechner hinweg verteilt ablaufen zu lassen, sei es, um (vgl. [Bal et al. 89])

(a) eine parallele – und damit beschleunigte – Ausführung von Programmteilen zu erreichen,
(b) durch geeignete Verteilung von Daten und unabhängige Mehrfachberechnungen sowohl Programmfehler als auch Rechnerausfälle partiell tolerieren zu können,
(c) die Ressourcen einer flexibel ausbaufähigen, heterogenen Rechenumgebung effektiv zu nutzen oder
(d) inherent räumlich verteilte Verarbeitungseinheiten geeignet zu verbinden (wie z.B. Arbeitsplatzrechner zu einem neuartigen elektronischen Kommunikationsmedium für rechnergestützte Gruppenarbeit; siehe folgenden Beitrag von Karin Vosseberg).

Es geht also beim *verteilten Rechnen (distributed computing)* nicht um typische Betriebssystemdienste, die im Netz verteilt realisiert werden sollen, sondern um beliebige verteilte *Anwendungen* vernetzter Rechnersysteme!

Während die ersten beiden Gründe für eine Verteilung eher speziell zugeschnittene, homogene Architekturen voraussetzen, zielt (c) gerade auf heterogene Rechenumgebungen ab.

Beispielsweise lassen sich Anwendungen im technisch-wissenschaftlichen Bereich, wie CAD-Systeme oder interaktive Simulationssysteme, häufig grob in drei funktionale Einheiten mit höchst unterschiedlichen Anforderungen an die Betriebsmittel zerlegen: eine Dialogkomponente mit grafischer Benutzungsschnittstelle, eineDatenbankkomponente für die dauerhafte Speicherung und Wiederauffindung von Daten und eine Verarbeitungskomponente für umfangreiche numerische Berechnungen.

Eine geeignete Verteilung der drei Softwarekomponenten auf Spezialrechner wie Grafikstation, Datenbankrechner und Supercomputer könnte, verglichen mit einer zentralisierten Lösung, enorme Vorteile hinsichtlich Effizienz und Komfort der interaktiven Anwendung haben.

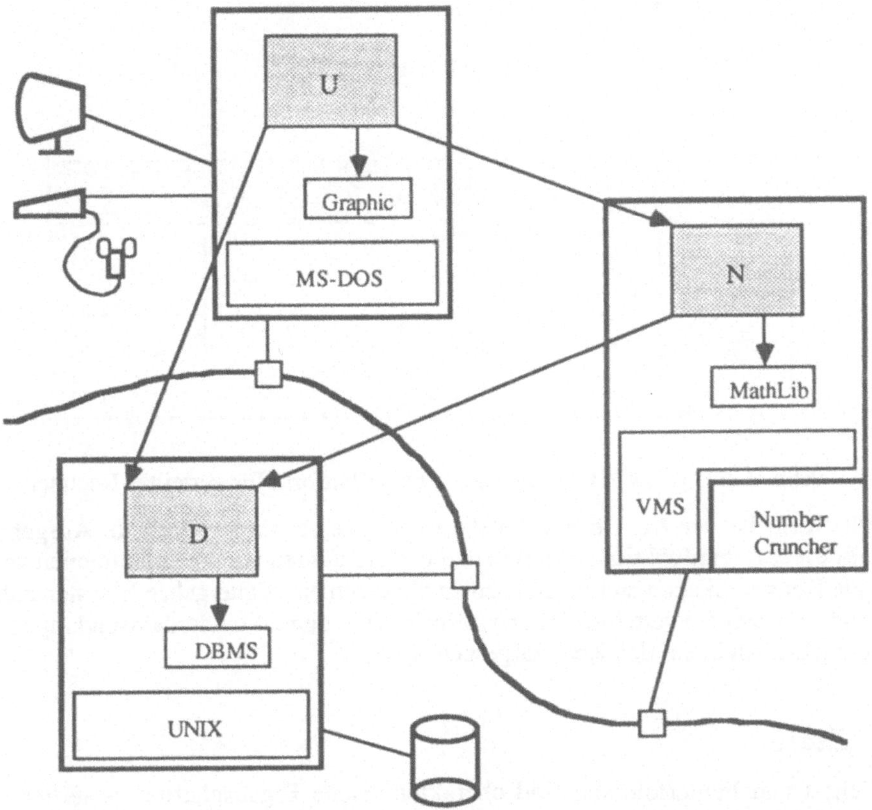

Abb. 2.1: Funktional verteilte Anwendung in heterogener Rechenumgebung

Benötigt wird eine Art Netzbetriebssystem, das aus lose gekoppelten, heterogenen Rechnersystemen ein netzumfassendes *verteiltes Rechensystem* macht, in dem Anwendungen wie die skizzierte weitgehend netztransparent programmiert und anschließend im Netz verteilt ausgeführt werden können. Dieses ist Thema des DAPHNE-Projekts [Löhr et al. 88], [Löhr et al. 89]. Vergleichbare Arbeiten werden in [Geihs et al. 88], [Notkin et al. 88] und [Yemini et al. 89] beschrieben.

2.2 Der DAPHNE-Ansatz

Das DAPHNE-System besteht aus einer Reihe von Werkzeugen, Betriebssystemanpassungen und einer Laufzeitunterstützung für Modula-2 Programme. Es ist weitgehend portabel und bildet – auf allen beteiligten Rechnern im Netz installiert – eine netzweite Plattform für verteilte Anwendungsprogrammierung in heterogenen Netzen (DAPHNE = ***Distributed Application Programming in Heterogeneous Networks***).

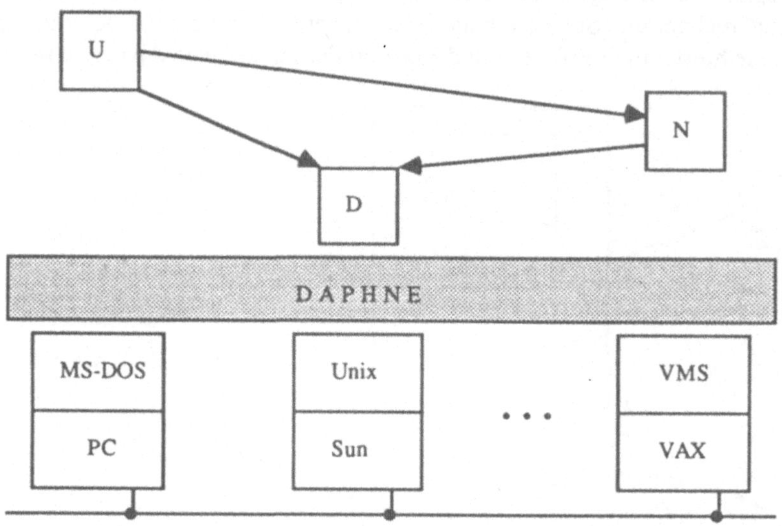

Abb. 2.2: Das DAPHNE-System - eine Plattform für verteiltes Rechnen

Die Plattform ist der Kern eines Netzbetriebssystems; ihre wichtigste Aufgabe ist es, netzweit Betriebssystemfunktionen zum Laden und Ausführen von Programmteilen zu vermitteln und die Kommunikation zwischen ihnen zu übernehmen. Weitergehende systemnahe Dienste, wie zum Beispiel ein verteiltes Dateisystem, können durch Standardanwendungen in Form von Bibliotheksmoduln auf den Kern aufgesetzt werden.

2.2.1 Ziele

Parallelität und Fehlertoleranz sind charakteristische Eigenschaften *verteilter Systeme* [Mullender 89]. Zu ihrer Realisierung sind spezifische Rechnerarchitekturen, Betriebssystemarchitekturen, Programmiermodelle und Sprachkonzepte gefragt. DAPHNE hingegen möchte heterogene Lokalnetze, bestehend aus autonomen, zum großen Teil spezialisierten Komponenten, als hochgradig flexible verteilte Rechensysteme für "herkömmliche" Anwendungen nutzbar machen. Darunter verstehen wir Anwendungen, bei denen die Verteilungsaspekte nicht zum eigentlichen Problembereich gehören und die deshalb auch als "logisch" nichtverteilte Systeme entworfen und programmiert werden sollten. Unser Hauptziel ist folglich, physische Verteilung – und Heterogenität – einer Rechenmaschinerie möglichst vor den rechnerübergreifenden Anwendungsprogrammen zu verbergen. Parallelität und Fehlertoleranz spielen dabei nur eine untergeordnete Rolle.

DAPHNE verfolgt einen konsequent sprachorientierten Ansatz: Die zur Überwindung der Verteilung notwendige physische Kommunikation (zwischen Rechnern) soll vollständig hinter programmiersprachlichen Konstruktionen zur *"logischen"* Kommunikation (zwischen Softwarekomponenten) verborgen bleiben! Zudem ist eine Programmiersprache das geeignete Hilfsmittel, um von unterschiedlichen Datenrepräsentationen in den einzelnen Rechnern zu abstrahieren und gegebenenfalls heterogene Betriebssystemdienste zu homogenisieren. Dieser Zugang verlangt natürlich, daß die verwendete Sprache auf allen Rechnern zur Verfügung steht.

Eine spezielle ("verteilte") Programmiersprache ist jedoch überflüssig; für die anvisierte Klasse von Anwendungen ist das allseits bekannte und wohlverstandene Konzept des *Prozeduraufrufs* ein adäquater Kommunikationsmechanismus zwischen Programmkomponenten – auch über Rechnergrenzen hinweg! Dabei wird der Prozeduraufruf möglichst transparent für das Programm als *Fernaufruf (Remote Procedure Call, RPC)* ausgeführt [Nelson 81], [Birrell/Nelson 84]. Solch ein Aufruf über das Netz beeinhaltet im wesentlichen die Übertragung der Argumente und Ergebnisse als Nachrichten, wobei zwischengeschaltete *Stellvertreter (stubs)* auf beiden Seiten für die gewünschte Transparenz sorgen.

Unsere Referenzsprache ist *Modula-2*. Diese Sprache besitzt ein klares Modulkonzept und bietet mit ihren obligatorischen Schnittstellenbeschreibungen zugleich eine willkommene Basis für die syntaktische Definition von Diensten (Operationen) entfernter Programmteile – eine Voraussetzung für einen transparenten Fernaufrufmechanismus.

Weitere grundsätzliche Ziele von DAPHNE sind: keine Modifikation der beteiligten Systemsoftware (Betriebssystemkerne, Übersetzer, Binder) und keine Einschränkung der Autonomie der Rechnersysteme im Netz. Aspekte wie Schutz, Abrechnung oder modulare Erweiterbarkeit der Betriebssysteme durch sogenannte *Dienstleister*-Prozesse (*file server, print server, mail server, ...*) gehören nicht zu den zentralen Fragestellungen des Projekts. Unserer Meinung nach sind dies ureigene Betriebssystemangelegenheiten, die unabhängig von der verteilten Anwendung der Rechner bestehen und deshalb lokal bewältigt werden müssen. Demgegenüber sind Sicherheitsprobleme, die im Zusammenhang mit der Vernetzung auftreten, sehr wohl zu berücksichtigen.

2.2.2 Konzepte

Drei Abstraktionen prägen den DAPHNE-Ansatz zur verteilten Programmierung: *verteilte Programme*, *verteilte Prozesse* und *verteilte Moduln*. Im folgenden werden die Abstraktionen und die damit verbundenen Mechanismen kurz erläutert.

Verteilte Programme

DAPHNE-Anwendungsprogramme sind modular strukturiert. Ein (Modula-2-)Modul ist eine separat übersetzbare syntaktische Einheit mit getrennt definierter (Export-)Schnittstelle. Moduln stützen sich auf andere Moduln, indem sie deren Schnittstelle explizit importieren. Das resultierende, statische Modulgeflecht wird zum Zweck der Verteilung entlang von Modulgrenzen in sogenannte *Programmkomponenten* zerlegt, wobei eine Komponente mehrere Moduln enthalten kann. Diese statische *Konfigurierung* der Übersetzungseinheiten zu Verteilungseinheiten, die getrennt geladen werden können und für die Kommunikation über Adreßraumgrenzen gerüstet sind, macht aus dem gewöhnlichen Modula-2 Programm ein *verteiltes Programm*.

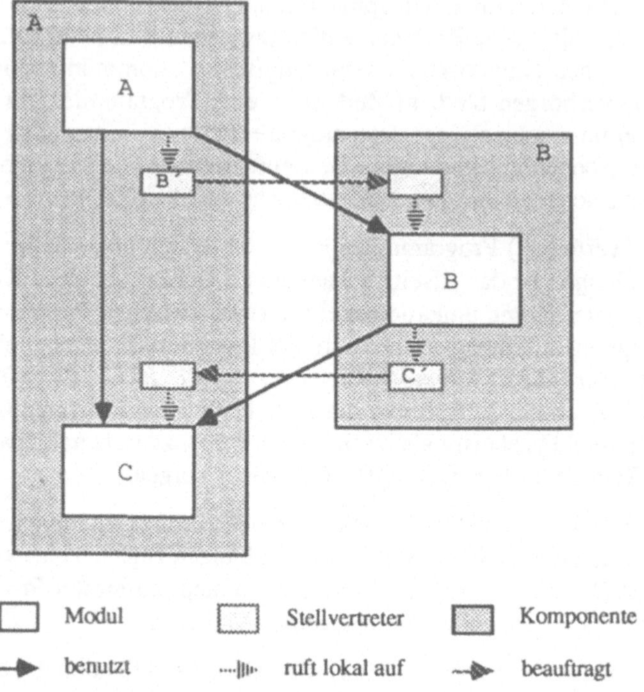

Abb. 2.3: Komponenten (Verteilungseinheiten) eines verteilten Programms

Wir betrachten nur solche Moduln, die der Datenabstraktion dienen und ausschließlich über Operationsaufrufe miteinander kommunizieren. Das Laufzeitsystem der Programmiersprache führt komponentenübergreifende Modulaufrufe (weitgehend) transparent als Fernaufrufe aus. Dabei sind auch zyklische Aufrufe zwischen Komponenten zugelassen (siehe Abb. 2.3)!

Abgesehen von gewissen semantischen Beschränkungen bei der Parameterübergabe (vgl. [Almes 86]) ermöglicht der Fernaufrufmechanismus eine *netztransparente Programmierung* verteilter Anwendungen: Die Bezugnahme auf einen Modul, der zur Ausführungszeit in einem separaten Adreßraum liegen wird, unterscheidet sich weder syntaktisch noch in der Namenswahl von einer adreßraumlokalen Bezugnahme.

Die Transparenz beschränkt sich aber nicht nur auf den reinen Kommunikationsaspekt: sowohl inherente Parallelität als auch partielle Ausfallunabhängigkeit des verteilten Rechensystems bleiben im Programm unsichtbar. Nichtsequentialität wird in einem DAPHNE-Anwendungsprogramm gegebenenfalls durch dynamisch erzeugbare, "leichtgewichtige" Prozesse (*threads*, nebenläufige Kontrollflüsse) ausgedrückt. Diese semantischen Einheiten sind nicht mit den statischen Verteilungseinheiten identisch; nebenläufige Aktivitäten verlaufen quer zu Modul- und möglichen Rechnergrenzen! Insofern ist der Fernaufruf kein Inter*prozeß*kommunikationsmechanismus, wie vielfach in der Literatur dargestellt. *Verteilte Programmierung* und *Nichtsequentielle Programmierung* sind im Kontext von DAPHNE orthogonale Konzepte!

Der Ausfall eines Rechners, der an der verteilten Ausführung eines Anwendungsprogramms beteiligt ist, hat für den Programmlauf in der Regel die gleiche Konsequenz wie andere vom

System erkannte schwerwiegende Fehler (z.B. ein Geräteausfall): der Lauf wird unmittelbar abgebrochen.

Eine verteilte Anwendung kann somit *verteilungstransparent* entworfen und programmiert werden. DAPHNE-Werkzeuge bilden anschließend das nichtverteilte – möglicherweise rein sequentielle – Softwaresystem anhand einer Konfigurierungsbeschreibung auf das physisch verteilte Rechensystem ab.

Verteilte Prozesse

Verteiltes Rechnen hat nicht nur programmiersprachliche Aspekte; spätestens bei der Programmausführung ist das Betriebssystem – in unserem Fall ein Verbund heterogener Systeme – gefordert. Fragen bezüglich des dynamischen Bindens und Ladens sowie des Zugriffsschutzes drängen sich auf: Wann, wo und wie werden die Komponenten eines verteilten Programms gestartet? Wie werden Komponenten autorisiert, miteinander zu kommunizieren und Systembetriebsmittel zu nutzen?

Ein verteiltes Programm läßt sich im DAPHNE-System wie ein herkömmliches Programm starten. Der lokale Kommandointerpretierer lädt dabei allerdings nur die Hauptkomponente – die Verteilungseinheit, die den Hauptmodul enthält. Diese Komponente veranlaßt das Starten weiterer Komponenten nach Bedarf: Wird ein Modul B aufgerufen, der im lokalen Adreßraum gar nicht vertreten ist (d.h. für den nur ein Stellvertreter gebunden ist), und wurde im aktuellen Programmlauf bisher noch keine Programmkomponente mit dem "echten" Modul B geladen, so lädt das DAPHNE-System eine entsprechende Komponente auf einem der beteiligten Rechner. (Komponentenname und Rechnername können sowohl statisch bei der Konfigurierung dem Modulnamen zugeordnet als auch dynamisch über einen netzweiten Namensdienst ermittelt werden.) Anschließend wird die offene Bezugnahme auf B durch einen Verweis auf das frisch erzeugte Modulexemplar ersetzt. Danach kann das Programm mit dem Modulaufuf fortfahren. Alle weiteren Aufrufe von B richten sich fortan an dasselbe B-Exemplar.

Das DAPHNE-System erzeugt so eigens für *jeden Lauf* eines verteilten Programms *private Exemplare* von sämtlichen dynamisch benötigten Moduln beziehungsweise den sie umfassenden Programmkomponenten. Es ist aber auch sichergestellt, daß zwei Komponenten A und B *ein und desselben* Programms, die sich auf einen gemeinsamen Modul in einer dritten Programmkomponente C beziehen, an dasselbe Modulexemplar gebunden werden(!). Dieses entspricht genau der Semantik des statischen Bindens aller Moduln eines Programms.

Eng verbunden mit dem Laden einer Programmkomponente ist das Erzeugen eines "schwergewichtigen" Benutzerprozesses (mit eigenem Adreßraum) vor Ort. Dieser dient zum einen als Zustandsträger für das private Exemplar der Programmkomponente, zum anderen führt der erzeugte Prozeß stellvertretend für den aufrufenden Prozeß (d.h. auch mit den entsprechenden Rechten!) die eintreffenden Fernaufrufe aus. Wir betrachten diese dynamisch erzeugten Benutzerprozesse aus einer etwas abstrakteren Sicht als *Komponenten* eines *verteilten Prozesses*, der seinen Ursprung auf dem lokalen Rechner hat und dessen Keller und Datenraum sich während des Programmlaufs nach Bedarf über Rechnergrenzen hinaus ausdehnt. Der Kontrollfluß eines solchen verteilten Prozesses wandert im Laufe der Zeit per Fernaufruf durch verschiedene private Adreßräume (nämlich die der konstituierenden Komponentenprozesse). Führt der verteilte Prozeß ein sequentielles Programm aus, so ist zu jeder Zeit nur eine Komponente aktiv.

Bei vielen Systemaufrufen wirken Prozeßattribute als implizite Parameter. Wir sehen aus pragmatischen Gründen davon ab, die Prozeßkonzepte grundsätzlich zu homogenisieren, und globale Attribute und Operationen für den verteilten Prozeß als Ganzes einzuführen (Ausnamen siehe unten). Statt dessen behält jede Prozeßkomponente ihre systemspezifischen Attribute und einen unabhängigen Zustand. Systemaufrufe wirken nur auf den Zustand der aktiven Komponente, und nur deren lokale Attribute können den Effekt einer aufgerufenen Systemfunktion beeinflussen.

Dennoch haben die Komponenten eines *heterogenen verteilten Prozesses* auch konkret etwas gemeinsam: den *Login*-Namen des Benutzers als netzweit gültiges Benutzerkennzeichen und ein Kennzeichen, das die Prozeßgruppe definiert, die den verteilten Prozeß bildet. Diese *globalen Attribute* des verteilten Prozesses dienen der Autorisierung; sie werden den Komponenten bei ihrer Erzeugung vererbt und sind unveränderbar.

Zusammengefaßt beeinhaltet die Abstraktion des verteilten Prozesses (1) private Modulexemplare in einem verteilten Anwendungsprogramm sowie (2) implizite Autorisierung und Authentisierung, so daß weder aufrufende noch aufgerufene Programmteile explizit für Schutzmaßnahmen sorgen müssen.

Das DAPHNE-Fernaufrufkonzept unterscheidet sich stark von den Fernaufrufmechanismen, die üblicherweise zur Konstruktion von verteilten oder Netz-Betriebssystemen verwendet werden [Tanenbaum et al. 90], [Cheriton 88], [Sun 88]. In diesen Systemen wird der Fernaufruf vorwiegend zur Kommunikation zwischen *Prozessen* genutzt. Ein verteiltes System ist statisch in unabhängig existierende (schwergewichtige) Prozesse zerlegt, die gleichzeitig als Verteilungseinheiten und Zustandsträger fungieren. Konkurrierende Klientenprozesse rufen Operationen gemeinsamer Dienstleisterprozesse auf. Die Dienstleister erbringen damit grundsätzlich *öffentliche* Dienstleistungen – also Leistungen eines Betriebssystems (das allerdings wegen der modularen Struktur auch vom "Anwender" sehr flexibel ausgebaut werden kann). Die eigentlichen Anwendungen treten nur als Klientenprozesse auf.

Fernaufrufe sind in diesen Systemen immer zugleich auch *Systemaufrufe* – mit allen zugehörigen Konsequenzen (Nebenläufigkeit, Zugriffsschutz). In DAPHNE dagegen ist *Verteilte Programmierung* nicht notwendigerweise *Systemprogrammierung.*

Verteilte Moduln

Bisher sind wir davon ausgegangen, daß der Modul die kleinsteVerteilungseinheit ist und daß alle Verteilungseinheiten eines Programms in der Konfigurierungsphase statisch definiert werden. Während des Programmlaufs existiert dann von jedem Modul höchstens ein Exemplar – was der Modula-2-Semantik entspricht –, und alle Bezugnahmen auf einen Modul sind an dasselbe Modulexemplar gebunden.

Die DAPHNE-Ausführungsumgebung läßt aber auch zu, daß ein verteiltes Modula-2-Programm zur Laufzeit mehrere Exemplare eines Moduls enthält, nämlich in jeder Programmkomponente eins. Bei zustandslosen Moduln hat dieses keinen Effekt auf das Programmverhalten, bei zustandsbehafteten Moduln (also solchen, mit eigenen Variablen oder Bezugnahmen auf andere zustandsbehaftete Moduln) sehr wohl.

Angenommen, ein Programm besteht (im wesentlichen) aus dem Hauptmodul `A` und einem importierten Modul `B`, die beide über den Standardmodul `InOut` mit der Außenwelt kommunizieren. `B` soll auf einem entfernten Rechner zur Ausführung gelangen; `A` und `B` müssen also in getrennte Komponenten konfiguriert werden.

Es macht nun einen großen Unterschied, ob der abgesetzte Modul `B` das statisch zum Hauptmodul `A` gebundene `InOut`-Exemplar mitbenutzt oder ein privates Exemplar von `InOut` besitzt. Im ersten Fall verhält sich das verteilt ausgeführte Programm wie ein lokales; im zweiten Fall manipulieren die beiden Programmkomponenten verschiedene Zeichenströme! (Ein derart konfiguriertes Programm könnte zum Beispiel der Kommunikation zwischen Benutzern an verschiedenen Rechnern dienen.)

In diesem Beispiel wird der Name jedes Moduls immerhin noch fest an ein Modulexemplar gebunden, sei es nun statisch durch den Binder oder dynamisch durch die Ausführungsumgebung des Programms. Die Abstraktion eines *verteilten Moduls* erlaubt dagegen, mehrere Exemplare eines Moduls als semantische Einheit zu betrachten und den gemeinsamen Modulnamen *programmgesteuert* bei jedem Aufruf an ein konkretes Modulexemplar zu binden. Die Funktionalität eines solchen Moduls ist in einer variablen Anzahl von Verteilungseinheiten repliziert; die Daten sind partitioniert (da z.B. stark an Betriebsmittel gebunden). Das Ziel des Fernaufrufs eines Modulexemplars wird hier nicht mehr allein aus dem statischen Modulnamen abgeleitet, sondern der Rechnername (und gegebenenfalls der Komponentenname) wird in Abhängigkeit vom Modulzustand aus den aktuellen Parametern der aufgerufenen Operation ermittelt(!).

Damit kann beispielsweise ein einfaches Programm konstruiert werden, das zyklisch über die lokale Konsole einen Rechnernamen und eine Textnachricht erfragt, um die Nachricht auf der Konsole des angegebenen Rechners darzustellen.

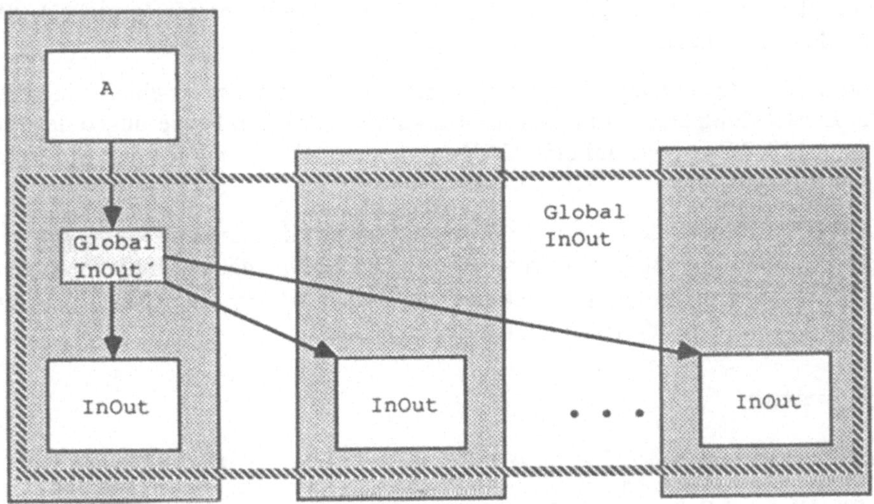

Abb. 2.4: Ein verteilter Modul

In diesem Programm wird das aktuell aufzurufende Exemplar von `InOut` dynamisch aus den eingegebenen Daten ermittelt. Der verteilte Modul erhält dazu eine gegenüber dem lokalen Modul leicht erweiterte Schnittstelle mit einem neuen Namen: `GlobalInOut`. Die Operationen von `GlobalInOut` besitzen einen zusätzlichen Parameter, der das Rechnersystem bezeichnet, auf dem die Operationen ausgeführt werden sollen, zum Beispiel:

```
WriteString(sys: SysName; str: ARRAY OF CHAR).
```

Der Benutzer von `GlobalInOut` sieht eine syntaktische und semantische Einheit; der Konstrukteur des verteilten Moduls muß dagegen eine Funktion liefern (als Teil des ansonsten automatisch erzeugten Stellvertreters), die aus den aktuellen Parametern eines Operationsaufrufs die benötigte Bindeinformation für den Fernaufruf ableitet.

Ein verteilter Modul kann auch die gleiche Schnittstelle besitzen wie seine lokalen Exemplare. Typisches Beispiel ist ein über mehrere Rechner verstreuter Objektverwalter `Files` mit den üblichen Dateioperationen, der die Abstraktion eines netzweiten (verteilten) Dateisystems liefert, indem er den Ort von Dateien transparent für Klienten aus den Dateinamen beziehungsweise den Verweisen auf geöffnete Dateien ermittelt.

2.3 Projektstatus

Es existiert eine prototypische Implementierung des DAPHNE-Systems für eine Umgebung aus Sun-Arbeitsplatzrechnern unter dem Betriebssystem Unix. Da Heterogenität ein zentrales Thema im DAPHNE-Projekt ist, wurde beim Systementwurf großer Wert auf Portabilität gelegt. Modifikationen des Betriebssystemkerns oder der Sprachwerkzeuge des Zielsystems sind in der Regel für eine Portierung nicht notwendig.

Der Prototyp besteht aus einem Transportsystem (betriebssystemabhängig) für die Übertragung von Nachrichten, einer generischen Fernaufrufunterstützung (portabel) für die Steuerung der Abläufe beim Fernaufruf, einem Ein-/Ausgabe-System für Modula-2-Standarddatentypen (rechnerabhängig), das die Transformation zwischen interner und netzweit vereinbarter externer Darstellung übernimmt, und einem leistungsfähigen Stub-Generator (portabel), der auch verteilte Moduln unterstützt.

Zur Zeit wird an der Implementierung eines Komponentenladers für eine Unix-Umgebung und an der Entwicklung eines portablen Konfigurators gearbeitet. Portierungen des Prototyps auf PCs unter MS-DOS sowie auf eine VAXstation unter VMS sind geplant. Ein technischer Bericht ist in Vorbereitung.

Das DAPHNE-Projekt läuft in enger Kooperation mit der Arbeitsgruppe von Prof. Dr. Klaus-Peter Löhr am Institut für Informatik der Freien Universität Berlin; insbesondere Lutz Nentwig ist umfassend an der Entwicklung des DAPHNE-Systems beteiligt. Der Stub-Generator für Modula-2 wurde von Yin Zhao-lin implementiert.

2.4 Literatur

[Almes 86] G.T. Almes: *The Impact of Language and System on Remote Procedure Call Design.* Proceedings of the 6th International Conference on Distibuted Computing Systems, Cambridge, IEEE, 1986

[Bal et al. 89] H.E. Bal, J.G. Steiner, A.S. Tanenbaum: *Programming Languages for Distributed Computing Systems.* ACM Computing Surveys, Vol.21, No.3, September 1989

[Birrell/Nelson 84] A.D. Birrell, B.J. Nelson: *Implementing Remote Procedure Calls.* ACM Transactions on Computer Systems, Vol.2, No.1, February 1984

[Brownbridge et al. 82] D.R. Brownbridge, L.F. Marshall, B. Randall: *The Newcastle Connection or 'Unixes of the World Unite!'.* Software - Practice & Experience, Vol.12, No.12, December 1982

[Cheriton 88] D.R. Cheriton: *The V Distributed System.* Communications of the ACM, Vol.31, No.3, March 1988

[Geihs et al. 88] K. Geihs, B. Schoener, U. Hollberg, H. Schmutz, H. Eberle: *An Architecture for the Cooperation of Heterogeneous Operating Systems*. Proceedings of the Computer Network Symposium, Washington, IEEE, April 1988

[Levi/Silberschatz 90] E. Levy, A. Silberschatz: *Distributed File Systems: Concepts and Examples*. ACM Computing Surveys, Vol.22, No.4, December 1990

[Löhr et al. 88] K.-P. Löhr, J. Müller, L. Nentwig: *DAPHNE - Support for Distributed Applications Programming in Heterogeneous Computer Networks*. Proceedings of the 8th International Conference on Distibuted Computing Systems, San Jose, IEEE, August 1988

[Löhr et al. 89] K.-P. Löhr, J. Müller, L. Nentwig: *DAPHNE - Support for Distributed Computing in Heterogeneous Environments*. Proceedings of the European Workshop on Progress in Distributed Operating Systems and Distributed Systems Management, Berlin, April 1989, Lecture Notes in Computer Science, No. 433, Springer-Verlag, 1990

[Mullender 89] S. Mullender (ed.): *Distributed Systems*. ACM Press, 1989

[Nelson 81] B.J. Nelson: *Remote Procedure Call*. Ph.D. Thesis, Carnegie-Mellon University, CMU-CS-81-119, 1981

[Notkin et al. 88] D. Notkin, A.P. Black, E.D. Lazowska, H.M. Levy, J. Sanislo, J. Zahorjan: *Interconnecting Heterogeneoùs Computer Systems*. Communications of the ACM, Vol.31, No.3, March 1988

[Sun 88] Sun Microsystems: *Network Programming*. Manual Part No. 800-1779-10, 1988

[Tanenbaum/van Renesse 85] A.S. Tanenbaum, R. van Renesse: *Distributed Operating Systems*. ACM Computing Surveys, Vol.17, No.4, December 1985

[Tanenbaum et al. 90] A.S. Tanenbaum, R. van Renesse, H. van Staveren, G.J. Sharp, S.J. Mullender, J. Jansen, G. van Rossum: *Experiences with the Amoeba Distributed Operating System*. Communications of the ACM, Vol.33, No.12, December 1990

[Yemini et al. 89] S.A. Yemini, G.S. Goldszmidt, A.D. Stoyenko, L.W. Beeck: *CONCERT: A High-Level-Language Approach to Heterogeneous Distributed Systems*. Proceedings of the 9th International Conference on Distibuted Computing Systems, Newport Beach, IEEE, 1989

3 Rechnerunterstützung für kooperatives Arbeiten – ein Anwendungsfeld Verteilter Systeme[3]

Neben Arbeiten unserer Forschungsgruppe in den Bereichen Rechnernetze und Kommunikationsunterstützung für verteiltes Rechnen interessieren wir uns für Anwendungsfelder Verteilter Systeme. Ein solches Anwendungsfeld sehen wir in dem derzeit unter verschiedensten Gesichtspunkten diskutierte Thema "Rechnerunterstützung für kooperatives Arbeiten" (*Computer Supported Cooperative Work* - CSCW). Dieses Thema wird insbesondere auf dem Hintergrund der zunehmenden Vernetzungen der Rechnerarbeitsplätze diskutiert.

Unter dem Schlagwort CSCW wird für unterschiedliche Bereiche, wie Bürokommunikation, Medizin, Produktentwicklung, Schulung, Softwareentwicklung usw., untersucht, ob und wie eine Kooperation zwischen Menschen unterstützt werden kann und in welcher Form sich die Zusammenarbeit verändert bzw. wie neue Möglichkeiten der Zusammenarbeit eröffnet werden können. Die Diskussionen sind stark durch Arbeiten in den USA geprägt und viele der existierenden Systeme zur Unterstützung kooperatives Arbeiten sind dort entstanden [CSCW 86, 88, 90]. Mittlerweile gibt es auch in Europa die verschiedensten Aktivitäten in diesem Bereich [ECCSCW 89, CoTech 89].

In unseren Arbeiten legen wir den Schwerpunkt auf die Untersuchung der Kooperation in der Softwareentwicklung. Wir denken hauptsächlich an eine Softwareentwicklung in einer verteilten Umgebung, wobei irrelevant ist, ob die Entwicklerinnen in räumlicher Nähe (über ein lokales Rechnernetz verbunden) oder sogar örtlich voneinander getrennt arbeiten, wie dies z.B.

---

3 Karin Vosseberg

in ESPRIT-Projekten der Fall ist [Franck 88]. Wir wollen prototypisch Unterstützungen für die Kooperation der Softwareentwicklerinnen realisieren und mit Hilfe von Fernaufrufen (*remote procedure call*)implementieren, um Erfahrungen mit dem Fernaufrufmechanismus zu sammeln.

3.1 Kooperative Softwareentwicklung

Bei der Softwareentwicklung müssen unterschiedlichste Informationen beispielsweise über das Anwendungsumfeld, Anforderungen der späteren Benutzerinnen, der Entwicklungsumgebung usw. zusammengetragen werden. Damit wird die Softwareentwicklung stark durch den Lern-, Kommunikations- und Abstimmungsprozeß aller Beteiligten, sowohl der Softwareentwicklerinnen als auch der Benutzerinnen, bestimmt [Curtis et al. 88]. In diesem Rahmen soll der Rechner ein zusätzliches Kommunikationsmedium sein, das explizite und implizite Kommunikation in dem Softwareentwicklungsprozeß verbessert oder neu eröffnet. Derzeit konzentriert sich unsere Arbeit stärker auf die Kooperation der Entwicklerinnen untereinander. Überlegungen zur Unterstützung der Kooperation zwischen Benutzerinnen und Entwicklerinnen gibt es z.B. in Skandinavien im Rahmen der Diskussionen über partizipative Softwaregestaltung [Bødker et al. 88].

Für Softwareentwicklerinnen ist der Rechner ein zentrales Arbeitsmittel, so daß zusätzliche Unterstützungen zur Kooperation untereinander nicht aufgesetzt sind, sondern in vielen Situationen die Kommunikation verbessern und beispielsweise einen positiven Effekt auf die Projektdokumentation haben. Dies ist besonders wichtig unter dem Aspekt der langen Lebenszeit von Softwareprodukten und der hohen Fluktuation der Projektteilnehmerinnen.

Ein wichtiger Bestandteil der Kooperation zwischen Entwicklerinnen ist der Austausch von Projektinformationen, wie z.B. Systembeschreibungen, Entwurfsentscheidungen, Schnittstellenabsprachen usw. Durch die Unterstützung dieser eher impliziten Kommunikationsformen durch den Rechner werden Informationen, die bislang häufig auf die verschiedenen Entwicklerinnen verteilt sind, allen Teilnehmerinnen des Entwicklungsprozesses gleichermaßen zugänglich und können besser in die Arbeitsumgebung eingebettet werden. Die Wiederholung von endlos langen Diskussionen kann vermieden werden; Entwurfsentscheidungen werden nachvollziehbarer, und Fehlentscheidungen sind früher zu erkennen und können besser dokumentiert werden. Außerdem können die verschiedenen Rollen der einzelnen Entwicklerinnen, wie z.B. Managerin, Programmiererin, Testerin usw., besser voneinander getrennt werden. Eine Rechnerunterstützung in diesem Bereich kann somit für alle Teilnehmerinnen eine größere Transparenz des Entwicklungsprozesses schaffen. Ein großes Problem dabei ist jedoch die auftretende Informationsflut [Hiltz/Turoff 85]. In der Entwicklung geeigneter (verteilter) Projektbibliotheken müssen deshalb besonders Gruppenstrukturen ihre Berücksichtigung finden. Neben diesen öffentlichen Informationen in den Projektbibliotheken müssen jedoch auch die individuellen Arbeiten der einzelnen unterstützt werden. Jeder Entwicklerin muß immer noch die Möglichkeit bleiben, auch z.B. persönliche Notizen abzulegen.

Eine weitere Aufgabe der Entwicklerinnen ist die Erstellung gemeinsamer Dokumente. Auch in diesem Bereich ist eine Unterstützung durch den Rechner sinnvoll und wird unter dem Stichwort Authorensysteme (*Co-authering*) in der Literatur diskutiert. Bei der Bearbeitung unterschiedlicher Dokumentteile durch verschiedene Entwicklerinnen treten in den meisten Fällen keine Probleme auf, und Absprachen liegen eher auf der Ebene der Dokumentkonventionen. Die Probleme treten verstärkt bei der Bearbeitung gleicher Dokumentteile auf, z.B. bei der Konsistenzerhaltung des Textes.

Neben diesen eher impliziten Kommunikationsformen anhand der erstellten Produkte, wird ein Softwareprojekt auch stark durch explizite Kommunikation geprägt. Eine Möglichkeit zur Unterstützung der zeitversetzten (*asynchronen*) Kommunikation bieten Nachrichten- oder Mitteilungssysteme (*electronic mail*). Diese Form der Kommunikation bietet den Vorteil, daß Fragen oder Bemerkungen an eine oder mehrere andere Projektteilnehmerinnen jederzeit formuliert werden können, ohne die gleichzeitige Kommunikationsbereitschaft vorauszusetzen. Es hat sich jedoch gezeigt, daß einfache Nachrichtensysteme eher geeignet sind, lose gekoppelte Kooperationen zu unterstützen. Bei der Kooperation festbestehender Gruppen müssen in den Nachrichtensystemen Gruppen- und Kommunikationsstrukturen berücksichtigt werden. Erste Ansätze, einfache Gruppenstrukturen zu unterstützen, spiegeln sich in sogenannten Konferenzsystemen wider.

Die zeitversetzte Kommunikation über Austausch von Informationen oder Nachrichten hat ihre Grenzen und ist kein adäquates Mittel für längere Auseinandersetzungen. Die Diskussionsprozesse werden sehr lange hinausgezögert, so daß der Diskussionskontext nicht ständig präsent ist. Außerdem sind spontane Reaktionen kaum möglich. Der Großteil des Abstimmungsprozesses zwischen Entwicklerinnen findet deshalb eher in Form von persönlichen Gesprächen und Diskussionsrunden statt. Ein sinnvoller Rechnereinsatz für die zeitgleiche (*synchrone*) Kommunikation, der "unbemerkt" unterstützt und nicht bestimmendes Moment in der Kommunikation wird, ist stark umstritten. Wobei noch ein Unterschied zwischen direkter oder räumlich getrennter Kommunikation besteht. Eine denkbare Unterstützung von Diskussionsrunden ist die Abbildung bekannter Metaplantechniken auf den Rechner. Dies kann wiederum mit anderen Systemen, z.B. Authorensystemen, in Verbindung gebracht werden.

Durch Schriftsprache wird jedoch nur ein kleiner Teil der Kommunikation unterstützt, und es besteht immer die Gefahr, daß die Vielfalt der Kommunikationsformen auf bestehende Unterstützungen reduziert wird. Weitere Überlegungen gehen dahin, inwieweit der Kooperationsprozeß durch Mittel wie Graphik, Video oder Stimme besser unterstützt werden kann. Hierzu ist es interessant, die Entwicklungen von multimedialen Arbeitsplatzrechnern zu beobachten, die versuchen, die verschiedenen Medien in die Arbeitsumgebung einzubinden.

Ein anderer Aufgabenbereich im Softwareentwicklungsprozeß ist das Projektmanagement. Beispiele zur Unterstützung der hier angesiedelten Aufgaben sind (halbautomatische) Terminkalender oder Gruppenplanungs- und -entscheidungssysteme.

3.2 Realisierungsansätze

In [Kautz et al. 90] und [Sihto 89] werden Werkzeuge zur Unterstützung der Kooperation der Softwareentwicklerinnen auf Basis von Hypertextsystemen vorgeschlagen. Unser Interesse liegt stärker in der Fragestellung der verteilten Programmierung eines solchen Werkzeuges zur Unterstützung der Kooperation. Ähnliche Arbeiten werden in [Almes/Holman 87] und in [Mattern/Sturm 88] beschrieben.

Erste Erfahrungen haben wir im Rahmen eines studentischen Praktikums mit der Entwicklung eines einfachen Nachrichtensystems in einem lokalen Rechnernetz gesammelt. Das Nachrichtensystem EPos90 (Elektronische Post) kann hauptsächlich in drei Komponenten gegliedert werden: die Sitzung einer Teilnehmerin, die Namensverwaltung aller Teilnehmerinnen und die Verwaltung der versandten Nachrichten (Abb. 3.1).

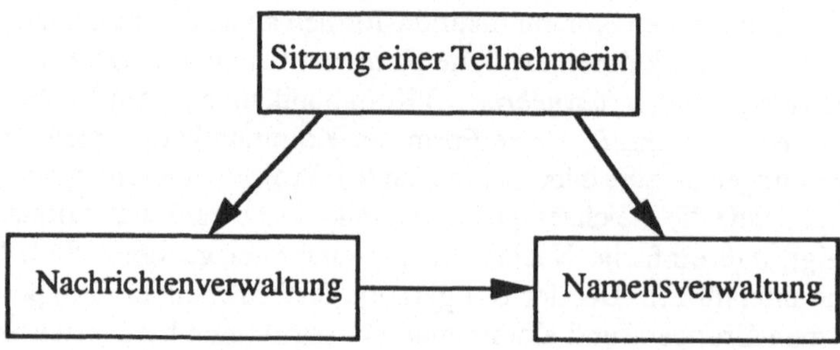

Abb. 3.1: Komponenten des Nachrichtensystems EPos90

Hinter der Sitzung einer Teilnehmerin verbirgt sich im wesentlichen die Schnittstelle zwischen der Benutzerin und dem Nachrichtenübermittlungssystem. Eine Sitzung repräsentiert den Dialog einer Teilnehmerin mit dem System. Es können gleichzeitig mehrere Sitzungen (von verschiedenen Teilnehmerinnen) existieren. Die Namens- und die Nachrichtenverwaltung bieten jeweils einen von allen Sitzungen des Nachrichtensystems gemeinsam nutzbaren, netzweiten Dienst an. Die Namensverwaltung verwaltet alle im Nachrichtensystem regristierten Namen von Teilnehmerinnen und unterstützt eine Authentisierung der Teilnehmerinnen. Der Datenbestand ist jedoch partitioniert und auf die verschiedenen Rechner im lokalen Rechnernetz verteilt, damit Rechnerausfälle partiell toleriert werden können. Die Nachrichtenverwaltung speichert Nachrichten für eine Teilnehmerin, bis die Nachrichten von der Teilnehmerin explizit angefordert werden. Die "Briefkästen" sind ebenfalls im lokalen Rechnernetz verteilt. Für jede Teilnehmerin wird der Briefkasten dort angelegt, wo die Teilnehmerin regristriert ist.

Das Nachrichtensystem EPos90 ist in Modula-2 implementiert. Die Kommunikation zwischen den Moduln erfolgt über ganz gewöhnliche Prozeduraufrufe, obwohl die einzelnen Moduln von verschiedenen Rechnern ausgeführt werden. Die Namens- und Nachrichtenverwaltung sind aufgrund der verteilten Datenbestände sogar selbst verteilt auf verschiedenen Rechnern, d.h. es existieren zur Laufzeit mehrere Exemplare dieser Moduln. Wir nennen solche Moduln *Verteilte Moduln* (s.a. Kap. 2.2.2)

Mit Hilfe des Fernaufrufmechanismus der DAPHNE-Modula2-Laufzeitunterstützung werden Prozeduraufrufe für die Programmiererin transparent über Adreßraumgrenzen (Rechnergrenzen) hinweg ermöglicht. (Der Daphne-Fernaufrufmechanismus wird in Kapitel 2 ausführlich beschrieben) Aus der Schnittstelle (DEFINITION MODULE) des jeweiligen Dienstleistungsmoduls wird durch den DAPHNE-Stubgenerator ein sogenannter Dienstleistungsstub und ein Klientenstub (Stellvertretende). Bei verteilten Moduln übernimmt der Dienstleistungsstub nicht nur das Aufbereiten der Parameter eines Prozeduraufrufs zu einer Nachricht, sondern ermittelt auch aus den Parametern das aktuell aufzurufende Exemplar (den Ort) des Dienstleistungsmodul. Auf der Dienstleistungsseite nimmt der Klientenstub die Aufträge entgegen und führt die gewünschte Prozedur aus. Da die Klientenstubs Aufträge immer erst nach Abschluß des gerade bearbeitenden Auftrages annehmen, ist eine Ausschlußsynchronisation zwischen den nebenläufigen Klientenaktivitäten ähnlich dem Monitorkonzept gewährleistet.

Bei der Entwicklung des Nachrichtensystems EPos90 auf Basis des DAPHNE-Fernaufrufmechanismus hat sich gezeigt, daß die Modularisierung und die Implementierung der einzelnen Moduln weitestgehend unabhängig von Fragen der Verteilung vorgenommen werden können. Da sich Fernaufrufe syntaktisch nicht und semantisch nur in wenigen Details von lokalen Prozeduraufrufen unterscheiden, kann sogar das Testen der Funktionalität des Nachrichtensystems losgelöst von der verteilten Zielumgebung (in einem Adreßraum) vorgenommen werden. In einer heterogenen Umgebung müssen eventuell unterschiedliche Implementierungen für die Exemplare eines verteilten Moduls erstellt werden. Erst zur Installation müssen die DAPHNE-Werkzeuge eingesetzt und die Moduln auf den verschiedenen Rechnern eingerichtet werden.

3.3 Literatur

[Almes/Holman 87] G.T. Almes, C. Holman: Edmas: *An Object-oriented, Locally Distributed Mail System.* IEEE Transactions on Software Engineering, Vol. SE-13, No. 9, Sep 1987

[Bødker et al. 88] S. Bødker, P. Ehn, J.L. Knudsen, M. Kyng, K.H. Madsen: *Computer Support for Cooperative Design.* Proceedings of the 2nd Conference on CSCW, Sep. 1988

[CoTech 89] *Memorandum of Understanding for the Implementation of a European Research Project on Co-Operation Technology (Co-Tech).* 2nd Draft, Jan 1990

[CSCW 86,88,90] *Proceedings of the Conferences on Computer-Supported Cooperative Work* . Austin, Texas, Okt.1986, Portland, Oregon, Sep. 1988, Los Angeles, California, Okt. 1990

[Curtis et al. 88] B. Curtis, H. Krasner, N. Iscoe: *A Field Study of the Software Design Process for Large Systems.* Communications of the ACM, Vol. 31, No. 11, Nov 1988

[ECCSCW 89] *Proceedings of the 1st European Conference on Computer-Supported Cooperative Work.* London, Sep. 1989

[Franck 88] R. Franck: *Verteilte Softwareentwicklung.* In: R. Valk (Hrsg.): GI-18. Jahrestagung , Informatik Fachberichte , No. 188, Okt 1988

[Hiltz/Turoff 85] S.R. Hiltz, M. Turoff: *Structuring Computer-Mediated Communication Systems to Avoid Information Overload.* Communications of the ACM, Vol. 28, No. 7, Jul 1985

[Kautz et al. 90] K. Kautz, G. Gryczan, M. Ecker, C. Focks: *Research Directions on Tool Support for Cooperative Development.* Technische Universität Berlin, Fachbereich Informatik, Bericht 90-27, Juli 1990

[Mattern/Sturm 88] F. Mattern, P. Sturm: *Konzepte Verteilter Programmierung – Erfahrungen bei der Entwicklung eines dezentralen Terminvereinbarungssystem.* GI-18. Jahrestagung, Informatik Fachberichte, No. 188, Okt 1988, S. 545-561

[Sihto 89] M. Sihto: *Distributed Hypertext as a Basis for Communication and Collaboration Tools in Distributed Software Environments.* Proceedings of the 1st European Conference on CSCW, Sep. 1989

4 Kriterien für den Integrationstest modularer Softwaresysteme[4]

Ein Teil der Entwicklung von Softwaresystemen ist deren Test. Die bisherigen Ergebnisse eines von der DFG geförderten Projektes, das sich mit der Methodenentwicklung für den Test von modularen Softwaresystemen beschäftigt, werden vorgestellt.

Testen ist die in der Praxis gebräuchlichste Methode der Softwareprüfung. Unter diesem Begriff wird in erster Linie die dynamische Analyse verstanden. Das Testobjekt wird mit Testdaten versehen und mit dem Ziel der Fehleraufdeckung zur Ausführung gebracht.

Ein wesentliches Problem beim Testen besteht darin, daß der Eingabebereich meist zu groß ist für einen Test, bei dem das Testobjekt mit allen möglichen Eingaben ausgeführt wird. Notwendig sind Kriterien, die es erlauben, diejenigen Testdaten aus dem Eingabebereich auszuwählen, die mit hoher Wahrscheinlichkeit Fehler aufdecken werden. Einige Eigenschaften, die derartige Kriterien besitzen sollten, sind in [Goodenough/Gerhard 75] beschrieben. Der Umfang der durch die Anwendung der Kriterien entstehenden Testmenge muß endlich und praktikabel sein. Der Test muß mit einem vertretbaren Aufwand durchzuführen sein.

---

[4] DFG-Projekt: Jens Herrmann und Andreas Spillner

Die ersten Publikationen zum Thema Testen sind in [Miller/Howden 78] zusammengefaßt, einen Überblick über den heutigen Stand des Testens auf Modulebene gibt [Liggesmeyer 90]. Zwischen dem Entwurf und der Wartung können die Phasen Modul-, Integrations-, System-, Installations- und Abnahmetest unterschieden werden. Im folgenden werden einige Kriterien für den Integrationstest großer Softwaresysteme beschrieben.

4.1 Integrationstest

Zur Reduktion und Beherrschung großer Softwaresysteme werden diese in Subsysteme und Moduln zerlegt. Derartige Systeme bestehen auf einer bestimmten Abstraktionsebene aus Moduln und den zwischen ihnen vorhandenen Kopplungen. Unter einem Modul soll hier die Realisierung eines abstrakten Datentyps oder einer funktionalen Abstraktion verstanden werden.

Eine Testprozedur, die dieser Zerlegung folgt, besteht aus dem Modul- und dem darauf aufbauenden Integrationstest. Während des Modultests werden Moduln isoliert getestet. Für den dynamischen Test eines Moduls ist ein Testrahmen erforderlich. Dieser besteht aus einem Treiber, der den Modul mit Testdaten versorgt, aufruft und nach Ausführung die tatsächlichen Ausgaben mit den erwarteten vergleicht. Darüber hinaus enthält der Rahmen Stellvertreter, die das Verhalten der vom Testobjekt von anderen Moduln importierten Operationen simulieren.

Während des Integrationstests [Beizer 84, Spillner et al. 89, Spillner 91] werden Kopplungen isoliert getestet. Voraussetzung ist der abgeschlossene Modultest der an der Kopplung beteiligten Moduln. Für den dynamischen Integrationstest ist wie beim Modultest ein Testrahmen erforderlich, der die zwei an der zu testenden Kopplung beteiligten Moduln umgibt. In inkrementellen Schritten werden weitere Moduln hinzugefügt und getestet, bis das System komplett integriert ist.

Ziel des Integrationstests ist die Aufdeckung von Kopplungsfehlern. Dabei handelt es sich um Fehler, die während des Modultests nicht nachweisbar sind. Dies sind beispielsweise:
- das fehlerhafte funktionale Zusammenwirken zwischen Moduln,
- die Ausführung einer falschen Aufrufreihenfolge exportierter Operationen,
- der fehlerhafte Datenfluß zwischen Moduln und
- durch die Integration von Moduln entstehende unerreichbare Programmteile.

4.2 Kriterien für den Integrationstest

Die im folgenden beschriebenen Kriterien Funktionalität, Operationsreihenfolgen, Datenfluß und kontrollflußorientierte Überdeckung werden jeweils allgemein und im Hinblick für deren Nutzung für den Integrationstest erläutert. Sie sollen dazu beitragen, die im vorigen Kapitel angesprochenen Kopplungsfehlerarten aufzudecken.

Kriterium Funktionalität

Wird eine Operation aufgerufen, so ist mit diesem Aufruf die Erfüllung einer spezifizierten Funktionalität verbunden [Howden 87]. Eine Aufgabe des Tests ist die Prüfung, ob Abweichungen zur erwarteten Funktionalität existieren [Leung/White 89]. Eine solche Abweichung existiert, wenn die Operation
- zuwenig Funktionalität liefert, d.h. der Aufrufer erwartet eine Teilfunktion, die nicht geliefert wird;
- zuviel Funktionalität liefert, d.h. es wird eine unerwartete Teilfunktion ausgeführt oder

– eine falsche Funktionalität liefert.

Der Integrationstest besteht in diesem Falle aus der Prüfung exportierter Operationen durch alle Importeure, d.h. jeder Export ist hinsichtlich eventueller Abweichungen der von den Importeuren erwarteten Funktionalität zu testen.

Kriterium Operationsreihenfolgen

Einige Fehler besitzen ihre Ursache darin, daß Operationen in falscher Reihenfolge aufgerufen werden. Mit zunehmender Größe von Softwaresystemen bzw. Änderungen an diesen wächst die Wahrscheinlichkeit für diese Fehlermöglichkeit. Existiert eine Spezifikation (un)zulässiger Aufrufreihenfolgen für die Operationen eines Systems, so kann geprüft werden, ob die tatsächlich auftretenden Reihenfolgen mit den spezifizierten übereinstimmen oder davon abweichen.

Ein Beispiel hierfür sind die Operationen *open*, *write* und *close* auf einer Ausgabedatei mit der als zulässig spezifizierten Reihenfolge *open write* close*. Die Reihenfolge Öffnen der Ausgabedatei, dann eine beliebige Zahl des Schreibens und das anschließende Schließen der Datei ist als zulässig festgelegt.

Die Prüfung, ob festgelegte Reihenfolgen durch das System eingehalten werden, wird z.T. dadurch erschwert, daß Operationen oftmals auf unterschiedlichen Datenobjekten arbeiten. Hierzu das folgende Beispiel:

```
open (file1)
write(file1,...)
open (file2)
close(file1)
write(file2,...)
close(file2)
```

Notwendig ist bei diesem Beispiel die Berücksichtigung der Tatsache, daß zwei Ausgabedateien bearbeitet werden. Allgemein ist in derartigen Fällen die Reihenfolgenprüfung für alle im System bekannten Datenobjekte durchzuführen.

In [Olender/Osterweil 86] wird eine Sprache für die Spezifikation sogenannter Ereignisreihenfolgen beschrieben. Ein Ereignis kann dabei auch ein Operationsaufruf sein. Eine solche Spezifikation bildet zusammen mit dem Quelltext des Testobjektes die Eingabe für ein in [Olender/Osterweil 89] beschriebenes Werkzeug, das prüft, ob die Spezifikation im Testobjekt eingehalten wird.

Während des Integrationstests sind Reihenfolgenprüfungen für exportierte Operationen durchzuführen [Spillner/Herrmann 90]. Es muß systemweit sichergestellt sein, daß nur Reihenfolgen von externen Operationen zur Ausführung kommen, die der Spezifikation entsprechen.

Kriterium Datenfluß

Der Begriff Datenflußanalyse umfaßt ein weites Feld an Untersuchungen, die den Datenfluß durch Programme verfolgen und ihn hinsichtlich bestimmter Eigenschaften analysieren [Muchnick/Jones 81]. Viele der Methoden sind in der Lage, Anomalien im Datenfluß aufzuzeigen. Zu diesen Anomalien gehören [Osterweil/Fosdick 76]:
– das Lesen einer Variablen ohne gültigen Wert (*undefined reference*) und
– das fehlende Lesen einer Variablen mit gültigem Wert (*dead definition*).

Eine Variable besitzt beispielsweise einen ungültigen Wert, wenn sie nicht initialisiert wurde. Verschiedene Kriterien, die sich auf die Aufdeckung fehlenden Lesens konzentrieren, sind in [Rapps/Weyuker 85] beschrieben.

Beispiele für die beiden genannten Anomalien sind die folgenden: Das erste ist ein Beispiel für die Verwendung eines nichtinitialisierten Wertes, die nächsten beiden für die Nichtverwendung eines Wertes:

```
...
VAR x:INTEGER;
BEGIN
     .. := x;
     ...
```

```
...
x := y;
x := z;
...
```

```
...
VAR x:INTEGER;
BEGIN
     ...
     x := 0
END;
...
```

Die intermodulare Datenflußanalyse konzentriert sich allein auf den Datenfluß zwischen Moduln [Harrold/Soffa 89, Linnenkugel/Müllerburg 90, Herrmann et al. 90]. An Stellen, an denen importierte Operationen aufgerufen werden, wird der Datenfluß

1) über Parameter kurz vor Aufruf des Imports und kurz nach Eintritt in den Import und
2) kurz vor Austritt aus dem Import und kurz nach Rückkehr aus dem Import

untersucht.

Beispiele für intermodulare Datenflußanomalien sind im folgenden Quelltext enthalten:

```
VAR a,b:INTEGER;
BEGIN
     P(a,b);
     b := 1;
     ...
```

```
PROCEDURE P
     (x:INTEGER; VAR y:INTEGER);
BEGIN
     IF x = 0
     THEN ...
     ...
     y := 0
END P;
...
```

Durch den Aufruf von P ergeben sich zwei Datenflußanomalien an den beiden Übergängen zwischen dem Aufruf und der Definition der Operation P. Zum einen das Lesen des ersten Parameters von P kurz nach Eintritt, ohne daß dieser zuvor einen Wert erhalten hat und zum anderen das direkt aufeinanderfolgende zweifache Beschreiben des zweiten Parameters am Ende und nach Rückkehr aus der Operation P.

Kriterium kontrollflußorientierte Überdeckung

Ziel von kontrollflußorientierten Überdeckungsmessungen ist es, möglichst viele Programmteile auszuführen. Dieses kann zur Aufdeckung verschiedener Fehlerarten beitragen. Verschiedene Überdeckungsmaße wie die Anweisungs-, Entscheidungs- und Pfadüberdeckung wurden definiert [Miller 77, Myers 79].

Bei der Anweisungsüberdeckung muß jede Anweisung mindestens einmal durchlaufen werden. Die Entscheidungsüberdeckung verlangt, daß jede Abfrage mindestens einmal jeden der beiden booleschen Werte annimmt. Zur Pfadüberdeckung muß jeder mögliche Pfad durch das Programm mindestens einmal ausgeführt werden. Da beim Auftreten von Schleifen meist unendlich viele Pfade existieren und eine vollständige Überdeckung in der Praxis somit unmöglich wird, gibt es weitere Maße, die die maximale Anzahl von Schleifendurchläufen festlegen.

Für den Integrationstest werden Aufrufbeziehungen zwischen Moduln betrachtet. In [Linnenkugel/Müllerburg 90] sind Überdeckungskriterien für den Fall definiert, daß es sich bei Moduln um funktionale Abstraktionen handelt. Es sind dies u.a. die folgenden Kriterien:

– *all-modules* - jeder Modul muß mindestens einmal aufgerufen werden,

- *all-relations* - jeweils ein Aufruf zwischen zwei Moduln ist mindestens einmal auszuführen,
- *all-multiple-relations* - jeder Aufruf eines Moduls muß mindestens einmal ausgeführt werden,
- *all-call-sequences* - jede mögliche Aufrufreihenfolge ist mindestens einmal auszuführen.

Zwei weitere Kriterien beschränken die Pfadüberdeckung hinsichtlich der Anzahl der Schleifendurchläufe.

Für den Fall, daß Moduln mehrere Operationen exportieren, wie z.B. bei der Realisierung abstrakter Datentypen, lassen sich sehr ähnliche Kriterien angeben:
- *all-exports* - jeder Export muß mindestens einmal aufgerufen werden,
- *all-imports* - jeder Export muß von jedem importierenden Modul mindestens einmal aufgerufen werden,
- *all-multiple-imports* - alle Aufrufstellen von Importen sind mindestens einmal auszuführen,
- *all-import-call-sequences* - pro Modul werden die von ihm importierten Operationen als einmalige Importe betrachtet, d.h. zu betrachten ist jeweils nur eine Aufrufstelle pro Import im Modul; alle möglichen Reihenfolgen aller einmaligen Importe im System sind mindestens einmal auszuführen,
- *all-multiple-import-call-sequences* - betrachtet werden alle im System vorhandenen Importaufrufstellen; auszuführen sind alle möglichen Reihenfolgen mindestens einmal.

4.3 Zusammenfassung

Die vorgestellten Kriterien stellen eine Hilfe bei der Durchführung des Integrationstests dar. Es können Aussagen über den Umfang des Tests gemacht werden und Vorgaben festgelegt werden, wann das Testobjekt ausreichend getestet ist. Für die Ermittlung der konkreten Testdaten zur Ausführung des Testobjektes geben die Kriterien nur abstrakte Anhaltspunkte. Hierzu muß auch auf die Testfälle des Modultest und gegebenenfalls auf die symbolische Interpretation von einzelnen Programmstücken zurückgegriffen werden.

Der Integrationstest wird je nach verwendetem Kriterium unter anderen Gesichtspunkten ausgeführt und ist in der Lage dadurch unterschiedliche Fehlerarten nachzuweisen, die nur in der Integrationsphase aufdeckbar sind. Durch das schrittweise Vorgehen wird die Komplexität des Integrationstest beschränkt und der Testvorgang wird auch bei umfangreichen Softwaresystemen handhab- und durchführbar.

4.4 Literatur

[Beizer 84] B. Beizer: *Software System Testing and Quality Assurance*. Van Nostrand Reinhold Company, New York 1984.

[Goodenough/Gerhard 75] J.B. Goodenough, S.L. Gerhart: *Toward a Theory of Test Data Selection*. IEEE Transactions on Software Engineering, Vol. SE-1, No. 2, 1975

[Harrold/Soffa 89] M.J. Harrold, M.L. Soffa: *Interprocedural Data Flow Testing. In: Third Testing, Analysis, and Verification* Symposium (TAV3-SIGSOFT 89), Key-West, Florida, 13.-15. Dezember 1989, ACM Press 1989

[Herrmann et al. 90] J. Herrmann, A. Spillner, R.Franck: *Datenflußorientierter Integrationstest*. Pit-Report 90/1, Interner Bericht, Fachbereich Mathematik/Informatik, Universität Bremen, Januar 1990

[Howden 87] W.E. Howden,: *Functional Program Testing & Analysis*. McGraw-Hill, NY, 1987

[Leung/White 89] H.K.N. Leung, L.J. White: *A Study of Integration Testing and Regression Testing*. Technical Report TR 89-21. Sept. 1989, Department of Computer Science, The University of Alberta, Edmonton, Alberta, Canada

[Liggesmeyer 90] P. Liggesmeyer: *Modultest und Modulverifikation*. BI-Wissenschaftsverlag, Mannheim, 1990

[Linnenkugel/Müllerburg 90] U. Linnenkugel, M. Müllerburg: *Test Data Selection Criteria for (Software) Integration Testing*. First International Conference on Systems Integration, IEEE, April 1990

[Miller 77] E. Miller: *Program Testing: Art Meets Theory*. Computer, Juli 1977

[Miller/Howden 78] E. Miller, W.E. Howden (Hrsg.): *Tutorial: Software Testing and Validation Techniques*. IEEE Catalog No. EHO 138-8/180-0, 1978

[Muchnik/Jones 81] S.S. Muchnik, N.D.Jones (eds): *Program Flow Analysis: Theories and Applications*. Prentice-Hall, Englewood Cliffs, NJ., 1981

[Myers 79] G.J. Myers: *The Art of Software Testing*. John Wiley & Sons, NY, 1979.

[Olender/Osterweil 86] K.M. Olender, I.J. Osterweil: *Specification and Static Evaluation of Sequencing Constraints in Software*. Workshop on Software Testing, Banff, Canada, 1986. IEEE Computer Society, Catalog Nr. 86TH 0144-6, 1986

[Olender/Osterweil 89] K.M. Olender, L.J. Osterweil: *Cesar: A Static Sequencing Constraint Analyzer*. Third Symposium on Software Testing, Analysis, and Verification (TAV3). Key West, Florida, U.S.A., Dec. 1989, ACM Press

[Osterweil/Fosdick 76] L.J. Osterweil, L.D. Fosdick: *DAVE - A Validation Error Detection and Documentation System for Fortran Programs*. Software - Practice and Experience, Vol 6, No 4, 1976

[Rapps/Weyuker 85] S. Rapps, E.J. Weyuker: *Selecting Software Test Data Using Data Flow Information*. IEEE Transactions on Software Engineering, Vol. SE-11, No. 4, 1985

[Spillner et al. 89] A. Spillner, R. Franck, J. Herrmann: *Integration großer Software-Systeme*. In Lippe, W.-M. (Hrsg.): Software-Entwicklung, Proceedings, Fachtagung Marburg, Juni 1989, Informatik Fachberichte 212, Springer Verlag, 1989

[Spillner/Herrmann 90] A. Spillner, J. Herrmann: *Systemweite Prüfung der Aufrufreihenfolgen externer Operationen*. Pit-Report 90/4, Interner Bericht, Fachbereich Mathematik/Informatik, Universität Bremen, Oktober 1990

[Spillner 91] A. Spillner: *Dynamischer Integrationstest modularer Softwaresysteme*, Dissertation, Fachbereich Mathematik/Informatik, Universität Bremen, Januar 1991

5 Wartung großer Softwaresysteme — das MACS-Projekt[5]

MACS (Maintenance Assistance Capability for Software) ist ein Forschungsprojekt, das von der EG im Rahmen des ESPRIT II Programms gefördert wird. Das Projekt hat im Januar 1989 begonnen und ist mit einer Laufzeit von vier Jahren geplant. Daran beteiligt sind fünf Softwarehäuser und zwei Universitäten aus Frankreich, Italien, Spanien, Großbritannien, den Niederlanden und der Bundesrepublik Deutschland.

MACS soll ein Werkzeug entwickeln, das eine Unterstützung bei der Wartung von Software bietet. Forschungen zum selben Gebiet mit ähnlichen Ansätzen sind unter anderem TMM (*Transformation-Based Maintenance Modell*) [Arango et al. 86], DRACO [Freeman 87], DESIRE [Biggerstaff 89] und *C Information Abstraction System* [Chen et al. 90]. Die Bedeutung der Wartung wird durch die Tatsache unterstrichen, daß mehr als 50 Prozent aller Softwarekosten auf diesen Bereich entfallen.

5.1 Wartung

Unter dem Begriff Wartung werden drei verschiedene Tätigkeiten zusammengefaßt:
- korrigierende,
- verbessernde und
- adaptive Wartung.

[5] Esprit-Projekt: Jutta Hindersmann und Ingrid Nikschat-Tillwick

Unter korrigierender Wartung (*corrective maintenance*) versteht man die Behebung von Fehlern und die Anpassung der Implementierung an die Spezifikation, falls hier Unterschiede aufgetreten sind.

Die verbessernde Wartung (*perfective maintenance*) setzt sich aus funktionalen Erweiterungen und Effizienzsteigerungen zusammen. Die Funktionalität des Systems kann durch geringere Antwortzeiten und größere Robustheit erhöht werden. Auch können zusätzliche Funktionalitäten eingebracht werden, die in einer Erweiterung der Spezifikation gefordert wurden.

Adaptive Wartung (*adaptive maintenance*) ist die Anpassung des Systems an eine neue Umgebung, d. h. ein neues Betriebssystem, eine andere Programmiersprache oder eine andere Hardware.

5.2 Probleme bei der Wartung

Wartung bedeutet in allen Fällen, daß ein existierendes Programm verändert werden soll. Voraussetzung für die Wartung ist das Verstehen des Systems. Dieses bedeutet insbesondere das Verständnis des Anwendungsbereichs (z. B. Einsatz in einem CAD-System), der Funktionalität (d. h. welche Aufgaben das System bearbeitet) und der Art und Weise der Realisierung des Systems (d. h. wie wird die Aufgabe gelöst). Hierzu trägt die Kenntnis der eventuell verwendeten Softwareentwicklungsmethoden (z. B. HOOD, SADT, Jackson) und der Programmiersprachen (z. B. C, Colbol, Fortran, Ada) bei.

Die Implementierung zu verstehen heißt, die Idee, die hinter dem ganzen System steht, zu verstehen. Es muß der Entwurf in seiner Gesamtstruktur verstanden werden, aber auch die zu verändernde Funktion in ihren Einzelheiten. Man muß überblicken können, welche Auswirkungen eine Änderung oder Ergänzung mit sich bringt. Dieses Problem wurde in der Softwaretechnik erörtert, und für diesen Zweck wurden Konzepte wie Modularisierung und hierarchische Strukturen entwickelt. Durch diese Konzepte wird das Verstehen der Software einfacher.

Da meistens kein präventiver Entwurf vorhanden ist, d. h. ein Entwurf mit erweiterbaren Funktionen, ist es natürlich schwieriger, den Entwurf nachzuvollziehen bzw. Erweiterungen im System einzufügen. Besonders schwierig ist die Wartung von nicht selbst entworfener Software. Dies bedeutet, daß das Entwurfswissen nicht vorhanden ist, und Wissen über nicht durchgeführte Entwurfsstrategien und Zusammenhänge steht nicht zur Verfügung. Das führt dazu, daß mehr Zeit aufgewandt werden muß. Zudem können nur unzulängliche oder nur ältere Versionen der Dokumentationen vorhanden sein.

5.3 Der MACS-Ansatz

Das MACS-System soll eine Unterstützung bieten, das Problem bei der Wartung und das Programmsystem besser zu verstehen. Die Hilfestellung des MACS-System bezieht sich auf das Verständnis des Anwendungsgebietes, des Entwurfs und der Implementierung. Der Wartungsingenieur soll nicht ersetzt werden, sondern das MACS-System soll ihm als Assistent zur Seite stehen. Das System kann auch kein vollständiges Wissen über das zu bearbeitende System haben.

MACS kann sowohl entwicklungsbegleitend wie auch erst in der Wartungsphase eingesetzt werden. Zuerst soll die Wartung von Programmen in der Programmiersprache C und in CAD-

Anwendungen unterstützt werden. In einem nächsten Schritt sind Erweiterungen für andere Programmiersprachen wie z. B. Cobol und andere Anwendungsbereiche geplant.

MACS liefert Unterstützung in folgenden Punkten:

- Bearbeitung und Speicherung von Entwurfsentscheidungen und deren Hintergründe,
- Programmtextanalyse und -aufbereitung unter verschiedenen Aspekten,
- Expertensystemunterstützung mit Wissensbasen über die Anwendungsgebiete, die Programmiersprachen und den Wartungsprozeß,
- integriertes Konfigurationsverwaltungssystem für das zu wartende System,
- Gestaltung der Mensch-Maschine-Kommunikation nach den Bedürfnissen der Wartungsingenieure.

Zu diesen Punkten gibt es jeweils Teilprojekte, die im folgenden Kapitel näher beschrieben werden. Diese Teilprojekte sind durch ein gemeinsames Datenmodell miteinander verknüpft. Die Kommunikation mit dem System erfolgt über das Expertensystem. Funktionen und Programme können auch direkt aufgerufen werden. MACS schließt die Verwendung anderer Werkzeuge nicht aus, so kann z. B. auch weiterhin der vertraute Editor benutzt werden.

Das MACS-System läuft auf Sun-Workstations unter dem Betriebssystem Unix. Für die gemeinsame Datenverwaltung wird die Datenbank des *Eclipse Tool Builder's Kit* verwendet [Ipsys 90].

5.4 Die Teilprojekte

Knowledge Representation (KREP)

Das Wissen über das Programmsystem ist Voraussetzung für alle Wartungsaufgaben. Dieses Teilprojekt beschäftigt sich mit der Repräsentation von Entwurfswissen. Es entwickelt einen Mechanismus zur Speicherung von Entwurfsentscheidungen und deren Hintergründe. Wird MACS schon während des Entwurfs eingesetzt, so können die Entwurfsentscheidungen begleitend erfaßt werden. Ist der Entwurf ohne MACS vorgenommen worden und es wird erst bei der Wartung eingesetzt, so kann das Wissen abgespeichert werden, das bei der Wartung erkannt wird. Außerdem können die jetzt zu treffenden Entscheidungen dem System mitgeteilt werden. Die Entwurfsentscheidungen sollen nicht nur den derzeitigen Stand des Systems dokumentieren, sondern es sollen auch solche erfaßt werden, die sich als Sackgasse erwiesen haben oder Wege, die nicht weiter verfolgt wurden. So kann verhindert werden, daß sich einmal erkannte Fehler wiederholen.

Der hierzu entwickelte Mechanismus nennt sich *Problem-Solution-Decision* (PSD). Er besteht aus einem Netzwerk von Problembeschreibungen und deren Lösungsmöglichkeiten. Hier werden die Beziehungen und Wechselwirkungen innerhalb von Problemen, zwischen einem Problem und seinen Lösungsmöglichkeiten und zwischen Lösungen verschiedener Probleme erfaßt. So kann eine Entscheidung eine bestimmte Lösung eines anderen Problems erzwingen oder ausschließen.

Zusätzlich besteht ein Zugriff auf die Wissensbasen, deren Wissen zur Problemlösung herangezogen werden kann.

Abstraction Recovery (ABR)

Dieses Teilprojekt beschäftigt sich mit der Gewinnung von Abstraktionen aus dem Programmtext. Der Vorteil dieser Methode gegenüber dem *Problem-Solution-Decision*-Mechanismus liegt darin, daß sie immer anwendbar ist, da Wartung ohne den Programmtext nicht möglich ist. Das *Problem-Solution-Decision*-Modell dagegen kann zu Beginn leer sein, wenn kein Wissen über den Entwurf und das System vorliegt.

Es werden verschiedene Sichten der Software erstellt, die auf Abstraktionen und Reduzierungen beruhen. Die zu erstellenden Werkzeuge lassen sich in vier Gruppen einteilen:
- Parser
- Filter
- Sichtenerzeuger
- Darstellung.

Die Parser dienen dazu, den Programmtext aus verschiedenen Programmiersprachen in eine gemeinsame Zwischensprache zu überführen. Auf diese können die weiteren Werkzeuge aufsetzen, so daß sie jeweils nur einmal und nicht für jede Sprache neu geschrieben werden müssen. Als Zwischensprache wurde die *Dimensional Oriented Language* (DOL) gewählt, die eine graphische mehrdimensionale Darstellung des Programmtextes und der Sichten ermöglicht.

Die Filter und Sichtenerzeuger produzieren Reduzierungen auf das Wesentliche und Abstraktionen. So kann z. B. der Blick nur auf eine bestimmte Variable gelenkt und Informationen über sie geliefert werden:
- wo ist die Variable vereinbart?
- wann wird sie initialisiert?
- wo erfolgt überall ein Lesezugriff?
- wo erfolgt überall ein Schreibzugriff?

Es soll versucht werden, neben diesen syntaktischen Informationen auch die Semantik zu erfassen. Hierzu können Untersuchungen über Modularisierung beitragen.

Software Evolution Expert System (SEES)

Das Expertensystem kann den Wartungsingenieur im Wartungsprozeß unterstützen und leiten. Es kann mit Hilfe des Zugriffs auf die Wissensbasis mit Wissen über den Wartungsprozeß den Wartungsingenieur mit Richtlinien und Strategien versorgen. Das System hat Wissen über die anderen Werkzeuge und kann sie so kontrolliert aufrufen. Als weitere Unterstützung gibt es Wissensbasen über die Anwendungsgebiete und Programmiersprachen. Im Gegensatz zur Wissensbasis über den Wartungsprozeß, die von Anfang an gefüllt ist, sind die anderen beiden Wissensbasen nur teilweise gefüllt. Wenn der Wartungsingenieur während der Benutzung von MACS neue Erkenntnisse gewinnt, kann er sie in der entsprechenden Wissensbasis ergänzen.

Integrated Configuration Management System (ICMS)

Mit zunehmender Lebensdauer eines Systems entstehen immer mehr Versionen und Varianten, deren Verwaltung die Wartung erschwert. MACS besitzt ein integriertes Konfigurationsverwaltungssystem, das auf dem Prinzip der Wiederverwendbarkeit von Systemkomponenten beruht.

Es können Probleme (*problem reports*) abgelegt werden, die während der Benutzung eines Systems aufgetreten sind. Diese Probleme können gleichzeitig als Probleme im PSD-Mechanismus integriert werden.

Human Factors (HUMF)

Die Akzeptanz eines Systems hängt wesentlich von der Gestaltung seiner Benutzungsschnittstelle ab. Die Benutzung von MACS soll nicht zusätzliche Probleme schaffen, sondern die Wartung erleichtern. Deshalb muß die Schnittstelle an die Bedürfnisse von Wartungsingenieuren angepaßt sein, z. B. sollen sie nicht mit Informationen überschwemmt werden. Es muß die Modellbildung des Wartungsingenieurs über das zu bearbeitende System unterstützt werden. Das Bild sollte sich möglichst dem des ursprünglichen Entwerfers annähern.

In diesem Teilprojekt soll herausgefunden werden, welche Informationen nötig und wie sie geeignet dargestellt werden können. Es sollen Hinweise für die Gestaltung der Benutzungsschnittstelle erarbeitet und ein Prototyp erstellt werden. Dieses ist nicht eine rein theoretische Arbeit, sondern es werden auf die Erfahrungen und Anforderungen von Wartungsingenieuren berücksichtigt.

Validation (VAL)

Projektbegleitend erfolgt eine Validation der erstellten Prototypen. Es soll untersucht werden, ob sie mit der Spezifikation übereinstimmen. Zudem wird geprüft, wie die Prototypen in der Praxis in verschiedenen Gebieten einsetzbar sind. Dazu gehört festzustellen, wie gut die Idee ist und ob ihre Realisierung den Bedürfnissen entspricht.

5.5 Zusammenfassung

MACS ist ein Forschungsprojekt, das den Entwurf und die Implementierung eines Assistenten zur Softwarewartung als Ziel hat. Es fördert das Verständnis der Anwendung und des Programmsystems, welches die Voraussetzung für alle Arten von Wartungsarbeiten ist. Es soll sowohl die Wartung bereits existierender Systeme unterstützt werden als auch die Entwicklung neuer Systeme in Hinblick auf die Wartung. Das MACS-System bietet einen Mechanismus zur Repräsentation von Entwurfsentscheidungen und deren Hintergründe an und unterstützt das Verständnis des Programmtextes. Der Wartungsingenieur wird durch ein Expertensystem geleitet, das sowohl Wissen über die MACS-Werkzeuge als auch über das Anwendungsgebiet und Programmiersprachen besitzt. Die Benutzungsschnittstelle ist nach den Bedürfnissen der Wartungsingenieure ausgerichtet.

5.6 Literatur

[Arango et al. 86] G. Arango, I. Baxter, P. Freeman, C. Pidgeon: *TMM: Software Maintenance by Transformation*. IEEE Software No 3, 1986

[Biggerstaff 89] T.J. Biggerstaff: *Design Recovery for Maintenance and Reuse*. IEEE Computer Vol 22,No 7, 1989

[Chen et al. 90] Y.F. Chen, M.Y. Nishimoto, C.V. Ramamoorthy: *The C Information Abstraction System*. IEEE Transactions on Software Engineering, Vol 16, No 3, 1990

[Franck et al. 89] R. Franck, J. Hindersmann, I. Nikschat-Tillwick: *Entwurf und Wartung großer Software-Systeme*. Forschungsbericht des Studiengangs Informatik, Universität Bremen, No. 11/89, 1989.

[Freeman 87] P. Freeman: *A Conceptual Analysis of the Draco Approach to Constructing Software Systems*. IEEE Transactions on Software Engineering, Vol 14 , No 7, 1987

[Ipsys 90] Ipsys Software plc.: *Tool Builder's Kit Public Tools Interface Functional Specification*. Vol 2, 1990.

Systematische Dokumentation logischer Programme

Fevzi Belli   Alfred Schmidt
Universität-Gesamthochschule Paderborn
FB 14 - Elektrotechnik
Angewandte Datentechnik (Software Engineering)
Postfach 1621
W 4790 Paderborn
Telefon: (05251) 60-3282/3283/3279
Telefax: (05251) 60-2519
e-mail: belli@adt.uni-paderborn.de

Zusammenfassung

Bei Software-Systemen werden Änderungen oft unmittelbar am Programmcode vorgenommen, ohne die dazu gehörende Dokumentation zu aktualisieren. Dadurch entsteht eine Divergenz zwischen der Dokumentation und dem operationellen System. Diese Divergenz reduziert die Systemtransparenz und erhöht den Wartungsaufwand. Die vorliegende Arbeit behandelt die Möglichkeiten einer leichten Aktualisierbarkeit der Dokumentation logischer Programme exemplarisch mit den Mitteln der Entscheidungstabellen-Technik (ET) für die Dokumentation *im Großen* (Anforderungs-Dokumentation) sowie mit Prädikaten-Transitionsnetzen (PrT) für die Dokumentation *im Kleinen* (Entwicklungs-Dokumentation). ET und PrT sind theoretisch solide untermauert, so daß sie einer Automatisierung leicht zugänglich sind.

Schlüsselwörter

Logische Programmierung, PROLOG, Dokumentation und Transparenz von Softwaresystemen, Entscheidungstabellen (ET), Prädikaten-Transitionsnetze (PrT)

1 Vorbemerkungen

Die Transparenz eines Systems hängt von der Transparenz der Dokumentation ab. Die Systempflege, d.h. die Sicherung der Wart- und Fortschreibbarkeit des Systems, ist der hauptsächliche Zweck der Dokumentation. Eine EDV-Fachkraft muß in angemessener Zeit in der Lage sein, aufgrund der Dokumentation das vorliegende System zu verstehen und zu pflegen. Handelt es sich um konventionelle Systeme, so sind die Probleme, die hier zu erwarten sind, hauptsächlich von der Qualität der Dokumentation abhängig.

Logische Programme sind insbesondere durch ihre leichte Veränderbarkeit gekennzeichnet; eine Änderung kann durch den Endbenutzer verursacht werden. Daher ist gerade bei logischen Programmen die momentane Qualität des Systems nicht mehr das allein entscheidende Merkmal, wenn die Dokumentation aufgrund von Veränderungen nicht den aktuellen Stand des Systems widerspiegelt.

Ein System, das Transparenz durch ständige, sogar eigenständige Aktualisierung der Dokumentation bietet, setzt weiterhin den Quell-Code als Grundlage für die Wartung voraus. Durch eine automatische (Nach-)Generierung der Dokumentation wird das Wartungspersonal über den aktuellen Stand des Systems informiert. Als Darstellungsmittel einer Dokumentation für Systeme auf der Basis von PROLOG werden hier exemplarisch benutzt:

- Entscheidungstabellen-Technik (ET) für die Anforderungs-Dokumentation,
- Prädikaten-Transitionsnetze (PrT) für die Entwicklungs-Dokumentation.

Sowohl Entscheidungstabellen als auch Prädikaten-Transitionsnetze haben grafischen Charakter und erlauben nicht nur eine präzise Darstellung, sondern auch Operationen zur Validation der durch sie dargestellten Sachverhalte. ET sind genereller verwendbar, d.h. sie sind leicht verständlich und stellen globale Zusammenhänge dar. PrT sind dagegen *feinkörniger*, d.h. sie eignen sich gut, Detailwissen bezüglich der Implementation darzustellen. Sie entsprechen damit unseren Überlegungen bezüglich der *Dokumentation im Großen* und der *Dokumentation im Kleinen* in Analogie zur *Programmierung im Kleinen* und *Programmierung im Großen* [Dere76]. Für die Notation logischer Programme verwenden wir die *Edinburgh-Syntax* [Cloc87].

1.1 Entscheidungstabellen (ET)

Eine Entscheidungstabelle ET_n besteht aus

- einer endlichen Menge Bedingungen $(B_1, B_2, \ldots, B_n)$ sowie
- einer endlichen Menge Aktionen $(A_1, A_2, \ldots, A_m)$ und einer
- Menge Regeln $(R_1, R_2, \ldots, R_{max})$,

wobei $max \leq 2^n$. Wesentliche Operationen auf ET sind die Konsolidierung (Behebung der Redundanz), die Überprüfung der formalen Vollständigkeit und die Verifikation der Konsistenz.

Tabellenbezeichnung		R_1	R_2	R_3	$R_4 \dots R_{max}$
B_1	Feld 1				Feld 3
B_2	*Bedingungen*				*Bed.anzeiger*
B_3	WENN				REGELN
B_n					
A_1	Feld 2				Feld 4
A_2	*Aktionen*				*Akt.anzeiger*
A_m	DANN				

Abbildung 1: Einteilung einer Entscheidungstabelle gemäß DIN 66241

Durch die enge Verwandschaft der ET mit der Booleschen Algebra und den endlichen Automaten können die Ergebnisse aus diesen Theorien effizient eingesetzt werden. Die zur automatischen Generierung der ET notwendigen Informationen sind (in erster Annäherung):

- Kennzeichnung der textuellen Bestandteile wie z.B. ET-Titel, Version, Datum etc.,
- Angabe der Präferenz von Bedingungen,
- Identifizierung der PROLOG-Klauseln, die den jeweiligen Bedingungen und Aktionen der ET entsprechen.

Ist der Quellcode einmal instrumentalisiert, d.h. um die Zusatz-Informationen zur Generierung der ET erweitert, ist *der Grundstein gelegt*, um das Programm leichter zu pflegen, d.h. die Dokumentation automatisch zu generien.

Die Informationen für die automatische Generierung der ET stellen ein (primitives) Meta-Programm über dem eigentlichen Quelltext dar. Dieses Meta-Programm nimmt u.U. einen Umfang an, der dem des Quelltextes entspricht oder diesen sogar übersteigt. Für den Preis dieses Mehraufwandes ist die Post-Generierung der ET nach jeder Änderung des PROLOG-Programms gegeben.

Die Generierung der ET kann von einem Pre-Compiler vorgenommen werden; die Instrumentalisierung stellt dann für das eigentliche PROLOG-System Kommentare dar.

Wir werden in Abschnitt 2 unseren Ansatz zur Realisierung der automatischen Aktualisierung der Dokumentation logischer Programme näher erläutern.

1.2 Prädikaten-Transitionsnetze (PrT)

Geht es bei der Dokumentation im Großen um *globale* Informationen, so geht es bei der Dokumentation im Kleinen um *Detail*-Informationen, die primär den/die Programmierer(in) interessieren. Er bzw. sie muß hier mit einem Blick sehen, welche Parameter wie übergeben werden, wie die Prädikate zusammenhängen, wie sich die Sachlage ändert, wenn an einer Klausel etwas geändert wird etc. Auch dieser Überblick sollte zweckmäßigerweise grafisch vermittelt werden.

Prädikaten-Transitionsnetze sind spezielle Petri-Netze (PN) ([Genr81, Pete81, Reis85, Yue89]). Sie werden - zusammen mit den *gefärbten Petri-Netzen* (s. z.B. [Jens81]) - *höhere Petri-Netze* genannt, wobei die beiden Netzarten in ihrer Mächtigkeit äquivalent sind bzw. eine Dualität darstellen ([Laut85]). Der wesentliche Unterschied zwischen PN und PrT besteht darin, daß bei den *höheren* Netzen eine Identifizierung der Marken, die durch das Netz durchfließen und somit die Dynamik darzustellen ermöglichen, gegeben ist.

Ein PrT ist ein Tripel $P = \langle S, T; F \rangle$, wobei

- S eine endliche Menge von Ein-/Ausgabe-Prädikaten
- T eine endliche Menge von Transitionen,
- F die Fließrichtung

darstellen und folgende Regeln gelten:

1. $S \cap T = \emptyset$
2. $S \cup T \neq \emptyset$
3. $F \subseteq S \times T \cup T \times S$
4. $dom(F) \cup cod(F) = S \cup T =: X$

Regel 1 besagt, daß kein Element der Mengen S und T zugleich auch Element der anderen Menge sein darf, d.h. ein Prädikat kann nicht zugleich Transition sein und umgekehrt. Regel 2 schließt aus, daß die Vereinigungsmenge von S und T leer ist, d.h. es muß mindestens eine Transition oder ein Prädikat existieren. Regel 3 stellt sicher, daß Kanten nur verschiedenartige Elemente verbinden, d.h. daß nicht Transitionen bzw. Prädikate untereinander verbunden werden können. Regel 4 schließlich garantiert den Zusammenhang des PN sowie den Ausschluß isolierter Elemente.

Wie eingangs dieses Abschnittes erwähnt, sind (im Gegensatz zu PN) die Marken (Token) bei PrT unterscheidbar. Das Feuern einer Transition bei PrT ist mit Hilfe algebraischer Beziehungen zwischen Ein- und Ausgabegrößen möglich.

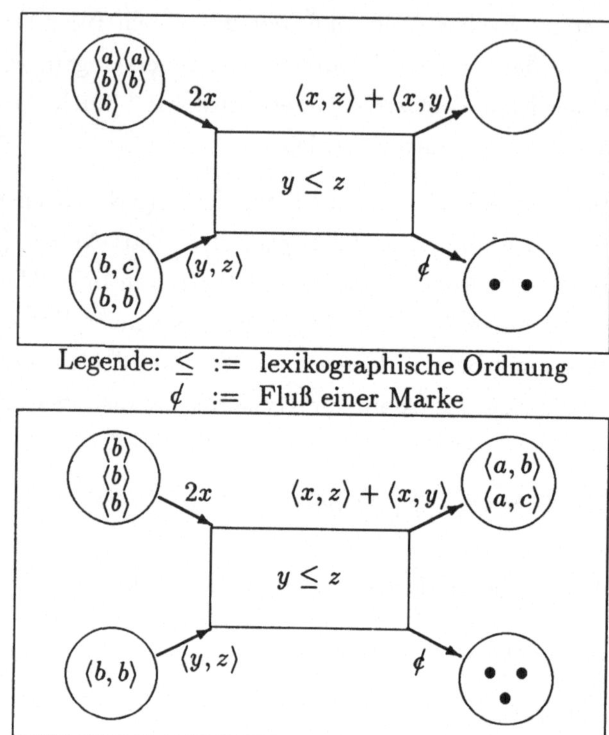

Abbildung 2: Beispiel für das Schalten (Feuern) einer Transition

Neben den bisher genannten Regeln 1-4 gilt weiterhin für PrT:

- es existieren Marken (Token) mit Operationen und Relationen auf ihnen,
- eine Markierung der Prädikate erfolgt durch Tupel von Marken,
- die Beschriftung der Kanten erfolgt durch formale Summen von Variablen- bzw. Marken-Tupel,
- die Beschriftung der Transitionen erfolgt durch eine quantorenfreie logische (boolesche) Formel und
- es existiert eine Funktion für jedes Prädikat mit der Angabe, wieviele identische Marken von dem Prädikat aufgenommen werden.

Es gelten folgende Schaltregeln für eine Transition T:

- die logische Formel in T (sofern vorhanden) ist gültig,
- die Eingangs-Prädikate enthalten genügend Marken und
- es existiert kein Überlauf an Ausgangs-Prädikaten.

PN und PrT werden üblicherweise durch eine Matrix (*Inzidenz-Matrix*) dargestellt.

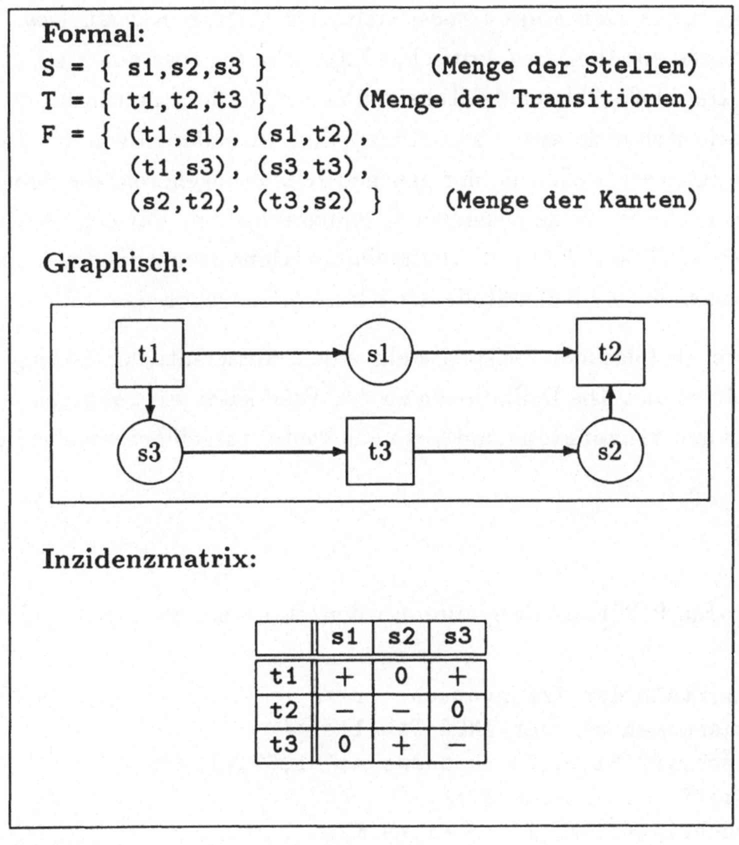

	s1	s2	s3
t1	+	0	+
t2	−	−	0
t3	0	+	−

Abbildung 3: Darstellung eines PN durch eine Inzidenzmatrix

2 Einsatz von ET und PrT für die Dokumentation logischer Programme

Im folgenden soll kurz jeweils ein Beispiel für ET und PrT aufgezeigt werden. Dabei handelt es sich um ein Problem aus dem Transportwesen: Transport gefährlicher Güter (s. auch [Bell88]). Für den Transport gefährlicher Güter sind beim Zusammenladen bzw. Lagern besondere Trennvorschriften zu beachten, z.B. *entfernt von* oder *getrennt durch einen vollständigen Laderaum* etc. Diese Trennvorschriften sind in der Regel für verschiedene Stoffklassen einschl. ihrer Unterklassen aus einer Tabelle (IMDG-Code, *International Maritime Dangerous Goods*) ersichtlich. Diese Klassen bzw. ihre Unterklassen fassen Stoffe mit ähnlichen, kritischen Eigenschaften zusammen, z.B. *explosiv*, *leicht brennbar* etc. Das bloße Ablesen der Tabelle und der Stofflisten reicht für die Bestimmung der Trennvorschriften nicht aus. Es existieren viele Ausnahmen von der Tabelle. Als ein Beispiel möge für zwei Stoffe, die der gleichen Klasse angehören, die Trennvorschrift X gelten, d.h. es existieren keine generellen Trennvorschriften. Für die Verladung von Calciumpermanganat (Klasse 5.1) mit Ammonium-Verbindungen gilt die Trennvorschrift *2*, d.h. *getrennt von*, obwohl beide Stoffe der Klasse 5.1 angehören.

Das Programm im folgenden Beispiel stellt einen Ausschnitt der Lösung für das oben skizzierte Problem dar. Die Definitionen zu den Prädikaten **element_aus**, **sonderstoffpaar**, **tabelle** und **einserliste** sind hier nicht weiter ausgeführt, um das Beispiel einfach zu halten.

<u>**Beispiel 2.1**</u>: Ein PROLOG-Programm für den Transport gefährlicher Güter

```
/* 1. Ermitteln der Trennvorschrift */
/* 1.1 Ausnahmen von der IMDG-Tabelle */
trennvorschrift(S1,S2,T) :- ausnahme(S1,S2,T).
/* 1.2 Stoffe der Klasse 1 */
trennvorschrift(K1,K2,T) :- K1 == K2,
                            einserklasse(K1),
                            T = '.'.
/* 1.3 regulaere Trennvorschrift */
trennvorschrift(K1,K2,T) :- tabelle([K1,T],L),
                            element_aus(K2,L).
/* 2. Hilfsregeln */
/* 2.1 Ausnahme? */
ausnahme(S1,S2,T)        :- sonderstoffpaar([T|L1],L2),
                            element_aus(S1,L1),
```

```
                              element_aus(S2,L2).
/* 2.2 Einserklasse? */
einserklasse(K1)          :- einserliste(L),
                              element_aus(K1,L).
/* Legende:
S steht fuer Stoff, K fuer Klasse,
T fuer Trennvorschrift und L fuer Liste */
```

2.1 Dokumentation im Großen

Für die Umsetzung in eine ET muß das PROLOG-Programm in Bsp. 2.1 instrumentalisiert werden. Dies ergibt sich aus der Tatsache, daß nicht alle Anweisungen für die Darstellung des Sachverhalts in einer ET relevant sind. Es ist weiterhin erforderlich, Präferenzen für jede Bedingung zu setzen, da es in aller Regel immer Bedingungen gibt, die andere außer Kraft setzen, wenn keine anderen Prämissen vorhanden sind. Für unser Beispiel hieße dies, daß wenn z.B. der Transport zweier Stoffe eine Ausnahmeregelung bildet, alle anderen Bedingungen irrelevant sind, solange keine spezielle Regel dies explizit ausschließt.

Beispiel 2.2: Instrumentalisiertes PROLOG-Programm aus Bsp. 2.1

```
/* /$ Version 2.1
      Datum   01-03-1990
      Zeit    18:30      $/
      ERMITTLUNG VON TRENNVORSCHRIFTEN
   /$ ET 1
      Titel Trennvorschriften ermitteln
      Bed 3
      Akt 3
      Text
            b1 "Ausnahme?"
            b2 "Einserklasse?"
            b3 "Klasse1=Klasse2?"
            a1 "Ausnahmeliste nachsehen"
            a2 "Trennvorschrift='.'"
            a3 "Tabelle nachsehen"
      EndeText
      Praeferenz b1 0; b2 1; b3 2
$/ */

/* PROLOG-Quelltext: */
```

```
/* entspricht 2.1 mit folgenden Ausnahmen */
trennvorschrift(S1,S2,T) :-   /*/$ a1 $/*/
   ausnahme(S1,S2,T).         /*/$ b1 $/*/
trennvorschrift(K1,K2,T) :-
   K1==K2,                    /*/$ b3 $/*/
   einserklasse(K1),          /*/$ b2 $/*/
   T='.'.                     /*/$ a2 $/*/
trennvorschrift(K1,K2,T) :-
   tabelle([K1|T],L),         /*/$ a3 $/*/
   element_aus(K2,L).

...

/* siehe Bsp. 2.1 */
```

Die Instrumentalisierungen werden innerhalb der PROLOG-Kommentare durch die Zeichenfolgen /$ und $/ gekennzeichnet. Neben vielen textuellen Angaben für die Beschriftung der ET wird außerdem die Kennzeichnung der Ziele mit Aktions- bzw. Bedingungsanzeigern benötigt.

ET 1 **Trennvorschriften ermitteln**		Version 2.1 01–03–1990 18:30			
		R1	R2	R3	R4
B1	Ausnahme?	J	N	N	N
B2	Einserklasse?	/	J	J	N
B3	Klasse1=Klasse2?	/	J	N	/
A1	Ausnahmeliste	X			
A2	Trennvorschrift='.'		X		
A3	Tabelle nachsehen			X	X

Legende: / := Irrelevanz

Abbildung 4: Generierte ET aus Bsp. 2.2 (nach der Konsolidierung)

2.2 Dokumentation im Kleinen

Die Umsetzung eines PROLOG-Programms in die Inzidenzmatrix eines PrT-Netzes erfolgt nach folgenden Grundsätzen ([Pemu89, Yue89]):

- Jede Klausel im Programm entspricht einer Zeile der Matrix.
- Jedem (disjunkten) Prädikat entspricht eine Spalte der Matrix.
- Fakten mit demselben Namen werden als eine Transition mit formalisierten Argumenten zusammengefaßt und als eine Regel mit leerem Prämissenteil betrachtet, z.B. `fakt(x,y) :-`.
- Das Programm wird so umgestellt, daß die Prädikate in den richtigen Spalten der zu erstellenden Matrix stehen, d.h. die Prädikate mit demselben Namen untereinander notiert werden.
- Im PROLOG-Programm werden alle Prädikate rechts der Replikation `:-` (d.h. die Prämissen) mit einem Minus-Zeichen versehen; die rechts vom `:-`-Zeichen stehenden werden mit Plus-Zeichen versehen.
- Die Prädikatnamen und die `:-`-Zeichen werden vom Programm entfernt, so daß nur die Argumente der Prädikate als Tupel (eingegrenzt in spitzen Klammern <, >) mit negativem oder positivem Vorzeichen übrigbleiben.
- Falls ein Prädikat im Prämissenteil einer Regel mehrfach vorkommt, werden die jeweiligen Argumente zu einer formalen Summe zusammengefaßt.

Im folgenden sehen wir hier von Einzelheiten ab und beschreiben in vereinfachten Schritten den Algorithmus zur Umsetzung eines PROLOG-Programms anhand des Beispieles 2.1.

1. Schritt: *Kennzeichnung der Regeln durch die Transitionen* T_i

```
T1 := trennvorschrift(S1,S2,T) :- ausnahme(S1,S2,T).
T2 := trennvorschrift(K1,K2,T) :- K1 == K2,
                                  einserklasse(K1),
                                  T = '.'.
T3 := trennvorschrift(K1,K2,T) :- tabelle([K1,T],L),
                                  element_aus(K2,L).
T4 := ausnahme(S1,S2,T)        :- sonderstoffpaar([T|L1],L2),
                                  element_aus(S1,L1),
                                  element_aus(S2,L2).
T5 := einserklasse(K1)         :- einserliste(L),
                                  element_aus(K1,L).
```

2. Schritt: *Einfügen der Flußrichtungen der Marken (Argumente)*

```
T1 := trennvorschrift(+<S1,S2,T>) :- ausnahme(-<S1,S2,T>).
T2 := trennvorschrift(+<K1,K2,T>) :- K1 == K2,
                                     einserklasse(-<K1>),
                                     T = '.'.
T3 := trennvorschrift(+<K1,K2,T>) :- tabelle(-<[K1,T],L>),
                                     element_aus(-<K2,L>).
T4 := ausnahme(+<S1,S2,T>)        :- sonderstoffpaar(-<[T|L1],L2>),
                                     element_aus(-<S1,L1>),
                                     element_aus(-<S2,L2>).
T5 := einserklasse(+<K1>)         :- einserliste(-<L>),
                                     element_aus(-<K1,L>).
```

3. Schritt: *Erstellung der Inzidenzmatrix*

	trennvor-schrift	ausnahme	einser-klasse	tabelle	einser-liste	element_aus	sonderstoffpaar
T1	$\langle S1,S2,T\rangle$	$-\langle S1,S2,T\rangle$					
T2	$\langle K1,K2,T\rangle$		$-\langle K1\rangle$				
T3	$\langle K1,K2,T\rangle$			$-\langle [K1,T],L\rangle$		$-\langle K2,L\rangle$	
T4		$\langle S1,S2,T\rangle$				$-\langle S1,L1\rangle$, $-\langle S2,L2\rangle$	$-\langle [T\|L1],L2\rangle$
T5			$\langle K1\rangle$		$-\langle L\rangle$	$-\langle K1,L\rangle$	

Abbildung 5: Inzidenzmatrix zum PROLOG-Programm in Beispiel 2.1

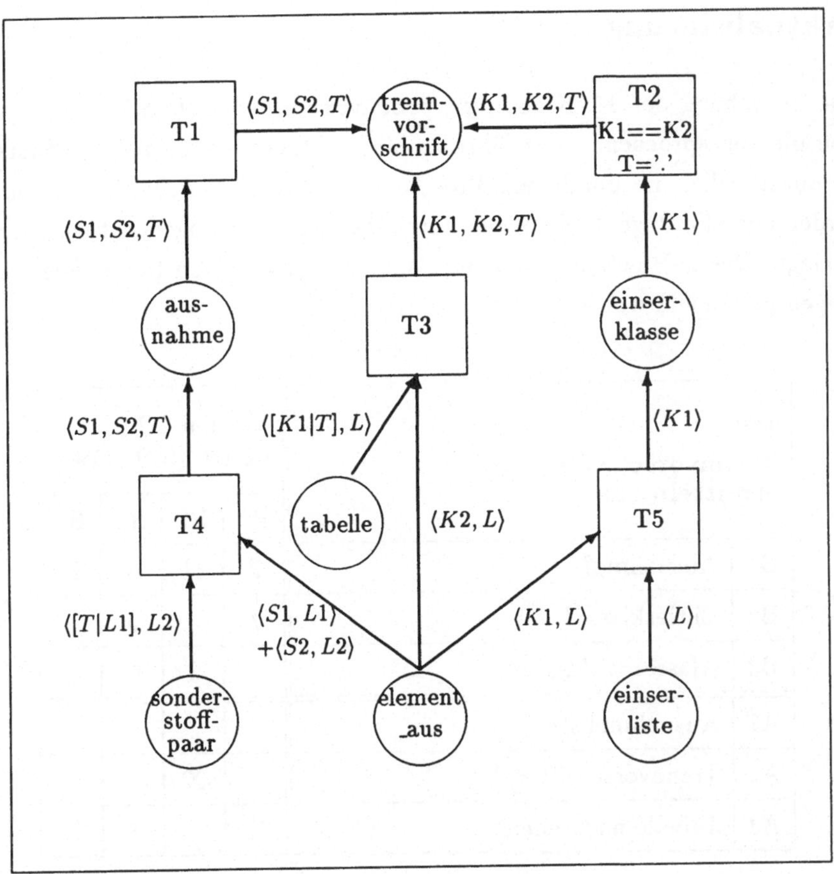

Abbildung 6: PrT-Netz zu der Inzidenzmatrix in Abbildung 5

3 Aktualisierung der Dokumentation nach einer Änderung

Zur Demonstration der leichten Nachgenerierung der Dokumentation benutzen wir das Beispielprogramm 2.1 aus Abschnitt 2. Als Beispiel einer Änderung am Code entfernen wir hier die erste Regel. Diese Änderung, die im Quellcode nur schwer lokalisierbar ist, wird durch die Verwendung der vorgeschlagenen Dokumentationsmittel deutlich, wie wir in den Abschnitten 3.1 und 3.2 zeigen werden. Weiterhin werden wir zeigen, daß die Aktualisierung der jeweiligen Entscheidungstabelle bzw. des Prädikaten-Transitionsnetzes automatisch, d.h. durch das System durchgeführt werden kann.

3.1 Aktualisierung der ET

Durch die Streichung der 1. Klausel zu **trennvorschriften/3** wird im Bsp. 2.1 die 1. Aktion nie angesprochen. Dies führt zu einer Fehlermeldung bei der Erstellung der Entscheidungstabelle, die durch den Pre-Compiler ausgegeben wird. Als eine weitere Folge werden nun alle Regeln, die bisher durch die 1. Aktion abgedeckt waren, von der 3. Aktion belegt. Dieser Umstand ergibt sich aus der notwendigen Reihenfolge, die für die Bedingungen propagiert wurde.

ET 1 Trennvorschriften ermitteln		Version 2.2 02-03-1990 11:45			
		R1	R2	R3	R4
B1	Ausnahme?	J	N	N	N
B2	Einserklasse?	/	J	J	N
B3	Klasse1=Klasse2?	/	J	N	/
A1	Ausnahmeliste				
A2	Trennvorschrift='.'		X		
A3	Tabelle nachsehen	X		X	X

Fehlermeldung: A1 wird nie verwendet!

Abbildung 7: ET nach der Änderung

3.2 Aktualisierung des PrT-Netzes

Im folgenden sollen nun die unter 3.1 bereits beschriebene Änderung (Streichung der 1. Klausel in Bsp. 2.1) bei der Nachgenerierung des entsprechenden PrT-Netzes verwendet werden. Die Streichung wird bei Betrachtung des Netzes in 6 und des in 9 dargestellten Netzes deutlich sichtbar.

	trennvor-schrift	ausnahme	einser-klasse	tabelle	einser-liste	element_aus	sonderstoffpaar
T1	$\langle K1, K2, T\rangle$		$-\langle K1\rangle$				
T2	$\langle K1, K2, T\rangle$			$-\langle [K1, T], L\rangle$		$-\langle K2, L\rangle$	
T3		$\langle S1, S2, T\rangle$				$-\langle S1, L1\rangle$, $-\langle S2, L2\rangle$	$-\langle [T\|L1], L2\rangle$
T4			$\langle K1\rangle$		$-\langle L\rangle$	$-\langle K1, L\rangle$	

Abbildung 8: Inzidenzmatrix nach Berücksichtigung der Änderung

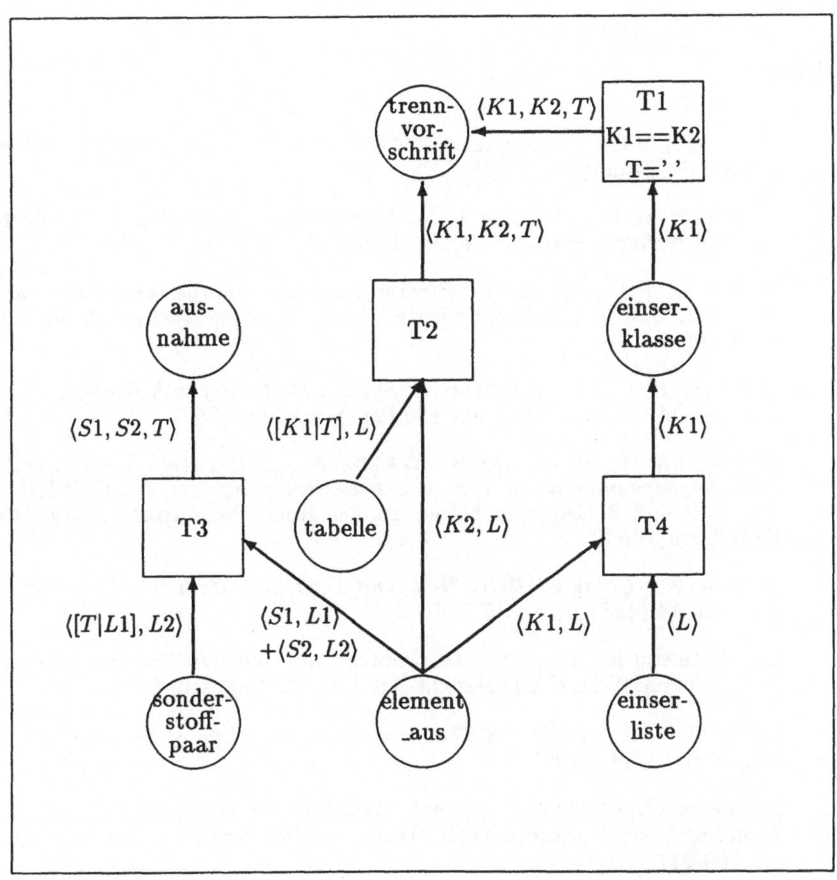

Abbildung 9: PrT-Netz zur Inzidenzmatrix in Abbildung 8

4 Schlußbemerkungen

Die in der vorliegenden Arbeit vorgeschlagenen Darstellungsmittel (Entscheidungstabellen und Prädikaten-Transitionsnetze) sind für die Dokumentation logischer Programme im Sinne des Software-Engineering deutlich überlegener als die bisher verwendeten Darstellungsmittel wie Und-Oder-Bäume, Vierport-(Box-)-Modelle etc., denn die letzteren beziehen sich auf die Interpretation bzw. Ausführung eines PROLOG-Programms und nicht auf die Zusammenhänge, die in dem Programm dargestellt werden.

Die vorgeschlagenen Methoden werden augenblicklich implementiert ([Hoff90]) und formalisiert.

Literatur

[Bell88] BELLI F., UNTER MITARBEIT VON SCHMIDT A., *PROLOG-Systeme in der Praxis*, BI, Mannheim (1988)

[Cloc87] CLOCKSIN W.F., MELLISH C.S., *Programming in Prolog*, 3. revidierte und erweiterte Auflage, Springer-Verlag, Berlin etc. (1987)

[Dere76] DEREMER F.L., KRON H., *Programming-in-theLarge versus Programming-in-the-Small*, Informatik-Fachberichte, Nr. 1, Springer-Verlag, Berlin etc. (1976), pp. 80-89

[Genr81] GENRICH H.J., LAUTENBACH K., *System Modelling with High-Level Petri Nets*, Theoretical Comput. Sci., vol. 13 (1981), pp. 109-136

[Hoff90] HOFFMANN M., PETERSEN S., WREDE A., *„Selbst-Aktualisierbarkeit" der Anforderungsdokumentation von wissensbasierten Systemen auf PROLOG-Basis*, Teil 1, 2 und 3 (Diplomarbeiten an der Hochschule Bremerhaven/Universität Paderborn), 1990

[Jens81] JENSEN K., *Coloured Petri Nets and Invariant-Method*, Theoretical Comput. Sci., vol. 14 (1981), pp. 317-336

[Laut85] LAUTENBACH K., PAGNONI, *Invariance and Duality in Predicate-Transition Nets and Coloured Nets*, GMD Bericht-Nr. 132, St. Augustin (1985)

[Pete81] PETERSEN J.L., *Petri Net Theory and the Modeling of Systems*, Prentice-Hall, Englewood Cliffs (1981)

[Pemu89] PETERKA G., MURATA T., *Proof Procedure and Answer Extraction in Petri Net Model of Logic Programs*, IEEE Trans. on Software Eng., vol. 15, no. 2 (1989), pp. 209-217

[Reis85] REISIG W., *Petri Nets*, Springer-Verlag, Berlin etc. (1985)

[Yue89] YUE K., *Representing First Order Logic-Based Specifications in Petri-Net-like Graphs*, Proc. 5th. Internat. IEEE-ACM-Workshop on Software Specification and Design (1989), pp. 291-293

From Parallel to Distributed Derivations of Graphs in the Single-Pushout-Approach[1]

H. Ehrig, M. Löwe

Technische Universität Berlin, Fachbereich Informatik
Sekr. FR 6-1, Franklinstraße 28/29, W-1000 Berlin 10

ABSTRACT

Parallel and distributed graph derivations are introduced and studied in the algebraic approach to graph grammars based on single pushout derivations. The relationship between parallel and distributed derivations is given in the parallel derivation theorem and the hierarchy theorem for distributed derivations.

The basis for distribution is a splitting of global graphs into local components with constant or dynamic interfaces for local derivations. In the case of dynamic interfaces direct distributed derivations are in bijective correspondence with direct amalgamated derivations based on the amalgamation of local rules.

The algebraic approach to graph grammars is shown to be useful to model local and global components of states and operations in distributed systems. As an example we present the kernel of a database which can be seen as a very abstract model of the information processing system INPOL of the German police. Finally we discuss the difference between the classical algebraic approach based on double pushouts and the more recent algebraic approach based on single pushouts which is used in this paper.

1. INTRODUCTION

Graph grammars provide an intuitive description for the manipulation of complex graph-like structures as they occur in databases, operating systems, and complex applicative software. Besides that all approaches to graph transformation systems offer theoretical results which help in the analysis of such systems. Especially the algebraic approach [Ehr 79] has been worked out for several years now and provides results concerning parallelism analysis [KW 87], efficient evaluation of expressions [Pad 82], [HP 88], synchronization mechanisms [BFH 87], models of distributed systems [EBHL 88] motivated by [DM 87] and other areas. In this approach, it is the abstract categorical notion of a double pushout diagram for the direct derivation, which facilitates many proofs of results, that would be very hard to obtain on a more concrete or operational level.

A graph transformation rule r:L → R in this paper consists of two graphs, the left hand side L and the right hand side R, and a partial graph morphism r from L to R. This means that there is a subgraph dom(r) of L, the domain of r, such that r is a total graph morphism from dom(r) to R. A rule can be applied to a graph G, if G contains a homomorphic image of L. The direct derivation with rule r:L → R deletes all objects of L which are not in the domain dom(r) and adds all objects in R which are not in the range of r.

This means that a direct derivation with rule r transforms a graph G into a graph H leading to the following diagram of graphs and partial resp. total graph morphisms. In fact, the intuitive idea for the

[1] This work has been partly supported by the ESPRIT Basic Research Working Group No. 3299 "Computing by Graph Transformation (GRA^2)".

construction of H turns out to be a pushout in the category GRAPH-PM of graphs and partial graph morphisms. For this reason, this approach is called single pushout approach in contrast to the double pushout approach in [Ehr 79] based on two pushouts in the category GRAPH of graphs and total graph morphisms.

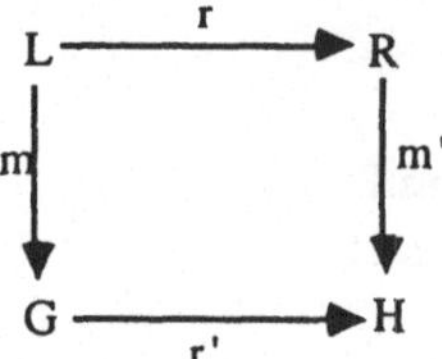

Following this intuition, we can graphically model the kernel of a relational database system. The example presented below has been inspired by the information processing system of (W-)Germany's police INPOL, which is comprehensively studied and discussed with respect to data protection aspects in [LW 88][2]. This data base mainly consists of two types of data, personal data and case data. Therefore the initial state (i.e. the empty database) is characterized by the graph in figure 1.

Figure 1: Initial State

On these objects, we would like to have at least the following operations:

1. Add person *p* to the personal database.
2. Open a new case *c* in the database for cases.
3. Relate a person *p* in kind *k* to a case *c*.
   The kind can be (a) as a suspected person, (b) as a witness, (c) as the victim, etc.
4. Relate person *p* in kind *k* to another person *q*.
   Here we have for example all kinds like (a) father of, (b) brother of, etc.
5. Relate case *c* in kind *k* to another case *d*.
   Relation types can be (a) subcase of, (b) follow-up case of, etc.
6. Deletion of relations like (a) drop suspect of *p* in *c*, etc.
7. Deletion of objects like (a) erase data concerned with person *p* and (b) close case *c*.
8. More complex operations which combine several basic functions (1.-7.) in a single step.

The graph grammar model for the operations of type 1. - 3. is given by the rules in figure 2.

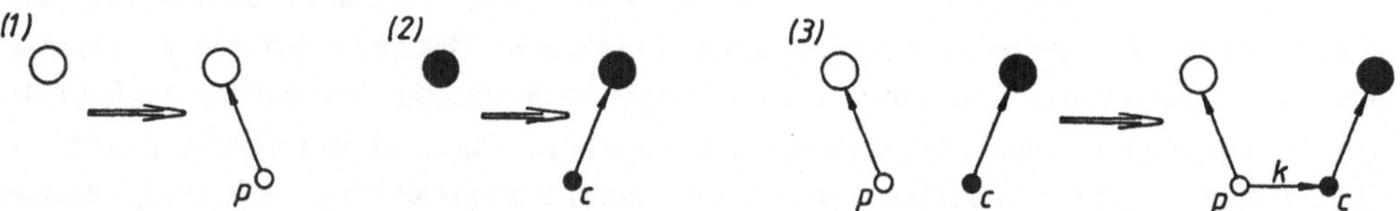

Figure 2: Object and Relation Creation[3]

[2]This work was presented at the yearly conference of the "Forum Informatiker und Informatikerinnen für Frieden und gesellschaftliche Verantwortung (FIFF) e.V." in München 1988. We like to thank Reinhold Franck for his engaged work in the council of this organization.

[3]We indicate the partial morphism from the left to the right-hand side of the rule by the graphical arrangement: The morphism maps all objects of the left-hand side, which occur at the same relative position in the right-hand side. This works as long as the considered morphisms are injective. Non-injective morphisms will be indicated by corresponding

In the rule for the third type of operations the parametric edge label k can be instantiated by s for suspect (3a), by w for witness (3b), etc. Operations of type 4 and 5 have the same scheme as the rule (3) in figure 2 but they work on personal resp. case data only. Relations can be easily deleted by taking the corresponding creation rules (3. - 5.) in the opposite direction, i.e. by interchanging the left and the right hand side and inverting the (injective) morphisms.

Operations which delete vertices like the operations of type 7 are problematic. The intuitive model for them takes the inverse rules of (1) and (2) in figure 2. These rules are depicted in figure 3.

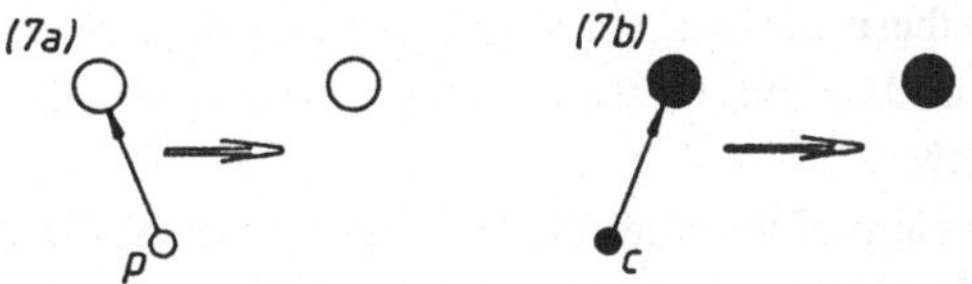

Figure 3: Object Deletion

The application of these rules can lead to "dangling" suspect - resp. (more general) k-edges. The classical approach prohibits these applications, since the required gluing conditions for transformations in this framework are not satisfied [Ehr 79]. Therefore "deletion in unknown contexts" is not directly expressible with double pushout derivations.[4]

More complex operations as they are described in the 8. group above, which provide shortcuts for longer sequences of rule applications, can be built using the basic ones (1. - 7.) by the parallel and amalgamation construction formally described in section 3 resp. 4. The rule in figure 4 for example is a parallel rule constructed from the basic rule "deletion of person p" and the rule "addition of father relation between persons q and r".

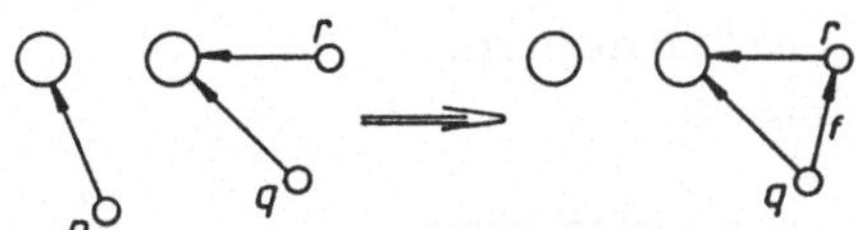

Figure 4: Derived Rules

In the single pushout approach, considered in this paper, there are no problems concerning deletion in unknown context (compare section 2). Other approaches to graph transformation, for example the NLC way of graph rewriting (compare [Roz 87] for an introduction), are able to handle these cases sufficiently as well. But general theoretic results concerning graph transformations are in general much harder to obtain in these settings. One interesting exception from this general rule is the parsing problem which has an efficient solution for precedence graph grammars (see [Fra 78]) but has not been considered successfully in the algebraic approaches.

The aim of this paper is to extend results concerning parallel and distributed derivations from the classical algebraic approach (see e.g. [Ehr 79], [KW 87], [EBHL 88]) to the algebraic approach using

natural numbers of the objects.

[4]It is interesting that this type of operation is the most problematic one in the real INPOL-system of the German police. First of all the police tried to prevent this operation from being implemented at all since they always fear that deletion of data can make "their knowledge about the world" incomplete, a conception they simply hate. Second, after they were forced to implement it by data protection laws, they persistently refused to apply it or before the deletion they managed to produce a new copy. This behaviour and the redundant architecture of the system led to a data structure that, thirdly, prohibits any complete deletion of the data concerned with a single person even if the official in charge actually wants to erase it (compare [LW 88] for a detailed discussion). But it seems to be mere accident that the same difficulties arise if we model the operation by graph transformation rules in the double pushout approach.

single pushouts, which was introduced above as "single pushout approach".

Single pushout derivations have been investigated by [Rao 84] and [Ken 87]. The former applies a complex construction base on pushouts on sets and partial mappings which reinforces the gluing condition. The latter (continuing the work of [Rao 84]) uses total mappings which are partially homomorphic with the graph structure. The framework does not allow to delete a vertex at all.

By contrast, the approach presented here is based on partial graph homomorphisms, i.e. partial mappings f such that the objects on which f is defined form a subgraph of the domain. Additionally, f has to be homomorphic on all objects in the domain. This approach was introduced in [LE 90] and studied in detail in the PhD thesis of the first author (see [Löw 90]). While problems of parallelism have been studied already in these papers the results concerning distributed derivations of graphs presented in this paper are new.

In order to give an overview of these results let us first recall the main results in the classical algebraic approach using the double pushout approach which are summarized in the Distributed Parallelism Theorem in [EBHLK 88]. It roughly states that the following three concepts are equivalent:

1. Parallel independent derivations.
2. Parallel derivations.
3. Strict distributed derivations.

In the single pushout approach (which is summarized in section 2), it was shown already that parallel independence (concept 1) implies parallel derivations (concept 2) but not vice versa (see [LE 90]) unless we require specific additional requirements for the redices corresponding to parts of the gluing condition in the double pushout approach (see [Löw 90]).

In section 3 of this paper, we present parallel and distributed derivations and give a characterization for parallel derivations in terms of direct asynchronous parallel transformations and a special kind of distributed derivations (Parallel Derivation Theorem). In the Hierarchy Theorem for Distributed Derivations we show that there are proper implications between the following concepts:

1. I-distributed derivations with total splittings.
2. Parallel independent derivations.
3. Parallel derivations.
4. I-distributed derivations with partial splittings

where total resp. partial splittings correspond to pushout objects $G = G1 +_I G2$ defined by total resp. partial morphisms $I \rightarrow G1$ and $I \rightarrow G2$.

Finally we present a notion of distributed derivations with dynamic interfaces (section 4) and the Dynamic Distributed Derivation Theorem shows that direct (I, I')-distributed derivations are equivalent to direct global derivations with corresponding amalgamated rules.

Instead of explicit proofs for these results, which are given in [Löw 90] and [EL 91], we only give proof ideas and illustrate the results using the database example introduced above.

Some differences between single and double pushout transformations are discussed in the conclusion (section 5).

2. SINGLE PUSHOUT DERIVATIONS ON GRAPHS

In this section, we review the technical details of the single pushout approach, i.e. the category GRAPH-PM of colored graphs and partial graph morphisms, the pushout construction in GRAPH-PM, graph transformation rules, and direct derivations as introduced in [LE 90] and [Löw 90].

2.1 Definition (Colored Graphs):

A *colored graph* $G = (V, E, s, t, vl, el)$ over a fixed set $L = (L_V, L_E)$ of vertex and edge colors consists of a set of vertices V, a set of edges E, two mappings $s,t: E \to V$ which provide source and target vertices for each edge, and two mappings $vl: V \to L_V$ resp. $el: E \to L_E$ which attach a color to every vertex resp. edge. The set V+E is called the objects of G, where the operator + on sets denotes the disjoint union.

2.2 Definition (Partial Graph Morphisms):

Given two graphs G and H with colors in L, a pair of partial mappings $h = (h_V : G_V \to H_V, h_E: G_E \to H_E)$ is called a *partial graph morphism* if

(1) whenever h_E is defined for $e \in G_E$, h_V is defined for $s_G(e)$ and $t_G(e)$ and $h_V \circ s_G(e) = s_H \circ h_E(e)$ and $h_V \circ t_G(e) = t_H \circ h_E(e)$.

(2) whenever h_V resp. h_E is defined for o, $vl_G(o) = vl_H \circ h_V(o)$ resp. $el_G(o) = el_H \circ h_E(o)$.

2.3 Proposition (Category GRAPH-PM):

All colored graphs together with partial graph morphisms between them form a category GRAPH-PM.

Proofidea:

Composition is defined as componentwise composition of partial mappings and the identities are given as pairs of (total) identity mappings. Composition of partial mappings is associative and the identity mappings are left and right neutral w.r.t. composition. □

In the following, we consider graphs to be equal if they are isomorphic in GRAPH−PM.

2.4 Construction (Pushouts of Partial Morphisms):

Given two partial graph morphisms $f: A \to B$ and $g: A \to C$ the pushout object $(D, h: C \to D, k: B \to D)$ of f and g in GRAPH-PM, i. e.

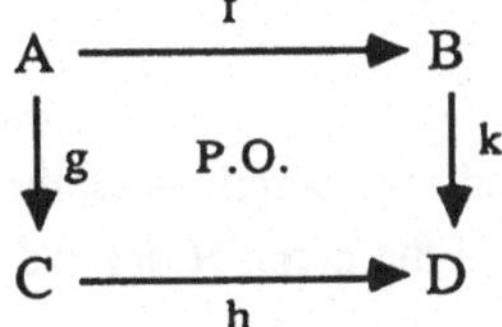

can be constructed as follows:

1. Step (Construction of Gluing Points in A): Glue (A) is the largest subgraph of A which satisfies (a) $Glue(A) \subseteq dom(f) \cap dom(g)$ and (b) for all objects $o \in Glue(A)$ and $o' \in A$: $f(o) = f(o')$ or $g(o) = g(o')$ implies $o' \in Glue(A)$.
2. Step (Construction of dom(h) and dom(k)): dom(h) is the largest subgraph of C which satisfies for all objects $o \in dom(h)$ and $o' \in A$: $g(o') = o$ implies $o' \in Glue(A)$. Symmetricly, dom(k) is the largest subgraph of B whose objects satisfy that their preimages w.r.t. f are elements of Glue(A).
3. Step (Construction of D, Gluing): Now D can be constructed as the gluing of dom(h) and dom(k) w.r.t. Glue(A), which means formally $D = (dom(h)+dom(k)) /_{\equiv}$. $\equiv$ is the least congruence generated by $\sim$ defined by: $x \sim y$ if $x = f(z)$ and $y = g(z)$ for some z.
4. Step (Construction of h and k): $h: C \to D$ is defined for all objects $o \in dom(h)$ by $h(o) = [o]_{\equiv}$. k can be defined symmetrically. □

Remarks:

1. Note that, if f and g are total morphisms, Gluc(A) = A, dom(h) = C, and dom(k) = B. Thus, h and k become total morphism and these pushouts in GRAPH-PM coincide with the pushouts in the category of colored graphs and *total* graph morphisms.
2. The first step of construction 2.4 shows a feature which is introduced by the partiality of the morphisms and has no analogon in the total case, namely the interdependence of f and g w.r.t. gluing points. It is this mutual influence of f and g which leads to this comparatively complex construction.
3. The second step of the construction can be interpreted as a deletion step, which eliminates all images of non-gluing objects in B and C. As it is defined, not only images of non-gluing items are erased but also the whole context of them. This means deletion of a vertex v leads to deletion of all edges having v as source or target. It is this effect which makes 'dangling edges' easy to handle in this framework.

With these preliminaries, we are able to introduce the notions rule, redex, and direct derivation.

2.5 Definition (Graph Transformation Rule and Redices):

A *graph transformation rule* r: L→R is a partial graph morphism from L, the left-hand side, to R, the right-hand side of rule r. A *redex* of r in a graph G is a *total* graph morphism m: L→G from the left-hand side of the rule to G.

Remark:

In this framework, we could define redices as partial morphisms as well. Although technically easier this choice would lead to a counter-intuitive expressive power of the rules. Since the empty morphism ∅ is a partial graph morphism, it is a redex of every rule in arbitrary graphs. This results in every rule being applicable in every situation via ∅. Therefore, we stick to the conventional approach for derivations in rule-based systems, which requires a total match of the rule's left hand side as application condition.

2.6 Definition (Direct Derivation):

Given a graph transformation rule r: L → R and a redex m:L → G, the *direct derivation* of G via r at m, written (r, m):G ⇒ H or short r:G ⇒ H, is the graph H defined by the pushout of r and m in GRAPH-PM:

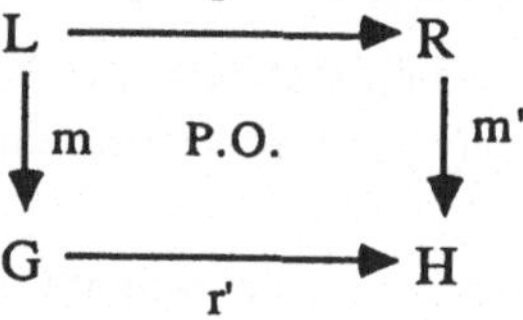

Remark:

A *derivation* G0 ⇒* Gn is a sequence of n ≥ 0 direct derivations Gi ⇒ G(i+1) for i = 0,...,n-1 which leads to a partial graph morphism d:G0 → Gn, called derivation morphism of G0 ⇒* Gn.

2.7 Examples:

As it has been stated in the introduction, "deletion in unknown contexts" is no problem for single pushout derivations. Figure 5 visualizes the application of the rule (7a) introduced for person deletion in figure 3 to a small actual database at the obvious injective redex m.

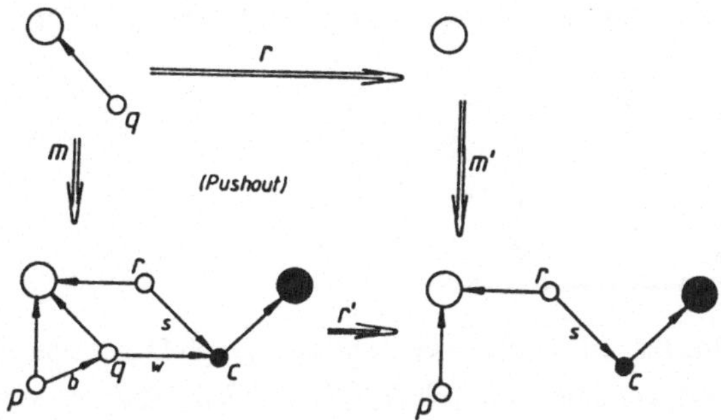

Figure 5: Deletion in Unknown Contexts

Due to construction 2.4 step 2, the erasure of the p-labeled node from the domain of r' triggers the erasure of all incident edges of this node from the domain of r'. This is exactly the effect of rule application without "dangling condition" (compare [Ehr 79]).

Some additional effects provided by the single pushout approach, which go beyond double pushout derivation, occur if we consider non-injective redices. Figure 6 shows an application of a parallel rule like the one in figure 4, which formulates simultaneously the deletion of q's data and the insertion of a father relation from the same person q to r. The redex m is indicated by corresponding pairs of natural numbers.

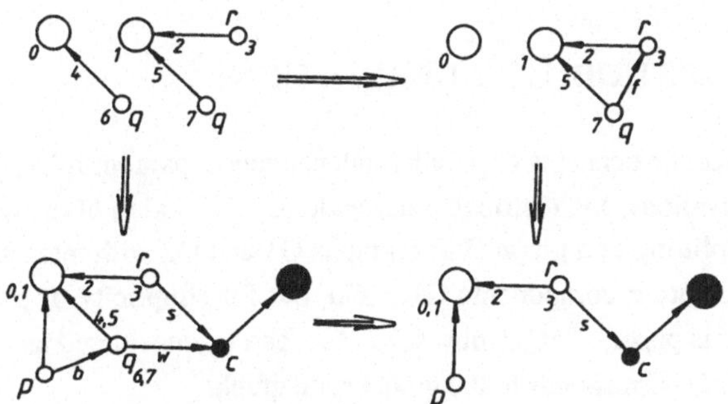

Figure 6: Non-Injective Redices

As it is described in construction 2.4 step 1, deletion is dominant w.r.t. preservation. Due to object 7 being in the domain of r and object 6 being outside, m(6) = m(7) results in 6 and 7 being not gluing points. Thereby, the pushout morphisms m' becomes partial since objects (6, 7) and (4, 5) are no longer present in the result of the transformation. □

There is a close connection between the classical algebraic approach to graph transformation based on double pushout derivations and the one introduced in this paper. This connection is formally given in [Löw 90]. The main idea is the following: For each graph transformation rule $r:L \to R$ we obtain a production $p:L \leftarrow K \to R$ in the sense of [Ehr 79] where $K = dom(r)$, $K \to L$ is the inclusion and $K \to R$ the restriction of r to dom(r). Vice versa, given p with injective morphism $K \to L$, we obtain a partial morphism $r:L \to R$ with $dom(r) \cong K$. A derivation $p:G \Rightarrow H$ in the sense of [Ehr 79] is given by a double pushout (1) and (2) of the following shape in the category GRAPH of graphs and total graph morphisms:

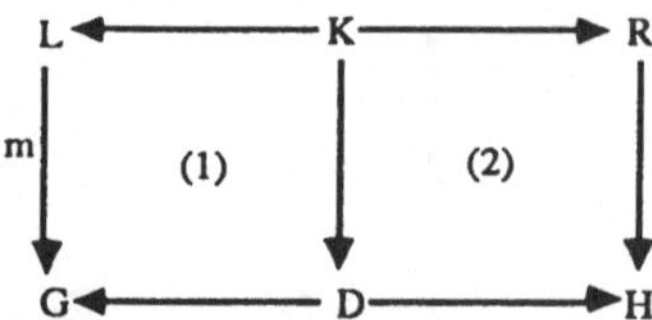

Given p:L ← K → R and the redex m:L → G the context graph D and a pushout diagram (1) can be constructed if a certain gluing condition (see [Ehr 79]) is satisfied. This means that all objects of L - K are deleted from G to obtain D. In a second step, all objects of R - K are added to D leading to the graph H in pushout diagram (2).

Single pushout derivations are a generalization of the classical double pushout derivations: Whenever double pushout transformation steps are possible, they can be simulated by the translated partial rule at the same redex. The opposite is not true. Single pushout derivations are possible, even if the corresponding classical rule is not applicable due to violation of the gluing condition, compare example 2.7. Therefore in the single pushout framework, the gluing condition (resp. its components: the dangling and identification condition) becomes a simple application condition as they are treated in [EH 85]. In fact, this generalization changes and extends the theory and expressive power of graph transformation rules.

3. PARALLEL AND DISTRIBUTED DERIVATIONS

In this section, we introduce the concepts of parallel independence, parallel rules, parallel derivations, asynchronous parallel derivations, and distributed derivations. The notion of distributed derivations is based on the notion of a splitting of a graph G into graphs G1 and G2 with interface I. In general we can handle splittings of G into n components G1,...,Gn, but for simplicity of presentation we only consider the case n=2 in this paper. The graphs G1,...,Gn can be considered as local state graphs of a distributed system, while G corresponds to the global state graph.

The Parallel Derivation Theorem shows that there is an equivalence between direct parallel derivations, direct asynchronous derivations and direct I-distributed derivations where the interface I is preserved by the local derivations. The Hierarchy Theorem for Distributed Derivations shows that there is a significant difference in the single pushout approach between parallel independence, direct parallel derivations and direct I-distributed derivations with different kinds of splittings for the global state graphs. In fact, the most general case is to consider partial splittings, i.e. pushouts of partial graph morphisms, while total splittings of the global state graphs , i.e. pushouts of total graph morphisms, lead to the most specialized case to be considered for distributed derivations.

The investigation starts with the concept of gluing points in the single pushout framework. Based on that, parallel independence of two direct derivations can be defined. Parallel independence leads to the Church Rosser Property.

3.1 Definition (Gluing Points):

The *gluing points* K of a rule r: L→R at redex m: L→G are constructed (by step 1 in 2.4) as the largest subgraph of dom(r) which satisfies: for all o∈K, o'∈L: m(o) = m(o') or r(o) = r(o') ⇒ o'∈K.

Remark:

The set of gluing points depends on the actual redex, since the single pushout approach admits arbitrary redices (not only those satisfying the gluing condition: Candidates for deletion (those objects of L not in the domain of r) can be identified with objects meant to be preserved (in the domain of r). Such redices cause conflicts between deletion and preservation. By construction 2.4 deletion dominates preservation.

3.2 Definition (Parallel Independence):

Two redices m: L1 $\rightarrow$ G and m2: L2 $\rightarrow$ G for the graph transformation rules r1: L1 $\rightarrow$R1 and r2: L2 $\rightarrow$ R2 are called *parallel independent* if they overlap in gluing points only, i.e. $m1(L1) \cap m2(L2) \subseteq m1(K1) \cap m2(K2)$.

3.3 Definition (Parallel Rule and Parallel Redex):

The *parallel rule* r1 + r2 of two rules r1:L1 $\rightarrow$ R1 and r2:L2 $\rightarrow$ R2 is defined by r1 + r2: L1 + L2 $\rightarrow$ R1 + R2 where L1 + L2 and R1 + R2 is the disjoint union of graphs and r1 + r2 the disjoint union of partial graph morphisms. The *parallel redex* [m1, m2] of two redices m1:L1 $\rightarrow$ G and m2:L2 $\rightarrow$ G is given by [m1, m2]: L1 + L2 $\rightarrow$ G such that $[m1, m2](x) = m1(x)$ if $x \in L1$ and $[m1, m2](x) = m2(x)$ if $x \in L2$.

3.4 Lemma (Characterization of Parallel Independence):

Two redices m1:L1 $\rightarrow$ G and m2:L2 $\rightarrow$ G for rules r1:L1 $\rightarrow$ R1 and r2:L2 $\rightarrow$ R2 are parallel independent if and only if the partial graph morphisms r2' $\circ$ m1:L1 $\rightarrow$ H2 and r1' $\circ$ m2:L2 $\rightarrow$ H1 are total, where r1' and r2' are the induced partial graph morphisms in pushout diagrams (1) and (2):

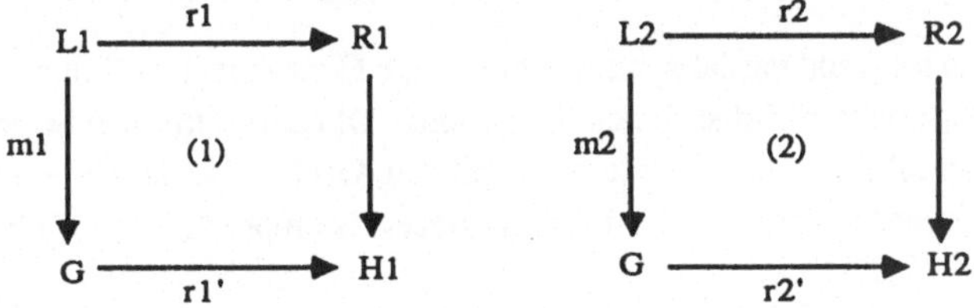

Proofidea:

Explicit calculation (see [Löw 90]) shows that parallel independence in 3.2 is equivalent to the fact that we have $m1(L1) \subseteq dom(r2')$ and $m2(L2) \subseteq dom(r1')$ which means that r2'$\circ$ m1 and r1'$\circ$ m2 are total.

3.5 Corollary (Local Church-Rosser Property):

Parallel independence implies the local Church-Rosser Property, i.e. if r1:G $\Rightarrow$ H1 and r2:G $\Rightarrow$ H2 are parallel independent there are direct derivations r1:H2$\Rightarrow$H and r2:H1$\Rightarrow$H with the same target graph H.

Proof:

Parallel independence implies that the morphisms r2' $\circ$ m1:L1 $\rightarrow$ H2 and r1' $\circ$ m2:L2 $\rightarrow$ H1 are total (see 3.4). Defining H as pushout of r1' and r2' in (3), we obtain direct derivations r1:H2 $\Rightarrow$ H and r2:H1 $\Rightarrow$ H defined by the composition of pushouts (1) and (3) (resp. (2) and (3)). The composition is again a pushout in GRAPH-PM by general results of category theory.

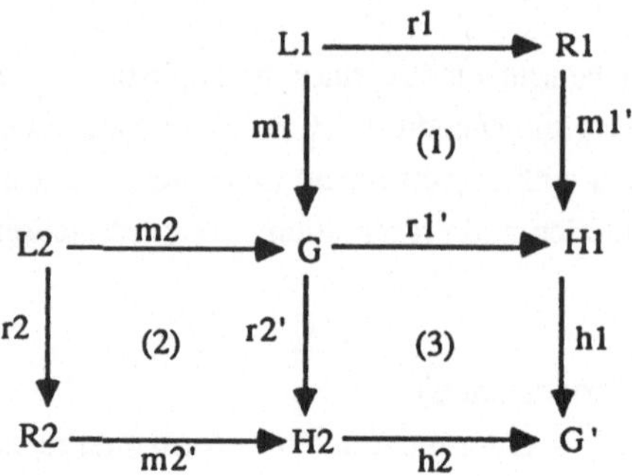

□

The local Church-Rosser Property can also be considered as a direct asynchronous parallel derivation in the following sense:

3.6 Definition (Asynchronous Parallel Derivation):

A *direct asynchronous parallel derivation* is given by direct derivations r1:G ⇒ H1, r2:G ⇒ H2 and G' the pushout in diagram (3) of 3.5 above:

H1
r1
h1
G
G'
r2
h2
H2

Remark:

For *asynchronous parallel derivation*, we replace the direct derivations r1:G ⇒ H1 and r2:G ⇒ H2 by derivation sequences G ⇒* H1 and G ⇒* H2 with partial morphisms r1':G → H1 and r2':G → H2.

In the following we define total and partial splittings of a graph G into graphs G1 and G2 with interface graph I as the basis for our notion of I-distributed derivations. Of course, this can be generalized to the splitting of G into n ≥ 2 graphs G1,...,Gn where each pair (Gi, Gj) has a separate interface I_{ij}. But for simplicity we only consideer the case n = 2. If the interface I is empty G is the disjoint union of G1 and G2.

3.7 Definition (Splitting and Distributed Derivations):

1. A *total (resp. partial) splitting* of a graph G into graphs G1 and G2 with *interface* I, written G = G1 $+_I$ G2, is given by a pushout (1) of total (resp. partial) morphisms in the category GRAPH-PM.

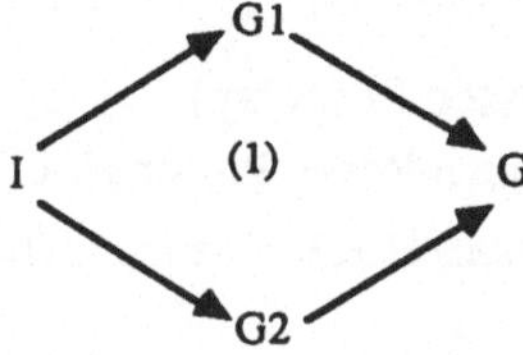

2. An *I-distributed derivation with total (resp. partial) splittings* G = G1 $+_I$ G2 and G' = G1' $+_I$ G2', defined by total (resp. partial) pushouts (1) and (1'), is given by (local) derivation sequences G1 ⇒* G1', G2 ⇒* G2' with derivation morphisms d1:G1 → G1', d2:G2 → G2' such that the following diagram commutes

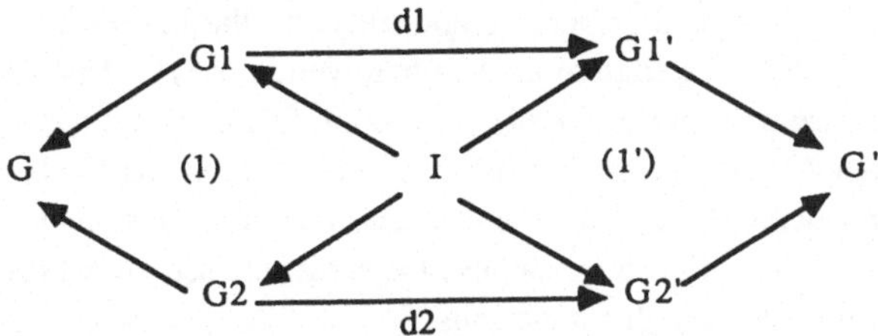

3. The I-distributed derivation is called *direct* if $G1 \Rightarrow^* G1'$ and $G2 \Rightarrow^* G2'$ are given by direct derivations $r1{:}G1 \Rightarrow G1'$ and $r2{:}G2 \Rightarrow G2'$.
4. The splitting $G = G1 +_I G2$ with morphisms $gi{:}Gi \to G$ $(i = 1, 2)$ is called *compatible with global redices* $m1{:}L1 \to G$ and $m2{:}L2 \to G$ if there are redices $n1{:}L1 \to G1$ and $n2{:}L2 \to G2$ s.t.

5. The splitting $G = G1 +_I G2$ with g1, g2 as above is called *compatible with local redices* $n1{:}L1 \to G1$, $n2{:}L2 \to G2$ if $m1 = g1 \circ n1{:}L1 \to G$ and $m2 = g2 \circ n2{:}L2 \to G$ are total and hence global redices.

3.8 Example:

In the database example, we can represent the distribution of the data contained in an actual database to two local instances (Landeskriminalämter) by a (partial) splitting. In this case, the interface represents all data with global relations, i.e. relations between data in different local components. Figure 7 depicts such a situation for a very small example database. Since cases d and e are strongly related to persons r

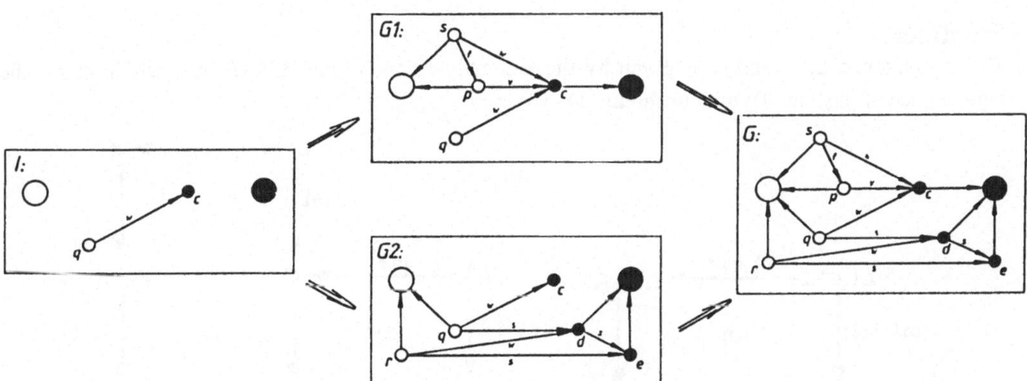

Figure 7: Distribution of a Sample Police Database

and q which have only one relation to other persons and cases, we distribute the data concerned with r, q, d, and e to one component G2 and the data concerned with s, p, and c to the other local component G1. Since q and c are globally related, across component borders, they and the global relation, here a

witness relation, must be represented in both components and the interface I. That c is a case of component G1 is represented by the edge to the CD-base vertex in G1. This edge is missing in G2 which indicates that the case c cannot be locally handled in G2, compare the design of the rules in section 1 which require a link to the person data resp. case data node in order to be applied.
In our example both components G1 and G2 have the same structure, the structure of a police database as it was introduced in section 1. Hence we can use the same rule set, i.e. all rules introduced in the introduction, for local derivations in both components.

Note that the splitting of figure 7 is total. □

Parallel and distributed derivations in the single pushout approach are closely related as the first main theorem demonstrates.

3.9 Parallel Derivation Theorem:

Given rules $r1:L1 \to R1$ and $r2:L2 \to R2$ the following statements 1. - 3. are equivalent:

1. There is a direct parallel derivation $r1 + r2:G \Rightarrow G'$ with redex $[m1, m2]:L1 + L2 \to G$ and a partial splitting $G = G1 +_I G2$ compatible with the global redices $m1:L1 \to G$ and $m2:L2 \to G$.
2. There is a direct asynchronous parallel derivation

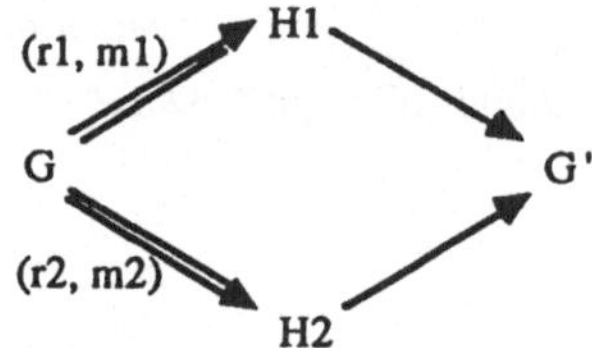

and a partial splitting of G compatible with the global redices m1 and m2 as above.

3. There is a direct I-distributed derivation with partial splittings $G = G1 +_I G2$, $G' = G1' +_I G2'$ and (local) direct derivations $(r1, n1):G1 \Rightarrow G1'$ and $(r2, n2):G2 \Rightarrow G2'$ such that the splitting $G = G1 +_I G2$ is compatible with the local redices $n1:L1 \to G1$ and $n2:L2 \to G2$.

Proofidea:

The equivalence of 1. and 2. is given by the Butterfly-Lemma (see [EHKP 90]) which states the equivalence of pushout (0) with pushouts (1) - (3) below

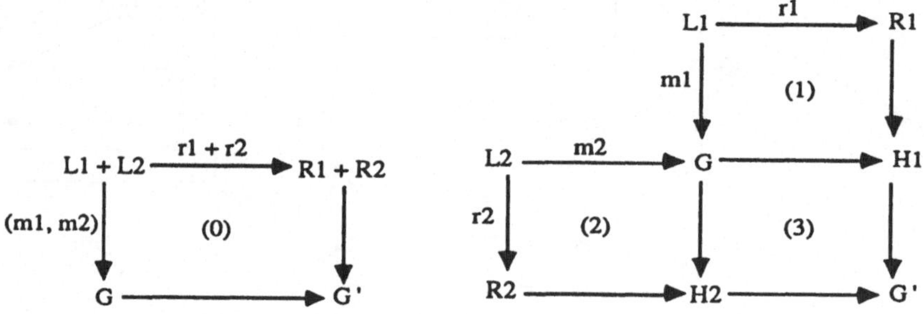

Moreover [m1, m2] is total iff m1 and m2 are total.
The equivalence of 2. and 3. can be deduced from the following stair case diagram where all squares are pushouts, (4) corresponds to the partial splitting of G compatible with m1 and m2, and (5) and (6) (resp. (7) and (8)) to diagram (1) (resp. (2)) above.

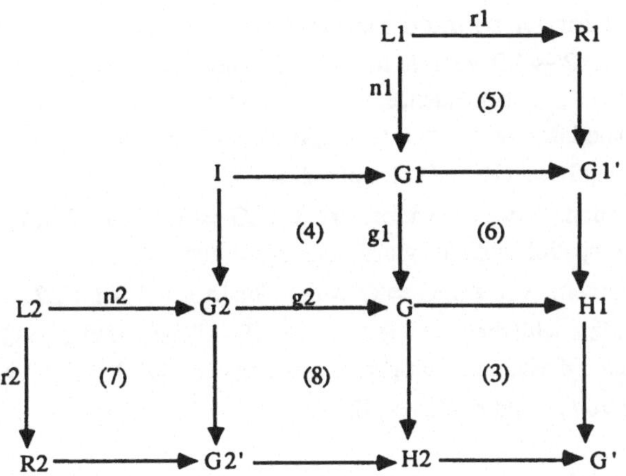

□

3.10 Example:

Theorem 3.9 states for the police database example that the effect of parallel rules, i.e. the dominance of deletion parts, is respected by distributed derivations. Consider such a situation for the example splitting in figure 7. If we locally apply a rule for person data deletion (compare rule (7a) in figure 3) for the person q in the component G2, and an arbitrary rule, for example addition of case *b*, in the component G1, the interface embedding of I in the result G2' becomes partial (compare figure 8 below). Hence the pushout construction depicted in figure 8 which has to be applied in order to calculate the next global state, erases the vertex q with all incident edges from G1 as well. The vertex q and all information concerned with q is thereby erased from the global system (inclusive the global relation) by a local action. This type of local deletion procedure would be ideal in any police system (if you look upon it from the data protection point of view).

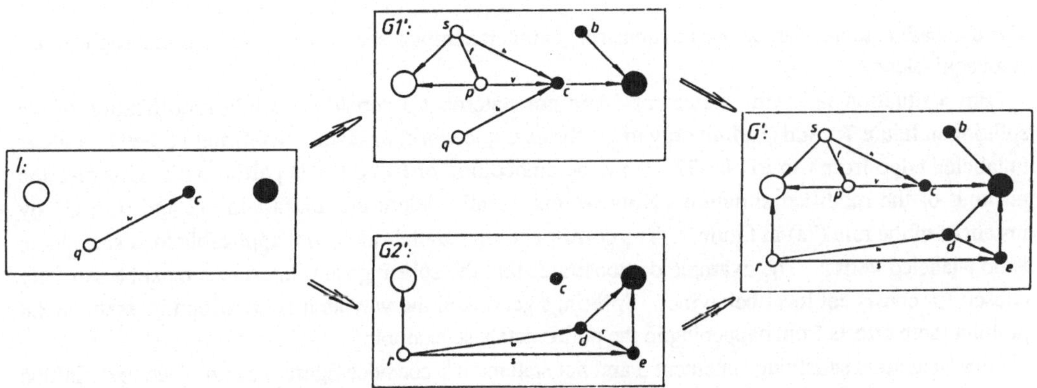

Figure 8: Local Updates of Distributed Systems

The second main result for distributed transformation relates parallel independence, parallel derivations, and distributed derivations with partial and total splittings.

3.11 Hierarchy Theorem for Distributed Derivations:

Given rules r1:L1 → R1 and r2:L2 → R2 we have for n = 1, 2, 3 that statement n implies statement n + 1 and none of the implications is an equivalence:

1. There is a direct I-distributed derivation with total splittings $G = G1 +_I G2$, $G' = G1' +_I G2'$ and local direct derivations (r1, n1):G1 ⇒ G1' and (r2, n2):G2 ⇒ G2'.
2. There are parallel independent direct derivations (r1, m1):G ⇒ H1 and (r2, m2):G ⇒ H2 and a total splitting $G = G1 +_I G2$ compatible with the global redices m1 and m2.
3. There is a direct parallel derivation r1 + r2:G ⇒ G' with redex [m1, m2]:L1 + L2 → G and a partial splitting $G = G1 +_I G2$ compatible with the global redices m1:L1 → G and m2:L2 → G.
4. There is a direct I-distributed derivation with partial splittings $G = G1 +_I G2$, $G' = G1' +_I G2'$ and local direct derivations r1:G1 ⇒ G1' and r2:G2 ⇒ G2'.

Remark:

Note that statement 3 coincides with statement 1 of 3.4 and we obtain statement 4 from statement 1 if total splittings are replaced by partial splittings.

Proofidea:

We consider the staircase diagram in the proofidea of 3.9 which can be obtained from each statement. We only have to check which of the morphisms are total.

Given the first statement, n1, n2 are total and the diagram (4) as well as the composition of (4), (6), (8) and (3), are pushouts of total morphisms. This means that I → G1' and I → G2' are total and hence also G2 → H1 and G1 → H2 are total because (4) + (6) and (4) + (8) are total pushouts (but not necessary (6) and (8)). This implies that

L2 → G2 → H1 and L1 → G1 → H2 are total showing statement 2.

Given statement 2 we obtain statement 2 in 3.9 which is equivalent to 3.9.1 which is equal to our statement 3.

Given statement 3 we have 3.9.3 as an equivalent statement which implies our statement 4.

The database example can be used to construct counterexamples showing that none of the implications is an equivalence.

For a situation satisfying statement 4 and not statement 3 consider a slight modification of the splitting in figure 7: Add (I admit only to get the example work) a person t in G2 and I together with an unlabeled edge from t to PD in G2. Now the embedding of I into G1 is partial while G is also the pushout of the modified situation. Now we can locally delete this extra t in G2 and p in G1 by instances of the rule (7a) in figure 3. The corresponding parallel rule is not applicable to G since there is no t-labeled vertex. The example demonstrates that the splittings and interfaces must be carefully chosen for consistent local behaviour. Splittings generated the way as it is described in example 3.8 prohibit these effects from happening in the police database example.

For a situation satisfying statement 3 and not statement 2 consider figure 6 again. Due to definition 3.2 the redices of the component rules are not parallel independent since they overlap in the objects 6 and 7 as well as in 4 and 5. The objects 6 and 4 are not gluing points.

The last counterexample has already been described in example 3.10. If we apply two rules deleting p resp. q (rule (7a) in figure 3 in appropriate instances) to the global state G in figure 7 the resulting transformations are parallel independent (compare definition 3.2) and the splitting in figure 7 is compatible with the global redices. Nevertheless, the resulting splitting of the local transformations is partial (compare discussion in example 3.10). □

4. DISTRIBUTED DERIVATIONS WITH DYNAMIC INTERFACES

In this section, we introduce distributed derivations with dynamic interfaces, which means that the two distributed derivations induce a common derivation r0:I $\Rightarrow$ I' on the interface. The Dynamic Distributed Derivation Theorem shows that direct (I, I')-distributed derivations are equivalent to direct global derivations with corresponding amalgamated rules.

4.1 Definition (Dynamic Distributed Derivations):

1. *An (I, I')-distributed derivation with total (resp. partial) splittings* G = G1 $+_I$ G2 and G' = G1' $+_{I'}$ G2', defined by total (resp. partial) pushouts (1) and (1'), is given by local derivation sequences G1 $\Rightarrow^*$ G1', G2 $\Rightarrow^*$ G2', and I $\Rightarrow^*$ I' with derivation morphisms d1:G1 $\rightarrow$ G1', d2:G2 $\rightarrow$ G2', and d0:I $\rightarrow$ I' such that the following diagram commutes

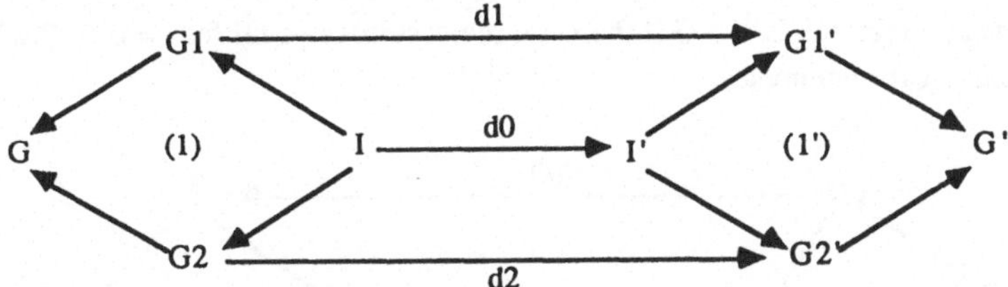

2. If all the sequences G1 $\Rightarrow^*$G1', G2 $\Rightarrow^*$G2', and I $\Rightarrow^*$I' are of the length 1 the (I, I')-distributed derivation is called *direct*.

Remarks:

The local derivation sequences G1 $\Rightarrow^*$ G1', G2 $\Rightarrow^*$ G2' of the local components and I $\Rightarrow^*$ I' of the interfaces of an (I, I')-distributed derivation can be of different length. This means that the local components are not synchronized by a global clock, but only by the existence of the interface transformation. If the interface derivation sequence is of length 0 we have I = I' and hence an I-distributed derivation in the sense of 3.7.2.

Obviously a direct (I, I')-distributed derivation is a special case of a general (I, I')-distributed derivation. Vice versa, using the concept of composite rules (see [Löw 90]) (resp. concurrent productions in the sense of [Ehr 79]) each local derivation sequence can be reduced to a direct derivation via a composite rule, such that each (I, I')-distributed derivation can also be reduced to a direct (I, I')-distributed derivation.

In order to establish a relationship of (I, I')-distributed derivations with corresponding global derivations we recapitulate the notion of subrules, amalgamated rules, and amalgamated derivations which are closely related to corresponding amalgamation concepts in the double pushout approach (see [BFH 87]). Amalgamation in the single pushout approach is comprehensively studied in [Löw 90].

4.2 Definition (Amalgamated Ruled):

1. A rule r0:L0 $\rightarrow$ R0 is called *subrule* of rule r1:L1 $\rightarrow$ R1 defined by total morphisms L0 $\rightarrow$ L1 and R0 $\rightarrow$ R1 if the following diagram commutes:

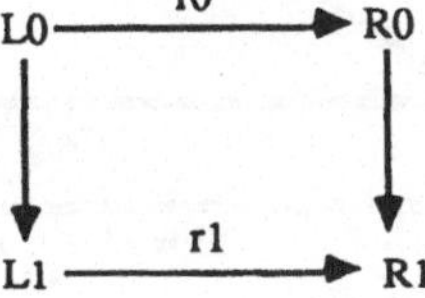

2. Given rules r1:L1 → R1, r2:L2 → R2 with common subrule r0:L0 → R0 defined by total morphisms L0 → Li and R0 → Ri for i = 1, 2 the *amalgamated rule* r3 = r1 $+_{r0}$ r2:L3 → R3 is defined by the pushouts (1) and (2) and the induced unique morphism r3:L3 → R3 making the following 3-cube diagram commutative:

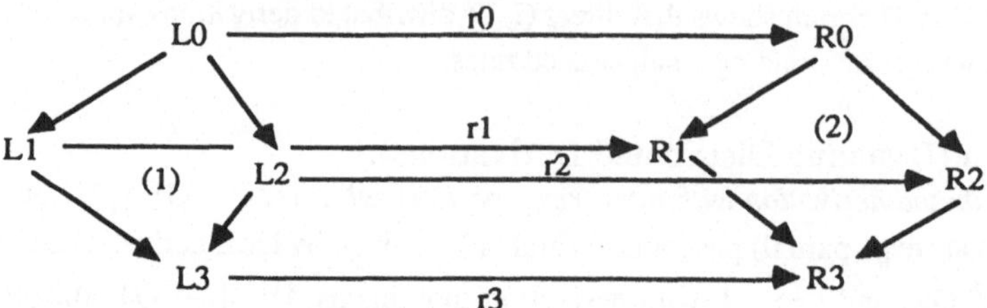

3. A total splitting G = G1 $+_I$ G2 given by pushout (3) is called *compatible with the amalgamated rule* r3 = r1 $+_{r0}$ r2 *and a redex* m3:L3 → G if there are redices mi:Li → Gi for i = 0, 1, 2 with G0 = I such that the following 3-cube commutes:

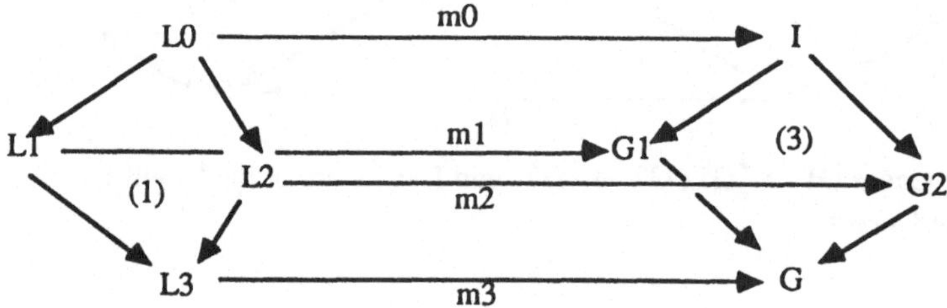

Remark:
If L0, R0 and r0 are empty then the amalgamated rule r3 = r1 $+_{r0}$ r2 coincides with the parallel rule r1 + r2 (see 3.3).

4.3 Dynamic Distributed Derivation Theorem:

Given rules ri:Li → Ri for i = 0, 1, 2 such that the amalgamated rule r3 = r1 $+_{r0}$ r2 is defined the following statements are equivalent:

1. There is a direct (I, I')-distributed derivation with total splitting G = G1 $+_I$ G2 and partial splitting G' = G1' $+_{I'}$ G2' given by local direct derivations r0:I ⇒ I', r1:G1 ⇒ G1' and r2:G2 ⇒ G2'.
2. There is a direct amalgamated derivation r3:G ⇒ G' with redex m3:L3 → G and a total splitting G = G1 $+_I$ G2 which is compatible with the amalgamated rule r3 and the redex m3.

Statements 1 and 2 can be combined in the following diagram:

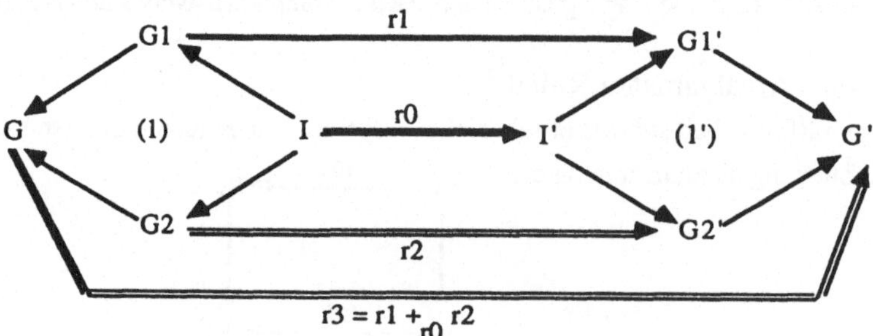

Remarks:

In general the result $G' = G_{dist}$ of the direct (I, I')-distributed derivation does not coincide with the result G_{par} of the corresponding parallel derivation $r1 + r2{:}G \Rightarrow G_{par}$, but there is a morphism $G_{par} \rightarrow G_{dist}$ which commutes with the corresponding derivation morphisms $G \rightarrow G_{dist}$ and $G \rightarrow G_{par}$.

According to the remarks of 4.1 this theorem can also be formulated for general (I, I')-distributed derivations where r0, r1 and r2 correspond to composite rules defined by the derivation sequences for the local components and the interface.

In contrast to theorems 3.9 and 3.11 where in each statement either partial or total splittings are considered we now have a total splitting of G and a partial splitting of G'. It remains open to find conditions under which the induced splitting of G' becomes total as in example 4.4 below.

Proofidea:

The equivalence of both statements is a nontrivial exercise in category theory which is based on the 4-Cube-Lemma presented in [ER 78]. The 4-Cube contains 8 3-cubes and 24 commutative squares where 8 of these squares are pushouts (see [EL 91]).

4.4 Example:

The concept of distributed derivations with dynamic interfaces offers a synchronization mechanism for "global changes" without the need for constructing the global state. Consider again the splitting in figure 7. The witness relation between q and c is global w.r.t. the components G1 and G2, i.e. it crosses the component border. With the rules proposed in the introduction, these global relations cannot be manipulated locally neither in G1 nor in G2. For example deletion of this relation requires to join both component graphs and to perform a global action.

Adding a local rule which allows to delete a relation whose subject or object is not part of the local component would do the job (compare remarks about partial splittings in example 3.10) but it is unsatisfactory because the interface remains unchanged, where intuitively is the place for all global relations. Hence, what we need is the pair of rules in figure 9 which come equipped with a common subrule implementing the global effect.

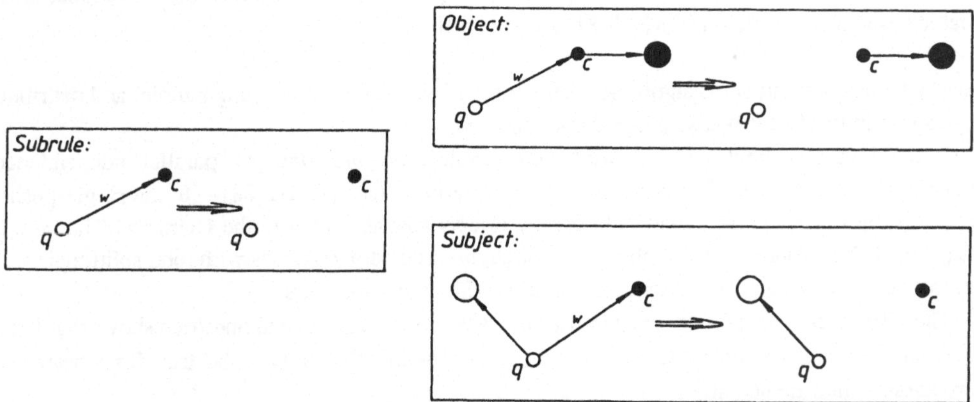

Figure 9: Rules for Synchronized Manipulation of Global Relations

In order to obtain an (I, I')-distributed derivation, the OBJECT- and the SUBJECT-rule of figure 9 performed on G1 resp. G2 can be synchronized at their common subrule, which specifies the effect on the interface. This kind of hand-shake operation for the police database example not only manipulates the interface without global state but also provides total embeddings of the resulting interface in the generated local components; compare figure 10 which shows the result of the synchronized application of the rules in figure 9 to the distributed situation of figure 7.

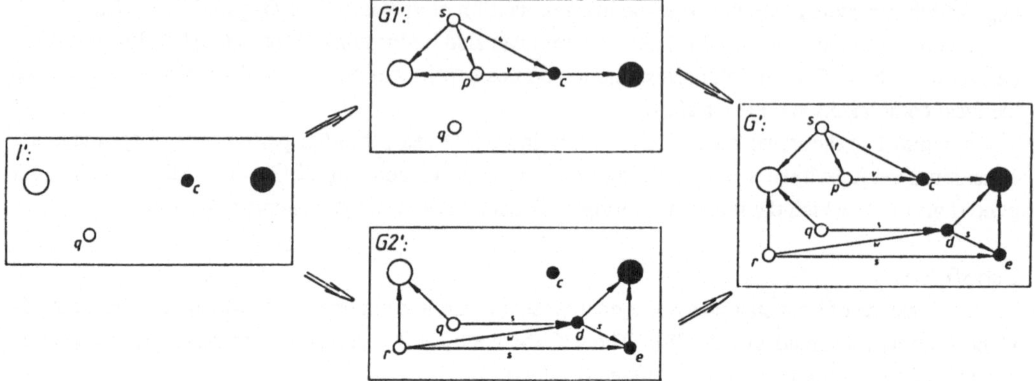

Figure 10: Example of a Result for a Dynamic Distributed Derivation

5. CONCLUSION

In this paper, we have started to discuss distributed derivations in the single pushout approach which seems to be most promising for specification and analysis of distributed systems, although our example has shown only some aspects of it.

The framework of this paper is restricted to graphs and graph transformations. But the main part of the theory for the single pushout approach in [Löw 90] is formulated already for graph structures including also hypergraphs (see [Hab 89]) and several other variants of graphs. Moreover, the theory presented in this paper can also be given in a pure categorical framework (see [EL 91]) which includes also structure grammars and algebraic specification grammars which have been introduced in the double pushout approach in [EKMRW 81] and [Par 89].

Finally let us point out some significant differences of the results concerning parallel and distributed derivations in the double and single-pushout-approach.

In the double-pushout approach we have equivalence of the concepts "parallel independence", "parallel derivations", and "I-strict distributed derivations" (see [EBHL 88]). In the single-pushout approach, however, we have a strict hierarchy of concepts as shown in the Hierarchy Theorem for Distributed Derivations. This implies that I-direct distributed derivations with total splittings can be reduced to global parallel derivations but not those with partial splittings.

The distributed derivation theorem in [EBHL 88] in the double pushout approach shows that I-strict distributed derivations are reducible to global ones while this fails to be true for I-preserving derivations which are non-strict.

Finally dynamic distributed derivations are equivalent to amalgamated global derivations in special cases in the single pushout approach (Dynamic Distributed Derivation Theorem) while they have not been studied yet in the double pushout approach.

ACKNOWLEDGEMENTS

This paper is dedicated to Reinhold Franck who started his scientific career at our department of Computer Science. In Berlin one of his main fields was the theoretical and practical investigation of precedence graph grammars leading to most important results concerning the parsing problem for specific graph languages [Fra 78]. For fruitful cooperation in developing the classical algebraic approach we are most grateful to the group of Hans-Jörg Kreowski in Bremen.

Finally we would like to thank once again Helga Barnewitz for excellent typing and layout of the final version.

REFERENCES

[BFH 87] P. Boehm, H. Fonio, A. Habel: Amalgamation of Graph Transformation: A Synchronization Mechanisms, in: JCSS 34, 307-408 (1987).

[DM 87] P. Degano, U. Montanari: A Model of Distributed Systems Based on Graph Rewriting, in: Journal of the ACM 34 (2), 411-449 (1987).

[EBHL 88] H. Ehrig, P. Boehm, U. Hummert, M. Löwe: Distributed Parallelism of Graph Transformations, in: Graph-Theoretical Concepts in Computer Science WG'87, Springer, LNCS 314, 1-19 (1988).

[EH 85] H. Ehrig, A. Habel: Graph Grammars with Application Conditions, in: G. Rozenberg, A. Salomaa (eds.): The Book of L, Springer, 87-100 (1985).

[EHKP 90] H. Ehrig, A. Habel, H.-J. Kreowski, F. Parisi-Presicce: From Graph Grammars to High-level Replacement Systems, to appear in Proceedings of the Fourth International Workshop on Graph Grammars and Their Application to Computer Science, Bremen, March 1990.

[EKMRW 81]H. Ehrig, H.-J. Kreowski, A. Maggiolo-Schettini, B.K. Rosen, J. Winkowski: Transformations of Structures: An Algebraic Approach. Mathematical Systems Theory 14, pp. 305-334.

[Ehr 79] H. Ehrig: Introduction to the Algebraic Theory of Graph Grammars (a Survey), in: Graph Grammars and Their Application to Computer Science and Biology, Springer, LNCS 73, 1-69 (1979).

[EL 91] H. Ehrig, M. Löwe: Parallel and Distributed Derivations in the Single-Pushout-Approach; Techn. Report No. 91-01, TU Berlin, FB 20, 1991.

[ER 78] H. Ehrig, B. K. Rosen: Concurrency of Manipulations in Multi-dimensional Information Structures, Techn. Report No. 78-13, TU Berlin, FB 20, 1978

[Fra 78] R. Franck: A Class of Linearly Parsable Graph Grammars. Acta Informatica 10, 175-201, Springer, Berlin, 1978.

[Hab 89] A. Habel: Hyperedge Replacement: Grammars and Languages, Dissertation, University Bremen (1989).

[HP 88] B. Hoffmann, D. Plump: Jungle Evaluation for Efficient Term Rewriting, in: Algebraic and Logic Programming, Akademic Verlag, Berlin (DDR), 191-203 (1988).

[Ken 87] R. Kennaway: On "On Graph Rewriting", in: Theoretical Computer Science 52, 37-58 (1987).

[KW 87] H.-J. Kreowski, A. Wilharm: Is Parallelism already concurrency? Part 2: Non-sequential Processes in Graph Grammars, in: Graph Grammars and Their Application to Computer Science, Springer, LNCS 291, 361-377 (1987).

[LE 90] M. Löwe, H. Ehrig: Algebraic Approach to Graph Transformation Based on Single Pushout Derivations. In:16th Intern. Workshop on Graph Theoretic Concepts in Computer Science (WG'90) (Rolf H. Möhring, ed.) Springer Lecture Notes in Computer Science, to appear, 16 pages.

[Löw 90] M. Löwe: Exrtended Algebraic Graph Transformation, PhD Thesis, Technical University of Berlin (1990).

[LW 88] M. Löwe, R. Wilhelm: Risiken polizeilicher Datenverarbeitung, in: Schöne neue Computerwelt, Verlag für Studium und Ausbildung in der Elefanten Press, Berlin, 216-252 (1988).

[Pad 82] P. Padawitz: Graph Grammars and Operational Semantics, in: Theoretical Computer Science 19, 37-58 (1982).

[Par 89] F. Parisi-Presicce: Modular System Design Applying Graph Grammars Techniques, in: ICALP'89, Springer, LNCS 372 (1989).

[Rao 84] J.C. Raoult: On Graph Rewriting, in: Theoretical Computer Science 32, 1-24 (1984).

[Roz 87] G. Rozenberg: An Introduction to the NLC way of rewriting graphs, in: Graph Grammars and Their Application to Computer Science, Springer, LNCS 291, 55-66 (1987).

Systematisches Testen sicherheitsrelevanter Software – Methoden, Verfahren und Werkzeuge

Klaus Grimm,
Daimler-Benz AG, Forschungsinstitut Berlin
Alt-Moabit 91b, D-1000 Berlin 21

Übersicht

Mit dem ständig zunehmenden Einsatz von Rechnersystemen in sicherheitsrelevanten technischen Bereichen werden auch an die Software die gleichen hohen Zuverlässigkeits- und Sicherheitsanforderungen wie an konventionelle, Hardware-implementierte sicherheitsrelevante Systeme gestellt. Damit steigen die Anforderungen an die Qualität der Software und ihren Entwicklungsprozeß. Eine bedeutende Rolle bei der Entwicklung und Zulassung sicherheitsrelevanter Software kommt der Verifikation und Validation zu, wobei der systematische Test unverzichtbarer Bestandteil dieser Software-Prüfung ist. Da die existierenden Standards und Richtlinien zur Qualitätssicherung und Zulassung, insbesondere zur Prüfung sicherheitsrelevanter Software zwar systematische Tests, in der Regel aber keine konkreten Methoden und Verfahren vorschreiben, wird im vorliegenden Beitrag eine umfangreiche Untersuchung des State-of-the-Art auf dem Gebiet der Testmethoden und -verfahren einerseits und der Automatisierung des Tests andererseits vorgestellt. Ziel dieser Untersuchung ist, auf der Basis einer leistungs- und aufwandsorientierten Bewertung der verschiedenen Ansätze die Auswahl der im konkreten Anwendungsfall geeignetsten Methoden, Verfahren und Werkzeuge zu unterstützen.

Nach einer kurzen Einführung in die Situation bei der Standardisierung der Entwicklung, Prüfung und Zulassung sicherheitsrelevanter Software und Hinweisen auf entsprechende Richtlinien wird die große Bedeutung des systematischen Tests im Rahmen von Prüfung und Zulassung hervorgehoben.

Anschließend werden alle wichtigen Methoden und Verfahren zum Testen von Software klassifiziert und beschrieben, wobei drei verschiedene Klassifizierungskriterien und -schemata vorgestellt und angewendet werden. Nach einer vergleichenden Bewertung dieser Verfahren wird der Stand der Technik auf dem Gebiet der Automatisierung des Tests beschrieben. Zu jedem Testverfahren und zu jedem Automatisierungsansatz werden ausführliche Hinweise auf weiterführende Literatur gegeben.

Aus einer zusammenfassenden Beurteilung des Stands der Wissenschaft und Technik und den Erkenntnissen über eine effektive, Sicherheits- und hohen Zuverlässigkeitsanforderungen Rechnung tragende Teststrategie werden Anforderungen an neue, leistungsfähigere Testverfahren aufgestellt.

Ein gesondertes Kapitel ist den speziellen Problemen beim Test von parallelen, verteilten und Realzeit-Systemen gewidmet. Die existierenden Probleme und die wenigen auf diesem Gebiet bereits existierenden Lösungsansätze werden kurz zusammengefaßt.

Das Papier schließt mit einem kurzen Resümee und einem Ausblick auf die Arbeiten, die in Zukunft auf dem Gebiet des systematischen Testens von Software weiterhin Gegenstand der Forschung sein müssen.

1. Einleitung

Mit dem ständig zunehmenden Einsatz von Rechnersystemen in sicherheitsrelevanten technischen Bereichen, beispielsweise in der Verkehrstechnik und der Medizin, werden auch an die Software die gleichen hohen Zuverlässigkeits- und Sicherheitsanforderungen wie an konventionelle, Hardware-implementierte sicherheitsrelevante Systeme gestellt. Damit steigen die Anforderungen an die Qualität der Software und ihren Entwicklungsprozeß. Daher und da die Software-Systeme immer komplexer werden, sind auf dem Gebiet der Software-Entwicklung enorme Anstrengungen erforderlich, um diesen hohen Zuverlässigkeits- und Sicherheitsanforderungen gerecht werden zu können. Zeitlich vorrangig ist dabei der Einsatz leistungsfähiger konstruktiver Maßnahmen während der Software-Entwicklung, zum Beispiel die Benutzung spezieller Entwicklungsrichtlinien, wie sie beispielsweise von EWICS vorgeschlagen und kürzlich von Redmill (1988) publiziert wurden, oder der Einsatz leistungsfähiger, rechnergestützter Software-Entwicklungsmethoden und -werkzeuge (siehe u.a. Balzert, 1982). Da es jedoch trotz des Einsatzes derartiger Hilfsmittel in der Praxis unmöglich ist, komplexe Software von vornherein fehlerfrei zu entwickeln, und Fehler in sicherheitsrelevanter Software zu enormen Personen- und Sachschäden führen können, ist eine umfangreiche Verifikation und Validation der Software unverzichtbar.

In den vergangenen Jahren sind verschiedene Anstrengungen unternommen worden, die Anforderungen an sicherheitsrelevante Software und ihren Entwicklungsprozeß zu spezifizieren und zu standardisieren. Internationale Standards in Sachen Software-Qualitätssicherung sind beispielsweise aufgestellt worden durch die International Standards Organisation (ISO), die International Electrotechnical Commission (IEC), die International Atomic Energy Agency (IAEA), die North Atlantic Treaty Organisation (NATO) und die European Space Agency (ESA). Diese sowie zahlreiche nationale amerikanische, britische und deutsche Bestimmungen werden in Redmill (1989) referenziert. Ein wesentliches Problem bei der Standardisierung sind die unterschiedlichen technischen Anwendungsbereiche und die damit verbundenen unterschiedlichen Anforderungen und Zuständigkeiten bei der Zulassung. Unterschiedliche Anwendungsbereiche erfordern zum Teil unterschiedliche Maßnahmen, wobei die unterschiedlichen Zuständigkeiten eine Vereinheitlichung zusätzlich erschweren. Beispielsweise ist in Deutschland für die Zulassung sicherheitsrelevanter technischer Systeme bei Fernbahnen die Deutsche Bundesbahn, im öffentlichen Nahverkehr die jeweilige örtliche technische Aufsichtsbehörde zuständig. Ein Versuch einer allgemeingültigen Standardisierung ist in Deutschland durch die Normung von "Gütebedingungen und Prüfbestimmungen für Anwendungssoftware" in der DIN-Norm 66285 (siehe DIN,1990b) unternommen worden. In der kürzlich veröffentlichten Vornorm DIN V VDE 0801/01.90 (siehe DIN, 1990a) wurden erstmals "Grundsätze für Rechner in Systemen mit Sicherheitsaufgaben" erarbeitet, die den unterschiedlichen Zulassungsinstitutionen als Basis für auf den konkreten Anwendungsbereich zugeschnittene Bestimmungen dienen sollen. Neue Trends auf dem Gebiet der Standardisierung und Prüfung sicherheitsrelevanter Software und der Entwicklung bzw. des Einsatzes entsprechender Methoden und Verfahren in Europa, unter anderem im Rahmen des ESPRIT-Programms, werden in einigen von Genser et al. (1989) und Ehrenberger (1990) herausgegebenen Veröffentlichungen wiedergegeben.

Die Mehrzahl der existierenden Standards zur Qualitätssicherung bei sicherheitsrelevanter Software enthält aufgrund ihres Allgemeingültigkeitsanspruchs keine detaillierten Angaben zur Auswahl von Verfahren, sondern es werden lediglich verschiedene Verfahren kurz beschrieben. (DIN, 1990a) gibt, allerdings nur beispielhaft für einzelne Anforderungsklassen nach DIN 19250, Empfehlungen für den Einsatz verschiedener Prüfmethoden und -verfahren in Abhängigkeit von an die Software gestellten Zuverlässigkeits- und Sicherheitsanforderungen. Um in Zukunft im Einzelfall die Auswahl geeigneter Verifikations- und Validationsverfahren zu erleichtern, sind auf der Basis von (DIN, 1990a), detailliertere Untersuchungen über die Leistungsfähigkeit und die Effizienz der zur Verfügung stehenden Methoden und Verfahren zur Entscheidung heranzuziehen.

Derartige Untersuchungen verschiedener Verfahren zur Software-Verifikation und -Validation, unter anderem durch Myers (1976, 1987), INFOTECH (1979) und einen EWICS-Arbeitskreis (Dahll, 1983), und eine auf diesen Arbeiten basierende vergleichende Analyse und Beurteilung durch Grimm (1985) haben gezeigt, daß der systematische Test ein unverzichtbarer Bestandteil der Software-Prüfung ist. Die beiden wichtigsten Gründe hierfür sind, daß nur bei einem Test die realen Einsatzbedingungen der Software (z.B. Zielrechner, Betriebssystem, Compiler) ausreichend berücksichtigt und dadurch die dynamischen Eigenschaften der Software, beispielsweise das Laufzeitverhalten des Programms und die durch den Zielrechner gegebene Rechengenauigkeit, geprüft werden können. Zur Begiffsklärung sei darauf hingewiesen, daß das Testen im folgenden, im Sinne von (NTG, 1982), als ausschließlich dynamische Prüfmethode angesehen wird. Ziel des Software-Tests ist es demnach, durch Ausführung von Funktionen eines Programms in einer definierten Umgebung festzustellen, ob sich das Programm so verhält, wie es aufgrund seiner Spezifikation zu erwarten ist. Durch diese Definition wird das Testen abgegrenzt von den statischen Prüfmethoden (z. B. der Inspektion) einerseits und dem Debugging, das eher der Fehlerlokalisierung und -behandlung dient, andererseits.

Sämtliche in einem Programm vorhandenen Fehler können prinzipiell nur durch einen vollständigen Test, das heißt durch einen Test mit allen möglichen Eingangswerten, -wertekombinationen und -wertereihenfolgen des Programms unter Berücksichtigung der realen Einsatzbedingungen aufgedeckt werden. Da ein vollständiger Test jedoch in der Praxis mit Ausnahme weniger, trivialer Programme aus technischen und wirtschaftlichen Gründen nicht möglich ist, müssen Testdaten nach bestimmten Kriterien ausgewählt werden mit dem Ziel, mit möglichst wenig Aufwand möglichst viele Fehler aufzudecken. Zu diesem Zweck sind in der Vergangenheit verschiedene Testverfahren entwickelt worden, die sich zum Teil erheblich in Leistungsfähigkeit und Aufwand unterscheiden und von denen nur wenige den an sicherheitsrelevante Software zu stellenden Anforderungen gerecht werden.

Im vorliegenden Beitrag werden zunächst alle wichtigen Verfahren zum Testen von Software klassifiziert und beschrieben, wobei drei verschiedene, in der Literatur häufig in verschiedenen Mischformen verwendete Klassifizierungskriterien und -schemata vorgestellt und angewendet werden. Auf der Basis dieser Beschreibungen werden die Verfahren bezüglich ihrer Leistungsfähigkeit und des mit ihrem Einsatz verbundenen Aufwands bewertet und miteinander verglichen, mit dem Ziel, die Auswahl der im konkreten, sicherheitsrelevanten Anwendungsfall am besten geeigneten Verfahren zu unterstützen.

Da die Eignung einzelner Verfahren auch davon anhängt, ob eine den Aufwand deutlich reduzierende und die Reproduzierbarkeit des Tests gewährleistende Rechnerunterstützung zur Verfügung steht, wird anschließend kurz auf den Stand der Technik auf dem Gebiet der Automatisierung des Tests eingegangen. Dabei werden für jede im Zuge eines Tests durchzuführende Aktivität spezielle Angaben gemacht und einige Testunterstützungswerkzeuge beispielhaft genannt. Insbesondere wird bei der Testfallermittlung konkret auf die verschiedenen Testverfahren Bezug genommen. Zu jedem Testverfahren und zu jedem Automatisierungsansatz werden ausführliche Hinweise auf weiterführende Literatur gegeben.

Aus einer zusammenfassenden Beurteilung des Stands der Wissenschaft und Technik und den Erkenntnissen über eine effektive, Sicherheits- und hohen Zuverlässigkeitsanforderungen Rechnung tragende Teststrategie werden Anforderungen an neue, leistungsfähigere Testverfahren aufgestellt, die sich im wesentlichen auf Leistungsfähigkeit, Aufwand, Automatisierbarkeit und Meßbarkeit beziehen.

Ein gesondertes Kapitel ist den speziellen Problemen beim Test von parallelen, verteilten und Realzeit-Systemen gewidmet. Die existierenden Probleme und die wenigen auf diesem Gebiet bereits existierenden Lösungsansätze werden kurz zusammengefaßt.

Das Papier schließt mit einem kurzen Resümee und einem Ausblick auf die Arbeiten, die in Zukunft auf dem Gebiet des systematischen Testens von Software weiterhin Gegenstand der Forschung sein müssen.

2. Stand der Wissenschaft und Technik beim Test sequentieller Programme

In der Vergangenheit sind verschiedene Verfahren zum Testen von Software entwickelt worden, die teilweise grundsätzlich unterschiedliche Ansätze verfolgen und sich zum Teil erheblich in Leistungsfähigkeit und Aufwand unterscheiden. Alle wichtigen Ansätze und Verfahren werden im folgenden systematisch klassifiziert, kurz beschrieben und bezüglich Leistungsfähigkeit und Aufwand bewertet und miteinander verglichen. Ausgangspunkt ist eine Klassifizierung und Bewertung einiger wichtiger Verfahren, die in (Grimm, 1988) vorgenommen wurde und im wesentlichen auf Arbeiten von Myers (1987), Howden (1987) und DeMillo et al. (1987) basiert. Eine umfangreiche, kürzlich veröffentlichte Übersicht enthält (Liggesmeyer, 1990).

2.1 Klassifizierung aller wichtigen Testverfahren

In den genannten Veröffentlichungen werden jeweils unterschiedliche Klassifizierungskriterien benutzt und teilweise miteinander vermischt. Die Untersuchungen der verschiedenen Testansätze haben gezeigt, daß aufgrund der Charakteristika dieser Ansätze drei verschiedene Kriterien zur Klassifizierung sinnvoll sind. Im folgenden werden diese drei Klassifizierungskriterien und -schemata vorgestellt. Anschließend werden die verschiedenen Testverfahren jeweils einheitlich nach diesen Kriterien klassifiziert.

(a) Die Testverfahren werden danach unterschieden, ob die **Struktur des Testobjekts** in dem Verfahren berücksichtigt wird oder keine Rolle spielt:

- Bei den *Black-box-Tests* wird das Programm als "schwarzer Kasten" betrachtet, die Struktur des Programms spielt beim Testen, insbesondere bei der Testfallermittlung, keine Rolle.
- Bei den *White-box-Tests* (auch "Glass-box-Tests" genannt) wird die Struktur des zu testenden Programms beim Test berücksichtigt. Beispiele sind Verfahren, bei denen die Testfälle aus der Programmstruktur abgeleitet werden (siehe (b)).

Diese Klassifizierung sagt nichts Definitives darüber aus, aus welcher Informationsquelle die Testfälle für den Test abgeleitet werden. Klar ist lediglich, daß die Testfälle bei den Black-box-Tests nicht aus der Programmstruktur abgeleitet werden, entsprechendes bei den White-box-Tests möglich, aber nicht obligatorisch ist.

(b) Die Testverfahren werden nach der **Informationsquelle** charakterisiert, die **zur Ermittlung der Testfälle** herangezogen wird:

- Bei den *Funktionstests* werden die Testfälle aus der funktionalen Spezifikation des zu testenden Programms abgeleitet, mit dem Ziel, möglichst viele Programmfunktionen zu testen. Außer den Schnittstellen des Programms werden keine weiteren Informationen über das Programm selbst berücksichtigt. Die verschiedenen funktionalen Testverfahren werden in Kapitel 2.2.1 behandelt.
- Bei den *Strukturtests* werden die Testfälle aus der Struktur des zu testenden Programms abgeleitet. Die wichtigsten Ansätze gehen vom Kontroll- bzw. vom Datenfluß des Programms aus. Alle wichtigen Strukturtests werden in Kapitel 2.2.2 behandelt.
- Bei den *diversifizierenden Tests* werden die Testfälle anhand von Varianten des Testobjekts ermittelt. Der wichtigste Ansatz ist der Mutationen-Test, der in Kapitel 2.2.4 genauer erläutert wird.
- Beim *statistischen Test* ("Random Testing") werden die Testdaten rein zufällig, unter Annahme bestimmter Wahrscheinlichkeitsverteilungen für die Werte der Eingangsparameter innerhalb des Eingabedatenraums, ausgewählt. Eine ausführlichere Beschreibung dieses Ansatzes erfolgt in Kapitel 2.2.5.

(c) Ein weiteres Klassifikationskriterium ist die **Testreferenz**, das heißt die Vorlage, mittels der die Testergebnisse beurteilt werden.

- Üblicherweise wird gegen die funktionale Spezifikation getestet, in der das Verhalten des Programms beschrieben ist.
- Der Test kann allerdings auch gegen eine andere Version ("Regressionstest") oder gegen eine andere Variante ("Back-to-Back-Test") des Programms erfolgen. Der Back-to-Back-Test wird in Kapitel 2.2.6 behandelt.

Die interessanteste, für die praktische Arbeit wichtigste Klassifikation ist durch den Fall (b) gegeben. Diese wird daher in Kapitel 2.2 zur Beschreibung der Verfahren zugrunde gelegt. Wie die entsprechenden Verfahrensklassen den Klassen der beiden anderen Klassifikationen zuzuordnen sind, zeigt die Tabelle 1. Dabei wird für jede Klasse von (b) angegeben,

- ob eine Testdurchführung als Black-box- bzw. als White-box-Test sinnvoll oder überhaupt möglich ist, und
- in welchen Fällen eine Testauswertung gegen die Spezifikation bzw. gegen eine andere Referenz sinnvoll ist.

Klassifikation (b)	Klassifikation (a)		Klassifikation (c)	
	Black-box	**White-box**	**gg. Spezifikation**	**and. Referenz**
Funktionstests	sinnvoll	zur Überdeckungsmessung sinnvoll		
Strukturtests	nicht möglich	sinnvoll	prinzipiell sinnvolle Art der Testauswertung	prinzipiell sinnvoll, wenn andere Referenz bereits vorliegt, andernfalls sehr aufwendig
diversif. Tests	nicht möglich	sinnvoll		
statist. Test	sinnvoll	zur Überdeckungsmessung sinnvoll		

Tabelle 1: Beziehungen zwischen den Klassen der verschiedenen Klassifikationen

2.2 Beschreibung der Verfahren

Bei der folgenden Beschreibung der verschiedenen Verfahren wird das Klassifizierungsschema (b) zugrunde gelegt. Als einziges wichtiges Verfahren, das nicht innerhalb dieses Schemas behandelt werden kann, wird anschließend der Back-to-Back-Test beschrieben.

Das Gros der Forschungsarbeiten zum Thema Software-Test beschäftigte sich in der Vergangenheit mit den Strukturtests, da sie mit dem bereits vorliegenden Programm eine sehr viel geeignetere Basis für theoretische Überlegungen zur Testfallermittlung haben als die funktionalen Tests, die von mehr oder weniger formal und vollständig vorliegenden Spezifikationen ausgehen. Alle wichtigen Ansätze und Verfahren werden im folgenden kurz erläutert, eine zusammenfassende und vergleichende Bewertung erfolgt in Kapitel 2.3.

2.2.1 Funktionstests

Beim Funktionstest von Software ist die Spezifikation der Programmfunktionen für die Testfallermittlung von entscheidender Bedeutung. Insbesondere wichtig ist, in welcher Form diese Spezifikation vorliegt. Zu unterscheiden ist prinzipiell zwischen streng formal formulierten Spezifikationen, beispielsweise in algebraischer Form oder in Syntax der Prädikatenlogik, und halb-formal bzw. informal formulierten Spezifikationen, beispielsweise mit Hilfe von Datenflußdiagrammen bzw. in freier Textform. Entsprechend ist bei den funktionalen Testverfahren zu unterscheiden zwischen

- Verfahren, die auf formalen Spezifikationen aufsetzen und durch ein deterministisches Vorgehen bei der Ermittlung von Testfällen gekennzeichnet sind, und
- Verfahren, die auf halb-formalen oder informalen Spezifikationen aufsetzen und bei denen die Testfallermittlung mehr oder weniger heuristisch erfolgt.

Die meisten Forschungsarbeiten zum Thema Funktionstest beschäftigten sich in der Vergangenheit mit der Testfallermittlung auf der Basis einer formalen Spezifikation. Ansätze zum Funktionstest ohne formale Programmspezifikation sind entsprechend unterentwickelt und aufgrund ihres hohen Heuristik-Anteils mehr oder weniger unsystematisch.

2.2.1.1 Funktionstests auf der Basis einer formalen Programmspezifikation

Der erste Ansatz zur Systematisierung des Software-Tests wurde in einem grundlegenden Papier von Goodenough und Gerhart (1975) vorgestellt, in dem unter anderem gezeigt wurde, wie ein funktionaler Test ausgehend von einer Spezifikation mittels **Entscheidungstabelle** systematisch durchgeführt werden kann.

Der Ansatz eines funktionalen Tests auf der Basis einer **algebraischen Spezifikation** wurde beispielsweise von McMullin (1982) verfolgt und resultierte in einem System namens DAISTS (Data Abstraction Implementation, Specification, and Testing System). Der Test mit Hilfe dieses Systems basiert auf einer algebraischen Spezifikation, bei der eine spezielle Sprache zur Spezifikation abstrakter Datentypen verwendet wird. Über praktische Erfahrungen mit DAISTS bei der Spezifikation, Implementierung und Validierung eines speziellen Texteditors wird in (McMullin und Gannon, 1983) berichtet.

Aufgrund des eingeschränkten Anwendungsbereichs von Spezifikationen, die Programmfunktionen mit Hilfe von abstrakten Datentypen beschreiben, hat Gannon (1986) die DAISTS zugrunde liegenden Ideen in ein anderes System übernommen, das Testfälle für Programme ermittelt, die auf 'Character'-Dateien operieren. Die Testfallermittlung basiert auf einer formalen Spezifikation sowohl des Aufbaus der Dateien als auch der Beziehungen zwischen den Eingabe- und den Ausgabedateien.

Neuere Arbeiten auf der Basis einer algebraischen Spezifikation sind hauptsächlich an französischen Hochschulen durchgeführt worden. Sie sind in ihren wesentlichen Ergebnissen in dem Bericht (Bernot et al., 1990) enthalten.

Ein Verfahren zur Testfallermittlung auf der Basis einer Spezifikation des Programms als **endlichen Automaten** hat Chow (1978) vorgestellt.

Ein Ansatz, der algebraische Spezifikation und Testfallermittlung auf der Basis eines endlichen Automaten miteinander kombiniert, wurde von Gmeiner (1983) verfolgt. Ausgangspunkt ist eine Entwurfsbeschreibung in Form von abstrakten Datentypen in der Sprache TESTPLAN-S, wobei auch informale Sprachelemente zur Beschreibung der Zusammenhänge zwischen den Funktionen eines abstrakten Datentyps zugelassen sind. Jeder abstrakte Datentyp wird über der Grundmenge seiner Zugriffsoperationen durch eine endliche Menge von Operationsfolgen definiert. Dieses System von regulären Ausdrücken wird in einen endlichen Automaten transformiert, wobei die Zustandsübergänge des Automaten jeweils einer einzelnen Operation entsprechen. Jeder Testfall ist dann eine Operationsfolge vom Anfangs- zu einem der Endzustände des Automaten, wobei die Endlichkeit der Testfallmenge durch verschiedene Testabbruchkriterien gewährleistet wird. Eine Kurzbeschreibung mit Beispielen enthält (Gmeiner und Voges, 1986).

Einen funktionalen Test auf der Basis einer **prädikatenlogischen Spezifikation** hat Gourlay (1981) vorgestellt. Das von Gourlay vorgestellte Verfahren geht von einer prädikatenlogischen Spezifikation der Input-/Output-Beziehungen des Programms aus, die zunächst in disjunktive Normalform gebracht wird. Aus dieser Normalform werden die elementaren Einzelbedingungen und damit entsprechende Teilmengen des Eingabe- und Ausgabedatenraums abgeleitet, aus denen anschließend eine disjunkte Aufteilung konstruiert wird. Dadurch entsteht praktisch eine Art Äquivalenzklasseneinteilung des Eingabe- und Ausgabedatenraums. Jede logisch vereinbare Kombination der entsprechenden disjunkten Bedingungen stellt einen Testfall dar. Dieser Ansatz ist vielversprechend, weist jedoch für die Praxis einige wichtige Nachteile auf, die in der Bewertung der Verfahren in Kapitel 2.2.1.3 diskutiert werden.

Ein anderer, bereits mehrfach gewählter Weg zur Testfallermittlung aus einer formalen Vorlage ist der Ansatz, Programme zunächst mit Hilfe einer **höheren Programmiersprache** zu spezifizieren. Die wichtigsten Arbeiten in dieser Richtung werden im folgenden kurz erwähnt: Richardson und Clarke (1981) definieren eine eigene Hochsprache zur Spezifikation und führen zur Testfallermittlung eine Pfadanalyse der mit dieser Sprache formulierten Programmspezifikation durch. Einen ähnlichen Weg verfolgt Cartwright (1981) durch Benutzung einer LISP-ähnlichen Sprache namens TTL. Weyuker (1983) benutzt die an der Universität in New York entwickelte Sprache SETL zur Spezifikation von in einer anderen Hochsprache zu realisierenden Programmen. Probert und Ural (1983) und Gerhart (1985) schließlich benutzen die logische Programmiersprache PROLOG zur Spezifikation und Testfallermittlung.

2.2.1.2 Funktionstests ohne formale Programmspezifikation

Einige Verfahren zum funktionalen Testen von Software, die nicht notwendigerweise eine formale Spezifikation erfordern, wurden unter anderem von Myers (1976, 1987) zusammengestellt. Es sind jedoch, mit Ausnahme eines ausschließlich auf der Intuition des Testers basierenden Verfahrens ("Error Guessing"), alles Ansätze, die prinzipiell auch, und dann mit sehr viel größerem Erfolg, auf bestimmte formale Spezifikationen, insbesondere prädikatenlogische, angewandt werden können. Die wichtigsten Verfahren werden im folgenden kurz skizziert, für nähere Informationen wird verwiesen auf Myers (1976, 1987).

Beim *Äquivalenzklassentest* wird zunächst der Eingabedatenraum des Programms auf der Basis der funktionalen Spezifikation in eine endliche Anzahl von Wertebereichen ("Äquivalenzklassen") eingeteilt, so daß man annehmen kann, daß der Test mit einem repräsentativen Wert aus jeder Klasse einen Test mit allen anderen Werten dieser Klasse erübrigt. In der Regel entsprechen bestimmte Teilfunktionen des Programms bestimmten Klassen oder Klassenkombinationen ("gültige Äquivalenzklassen"). Darüber hinaus werden Äquivalenzklassen gegeben durch Klassen von Eingabefällen, die nicht zu den Definitionsbereichen der Funktionen gehören, aber technisch möglich sind ("ungültige Äquivalenzklassen"). Das Prinzip dieses Testverfahrens entspricht dem in Kapitel 2.2.1.1 erwähnten Ansatz von Gourlay, bei dem eine derartige Äquivalenzklasseneinteilung deterministisch auf der Basis einer prädikatenlogischen Spezifikation vorgenommen wird.

Basis des *Grenzwerttests* ist eine Äquivalenzklasseneinteilung sowohl des Ein- als auch des Ausgabedatenraums des Programms. Ziel des Grenzwerttests ist es, Fehler aufzudecken, die bei Daten in den Grenzbereichen dieser Klassen auftreten. Dieser Ansatz entspricht prinzipiell dem Vorgehen beim 'Domain Testing', bei dem die Testfälle allerdings aus der Kontrollstruktur des Programms abgeleitet werden und der daher in Kapitel 2.2.2 bei den Strukturtests vorgestellt wird.

Der *Ursache-Wirkungs-Graph-Test* ('Cause-Effect-Graphing') basiert auf einer Arbeit von Elmendorf (1973), eine gute Beschreibung mit umfangreichen Beispielen enthält (Myers, 1976). Ziel dieses Tests ist es, die Funktionen des Programms in allen möglichen Kombinationen zu testen. Hierzu werden zunächst aus der Spezifikation Ursachen und Wirkungen abgeleitet und spezifiziert, wobei eine Ursache eine bestimmte Eingangsbedingung des Programms und eine Wirkung eine Nachbedingung ist, die den Wert der Ausgangsgrößen des Programms nach Ausführung mit bestimmten Eingabedaten beschreibt. Die logischen Beziehungen dieser Ursachen und Wirkungen werden in einem Booleschen Graphen spezifiziert. Zur Beherrschung der durch Kombinatorik schnell zunehmenden Unübersichtlichkeit werden Zwischenknoten eingeführt, die bestimmte logische Kombinationen von Ursachen zusammenfassen. Zur Beschreibung der logischen Zusammenhänge stehen fünf logische Operatoren (NOT, AND, OR, NAND, NOR) und verschiedene Sprachmittel zur Spezifikation von Einschränkungen der Kombinatorik zur Verfügung. Die Testfälle werden durch Umsetzung des Ursache-Wirkungs-Graphen in eine Enscheidungstabelle ermittelt.

Einen ähnlichen Ansatz, der auch von einer Kombination verschiedener Ursachen ausgeht, haben jüngst Ostrand und Balcer (1988) als *'Category-Partition Method'* veröffentlicht. Er unterscheidet sich vom Ursache-Wirkungs-Graph-Test jedoch grundsätzlich dadurch, daß er keine Überlegungen bezüglich der Wirkungen, das heißt bezüglich der zu erwartenden Sollergebnisse, enthält und damit keine Unterstützung für die Testauswertung bietet. Das Verfahren bietet die Möglichkeit, 'Kategorien' von Eingangsparametern und innerhalb dieser Kategorien sich gegenseitig ausschließende Bedingungen ('Choices') zu definieren, so daß bei der Testfallermittlung nur Bedingungskombinationen zwischen den Kategorien, nicht aber innerhalb einer jeden Kategorie berücksichtigt zu werden brauchen. Darüber hinaus können für die einzelnen Elemente jeder Kategorie Einschränkungen für die Kombination zu Elementen anderer Kategorien definiert werden. Zur Spezifikation der Kategorien, 'Choices' und aller Arten von Einschränkungen wird die speziell hierfür definierte Sprache TSL ('Test Specification Language') benutzt. Die derart spezifizierten Bedingungen werden anschließend unter Berücksichtigung aller spezifizierten Einschränkungen zu Testfällen kombiniert.

2.2.1.3 Vergleichende Bewertung der Funktionstests

Alle auf einer formalen Programmspezifikation basierenden Ansätze haben den Vorteil, daß die Testfallermittlung deterministisch erfolgen kann. Es können Algorithmen entwickelt werden, die eine, zumindest teilweise, automatische Durchführung der Testfallermittlung ermöglichen. Der entscheidende Nachteil aller dieser Verfahren ist jedoch die Tatsache, daß formale Spezifikationen generell äußerst kompliziert zu formulieren und zu verstehen sind. Alle Formen der formalen Spezifikation sind darüber hinaus auf bestimmte Typen von Problemen und Programmen beschränkt, so daß keine derartige Spezifikationsmethode die Beschreibung aller Systemeigenschaften ermöglicht. Diese Schwierigkeiten haben dazu geführt, daß formale Spezifikationen und die entsprechenden Testverfahren in der Praxis bisher keine Akzeptanz gefunden haben und eine grundlegende Änderung dieser Situation in nächster Zukunft mit großer Wahrscheinlichkeit nicht zu erwarten ist. Die Verwendung höherer Programmiersprachen zur Spezifikation als Ausgangspunkt der Testfallermittlung ist in der Praxis problematisch, da diese Redundanz, gemessen an dem enormen Zusatzaufwand, aufgrund des im allgemeinen sehr geringen Diversitätsgrades beider Programme nicht sinnvoll erscheint.

Der bezogen auf die Praxis beste der vorgestellten formalen Ansätze ist der Ansatz von Gourlay. Die ihm zugrunde liegende prädikatenlogische Spezifikation hat im Vergleich zu den anderen Ansätzen sicher noch die besten Aussichten auf Akzeptanz in der Praxis. Durch die vollständige Zerlegung von Eingabe- und Ausgabedatenraum in disjunkte Klassen wird ein gewisses Maß an Vollständigkeit des Tests gegenüber der Spezifikation erreicht. Entscheidende Schwächen weist dieser Ansatz jedoch in punkto Kombinatorik auf. Durch die rein schematische Kombination aller ermittelten Elementarbedingungen untereinander entsteht erstens eine Vielzahl logisch nicht vereinbarer Kombinationen, die erst als solche erkannt und ausgesondert werden müssen. Darüber hinaus bietet das Verfahren keine Möglichkeit, die Kombinatorik nach bestimmten Kriterien auf bestimmte, besonders wichtige Kombinationen zu beschränken, um die Anzahl der Testfälle auf ein vertretbares Maß zu reduzieren.

Alle auf einer nicht streng formal formulierten Spezifikation basierenden Verfahren haben den entscheidenden Nachteil, daß die Testfallermittlung heuristisch und mehr oder weniger unsystematisch erfolgt und der Erfolg entscheidend von der Intuition des Testers und vom Detaillierungs- und Exaktheitsgrad der Spezifikation abhängt. Die Definition von Äquivalenzklassen, Ursachen, Kategorien und 'Choices' ist ein kreativer, nicht deterministischer Prozeß. Die Leistungsfähigkeit eines reinen Äquivalenzklassen- oder Grenzwerttests ist relativ gering, insbesondere da Fehler, die nur bei einer bestimmten Kombination von Bedingungen oder Ausnahmewerten verschiedener Eingangsparameter auftreten, nicht prinzipiell, sondern nur rein zufällig aufgedeckt werden können.

Dieser Nachteil wird sowohl durch den Ursache-Wirkungs-Graph- als auch den 'Category-Partition'-Test von Ostrand und Balcer beseitigt. Beide Verfahren bieten darüber hinaus, im Gegensatz zum prädikatenlogischen Ansatz von Gourlay, die Möglichkeit, die Kombinatorik durch Definition verschiedenartiger Einschränkungen zu reglementieren und damit den Aufwand zu reduzieren. Beide Verfahren haben jedoch dem Gourlay-Ansatz gegenüber den Nachteil, daß sie keine prinzipielle Vollständigkeit in der Fallbetrachtung liefern, da sie von intuitiv ausgewählten Ursachen bzw. Kategorien und 'Choices' ausgehen. Beide Verfahren ermöglichen daher auch keine brauchbaren Angaben über den Testumfang, da ein theoretisch mögliches Maximum an Überdeckung als Grundlage für ein Maß nur in Bezug auf den heuristisch definierten Ausgangspunkt des Tests angegeben werden könnte. Beide Verfahren führen trotz der genannten Möglichkeiten, die Kombinatorik sinnvoll zu reglementieren, häufig zu einer in der Praxis nicht mehr vertretbaren Testfallanzahl. Ansätze zur Reduzierung des Aufwands durch Regeln zur geeigneten Modularisierung und zu entsprechendem Vorgehen beim Integrationstest enthalten die Verfahren jedoch nicht. Ein spezieller Nachteil des Ursache-Wirkungs-Graph-Tests ist die Komplexität der Kombinatorik durch eine Vielzahl von Operatoren, Einschränkungen und Zwischenzustände. Beim Ansatz von Ostrand und Balcer wird diese Kombinatorik durch die Einteilung in Kategorien bereits im Ansatz etwas verringert. Dieses Verfahren arbeitet jedoch, ohne Graphikunterstützung, mit einer speziellen Sprache, die zur Spezifikation nicht nur der logischen Bedingungen, sondern auch ihrer Beziehungen zueinander gebraucht wird. Darüber hinaus wird sowohl im Gegensatz zum prädikatenlogischen Ansatz von Gourlay als auch im Gegensatz zum Ursache-Wirkungs-Graph-Test der Aspekt der Testauswertung völlig vernachlässigt.

2.2.2 Strukturtests

Beim Strukturtest werden die Testfälle aus dem Programm selbst abgeleitet, wobei nach verschiedenen Kriterien vorgegangen werden kann. Die beiden wichtigsten Ansätze sind

- kontrollfluß-bezogene Tests, bei denen die Testfälle aus dem Kontrollfluß des Programms abgeleitet werden, und
- datenfluß-bezogene Tests, bei denen die Testfälle unter Berücksichtigung des Programmdatenflusses ermittelt werden.

Für beide Ansätze sind wiederum verschiedene Kriterien zur Testfallermittlung definiert worden. Die wichtigsten werden im folgenden kurz erläutert.

2.2.2.1 Kontrollfluß-bezogene Tests

Die drei wichtigsten Verfahren zum kontrollfluß-bezogenen Testen sind der Statement-Test, der Zweigtest und der Pfadtest. Einige grundlegende Arbeiten hierzu wurden unter anderen durchgeführt von Goodenough und Gerhart (1975), Huang (1975) und Howden (1975, 1976). Gegenüberstellungen enthalten unter anderem (Howden, 1987) und (Myers, 1987), eine ausführliche vergleichende Leistungsbewertung verschiedener Strukturtests wird in (Grimm, 1988) anhand speziell definierter Fehlerarten durchgeführt. Die Ergebnisse werden im folgenden kurz zusammengefaßt.

Das schwächste der genannten Verfahren ist der *Statement-Test*, bei dem das Ziel verfolgt wird, jede Anweisung des Programms mindestens einmal auszuführen.

Leistungsstärker ist der *Zweigtest*, bei dem jeder Programmzweig mindestens einmal zu durchlaufen ist. Unter einem Programmzweig wird hierbei, grob definiert, ein möglicher Weg vom Programmanfang bzw. von einer Verzweigung der Kontrollstruktur bis zur nächsten Verzweigung bzw. zum Programmende verstanden.

Der leistungsfähigste, aber auch mit Abstand aufwendigste Strukturtest ist der *Pfadtest*, bei dem jeder Pfad des Programms mindestens einmal zu durchlaufen ist. Ein Programmpfad stellt einen möglichen Durchlauf durch das ganze Programm dar, wobei jede mögliche Durchlaufanzahl einer Programmschleife zu einem eigenen Pfad führt. Jeder Programmpfad wird durch eine Konjunktion von Verzweigungsbedingungen bestimmt. Diese Pfadprädikate führen zu einer disjunkten Zerlegung des Eingabedatenraums des Programms in sogenannte Pfadbereiche. Da jede Kombination von Zweigen und Schleifendurchläufen, die einen programmlogisch möglichen Weg vom Programmanfang zum Programmende bildet, einen Testfall darstellt, ist der Aufwand im allgemeinen sehr groß. Können für Schleifen mit datenflußabhängiger Durchlaufhäufigkeit keine Obergrenzen für die Durchlaufhäufigkeiten angegeben werden, ist die Anzahl der Pfade theoretisch sogar unendlich. Selbst bei Existenz einer Obergrenze ergeben sich jedoch durch die Vielzahl von Kombinationen im allgemeinen so viele Testläufe, daß der Pfadtest praktisch nicht durchführbar ist.

Der Pfadtest war in der Vergangenheit immer wieder Gegenstand theoretischer Untersuchungen. Beispielsweise hat Howden (1976) drei Klassen von Fehlern definiert,

- den 'Domain Error', der zum Durchlaufen des falschen Pfades führt,
- den 'Computation Error', der auf einem korrekten Pfad zu einer falschen Berechnung führt, und
- den 'Subcase Error', der eine vergessene Fallunterscheidung repräsentiert,

und die Zuverlässigkeit des Pfadtests bezüglich dieser Klassen untersucht.

Zwei diese Fehlerklassifizierung berücksichtigende Spezialfälle des Pfadtests sind das *'Computation Testing'* und das *'Domain Testing'*. Bei beiden Verfahren wird zunächst, wie beim Pfadtest, der Eingabedatenraum des Programms in Pfadbereiche eingeteilt.

Ziel des *'Computation Testings'* (Howden, 1978) ist die Aufdeckung der sogenannten 'Computation Errors' durch Auswahl von Testdaten, die zum Durchlaufen der verschiedenen Programmpfade führen. Dabei sind nach Möglichkeit, nach dem Prinzip des 'Error Guessing', fehlersensitive Testdaten zu wählen, die beispielsweise bestimmte fehleranfällige Berechnungen bzw. Algorithmen berücksichtigen.

Ziel des *'Domain Testings'* ist es, mit nach verschiedenen Kriterien an den Grenzen der ermittelten Pfadbereiche ausgewählten Testdaten Fehler in der Definition dieser Bereichsgrenzen zu finden. Der erste Ansatz geht zurück auf White und Cohen (1980), die eine bestimmte Strategie zur Testdatenermittlung an den Bereichsgrenzen definiert haben. Clarke, Hassell und Richardson (1982) haben diese Überlegungen erweitert und weitere Kriterien definiert. Der entscheidende prinzipielle Nachteil dieses Verfahrens ist die Beschränkung auf die von Howden als 'Domain Errors' bezeichnete Klasse von Fehlern. Die erwähnten Ansätze haben die zusätzlichen Nachteile, daß sie nur auf lineare Prädikate beschränkt sind und die zusätzlichen Schwierigkeiten beim Test von Schleifen unzureichend berücksichtigen.

Ein interessanter Vergleich zwischen diesen beiden speziellen Pfadtests wurde von Clarke und Richardson (1983) angestellt und anhand eines Beispiels veranschaulicht. Sie empfehlen den kombinierten Einsatz beider Verfahren.

Über die genannten Ansätze hinaus wurde eine Reihe weiterer Strukturtest-Verfahren definiert. Sie sind mehr oder weniger gut geeignet, die große Leistungslücke zwischen dem in der Praxis durchaus effektiven und effizienten Zweigtest und dem praktisch nicht durchführbaren Pfadtest zu schließen. Als Beispiele seien genannt:

- der *Bedingungstest*, mit dem Ziel, das Programm so zu testen, daß alle im Programm enthaltenen Einzelbedingungen mindestens einmal den Wert "wahr" und mindestens einmal den "falsch" annehmen; wie in (Grimm, 1988) gezeigt, geht der Bedingungstest zwar beim Test zusammengesetzter Verzweigungsbedingungen über den Zweigtest hinaus, führt jedoch nicht prinzipiell zum Durchlaufen aller Programmzweige;

- der *Mehrfachbedingungstest*, mit dem Ziel, das Programm so zu testen, daß in allen Entscheidungen, die durch zusammengesetzte Bedingungen ("Mehrfachbedingungen") gegeben sind, alle möglichen Wertekombinationen der Einzelbedingungen mindestens einmal erreicht werden; wie in (Grimm, 1988) gezeigt, umfaßt der Mehrfachbedingungstest den Zweigtest, geht beim Test zusammengesetzter Bedingungen sogar über den Pfadtest hinaus, ermöglicht jedoch im Gegensatz zum Pfadtest nicht den speziellen Test von Zweigkombinationen und Schleifen; Riedemann (1986a) hat unter der Bezeichnung "Minimale Mehrfachbedingungs-Überdeckung" eine Modifikation des Mehrfachbedingungstests entwickelt, bei der diejenigen Kombinationen von Bedingungswerten nicht zum Test herangezogen werden, bei denen eine Fehlermaskierung möglich ist. Dadurch kann der durch Kombinatorik entstehende Aufwand für den Mehrfachbedingungstest im allgemeinen merklich reduziert werden;

- ein von Miller et al. (1978) definiertes Verfahren, das zwar wie beim Pfadtest den Test von Zweigkombinationen vorsieht, jedoch ein Prinzip zum vereinfachten Testen von Programmschleifen enthält;
- der von Grimm 1987 definierte, bisher unveröffentlichte "*Reduzierte Pfadtest*", bei dem, wie beim Pfadtest, alle Zweigkombinationen getestet werden, beim Test von Schleifen jedoch spezielle Kriterien zur Testfallermittlung angewandt werden, die zu einer deutlichen Reduzierung des Testaufwands gegenüber dem Pfadtest führen.

2.2.2.2 Datenfluß-bezogene Tests

Grundlegende Arbeiten zur Datenflußanalyse sind in (Fosdick und Osterweil, 1976) und (Hecht, 1977) dokumentiert. Die Ergebnisse dieser Arbeiten bilden die Basis für die im folgenden kurz zusammengefaßten Arbeiten zum datenfluß-bezogenen Test, bei denen Datenfluß-Eigenschaften zur Ermittlung von Testfällen für den systematischen Test benutzt werden. Diese Ansätze sind dazu geeignet, die große Leistungslücke zwischen Zweig- und Pfadtest zu verringern.

Ein spezieller Ansatz stammt von Laski und Korel (1983). Es wird eine Strategie zur Testfallermittlung aus dem Datenfluß definiert, die auf der Beziehung zwischen der Definition und der Benutzung von Variablen basiert. Für jede Anweisung des Programms werden zunächst jeweils alle in dieser Anweisung benutzten Variablen ermittelt, wobei nicht unterschieden wird, ob die Variable in dieser Anweisung in die Berechnung eingeht, das heißt auf der rechten Seite einer Wertzuweisung steht, oder ob sie Bestandteil einer logischen Bedingung ist. Zu jeder Variable werden nun diejenigen Anweisungen ermittelt, die diese Variable definieren, das heißt ihnen einen Wert zuweisen, und deren Wertzuweisung bei Erreichen der benutzenden Anweisung noch gültig, das heißt nicht durch eine im Kontrollfluß dazwischenliegende Anweisung überschrieben worden ist. Das von Laski und Korel definierte Testkriterium besteht nun in der Ausführung aller auf diese Art ermittelten Wege zwischen Definition und anschließender Benutzung der Programmvariablen.

Rapps und Weyuker (1985) haben einige ähnliche Kriterien definiert und in ihrer Leistungsfähigkeit gegeneinander und gegenüber Statement-, Zweig- und Pfadtest abgegrenzt. Sie unterscheiden zusätzlich zwischen der Benutzung einer Variable in einer Berechnung und der Benutzung in einer logischen Bedingung. Die wichtigsten Kriterien werden im folgenden kurz skizziert. Sie gelten jeweils für jeden Zweig des Programms und für jede in diesem Zweig definierte Variable:

– *'all-defs'-Kriterium:*

Der Test enthält mindestens einen Teilpfad, der von der letzten Definition der Variable in diesem Zweig zu einer Benutzung außerhalb dieses Zweiges führt und keine weitere Definition dieser Variable enthält; dabei kann eine Benutzung entweder in einer Berechnung oder in einem Prädikat erfolgen. Dieses Kriterium gewährleistet, daß für jede Variablendefinition innerhalb eines Zweiges, die sich außerhalb des Zweiges unmittelbar auswirkt, mindestens eine derartige unmittelbare Auswirkung getestet wird.

– *'all-p-uses'-Kriterium:*

Der Test enthält aus der Menge aller Teilpfade, die von der letzten Definition der Variable in diesem Zweig zu einer Benutzung dieser Variable in einem Prädikat außerhalb des Zweiges führen und keine weitere Definition dieser Variable enthalten, für jede dieser Benutzungen mindestens einen derartigenTeilpfad. Dieses Kriterium gewährleistet, daß für jede Variablendefinition innerhalb eines Zweiges, die außerhalb des Zweiges unmittelbare Auswirkungen auf Prädikate hat, für jedes betroffene Prädikat mindestens eine derartige Auswirkung getestet wird.

– *'all-c-uses'-Kriterium:*

Dieses Kriterium entspricht im Prinzip dem 'all-p-uses'-Kriterium, wobei jedoch die Auswirkung von Variablendefinitionen auf Berechnungen, nicht auf Prädikate, betrachtet wird.

– *'all-p-uses/some-c-uses'-Kriterium:*

Dieses Kriterium geht prinzipiell vom 'all-p-uses'-Kriterium aus. Es erfordert jedoch in dem Fall, in dem für eine Variablendefinition die genannte Menge von Teilpfaden leer ist, es also zu keiner Benutzung dieser Variable in einem Prädikat eines anderen Zweiges einen Teilpfad gibt, der keine weitere Definition dieser Variable enthält, den Test eines entsprechenden Teilpfades zu einer Benutzung der Variable in einer Berechnung außerhalb dieses Zweiges. Dieses Kriterium gewährleistet, daß für jede Variablendefinition innerhalb eines Zweiges, die sich außerhalb des Zweiges unmittelbar auswirkt, mindestens eine dieser Auswirkungen getestet wird, wobei in erster Linie Auswirkungen auf Prädikate berücksichtigt werden.

– *'all-c-uses/some-p-uses'-Kriterium:*

Dieses Kriterium ist analog zum 'all-p-uses/some-c-uses'-Kriterium, wobei der Schwerpunkt bei der Untersuchung der Auswirkungen von Variablendefinitionen nicht auf die Auswirkung auf Prädikate, sondern auf die Auswirkung in Berechnungen gelegt wird.

– *'all-uses'-Kriterium:*

Es ist naheliegend, das 'all-p-uses'- mit dem 'all-c-uses'-Kriterium zu kombinieren. Der entsprechende Test enthält dann aus der Menge aller Teilpfade, die von der letzten Definition der Variable in diesem Zweig zu einer Benutzung dieser Variable in einem Prädikat oder in einer Berechnung außerhalb des Zweiges führen und keine weitere Definition dieser Variable enthalten, für jede dieser Benutzungen mindestens einen derartigen Teilpfad. Dieses Kriterium gewährleistet, daß für jede Variablendefinition innerhalb eines Zweiges, die außerhalb des Zweiges unmittelbare Auswirkungen auf Prädikate oder Berechnungen hat, für jedes betroffene Prädikat und für jede betroffene Berechnung mindestens eine derartige Auswirkung getestet wird. Dieses Kriterium entspricht prinzipiell sowohl dem beschriebenen Ansatz von Laski und Korel als auch einem von Ntafos (1981) definierten Verfahren.

– *'all-du-paths'-Kriterium:*

Eine Verschärfung des 'all-uses'-Kriteriums entsteht dadurch, daß beim Test nicht nur mindestens ein definitionsfreier Teilpfad von der Definition einer Variable in einem Zweig zu jeder Benutzung außerhalb des Zweiges durchlaufen wird, sondern daß alle derartigen Teilpfade durchlaufen werden. Um das Problem des Tests von Schleifen auszusparen und den damit verbundenen Aufwand zu vermeiden, wird diese Forderung beim all-du-paths-Kriterium auf die schleifenfreien Teilpfade ('du-paths') begrenzt.

Auf die Ergebnisse der vergleichenden Bewertung dieser Verfahren durch Rapps und Weyuker (1985) wird im nächsten Kapitel eingegangen, da sie auch Vergleiche zu Strukturtests enthält.

Die jüngste Arbeit zum Thema des datenfluß-bezogenen Tests stammt von Frankl und Weyuker (1988). In dieser Arbeit werden die von Rapps und Weyuker definierten Kriterien auf die ausführbaren Pfade des Programms beschränkt. Damit wird erreicht, daß alle Kriterien prinzipiell wirklich vollständig erfüllbar sind.

2.2.2.3 Vergleichende Bewertung der Strukturtests

Das leistungsfähigste aller Strukturtest-Verfahren ist der Pfadtest. Da er jedoch in der Praxis nur in den seltensten Fällen durchführbar ist, sind andere Verfahren auszuwählen. Wie unter anderem in (Grimm, 1988) gezeigt, ist der Zweigtest in vielen Fällen das effizienteste Strukturtest-Verfahren. Der Aufwand für den Test stark verzweigter Programme kann durch Abschwächung der Forderung nach hundertprozentigem Überdeckungsgrad auf ein vertretbares Maß reduziert werden. Dabei ist jedoch bei sicherheitsrelevanter Software genau zu untersuchen, welche Zweige beim Test nicht erreicht wurden. Diese Zweige sollten nur dann ungetestet bleiben, wenn sie sich als nicht sicherheitskritisch erwiesen haben.

Der Vorteil aller vorgestellten Ansätze zum datenfluß-bezogenen Test ist, daß sie aus der Vielzahl möglicher Programmpfade, das heißt Zweigkombinationen, bestimmte heraussuchen, die unter datenfluß-bezogenen Gesichtspunkten wichtig sind, und damit die Anzahl von Testfällen gegenüber dem Pfadtest entscheidend verringern. Sie erfüllen jedoch nicht alle automatisch das Zweigtest–Kriterium. In den Fällen, in denen an die Software Sicherheits- oder hohe Zuverlässigkeitsanforderungen gestellt werden, ist daher eine Kombination des Zweigtests mit einem datenfluß-bezogenen Test sinnvoll.

Die Leistungsfähigkeit der wichtigsten Strukturtests im Vergleich zeigt die in Abbildung 1 dargestellte Implikationskette.

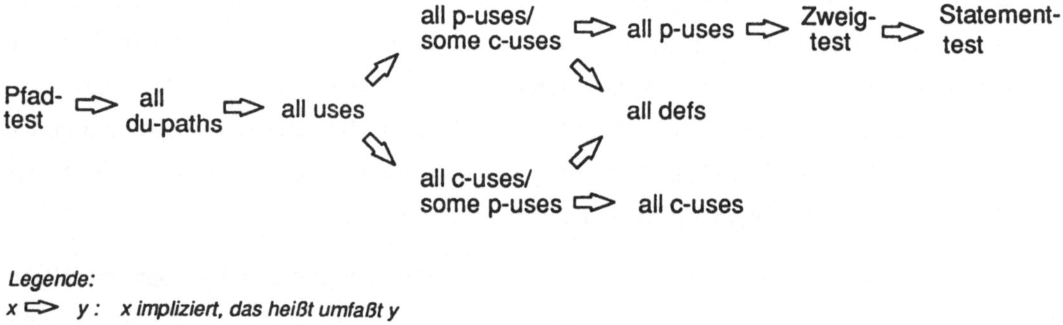

Abbildung 1: Strukturtests im Vergleich

Die Testfallermittlung ist bei allen Strukturtest-Verfahren mit einem generellen Problem verbunden. Die an das Erreichen der verschiedenen Programmteile, beispielsweise Anweisungen oder Zweige, geknüpften Verzweigungsbedingungen müssen durch symbolische Ausführung (King, 1976) umgeformt werden, so daß die Abhängigkeit von den Eingangsgrößen des Programms explizit erkennbar wird. Insbesondere das Herausfinden nicht ausführbarer Pfade stellt dabei ein bisher prinzipiell ungelöstes Problem dar. Über einige generelle Probleme und Einschränkungen für die symbolische Ausführung einerseits und über einen Ansatz zur Lösung des speziellen Problems der Auffindung von nach Integration nicht mehr erreichbaren Codesequenzen andererseits wird in (Spillner, 1986) berichtet.

2.2.3 'Partition Analysis'

Eine Kombination aus Funktions- und Strukturtest geht zurück auf Weyuker und Ostrand (1980). Der Eingabedatenraum des Programms wird einerseits auf der Basis der Kontrollstruktur (mit Hilfe symbolischer Ausführung), andererseits aufgrund einer prädikatenlogischen Spezifikation des Programms, in disjunkte Teilbereiche aufgeteilt. Aus diesen beiden Zerlegungen wird durch Schnittbildung eine Verfeinerung konstruiert, die dann zur Testfallermittlung benutzt wird. Dieser Ansatz wird ausschließlich anhand kleiner Beispiele vorgestellt, ohne daß ein verallgemeinerndes Verfahren, insbesondere zur Klasseneinteilung auf der Basis der Spezifikation, angegeben wird.

Eine, mit *'Partition Analysis'* bezeichnete, Weiterentwicklung dieses Ansatzes haben Richardson und Clarke (1985) vorgestellt. Die spezifikations-basierte Aufteilung des Eingabedatenraums setzt auf einer Spezifikation auf, die in einer speziellen Sprache (SPA) formuliert ist. In dieser Sprache wird das Prädikatenkalkül mit typischen Sprachmitteln prozeduraler Programmiersprachen kombiniert. Wie bei Weyuker und Ostrand wird aus der kontrollstruktur- und der spezifikations-basierten Aufteilung des Eingabedatenraums eine gemeinsame Verfeinerung konstruiert, aus der dann die Testfälle abgeleitet werden. Für den funktionalen Anteil des Verfahrens müssen theoretisch, wie beim in Kapitel 2.2.1.1 beschriebenen prädikatenlogischen Ansatz von Gourlay, die Bedingungen für die verschiedenen Eingangsparameter des Programms vollständig parameterübergreifend kombiniert werden, um eine vollständige und disjunkte Einteilung des Eingabedatenraums zu erhalten. Damit bringt dieses Verfahren unter anderem die bereits für den Gourlay-Ansatz ermittelten Nachteile mit sich.

Über die Testfallermittlung hinaus werden bei diesem Verfahren, unter Zuhilfenahme von Techniken des mathematischen Korrektheitsnachweises (siehe Loeckx und Sieber, 1987; Baber, 1990), für jeden durch Verfeinerung erzeugten Teilbereich des Eingabedatenraums Untersuchungen angestellt, ob die für diesen Teilbereich spezifizierten Funktionen mit den codierten Funktionen übereinstimmen. Diese Untersuchungen bergen allerdings die generell mit der Methode des mathematischen Korrektheitsnachweises verbundenen Probleme und sind daher zur Zeit wenig praxisrelevant.

2.2.4 Mutationen-Test

Der Mutationen-Test gehört gemäß Klassifikation (b) zu den diversifizierenden Tests, bei denen die Testfälle anhand einer anderen Variante des zu testenden Programms ermittelt werden.

Grundidee des Mutationen-Tests ist, durch Veränderungen im zu testenden Programm verschiedene Varianten ("Mutanten") des Programms zu erzeugen und zu prüfen, ob diese Veränderungen durch ausgesuchte Testdaten aufgedeckt werden. Die Auswertung dieser Mutationen-Tests kann gegen das ursprüngliche Programm (als Back-to-Back-Test, siehe 2.2.6) oder gegen die Spezifikation erfolgen.

Die Testfallermittlung erfolgt in Orientierung an die im Programm vorgenommenen Veränderungen mit dem Ziel, Testfälle zu ermitteln, die in der Lage sind, Mutanten des Programms von dem Programm selbst zu unterscheiden. Je mehr Mutanten durch die ausgesuchten Testfälle als vom Original abweichend identifiziert werden, desto besser ist diese Menge von Testfällen für den Test geeignet. Die Mutanten werden durch elementare Veränderungen im Originalprogramm erzeugt, beispielsweise durch Veränderung einzelner arithmetischer oder relationaler Operatoren. Beim Test wird dann angenommen, daß Testdaten, die in der Lage sind, einen Mutanten mit nur elementaren Veränderungen gegenüber dem Original von diesem zu unterscheiden, auch einen mit komplexeren Veränderungen behafteten Mutanten identifizieren können ('coupling effect').

Die Idee des Mutationen-Tests geht zurück auf Budd, DeMillo, Lipton und Sayward. Die ersten Arbeiten sind unter anderem in (DeMillo et al., 1979) veröffentlicht. Eine Modifikation, den sogenannten "schwachen Mutationen-Test", hat Howden (1982) vorgestellt. Übersichtsdarstellungen enthalten unter anderem (DeMillo et al., 1987) und (Liggesmeyer, 1990). Erfahrungen mit dem Mutationen-Test, insbesondere eine vergleichende Untersuchung mit Strukturtests, beschreiben Girgis und Woodward (1986). Die Ergebnisse werden von Liggesmeyer (1990) in kurzer Zusammenfassung wiedergegeben.

Prinzipiell kann ein Mutationen-Test auch mit Testdaten durchgeführt werden, die nicht anhand der Mutanten sondern nach einem anderen, beispielsweise funktionsorientierten Testverfahren ermittelt wurden. Daher wird der Mutationen-Test in der Literatur, beispielsweise in (DeMillo et al., 1987), bisweilen nicht als Verfahren zur Testfallermittlung, sondern als Verfahren zur Prüfung, ob ausgesuchte Testfälle in der Lage sind, bestimmte Fehlerarten aufzudecken, behandelt.

2.2.5 Statistischer Test

Ein grundsätzlich anderer Ansatz als bei allen in den vorangehenden Kapiteln beschriebenen Verfahren wird beim statistischen Test ("Random Testing") verfolgt. Die Testdaten werden nicht nach bestimmten Kriterien systematisch aus der Spezifikation oder dem Programm abgeleitet, sondern rein zufällig, unter der Annahme bestimmter Wahrscheinlichkeitsverteilungen für die Werte der Eingangsparameter innerhalb des Eingabedatenraums, erzeugt. Über die Leistungsfähigkeit des statistischen Testens gibt es in der Fachwelt unterschiedliche Meinungen. Myers (1987) beispielsweise bezeichnet das statistische Testen als das schwächste Verfahren überhaupt. Duran und Ntafos (1984) haben anhand von Beispielen gezeigt, daß bei ganz bestimmten Annahmen über die Fehlerverteilung innerhalb eines Programms durch statistisches Testen mehr Fehler aufgedeckt werden können als mit einem Verfahren, das auf einer Einteilung des Eingabedatenraums in disjunkte Teilmengen (beispielsweise durch 'Partition Analysis') und Auswahl von Repräsentanten aus diesen Mengen beruht. Diese Fälle bildeten jedoch innerhalb der Menge aller untersuchten Wahrscheinlichkeitsannahmen die Ausnahme. Die Untersuchung hat im Prinzip lediglich gezeigt, daß, wie auch nicht anders zu erwarten war, das Verhältnis zwischen statistischem und systematischem Testen sich zu Gunsten des statistischen Tests verschieben kann, wenn die Anzahl der Teilbereiche des Eingabedatenraums und die Wahrscheinlichkeit für einen Fehler innerhalb eines Teilbereichs sehr klein werden, bzw. wenn die Anzahl der Testfälle für den statistischen Test deutlich größer wird als die Anzahl der Testfälle für den systematischen Test.

Eine von Loo und Tsai (1988) veröffentlichte Arbeit baut auf den Untersuchungen von Duran und Ntafos auf und konstruiert weitere Annahmen über die Verteilung von Fehlern auf systematisch ermittelte Teilbereiche des Eingabedatenraums, unter denen die Wahrscheinlichkeit, durch einen statistischen Test Fehler aufzudecken, größer ist als die entsprechende Wahrscheinlichkeit für den systematischen Test.

Nicht zuletzt wegen der rein theoretischen, im allgemeinen nicht praxisrelevanten Annahmen über Fehlerverteilungen und Fehlerwahrscheinlichkeiten ist es den Befürwortern des statistischen Testens bisher nicht gelungen, die Zweifel an seiner praktischen Effektivität auszuräumen. Darüber hinaus bereitet beim statistischen Test die Testauswertung entscheidend mehr Probleme als beim systematischen Test, da für zufällig erzeugte Testdaten die Ermittlung von Sollergebnissen oder Sollbedingungen aus der Spezifikation erheblich schwieriger ist als für systematisch ermittelte Testfälle, insbesondere wenn diese aus der Spezifikation abgeleitet wurden.

2.2.6 Back-to-Back-Test

Der Back-to-Back-Test ist ein Verfahren, das nicht gemäß Klassifizierungskriterium (b) durch die Informationsquelle zur Testfallermittlung, sondern gemäß Kriterium (c) durch eine spezielle Testreferenz zur Testauswertung gekennzeichnet ist. Dieser Ansatz ist erwähnenswert, weil dabei das Programm nicht, wie allgemein üblich, gegen seine funktionale Spezifikation, sondern gegen ein anderes, aus der gleichen Spezifikation abgeleitetes Programm ("Variante") getestet wird. Eine ausführliche Vorstellung dieses Ansatzes enthält (Sneed, 1987).

Voraussetzung für einen Back-to-Back-Test ist eine diversitäre Software-Entwicklung mit möglichst vollständiger Unabhängigkeit der Entwickler. Die Testfälle können im Prinzip nach allen in den vorangehenden Kapiteln beschriebenen Verfahren ermittelt werden, wobei für beide Programme identische Testfälle zu benutzen sind.

Beim Back-to-Back-Test können prinzipiell alle Fehler aufgedeckt werden, die in nur einer Programmvariante enthalten sind. Durch den Test gegen eine dritte oder sogar vierte Variante des Programms kann die Fehlermenge weiter reduziert werden. Die Unabhängigkeit der Programmentwickler ist jedoch in der Praxis nicht immer zu gewährleisten, und der Aufwand bei diversitärer Software-Entwicklung ist im allgemeinen sehr groß.

2.3 Vergleichende Bewertung der verschiedenen Ansätze

Ein wichtiges Ergebnis der bereits erwähnten Untersuchung und vergleichenden Bewertung verschiedener systematischer Testverfahren in (Grimm, 1988) ist eine Gegenüberstellung der prinzipiellen Stärken und Schwächen von Funktions- und Strukturtest.

Der entscheidende Vorteil des Funktionstests ist die Testfallermittlung aus der funktionalen Spezifikation, da nur sie einen applikationsorientierten Test mit praxisrelevanten Daten wirkungsvoll unterstützt. Nur der Funktionstest gewährleistet vom Prinzip her die Berücksichtigung aller funktionalen Anforderungen, Entwurfs- und Programmiervorgaben. Beim Strukturtest können diese Vorgaben nur so weit berücksichtigt werden, wie sie wirklich ins Programm umgesetzt wurden. Insbesondere kann durch einen Strukturtest nicht festgestellt werden, ob Programmpfade fehlen, das heißt, ob spezifizierte Anforderungen bzw. Funktionen im Laufe der Programmentwicklung unberücksichtigt geblieben sind. Der Strukturtest liefert zwar durch Angabe eines kriterien-bezogenen Überdeckungsgrades ein Maß für den Umfang des Tests. Dieses Maß erlaubt allerdings keine expliziten Angaben über den Umfang, in dem die Funktionalität des Programms getestet wurde.

Ein wichtiger Nachteil des Funktionstests gegenüber dem Strukturtest ist die Tatsache, daß bei ihm im allgemeinen nicht alle Programmteile erreicht werden, da viele Programme algorithmenspezifische oder programmtechnisch bedingte Zweige enthalten, die im Zuge eines Funktionstests nicht zwangsläufig getestet werden. Der Strukturtest dagegen ermöglicht den gezielten Test verschiedener Programmteile.

Das 'Partition Analysis'-Verfahren kombiniert zwar die Vorteile beider Ansätze, hat aber für die Praxis einige wichtige Nachteile. Insbesondere stellt die Schnittmengenbildung zwischen den aus der formalen Spezifikation einerseits und den aus der Programmstruktur andererseits ermittelten Mengen ein großes Problem dar. Darüber hinaus bietet das Verfahren, wie in Kapitel 3.1 gezeigt wird, nicht die optimale Kombination von Funktionstest- und Strukturtest-Verfahren.

Der Mutationen-Test ist aufgrund der großen Anzahl möglicher Mutanten in der Regel sehr aufwendig und daher ohne Rechnerunterstützung nicht durchführbar. In Bezug auf bestimmte Fehlerarten kann der Mutationen-Test leistungsfähiger sein als einfache Strukturtests (siehe Gourlay, 1981), wobei der Erfolg eines Mutationen-Tests immer entscheidend von den vorgenommenen elementaren Veränderungen des Originals abhängt. In einigen praktischen Erprobungen, insbesondere in den Untersuchungen von Girgis und Woodward (1986), hat sich der schwache Mutationen-Test als den gängigen Strukturtest-Verfahren an Effektivität unterlegen erwiesen.

Ein statistischer Test ist, wenn er als einziges Verfahren eingesetzt wird, in der Praxis nicht effektiv, zumal für kein Programm a priori festgestellt werden kann, ob es einer der wenigen Fehler-Wahrscheinlichkeitsverteilungen genügt, für die ein statistischer Test eine größere Fehleraufdeckungswahrscheinlichkeit besitzt als ein systematischer Test, der auf einer disjunkten Aufteilung des Programms beruht. Eine sinnvolle Ergänzung kann ein statistischer Test dann sein, wenn eine gewünschte bzw. von einer Zulassungsbehörde geforderte Strukturtest-Überdeckung nicht systematisch erreicht werden kann, weil die entsprechenden Testfälle nicht ermittelt werden können oder zu kompliziert für die Testdatengenerierung sind.

Aufgrund der in Kapitel 2.2.6 genannten Nachteile, insbesondere wegen des enormen Aufwands, ist der Einsatz des Back-to-Back-Tests nur dann sinnvoll, wenn an das Programm Sicherheits- oder hohe Zuverlässigkeitsanforderungen gestellt werden und wenn keine Sollergebnisse oder Plausibilitätskriterien zur Testauswertung definiert werden können, oder wenn mindestens zwei Programmvarianten bereits existieren.

2.4 Testunterstützungswerkzeuge

Da ein Software-Test in der Regel umso effizienter ist, je mehr Rechnerunterstützung zur Verfügung steht, gehört zu einer Betrachtung des Stands der Technik auch eine Untersuchung der existierenden Konzepte und Werkzeuge zur Automatisierung des Tests. Auf der Basis zahlreicher Veröffentlichungen, Herstellerbeschreibungen und eigener Erprobungen wurde im Forschungsinstitut Berlin der Daimler-Benz AG eine umfangreiche Studie über eine Vielzahl von verfügbaren und nicht verfügbaren Testunterstützungswerkzeugen durchgeführt. Diese Studie berücksichtigt schwerpunktmäßig den europäischen Markt, während zwei andere wichtige Studien von DeMillo et al. (1987) und dem NBS (1982) sich im wesentlichen auf den amerikanischen Sektor konzentrieren. Die wichtigsten Ergebnisse dieser Untersuchungen sind in der folgenden kurzen Übersicht enthalten. Da der Umfang der Unterstützung für die verschiedenen im Laufe eines Tests durchzuführenden Aktivitäten sehr unterschiedlich ist, wird bei der Beschreibung nach Aktivitäten unterschieden.

Die Rechnerunterstützung ist in den meisten Fällen beschränkt auf die Automatisierung von Routinetätigkeiten wie die Testorganisation, die eigentliche Testdurchführung, das heißt die Versorgung des Testobjekts mit Testdaten und Speicherung der Testergebnisse, die Testdokumentation und, beim Strukturtest, die Programminstrumentierung und Ablaufüberwachung zur Messung der beim Test erreichten Überdeckung.

- Zur Unterstützung der **Testorganisation** existieren verschiedene Werkzeuge. Spezielle Leistungen sind
  - Bereitstellung der Testumgebung gemäß Testplanung, beispielsweise durch TUS (Abbenhardt, 1985, 1986) und den VAX DEC/Test Manager (DEC, 1989),
  - Generierung eines Testrahmens gemäß Schnittstellenspezifikation, beispielsweise durch TEST-SCOPE (Pelkmann, 1989),
  - leistungsfähige Datenverwaltung, beispielsweise beim VAX DEC/Test Manager,
  - Unterstützung von Regressionstests, beispielsweise durch TUS und den VAX DEC/Test Manager.
- Automatische **Programminstrumentierung** und **Überdeckungsmessung** ("Monitoring") beschränken sich im wesentlichen auf den Statement- und den Zweigtest. Die entsprechenden Werkzeuge sind ausnahmslos zielsprachen-abhängig. Beispiele für derartige Werkzeuge sind
  - PET für FORTRAN-Programme (Stucki, 1978; INFOTECH, 1979; NBS, 1982),
  - RXVP80 für FORTRAN-Programme (Berliner und Voges, 1982; NBS, 1982; Gmeiner und Voges, 1986),
  - TUS für C- und PASCAL-Programme,
  - TESTBED unter anderem für ADA-, C- und PASCAL-Programme (LDRA, 1985) und
  - TEST-SCOPE für C-Programme.

Zur Unterstützung der von Rapps und Weyuker (1985) definierten und in Kapitel 2.2.2.2 kurz beschriebenen datenfluß-bezogenen Strukturtest-Kriterien wurde an der Universität von New York das Werkzeug ASSET entwickelt (Frankl et al., 1985). Es instrumentiert das Programm entsprechend den definierten Kriterien und ermittelt die entsprechenden, beim Test noch nicht erreichten Teilpfade.

- Rechnerunterstützung für die **Testdurchführung**, insbesondere eine automatische Testfallsteuerung, bieten unter anderen die Werkzeuge TUS und TEST-SCOPE für die oben genannten Zielsprachen.
- Rechnerunterstützung für die **Testdokumentation** wird unter anderen, in unterschiedlicher Qualität, von allen für die Bereiche Testorganisation, Testdurchführung, Programminstrumentierung und Überdeckungsmessung genannten Werkzeugen geboten.

Unzureichend ist die Unterstützung bei Testfallermittlung, Testdatengenerierung, Sollergebnisermittlung und Testauswertung.

- Bei der Untersuchung der Situation in Bezug auf die **Testfallermittlung** wird zwischen Funktions- und Strukturtest unterschieden.
  - Zur **Testfallermittlung für den Funktionstest** gibt es nur wenig Rechnerunterstützung. Die Ausnahme bilden einige der auf einer formalen Spezifikation basierenden, in Kapitel 2.2.1.1 beschriebenen Ansätze. Stellvertretend seien die Systeme DAISTS (McMullin, 1982), TESTPLAN (Gmeiner, 1983) und ein in (Bernot et al., 1990) beschriebenes, in Frankreich entwickeltes Werkzeug genannt. Letztere sind jedoch über den Status eines Prototyps nicht hinausgekommen. Gourlay (1981) präsentiert nach Beschreibung seines prädikatenlogischen Ansatzes lediglich einige allgemeine Überlegungen zur Automatisierung seines Verfahrens. Ostrand und Balcer (1988) bieten für ihr Testfallermittlungsverfahren mit Hilfe der Einteilung von Eingangsparametern in Kategorien (siehe Kapitel 2.2.1.2) Rechnerunterstützung für die Kombinatorik an. Aus der in TSL formulierten Spezifikation der Kategorien, 'Choices' und Kombinationseinschränkungen werden automatisch alle durch die Einschränkungen nicht ausgeschlossenen Kombinationen erzeugt.

    Ein neues Werkzeug zur Unterstützung der Testfallermittlung ist das von der Firma Programming Environments Inc. (PEI) in den USA entwickelte System T (siehe Poston, 1989; PEI, 1990). Ausgangspunkt für die Rechnerunterstützung ist eine in der speziellen Sprache TSDL (T Software Description Language) erstellte Spezifikation des zu testenden Systems. Auf der Basis dieser Spezifikation werden nach verschiedenen Kriterien Testfälle zusammengestellt. Kleinere Beispiele sind enthalten in (Knirk, 1990) und (Schindler, 1990). Darüber hinaus bietet T die Möglichkeit, verschiedene Testüberdeckungsmaße zu berechnen (siehe Poston, 1988).
  - Zur Unterstützung der **Testfallermittlung beim Strukturtest** sind verschiedene Systeme entwickelt worden, die durch Kontrollflußanalyse und symbolische Ausführung automatisch Pfadprädikate ermitteln. Beispiele sind DISSECT (Howden, 1977; DeMillo et al., 1987) und EFFIGY (King, 1976; INFOTECH, 1979; NBS, 1982; DeMillo et al., 1987).

Werkzeuge, die darüber hinaus für bestimmte Arten von Pfadprädikaten automatisch Testdaten generieren, sind u.a. ATTEST (Clarke, 1976) und SADAT (Voges et al., 1980; Gmeiner und Voges, 1982; DeMillo et al., 1987). Alle Systeme zur automatischen Ermittlung von Pfadprädikaten unterliegen jedoch mehr oder weniger starken Einschränkungen bezüglich der Menge der verarbeitbaren Programmkonstrukte bzw. arbeiten interaktiv und erfordern einige manuell einzugebende Zusatzinformationen.

Zur Unterstützung der Testfallermittlung für die datenfluß-bezogenen Strukturtest-Verfahren existieren praktisch keine Werkzeuge. Das erwähnte Werkzeug ASSET ermittelt zwar die nicht erreichten Teilpfade, unterstützt jedoch nicht die Ermittlung der entsprechenden Pfadprädikate.

- Ansätze zur Automatisierung der **Testdatengenerierung** für Funktionstest-Testfälle haben Weyuker (1983) mit in SETL spezifizierten und Probert und Ural (1983) mit in PROLOG spezifizierten Programmen gemacht. Systeme, die für bestimmte Arten von Pfadprädikaten die Generierung von Testdaten für Strukturtests unterstützen, wurden mit ATTEST und SADAT bereits erwähnt.

  Ein etwas anderer Ansatz zur automatischen Testdatengenerierung setzt auf einer in einer bestimmten Syntax formulierten Spezifikation von Datenbereichen auf. In dem von der Universität Dortmund prototypisch entwickelten System PROST (Riedemann, 1986b) wird eine spezielle Datenspezifikationssprache TDL benutzt. Für numerische Wertebereiche können im Inneren und an den Grenzen der Bereiche liegende Daten generiert werden, für bestimmte andere Datentypen erfolgt eine Generierung nach der Zufallsmethode. Ein ähnlicher Ansatz wurde im System SOFTEST (Majoros, 1982) verfolgt, bei dem mit Hilfe einer speziellen mengenorientierten Sprache Datenmengen durch Aufzählung einzelner Elemente, durch Angabe von numerischen Wertintervallen und durch Definition von Relationen spezifiziert werden können. Für die Datenmengen, die durch Aufzählung ihrer Elemente spezifiziert werden, werden konkrete Testdaten durch zyklische Auswahl aus der Menge generiert, für die in Form von Wertintervallen spezifizierten Datenmengen erfolgt die Generierung wie beim PROST-System.

- Rechnerunterstützung bei der **Ermittlung von Sollbedingungen bzw. Sollergebnissen** ist praktisch nur für Programme mit formaler Spezifikation möglich. Beispiele sind die drei bereits erwähnten Systeme zur rechnergestützten Testfallermittlung auf der Basis algebraischer Spezifikationen.

– Die Unterstützung für die **Testauswertung** ist, wenn überhaupt gegeben, im allgemeinen auf bestimmte Zielsprachen und dort nur auf bestimmte Datentypen beschränkt. Beispiele sind TUS und TEST-SCOPE, die die Auswertung von Variablen bestimmter PASCAL- bzw. C-Datentypen ermöglichen.

  Ein anderer Ansatz zur automatischen Testauswertung wird mit Werkzeugen verfolgt, die mit Hilfe eines Differenzenoperators Datei-Inhalte miteinander vergleichen. Ein Beispiel hierfür ist der DEC/Test Manager.

  Eine automatische Testauswertung gegen in einer speziellen Assertionssprache spezifizierte Sollergebnisse kann in einigen Fällen beispielsweise im SOFTEST-System vorgenommen werden.

Auch zur **Unterstützung des Mutationen-Tests** sind einige Unterstützungswerkzeuge entwickelt worden. Die ersten Arbeiten resultierten in einem System namens PIMS (siehe Budd et al., 1978), das in der Folgezeit Ausgangspunkt für verschiedene Weiterentwicklungen war (siehe Budd, 1983). Wichtige Leistungen dieser Systeme sind die rechnergestützte Erzeugung verschiedener Mutanten und die rechnergestützte Auswertung dieser Tests. Die Testfallermittlung zur gezielten Unterscheidung der verschiedenen Programmvarianten wird dabei nicht unterstützt. Auf der Basis dieser Werkzeuge ist eine Mutationen-Test-Suite entstanden (siehe Budd, 1983), die den starken und den schwachen Mutationen-Test unterstützt und weitere Komponenten zur Programm-Analyse enthält.

Das Werkzeug FORTEST unterstützt den Mutationen-Tests von Fortran-77-Programmen (siehe Girgis und Woodward, 1985).

2.5 Resümee

Der Stand der Technik auf dem Gebiet des **Funktionstests** kann zusammenfassend folgendermaßen charakterisiert werden:

– Alle deterministischen Verfahren, die prinzipiell eine Automatisierung ermöglichen oder bereits teilweise automatisiert sind, basieren auf einer formalen Programmspezifikation und sind daher und aufgrund der bereits erwähnten Einschränkungen in der Praxis in den meisten Fällen nicht einsetzbar oder erfordern enormen Spezifikationsaufwand.

– Die praxisrelevanten Verfahren sind vollständig oder größtenteils heuristisch, weitgehend unsystematisch und daher überhaupt nicht oder nur in geringem Umfang automatisierbar. Dadurch sinkt ihre Effektivität entscheidend.

– Alle Ansätze haben entscheidende Schwächen in punkto Kombinatorik. Eine systematische Reduzierung des durch Kombinatorik entstehenden Aufwands durch bestimmte a-priori-Einschränkungen bietet nur der Ansatz von Ostrand und Balcer (1988), der jedoch eine spezielle Sprache zur Spezifikation der zu kombinierenden Elemente und der entsprechenden Einschränkungen erfordert und hierzu keine graphischen Hilfsmittel (wie der Ursache-Wirkungs-Graph-Test) bietet.

- Nur einer der existierenden Funktionstest-Ansätze (T) beinhaltet Maße, die es ermöglichen, den Umfang, in dem die Funktionalität des Programms getestet wurde, zu beurteilen. Zur Beurteilung der Praxisrelevanz dieser Maße sind jedoch praktische Erfahrungen mit T erforderlich.

Der Stand der Technik auf dem Gebiet des **Strukturtests** ist vergleichsweise fortgeschrittener, nicht zuletzt, da auf diesem Gebiet bereits länger und ausführlicher geforscht wird. Abgesehen von den prinzipiellen, in den vorangegangenen Kapiteln erwähnten Schwächen des Strukturtests, insbesondere gegenüber dem Funktionstest, gibt es einige, für die praktische Anwendung noch unzureichend gelöste Probleme.

Die wichtigsten Probleme stellen die Testfallermittlung und die Testdatengenerierung dar. Sie erfordern immer eine symbolische Ausführung, die manuell praktisch nicht durchgeführt werden kann. Entsprechende Werkzeuge sind zum großen Teil über das Experimentierstadium nicht hinausgekommen und erfordern mehr oder weniger manuelle Zusatzarbeit. Sie sind, bei der Testfallermittlung, auf bestimmte Programmkonstrukte und, bei der Testdatengenerierung, auf bestimmte Arten von Pfadprädikaten beschränkt. In der Praxis hilft in einigen Fällen nur ein aufwendiger statistischer Test zur Erreichung bestimmter Programmteile.

Das Problem der Instrumentierung und Ablaufüberwachung ist für die praxisrelevanten Strukturtest-Verfahren prinzipiell gelöst.

Zusammenfassend ist folgende Diskrepanz offensichtlich: Je leistungsfähiger ein Testverfahren ist, desto aufwendiger ist es in der Regel, desto geringer ist jedoch auch die verfügbare Rechnerunterstützung. Um die Testverfahren noch leistungsfähiger und den Test durch Rechnerunterstützung noch effizienter zu machen, ist langfristig die Erhöhung des Formalisierungsgrades bei der Software-Entwicklung erforderlich. Dabei sind insbesondere die Arbeiten und die Fortschritte auf dem Gebiet der formalen Methoden zur Software-Spezifikation zu berücksichtigen, die auch in der Praxis zunehmend an Bedeutung und Akzeptanz gewinnen sollten.

3. Anforderungen an einen leistungsfähigen und effizienten Software-Test

Im folgenden werden die aus der Analyse des Stands der Wissenschaft und Technik resultierenden Anforderungen an einen leistungsfähigen und effizienten Test insbesondere sicherheitsrelevanter Software zusammengestellt. Dabei wird zunächst eine effektive, aus sich gut ergänzenden Ansätzen bestehende Teststrategie definiert.

3.1 Eine effektive Teststrategie

Die in Kapitel 2 durchgeführte vergleichende Bewertung der verschiedenen Verfahren zeigt, daß eine leistungsfähige Teststrategie nur aus einer Kombination von Funktions- und Strukturtest bestehen kann. Der Schwerpunkt muß dabei aufgrund seines oben genannten entscheidenden Vorteils auf dem Funktionstest liegen. Nach Festlegung eines ergänzenden Strukturtest-Kriteriums ist festzustellen, inwieweit dieses Kriterium bereits bei Durchführung des Funktionstests erfüllt wurde. Anschließend sind, falls erforderlich, zusätzliche Testfälle zur Erfüllung des Strukturtest-Kriteriums zu definieren. Diese Form der Kombination beider Ansätze hat gegenüber dem 'Partition–Analysis'-Verfahren die entscheidenden Vorteile, daß man einerseits nicht auf ein bestimmtes, in der Praxis ungeeignetes Funktionstest- und ein bestimmtes Strukturtest-Verfahren festgelegt ist, und andererseits der Aufwand dadurch entscheidend verringert wird, daß die Testfallermittlung für den Strukturtest einschließlich symbolischer Ausführung nicht für alle Programmpfade, sondern nur für die Programmteile durchgeführt werden muß, die noch nicht erreicht wurden.

In (Grimm, 1989) wird eine konkrete Kombination bestimmter Funktions- und Strukturtest-Verfahren als praxisorientierte, Sicherheits- und hohen Zuverlässigkeitsanforderungen Rechnung tragende und auf dem aktuellen Stand der Wissenschaft basierende Teststrategie definiert. Für den Funktionstest wird dabei der Ursache-Wirkungs-Graph-Test bzw., falls dieser zu aufwendig ist, eine Kombination aus Äquivalenzklassen- und Grenzwerttest mit Erweiterung um Testfälle nach der Methode des 'Error Guessing' gewählt. Den Kern des Strukturtests bildet ein Zweigtest mit von den Anforderungen abhängendem Überdeckungsgrad. Da in der Praxis eine Rechnerunterstützung erforderlich ist, um diese Strategie effizient durchführen zu können, wird in (Grimm, 1989) ein Konzept zur Automatisierung des Tests im allgemeinen und der definierten Strategie im besonderen vorgestellt. Eine Erweiterung des Zweigtests um eines der beschriebenen datenfluß-bezogenen Verfahren ist sinnvoll, insbesondere wenn ein Werkzeug zur Messung der dem Verfahren entsprechenden Testüberdeckung zur Verfügung steht.

Um diese Strategie entscheidend verbessern zu können, sind insbesondere für den Funktionstest leistungsfähigere, in der Praxis aber mit vertretbarem Aufwand einsetzbare Verfahren zu entwickeln. Die Anforderungen, die dabei, unter Berücksichtigung des in Kapitel 2 beschriebenen Stands der Technik, an ein neues Funktionstest-Verfahren bzw. einen leistungsfähigen und effizienten Strukturtest zu stellen sind, werden im folgenden zusammengestellt. Sie beziehen sich im wesentlichen auf die Aspekte Leistungsfähigkeit, Aufwand, Automatisierbarkeit und Meßbarkeit.

3.2 Anforderungen an den Funktionstest

Die Analyse des Stands der Technik hat verschiedene Schwächen der existierenden Funktionstest-Verfahren und Probleme beim praktischen Einsatz der Verfahren aufgezeigt. Daraus werden im folgenden Anforderungen an ein leistungsfähiges und effizientes funktionales Testverfahren abgeleitet, das den enormen, an sicherheitsrelevante Software zu stellenden Qualitätsanforderungen eher gerecht wird als die existierenden Ansätze.

- Das Verfahren muß in der Praxis einsetzbar sein. Aufgrund der fehlenden Akzeptanz und der anderen bereits genannten Nachteile formaler Spezifikationen muß das Verfahren auf informal formulierte Spezifikationen anwendbar sein.
- Der Anteil an Heuristik muß so gering sein, daß das Verfahren
  - leistungsfähiger als die existierenden pragmatischen Ansätze ist,
  - jederzeit nachvollziehbar und reproduzierbar ist und
  - die Automatisierung ermöglicht und damit wesentlich effizienter als die existierenden pragmatischen Ansätze ist.
- Das Verfahren muß den Test sowohl von Normalfällen als auch von Grenzwerten und "ungültigen" Eingabefällen ermöglichen und seine Durchführung effizient unterstützen.
- Das Verfahren muß den Test von Kombinationen von Eingangsbedingungen ermöglichen und seine Durchführung effizient unterstützen.

  Für die Kombinatorik sollten Regeln definierbar sein, die es ermöglichen, die Kombinatorik gegebenenfalls auf bestimmte kritische Fälle zu beschränken und einfache Formen von Kombinationseinschränkungen für einzelne oder eine Menge von Eingangsbedingungen vorzunehmen.

  Darüber hinaus muß bei Anwendung des Verfahrens die Kombination logisch nicht vereinbarer Eingangsbedingungen so weit wie möglich von vornherein konstruktiv ausgeschlossen werden. Dadurch soll der Aufwand, der durch die Prüfung schematisch miteinander kombinierter Bedingungen auf logische Vereinbarkeit - beispielsweise im Ansatz von Gourlay (1981) - entsteht, entscheidend reduziert werden.
- Das Verfahren sollte es ermöglichen, Maße zu berechnen, die als Basis für die Beurteilung des Umfangs, in dem die Funktionalität des Programms getestet wurde, verwendet werden können.

3.3 Anforderungen an den Strukturtest

Die Anforderungen bezüglich des Strukturtests beziehen sich weniger auf die Leistungsfähigkeit als auf die effiziente Durchführung des Tests. Abgesehen von den prinzipiellen Nachteilen des Strukturtests gegenüber dem Funktionstest, die in der effektiven Teststrategie durch die Kombination beider Verfahren kompensiert werden, hat die Untersuchung des Stands der Technik entscheidende Probleme lediglich bei der konkreten Ableitung der Pfadprädikate aus der Programmstruktur und bei der Testdatengenerierung ergeben. Zur Erreichung eines effizienten Strukturtests sind die bei der Automatisierung der zur Ableitung der Pfadprädikate erforderlichen symbolischen Ausführung bestehenden Probleme zu lösen. Die Ansätze zur automatischen Generierung von Testdaten aus den Pfadprädikaten sind auf alle wichtigen Arten von Prädikaten zu erweitern. Dabei ist zu untersuchen, inwieweit bekannte Expertensystemtechniken zur Lösung dieser Probleme genutzt werden können.

4. Stand der Wissenschaft und Technik beim Test von verteilten und Realzeit-Systemen

Im folgenden wird kurz auf den Stand der Wissenschaft und Technik beim Testen von verteilten und Realzeit-Systemen eingegangen. Dabei werden zunächst die größten Probleme zusammengestellt, die die Entwicklung und den Test derartiger Systeme sequentiellen Programmen gegenüber deutlich erschweren. Es folgt eine kurze Übersicht über die wenigen auf diesem Gebiet existierenden Lösungsansätze. Da diese Ansätze bisher größtenteils praktisch noch nicht erprobt sind, wird auf eine endgültige Bewertung bezüglich ihrer Eignung zum Test sicherheitsrelevanter Software verzichtet.

4.1 Probleme

Der Test von verteilten Systemen und Systemen mit Realzeit-Anforderungen birgt neben der allgemein sehr viel größeren Komplexität eine Reihe zusätzlicher, bisher ungelöster Probleme. Einige der Probleme, insbesondere bei Realzeit-Systemen, wurden bereits vor einigen Jahren unter anderem von Glass (1980) und in einer von Quirk (1985) herausgegebenen Sammlung von Veröffentlichungen zusammengestellt. Sie werden im folgenden kurz zusammengefaßt.

- In den meisten Fällen laufen auf verteilten Systemen parallele Prozesse ab. Ein spezielles Problem dieser Parallelverarbeitung ist das Synchronisationsverhalten der parallelen Prozesse, das insbesondere bei Testfallermittlung, Testdatengenerierung und Testauswertung zusätzlich berücksichtigt werden muß.
- Bei parallelen Prozessen muß mit nicht-deterministischem Zeitverhalten und damit bei verschiedenen Testläufen mit unterschiedlichen Synchronisationssequenzen gerechnet wer-

den, so daß die Reproduzierbarkeit von Programmabläufen bei gleichen Eingaben und damit die Reproduzierbarkeit von Tests nicht gewährleistet ist.

- Tests von Realzeit-Software erfordern einen Verbund mit dem technischen Prozeß oder, falls dieser nicht möglich ist, die Simulation des Prozesses. Auch der Test von Realzeit-Systemen ist häufig nicht reproduzierbar, insbesondere wenn das Verhalten des Prozesses im Test nicht reproduzierbar ist.
- Das Monitoring des Tests zeitkritischer Software muß weitestgehend ohne Beeinflussung des Laufzeitverhaltens der Programme erfolgen. Durch Eingriffe in das Programm zur Überwachung des Programmablaufs, beispielsweise durch Zweiginstrumentierung, wird das Zeitverhalten verändert.
- Software für verteilte und Realzeit-Systeme wird in der Regel nicht auf dem Zielrechner entwickelt. Beim Test auf dem Host-Rechner, bei dem häufig leistungsfähigere Hilfsmittel zur Verfügung stehen, kann jedoch die reale Einsatzumgebung des Programms nur unzureichend berücksichtigt werden. Der Test auf dem Zielrechner wird andererseits dadurch erschwert, daß die Hilfsmittel, die der Rechner zur Verfügung stellt, im allgemeinen ungenügend für einen gründlichen Test sind.

4.2 Lösungsansätze

Zur Zeit gibt es lediglich für einige einzelne Probleme Lösungsansätze, die jedoch häufig auf idealisierenden, die praktischen Gegebenheiten nur unzureichend berücksichtigenden Einschränkungen aufbauen. Einige werden im folgenden kurz beschrieben.

Einen Forschungsschwerpunkt bilden seit einigen Jahren die Analyse und der **Test von parallelen Programmen.** Wichtige Beiträge zur Analyse paralleler Programme stammen von Apt (1983) und Taylor (1983). Apt befaßt sich mit der statischen Analyse von CSP-ähnlichen Programmen, Taylors Untersuchungen beziehen sich darüber hinaus auf ADA-Programme. Wampler (1985) hat den Taylor'schen Algorithmus zur statischen Analyse von in ADA programmierten parallelen Prozessen implementiert. Diese Untersuchungen bilden die Grundlagen für Arbeiten zum Strukturtest von parallelen Programmen, wie sie später unter anderen von Tai (1985) und von Taylor und Kelly (1986) durchgeführt wurden. Tai (1985) definiert in seinem Beitrag den "Synchronisationsfehler" und stellt die Testfallermittlung zur Aufdeckung derartiger Fehler vor. Taylor und Kelly (1986) definieren verschiedene Strukturtest-Kriterien zum Test paralleler ADA- und CSP-ähnlicher Programme auf der Basis der von Taylor selbst definierten statischen Analysen.

Ein generelles Problem beim Test paralleler Programme, das auch für die genannten Strukturtest-Ansätze gilt, ist die häufig fehlende Reproduzierbarkeit des Tests. Bereits 1978 hat Brinch Hansen ein Verfahren zum Testen von die Prozeßinteraktion bei parallelen Prozessen steuernden Monitoren vorgestellt und gezeigt, wie dieser Test reproduzierbar gemacht werden kann. Tai (1985) stellt vier Ansätze zur Gewährleistung der Reproduzierbarkeit von Tests paralleler ADA-Programme vor, die in der Folgezeit Thema weiterer Untersuchungen waren (siehe u.a. Helmbold und Luckham, 1985; Tai und Obaid, 1986; Carver und Tai, 1986). Taylor et al. (1986) beschreiben ein Projekt zur Entwicklung einer ADA-Programmierumgebung, die ein Werkzeug zur statischen Analyse, ein Werkzeug zur Überdeckungsmessung bei Tests und einen "Run-Time Scheduler" zur Überwachung des Synchronisationsverhaltens enthalten soll. Eine befriedigende, praxisrelevante, allgemein einsetzbare Lösung des Problems der Reproduzierbarkeit des Tests paralleler Programme ist bisher jedoch nicht gefunden worden.

Auf dem Gebiet der **verteilten Systeme** sind intensive Forschungsarbeiten zum Testen von Kommunikationsprotokollen durchgeführt worden. Wichtige Zusammenstellungen der Forschungsergebnisse sind von Sunshine (1982), Rudin und West (1983), Heger et al. (1985) und Brauer (1987) herausgegeben worden. Einige wichtige Beiträge werden im folgenden kurz erwähnt. Ansart (1982) stellt drei im Rahmen des französischen Projekts "RHIN" entwickelte Systeme zum Test von Protokoll-Implementierungen vor und beschreibt Möglichkeiten, ein derartiges Testsystem zu entwickeln, das leicht an jedes Protokoll für jede Ebene der OSI-Architektur angepaßt werden kann. Rayner (1982) stellt ein Testsystem zum Test von Protokollen für fast alle Ebenen des OSI-Referenzmodells vor. Sarikaya und Bochmann (1982) beschreiben verschiedene Testverfahren zum Test von Protokollen, insbesondere auf der Basis einer Spezifikation des Protokolls als endlichen Automaten. Probert und Ural (1983) ermitteln Anforderungen an eine Sprache zur Spezifikation von Testfällen für den Protokolltest und stellen eine prototypische Testspezifikationssprache für spezifikationsbasiertes Testen von Protokollen vor. In Ural und Probert (1983) wird ein rechnergestütztes Verfahren zur Generierung von Testsequenzen zum Test von Kommunikationsprotokollen vorgestellt, wobei von einer Spezifikation dieser Testsequenzen mit Hilfe von kontextfreien attributierten Grammatiken ausgegangen wird, die dann in logische Programme umgesetzt werden. Stoll (1987) gibt einen Überblick über bekannte Verfahren zur Gewinnung von Testsequenzen für den Protokolltest und stellt ein Verfahren zur automatischen Generierung von Testdaten für einen Konformitätstest von Protokollen auf der Basis einer Spezifikation des Protokolls als endlichen Automaten vor. DeMeer (1987) beschreibt Testmodelle für Systeme kommunizierender Prozesse anhand des LOTOS-Kommunikationsmodells.

Eine Reihe von Arbeiten zum Testen von parallelen Programmen und verteilten Systemen beschäftigt sich mit dem Monitoring. Beispiele sind Berg (1982), Franta et al. (1982) und Haban und Wybranietz (1986). Letztere beschreiben das Monitoring verteilter Systeme mit Hilfe einer speziell entwickelten Test- und Meßplatine. Haban (1986) gibt weitere Hinweise auf Ansätze zum Monitoring verteilter Systeme.

Auf dem Gebiet des Tests von **Realzeit-Systemen**, das heißt Systemen, die "externen Zeitbedingungen" unterliegen, haben insbesondere Chandrasekharan und Dasarathy einige Ergebnisse vorgelegt. In Chandrasekharan et al. (1985) wird die Testfallermittlung für den Test von Realzeit-Systemen beschrieben, die mit Hilfe einer bestimmten Art von Spezifikationssprache spezifiziert sind. Auf dieser Basis werden zwei Werkzeuge zur Generierung von Testplänen und zur automatischen Testdurchführung vorgestellt. Dasarathy (1985) stellt Mittel zur Spezifikation und zur Validierung spezieller Zeitbedingungen für Realzeit-Systeme vor.

Die Vorgehensweise beim Testen von Realzeit-Systemen zeigen DeMillo et al. (1987) an einigen sicherheitsrelevanten praktischen Beispielen, etwa einem Kernreaktor-Schutzsystem und dem NASA-Space-Shuttle-Programm. In diesen Fällen sind jedoch keine Verfahren zur besonderen Berücksichtigung der speziellen Probleme beim Test derartiger Systeme entwickelt bzw. eingesetzt worden.

McDonald und Smith (1982) beschreiben ein flexibles, verteiltes Testbett zur Unterstützung von Entwicklung und Test verteilter Realzeit-Systeme. Die Hardware-Konfiguration enthält u.a. ein Netzwerk mit einigen VAX 11/780-Rechnern, einem CDC 6400/7600-Komplex und drei Mikroprozessoren. Die Nachteile dieses Testbetts sind die in Teilen nicht gegebene Verallgemeinerbarkeit des Konzepts und der enorme Software- und Hardware-Aufwand der Konfiguration.

Ein brauchbares Werkzeug zum Monitoring des Tests auch zeitkritischer Programme ist die Software Analysis Workstation der Firma Micro Case (1987).

5. Zusammenfassung und Ausblick

In den vorangehenden Kapiteln wurden alle wichtigen Verfahren zum Testen von Software klassifiziert und beschrieben. Vergleichende Bewertungen bezüglich Leistungsfähigkeit und Aufwand ermöglichen die Auswahl einzelner, im konkreten Anwendungsfall optimal geeigneter Verfahren, wobei eine in vielen Fällen einsetzbare, Sicherheits- und hohen Zuverlässigkeitsanforderungen Rechnung tragende effektive Strategie aus sich gut ergänzenden Verfahren vorgeschlagen wird. Die Analyse des Stands der Wissenschaft und der einzelnen Ansätze zeigt jedoch, daß insbesondere auf dem Gebiet des funktionalen Tests ein leistungsfähigeres, automatisierbares Verfahren erforderlich ist, um die Effektivität des Tests entscheidend verbessern und den hohen Qualitätsanforderungen an sicherheitsrelevante Software besser gerecht werden zu können. Zur Lösung der Probleme beim Test von parallelen Programmen, verteilten und Realzeit-Systemen existieren lediglich einige Ansätze, die in dem vorliegenden Beitrag kurz zusammengestellt wurden.

Darüber hinaus wurde, orientiert an den verschiedenen im Laufe eines Tests durchzuführenden Aktivitäten, der Stand der Technik auf dem Gebiet der Testautomatisierung skizziert. Die Untersuchungen haben gezeigt, daß es zwar eine Reihe von Werkzeugen zur Unterstützung der beim Test anfallenden Routinearbeiten, wie Testdurchführung, Zweiginstrumentierung und Testablaufüberwachung gibt, für die die Qualität des Tests entscheidenden Aktivitäten Testfallermittlung und Testdatengenerierung jedoch praktisch keine leistungsfähige Rechnerunterstützung existiert. Die größte Lücke klafft bei der Testfallermittlung für den funktionalen Test, bei der Automatisierungsansätze lediglich für die auf formalen Spezifikationen basierenden Verfahren existieren. Die Werkzeugunterstützung für den Test von zeitkritischen Systemen beschränkt sich im wesentlichen auf das Monitoring und Debugging.

Die Untersuchung des Stands der Wissenschaft und Technik hat gezeigt, daß in Zukunft weitere intensive Forschungsarbeit auf dem Gebiet des Software-Tests erforderlich ist. Langfristig können entscheidende Verbesserungen der Leistungsfähigkeit und der Effizienz des Tests nur durch eine Erhöhung des Formalisierungsgrades bei der Software-Entwicklung, insbesondere durch den Einsatz formaler Methoden bei der Software-Spezifikation, erzielt werden. Dazu sind allerdings Verbesserungen sowohl in Bezug auf die Leistungsfähigkeit als auch auf die praktische Anwendbarkeit und Akzeptanz derartiger Methoden erforderlich. Die auf dem Gebiet der Software-Verifikation im allgemeinen und des Tests im besonderen für die nächsten Jahre in den USA geplanten Forschungsarbeiten beschreiben Osterweil und Clarke (1990).

Im Forschungsinstitut Berlin der Daimler-Benz AG wird zur Zeit einerseits an einem neuen, leistungsfähigen, automatisierbaren Testverfahren, das den hohen Anforderungen an sicherheitsrelevante Software gerecht werden und die große Lücke auf dem Gebiet des funktionalen Tests deutlich verkleinern soll, und andererseits an einem Testsystem zur Automatisierung des Tests, insbesondere der Testfallermittlung und Testdatengenerierung für das neue Testverfahren, gearbeitet. Die zukünftigen Arbeiten des Forschungsinstituts werden sich schwerpunktmäßig mit den Problemen beim Test von parallelen, verteilten und Realzeit-Systemen beschäftigen.

Literatur

Abbenhardt, H. (1985). TUS - Methode und Werkzeug für den systematischen Software-Test. In H. Balzert (Ed.) (1985), S. 263-274.

Abbenhardt, H. (1986). Das Testunterstützungs-System TUS. *GI-Softwaretechnik-Trends*, Heft 6-1, S. 71-76.

Ansart, J.P. (1982). GENEPI/A – A Protocol Independant System for Testing Protocol Implementation. In: Sunshine, C. (Ed.). *Protocol Specification, Testing and Verification II*. North Holland Publishing Company, S. 523-528.

Apt, K.R. (1983). A Static Analysis of CSP Programs. In: *Proccedings of the Workshop on Program Logic*, Pittsburgh, PA.

Baber, R.L. (1990). *Fehlerfreie Programmierung für den Software-Zauberlehrling*. Oldenbourg Verlag, München / Wien.

Balzert, H. (1982). *Die Entwicklung von Software-Systemen*. Reihe Informatik, Band 34, BI Wissenschaftsverlag, Mannheim, Wien, Zürich.

Balzert, H. (Ed.) (1985). *Moderne Software-Entwicklungssysteme und Werkzeuge*. Bibliographisches Institut Mannheim.

Berg, H.K. (1982). Distributed System Testbeds – Experimentation with Distributed Systems. *Computer*, Vol. 15, No. 10, S. 9-11.

Berliner, E., und U. Voges (1982). *RXVP80 - Handbuch*. KfK-Primärbericht, Kernforschungszentrum Karlsruhe.

Bernot, G., M.C. Gaudel und B. Marre (1990). *Software Testing Based on Formal Specifications : A Theory and a Tool*. Rapport de Recherche No. 410, Université de Paris - Sud, Centre d'Orsay.

Brauer, W. (Ed.) (1987). *Kommunikation in verteilten Systemen*. Informatik-Fachberichte Nr. 130, Springer-Verlag, Berlin/Heidelberg.

Brinch Hansen, P. (1978). Reproducible Testing of Monitors. *Software - Practice and Experience*, Vol. 8, S. 721-729.

Budd, T.A. (1983). *The Portable Mutation Testing Suite*. Technical Report TR 83-8, University of Arizona, Department of Computer Science, Tucson, Arizona.

Budd, T.A., R.J. Lipton, F.G. Sayward und R.A. DeMillo (1978). The Design of a Prototype Mutation System for Program Testing. In: *Proceedings of the National Computer Conference*, AFIPS Press, Montvale, New Jersey, S. 623-627.

Cartwright, R. (1981). Formal Program Testing. *Conference Record of 8th ACM Symposium on Principles of Programming Languages*, S. 125-132.

Carver, R.H., und K.C. Tai (1986). Reproducible Testing of Concurrent Programs Based on Shared Variables. In IEEE: *Proceedings of Distributed Systems*, S. 428-433.

Chandrasekharan, M., B. Dasarathy und Z. Kishimoto (1985). Requirements-Based Testing of Real-Time Systems: Modeling for Testability. *Computer*, Vol. 18, No. 4, S. 71-80.

Chow, T.S. (1978). Testing Software Design Modeled by Finite-State Machines. *IEEE Transactions on Software Engineering*, Vol. 4, No. 3, S. 178-187.

Clarke, L.A. (1976). A System to Generate Test Data and Symbolically Execute Programs. *IEEE Transactions on Software Engineering*, Vol. 2, No. 3.

Clarke, L.A., J. Hassell und D.J. Richardson (1982). A Close Look at Domain Testing. *IEEE Transactions on Software Engineering*, Vol. 8, No. 4, S. 380-390.

Clarke, L.A., und D.J. Richardson (1983). A Rigorous Approach to Error-Sensitive Testing. In: *Proceedings of the Sixteenth Annual Hawaii International Conference on System Sciences*, S. 197-206.

Dahll, G. (Ed.) (1983). *Techniques for Verification and Validation of Safety Related Software*. EWICS-TC7, No. 267/6.

Dasarathy, B. (1985). Timing Constraints of Real-Time Systems: Constructs for Expressing Them, Methods of Validating Them. *IEEE Transactions on Software Engineering*, Vol. 11, No. 1, S. 80-86.

DEC (1989). *Guide to VAX DEC/Test Manager (Version 3.0)*. Digital Equipment Corporation, Maynard, Massachusetts.

deMeer, J. (1987). Testmodelle für Systeme kommunizierender Prozesse. In: Brauer, W. (Ed.). *Kommunikation in verteilten Systemen*. Informatik-Fachberichte Nr. 130, Springer-Verlag, Berlin/Heidelberg, S. 712-724.

DeMillo, R.A., R.J. Lipton und F.G. Sayward (1979). Program Mutation: A New Approach to Program Testing. In Infotech Int. Ltd.: *Infotech State of the Art Report on Software Testing*, Vol. 2, Infotech International Limited, Maidenhead, England, S. 107-127.

DeMillo, R.A., W.M. McCracken, R.J. Martin und J.F. Passafiume (1987). *Software Testing and Evaluation*. Benjamin/Cummings Publishing Company, Menlo Park, CA.

DIN (1990a). *Grundsätze für Rechner in Systemen mit Sicherheitsaufgaben*. Vornorm DIN V VDE 0801/01.90, Januar 1990.

DIN (1990b). *Anwendungssoftware, Gütebedingungen und Prüfbestimmungen*. Norm DIN 66285, August 1990.

Duran, J.W., und S.C. Ntafos (1984). An Evaluation of Random Testing. *IEEE Transactions on Software Engineering*, Vol. 10, No. 4, S. 438-444.

Ehrenberger, W. (Ed.) (1990). *Approving Software Products*. Proceedings of the IFIP Working Conference ASP-90, North Holland, Amsterdam.

Elmendorf, W.R. (1973). *Cause-Effect-Graphs in Functional Testing*. TR-00.2487, IBM Systems Development Div., Poughkeepsie, New York.

Fosdick, L.D., und L.J. Osterweil (1976). Data Flow Analysis in Software Reliability. *ACM Computing Surveys*, Vol. 8, No. 3, S. 305-330.

Frankl, P.G., S.N. Weiss und E.J. Weyuker (1985). ASSET: A System to Select and Evaluate Tests. In IEEE: *Proceedings of the Conference on Software Tools*, New York.

Frankl, P.G., und E.J. Weyuker (1988). An Applicable Family of Data Flow Testing Criteria. *IEEE Transactions on Software Engineering*, Vol. 14, No. 10, S. 1483-1498.

Franta, W.R., H.K. Berg und W.T. Wood (1982). Issues and Approaches to Distributed Testbed Instrumentation. *Computer*, Vol. 15, No. 10, S. 71-81.

Gannon, J.D. (1986). Testing Tools Using Formal Specifications and Coverage Metrics. *GI-Softwaretechnik-Trends*, Heft 6-1, S. 5-11.

Genser, R., E. Schoitsch und P. Kopacek (1989). *Safety of Computer Control Systems 1989 (SAFECOMP '89)*. Proceedings of the IFAC/IFIP Workshop (Wien), Pergamon Press, Oxford, U.K.

Gerhart, S.L. (1985). *A Test Data Generation Method Using PROLOG*. TR-85-02, Wang Institute of Graduate Studies.

Girgis, M.R., und M.R. Woodward (1985). An Integrated System for Program Testing Using Weak Mutation and Data Flow Analysis. In IEEE: *Proceedings of the 8th International Conference on Software Engineering*, London, S. 313-319.

Girgis, M.R., und M.R. Woodward (1986). An Experimental Comparison of the Error Exposing Ability of Program Testing Criteria. In IEEE: *Proceedings of the Workshop on Software Testing*, Banff, Canada, S. 64-73.

Glass, R.L. (1980). Real-Time: The Lost World of Software Debugging and Testing. *Communications of the ACM*, Vol. 23, No. 5, S. 264-271.

Gmeiner, L. (1983). *Zur Testfallgenerierung in der Entwurfsphase*. Bericht KfK 3538, Kernforschungszentrum Karlsruhe.

Gmeiner, L., und U. Voges (1982). Erfahrungen mit dem Einsatz automatischer Werkzeuge für die Qualitätssicherung während Entwurf und Test. In H.M. Sneed und H.R. Wiehle (Ed.). *Software-Qualitätssicherung*. Berichte des German Chapter of the ACM, Band 9. Teubner Verlag, Stuttgart, S. 235-252.

Gmeiner, L., und U. Voges (1986). Automatisierung des Software-Tests in der Entwurfs- und Implementierungsphase. *GI-Softwaretechnik-Trends*, Heft 6-1, S. 35-63.

Goodenough, J.B., und S.L. Gerhart (1975). Toward a Theory of Test Data Selection. *IEEE Transactions on Software Engineering*, Vol. 1, No. 2, S. 156-173.

Gourlay, J.S. (1981). *Theory of Testing Computer Programs*. Ph.D. Dissertation, University of Michigan.

Grimm, K. (1985). Klassifizierung und Bewertung von Software-Verifikationsverfahren. In: *Technische Zuverlässigkeit - Generalthema: Softwarequalität und Systemzuverlässigkeit*. VDE-Verlag, Berlin und Offenbach, S. 79-90.

Grimm, K. (1988). Methoden und Verfahren zum systematischen Testen von Software. *Automatisierungstechnische Praxis*, 30, Heft 6, S. 271-280.

Grimm, K. (1989). An Effective Strategy and Automation Concepts for Systematic Testing of Safety Related Software. In R. Genser et al. (Eds). *Safety of Computer Control Systems 1989 (SAFECOMP '89)*, Pergamon Press, U.K., S. 71-79.

Haban, D. (1986). Eine Methode zum Testen von verteilten Systemen. *GI Softwaretechnik-Trends*, Heft 6-1, Juni 1986, S. 101-107.

Haban, D., und D. Wybranietz (1986). *Hardware Supported Monitoring in Distributed Computer Systems*. SFB124-Bericht 23/86, Universität Kaiserslautern.

Hecht, M.S. (1977). *Flow Analysis of Computer Programs*. North Holland, New York.

Heger, D., G. Krüger, O. Spaniol und W. Zorn (Ed.) (1985). *Kommunikation in verteilten Systemen I*. Informatik-Fachberichte Nr. 95, Springer Verlag, Berlin/Heidelberg.

Helmbold, D.P., und D.C. Luckham (1985). Debugging ADA Tasking Programs. *IEEE Software*, März 1985, S. 47-57.

Howden, W.E. (1975). Methodology for the Generation of Program Test Data. *IEEE Transactions on Computers*, Vol. 24, No. 5, S. 554-560.

Howden, W.E. (1976). Reliability of the Path Analysis Testing Strategy. *IEEE Transactions on Software Engineering*, Vol. 2, No. 3, S. 208-215.

Howden, W.E. (1977). Symbolic Testing and the DISSECT Symbolic Evaluation System. *IEEE Transactions on Software Engineering*, Vol. 3, No. 4, S. 266-278.

Howden, W.E. (1978). Algebraic Program Testing. *Acta Informatica*, Vol. 10, No. 1, S. 56-66.

Howden, W.E. (1982). Weak Mutations Testing and Completeness of Test Sets. *IEEE Transactions on Software Engineering*, Vol. 8, No. 4, S. 371-379.

Howden, W.E. (1987). *Functional Program Testing and Analysis*. McGraw-Hill Book Company, New York.

Huang, J.C. (1975). An Approach to Program Testing. *Computing Surveys*, Vol. 7, No. 3, S. 113-128.

INFOTECH (1979). *INFOTECH State of the Art Report on Software Testing*. INFOTECH International, Maidenhead, England.

King, J.C. (1976). Symbolic Execution and Program Testing. *Communications of the ACM*, Vol. 19, No.7, S. 385-394.

Knirk, D.L. (1990). T Customer Service System (TCCS). *The Letter T*, Vol. 4, No. 2, Juni 1990, Programming Environments Inc., Tinton Falls, New Jersey.

Laski, J.W., und B. Korel (1983). A Data Flow Oriented Program Testing Strategy. *IEEE Transactions on Software Engineering*, Vol. 9, No. 3, S. 347-354.

LDRA (1985). *LDRA Software Testbed PASCAL*, User Documentation. LDRA Ltd., Liverpool, England.

Liggesmeyer, P. (1990). *Modultest und Modulverifikation: State of the Art*. Angewandte Informatik, Band 4, BI Wissenschaftsverlag, Mannheim.

Loeckx, J., und K. Sieber (1987). *The Foundations of Program Verification*. 2nd Edition, Teubner Verlag, Stuttgart (und John Wiley and Sons).

Loo, P.S., und W.K. Tsai (1988). Random Testing Revisited. *Information and Software Technology*, Vol. 30, No. 7, S. 402-417.

Majoros, M. (1982). SOFTEST: A System for the Automatic Verification of PL/1, COBOL and Assembler Programs. In H.M. Sneed und H.R. Wiehle (Ed.). *Software-Qualitätssicherung*. Berichte des German Chapter of the ACM, Band 9. Teubner Verlag, Stuttgart, S. 253-269.

McDonald, W.C., und R.W. Smith (1982). A Flexible Distributed Testbed for Real-Time Applications. *Computer*, Vol. 15, No. 10, S. 25-39.

McMullin, P.R. (1982). *DAISTS: A System for Using Specifications to Test Implementations*. Ph.D. Dissertation, University of Maryland.

McMullin, P.R., und J.D. Gannon (1983). Combining Testing with Formal Specifications: A Case Study. *IEEE Transactions on Software Engineering*, Vol. 9, No. 3, S. 328-335.

Micro Case (1987). *Software Analysis Workstation*. Produktbeschreibung der Firma Micro Case, Beaverton, Oregon, USA.

Miller, E.F., M.R. Paige, J.P. Benson und W.R. Wisehart (1978). Structural Techniques of Program Validation. In E. Miller und W.E. Howden (Ed.). *Tutorial: Software Testing and Validation Techniques*. IEEE Computer Society, S. 262-265.

Myers, G.J. (1976). *Software Reliability - Principles and Practices*. John Wiley and Sons, New York.

Myers, G.J. (1987). *Methodisches Testen von Programmen*, 2. Auflage. Oldenbourg Verlag, München/Wien.

NBS (1982). *NBS Special Publication 500-88: Software Development Tools*. U.S. Department of Commerce, Washington, DC.

Ntafos, S. (1981). On Testing with Required Elements. In IEEE: *Proceedings of COMPSAC 81*, Chicago, IL, S. 132-139.

NTG (1982). NTG-Empfehlung 3004: Zuverlässigkeitsbegriffe im Hinblick auf komplexe Software und Hardware. *Nachrichtentechnische Zeitschrift*, 35, Heft 5, S. 325-333.

Osterweil, L.J., und L.A. Clarke (1990). *Directions for U.S. Research and Development Efforts on Software Testing and Analysis*. COINS Technical Report 90-73, University of Massachusetts, Amherst.

Ostrand, T.J., und M.J. Balcer (1988). The Category-Partition Method for Specifying and Generating Functional Tests. *Communications of the ACM*, Vol. 31, No. 6, S. 676-686.

PEI (1990). *T Advances Software Testing*. Produktbeschreibung der Programming Environment Inc., Tinton Falls, New Jersey.

Pelkmann, U. (1989). *Abschlußbericht der SCOPE GmbH zum Verbundprojekt "Rationelle Software-Produktion (RASOP)"*, Scope GmbH, München.

Poston, R.M. (1988). Software Test Coverage Measure Automated in T. *The Letter T*, Vol. 2, No. 2, April 1988, Programming Environments Inc., Tinton Falls, New Jersey.

Poston, R.M. (1989). Software Quality, Productivity and T. *The Letter T*, Vol. 3, No. 2, Juni 1989, Programming Environments Inc., Tinton Falls, New Jersey.

Probert, R.L., und H. Ural (1983). Requirements for a Test Specification Language for Protocol Implementation Testing. In: Rudin, H., und C.H. West (Ed.). *Protocol Specification, Testing and Verification III*. Elsevier Science Publishers B.V. (North Holland Publishing Co.), S. 437-443.

Quirk, W.J. (Ed.) (1985). *Verification and Validation of Real-Time Software*. Springer Verlag, Berlin/Heidelberg.

Rapps, S., und E.J. Weyuker (1985). Selecting Software Test Data Using Data Flow Information. *IEEE Transactions on Software Engineering*, Vol. 11, No. 4, S. 367-375.

Rayner, D. (1982). A System for Testing Protocol Implementations. In: Sunshine, C. (Ed.). *Protocol Specification, Testing and Verification II*. North Holland Publishing Company, S. 539-554.

Redmill, F.J. (Ed.) (1988). *Dependability of Critical Computer Systems 1*. Elsevier Applied Science, London/ New York.

Redmill, F.J. (Ed.) (1989). *Dependability of Critical Computer Systems 2*. Elsevier Applied Science, London/ New York.

Richardson, D.J., und L.A. Clarke (1981). A Partition Analysis Method to Increase Program Reliability. In IEEE: *Proceedings of the Fifth International Conference on Software Engineering*.

Richardson, D.J., und L.A. Clarke (1985). Partition Analysis: A Method Combining Testing and Verfication. *IEEE Transactions on Software Engineering*, Vol. 11, No. 12, S. 1477-1490.

Riedemann, E.H. (1986a). Minimale Mehrfachbedingungs-Überdeckung als Methode zur Bewertung von white-box-Tests. *GI-Softwaretechnik-Trends*, Heft 6-1, S. 17-24.

Riedemann, E.H. (1986b). PROST - Ein Programmsystem zum Software-Testen. *GI-Softwaretechnik-Trends*, Heft 6-1, S. 64-68.

Rudin, H., und C.H. West (Ed.) (1983). *Protocol Specification, Testing and Verification III*. Elsevier Science Publishers B.V. (North Holland Publishing Company).

Sarikaya, B., und G.v. Bochmann (1982). Some Experience with Test Sequence Generation for Protocols. In: Sunshine, C. (Ed.). *Protocol Specification, Testing and Verification II*. North Holland Publishing Company, S. 555-567.

Schindler, M. (1990). *Computer-Aided Software Design: Build Quality Software with CASE*. John Wiley and Sons, New York.

Schwartz, J.T., R.B.K. Dewar, E. Dubinsky und E. Schonberg (1986). *Programming with Sets - An Introduc-tion to SETL*. Springer-Verlag, New York.

Sneed, H.M. (1987). Software-Testen – State of the Art. In H.-J. Scheibl (Ed.). *Software-Entwicklungs-Systeme und -Werkzeuge*, Verlag Technische Akademie Esslingen, S. 10.3-1 bis 10.3-6.

Spillner, A. (1986). Aufdeckung von Codesequenzen, die nach Integration dynamisch nicht mehr erreichbar sind. *GI-Softwaretechnik-Trends*, Heft 6-1, S. 25-29.

Stoll, W. (1987). Automatische Generierung von Testdaten für den Protokolltest. In: Brauer, W. (Ed.). *Kommunikation in verteilten Systemen*. Informatik-Fachberichte Nr. 130, Springer-Verlag, Berlin/Heidelberg, S. 58-70.

Stucki, L.G. (1978). New Directions in Automated Tools for Improving Software Quality. In E. Miller und W. Howden (Ed.). *Tutorial: Software Testing and Validation Techniques*. IEEE Computer Society, S. 207-237.

Sunshine, C. (Ed.) (1982). *Protocol Specification, Testing and Verification II*. North Holland Publishing Company.

Tai, K.C. (1985). On Testing Concurrent Programs. *IEEE Compsac*, S. 310-317.

Tai, K.C., und E.E. Obaid (1986). Reproducible Testing of ADA Tasking Programs. In IEEE: *Proceedings of 2nd International Conference on ADA Applications and Environments*, April 1986.

Taylor, R.N. (1983). A General-Purpose Algorithm for Analyzing Concurrent Programs. *Communications of the ACM*, Vol. 26, No. 5, S. 362-376.

Taylor, R.N., und C.D. Kelly (1986). Structural Testing of Concurrent Programs. In: *Proceedings of the Workshop on Software Testing*, Banff, Canada. IEEE Computer Society, S. 164-169.

Taylor, R.N., L.A. Clarke, L.J. Osterweil, J.C. Wileden, M. Young (1986). Arcadia: A Software Development Environment Research Project. In: *Proceedings of the Conference on ADA Applications and Environments*, Miami, Florida, April 1986, S. 137-149.

Ural, H., und R.L. Probert (1983). User-Guided Test Sequence Generation. In: Rudin, H., und C.H. West (Ed.). *Protocol Specification, Testing and Verification III*. Elsevier Science Publishers B.V. (North Holland Publishing Co.), S. 421-436.

Voges, U., L. Gmeiner und A.v. Mayrhauser (1980). SADAT - An Automated Testing Tool. *IEEE Transactions on Software Engineering*, Vol. 6, No. 3, S. 286-290.

Wampler, G.K. (1985). *Static Concurrency Analysis of ADA Programs*. Master's Thesis, University of California, Irvine, Department of Information and Computer Science.

Weyuker, E.J. (1983). Assessing Test Data Adequacy through Program Inference. *ACM Transactions on Programming Languages and Systems*, Vol. 5, No. 4, S. 641-655.

Weyuker, E.J., und T.J. Ostrand (1980). Theories of Program Testing and the Application of Revealing Subdomains. *IEEE Transactions on Software Engineering*, Vol. 6, No. 3, S. 236-246.

White, L.J., und E.I. Cohen (1980). A Domain Strategy for Computer Program Testing. *IEEE Transactions on Software Engineering*, Vol. 6, No. 3, S. 247-257.

Eine konkrete Utopie von korrekter Software

Hans-Jörg Kreowski
Universität Bremen
Studiengang Informatik
Postfach 33 04 40
D-2800 Bremen 33

Kurzfassung

Damit Entwurfsspezifikationen und Programmsysteme als korrekt bezüglich Anforderungsdefinitionen nachgewiesen werden können, müssen die Bedeutungen von Entwürfen, Programmen und Anforderungen formal festgelegt und vergleichbar sein. In dieser Arbeit wird eine logische Spezifikationssprache vorgestellt, die diesen Ansprüchen an Korrektheitsbeweisen nachkommt. Dabei steht nicht die praktische Brauchbarkeit der Sprache im Vordergrund. Ziel der Arbeit ist, die Möglichkeiten und Schwierigkeiten von Korrektheitsuntersuchungen auf der Grundlage logischer Spezifikationen zu diskutieren.

1 Einleitung

Aufgaben der Datenverarbeitung und ihre Lösungen im Rahmen von Softwareentwicklungen betreffen Daten verschiedener Art und Operationen auf diesen Daten, die häufig Beziehungen zwischen den Daten ausnutzen. Solche Situationen werden in der Informatik unter dem Begriff des Datentyps zusammengefaßt, die aus Sicht der mathematischen Logik Modelle und aus Sicht der universellen Algebra Algebren sind. Es ist also eine naheliegende Frage, wie sich Konzepte, Methoden und Ergebnisse dieser beiden Gebiete der Mathematik nutzen lassen, um Datentypen und damit Datenverarbeitungsaufgaben zu beschreiben und zu analysieren.

In dieser Arbeit wird eine logische Spezifikationssprache skizziert, die auf mehrsortiger Prädikatenlogik erster Stufe (siehe z.B. Glubrecht, Oberschelp und Todt [GOT83] oder die Bücher von Bergmann und Noll [BN77], Gallier [Ga86], Genesereth und Nilsson [GN89], Richter [Ri78], Schöning [Sc87], Siefkes [Si90] u.v.a.m., die aber lediglich den einsortigen Fall behandeln) basiert und wichtige Elemente der algebraischen Spezifikation (siehe z.B. Ehrich, Gogolla und Lipeck [EGL89], Ehrig und Mahr [EM85+90], Horebeek und Lewi [HL89] sowie Klaeren [Kl83]) als Spezialfall enthält. Die Brauchbarkeit dieser Sprache für verschiedene konzeptionelle Ebenen der Softwareentwicklung wird demonstriert. Im Vordergrund steht dabei, welche Chancen ein solcher Ansatz für den Nachweis von Korrektheit bietet.

Die Entwurfsspezifikation eines Datenverarbeitungssystems wird korrekt genannt, wenn sie leistet, was sie soll, wenn sie also den Anforderungen genügt. Analog kann auch die Korrektheit des fertigen Programmsystems ausgedrückt werden. Das ich leicht gesagt, stellt aber hohe Ansprüche an Softwareentwicklungsumgebungen, wenn Korrektheit nachweisbar sein soll. Denn in diesem Falle müssen nicht nur die Entwurfsspezifikations- und Programmiersprache eine formale Semantik besitzen, sondern auch die Anforderungen müssen in einer Sprache mit präziser Semantik geschrieben werden. Darüber hinaus müssen die Bedeutungen von Anforderungen und Spezifikationen beziehungsweise Programmen miteinander vergleichbar sein. Die hier vorgestellte Sprache kommt diesen Grundsätzen sehr nahe. Denn Anforderungen sollen als logische Spezifikationen geschrieben werden, deren Semantik eine Klasse von Modellen ist. Entwurfsspezifikationen sind als algebraische Spezifikationen, einem Spezialfall der logischen Spezifikationen, realisierbar. Ihre Semantik ist jeweils ein ausgezeichnetes Modell, so daß Korrektheit in dieser Sprache die Zugehörigkeit eines bestimmten Modells zu einer Klasse von Modellen bedeutet.

Im zweiten Abschnitt werden Syntax und Semantik der logischen Spezifikationssprache vorgestellt. Im dritten Abschnitt wird ihre Sinnhaftigkeit für Anforderungsdefinitionen diskutiert, während im vierten Abschnitt Gleichungsspezifikationen als mögliche Entwurfsspezifikationen herausgestellt werden. Wie Anforderungen und Entwurf über das Konzept der Korrektheit gekoppelt werden können, ist Thema des letzten Abschnitts. Alle Überlegungen werden am Beispiel des Sortierens von Zeichenketten illustriert.

2 Logische Spezifikation

In diesem Abschnitt wird auf der syntaktischen Ebene das Konzept logischer Spezifikationen von Datentypen eingeführt. Eine Spezifikation wird benannt, darf beliebig viele andere Spezifikationen durch namentlichen Aufruf importieren, neue Datenbereiche, Operationen, Relationen und Variablen deklarieren und Eigenschaften fordern. Die Deklaration eines Datenbereichs erfolgt durch Angabe eines Sortennamens. Eine Operationsdeklaration ermöglicht, Namen, Argument- und Wertebereiche zu vereinbaren. Eine Relationsdeklaration besteht aus einem Namen und den Argumentbereichen, die in Beziehung gesetzt werden sollen. Die Deklaration einer Variablen besteht aus einem Namen und einer Sorte, die den Typ der Variablen festlegt. Die Eigenschaften dienen dazu, die neuen Operationen und Ralationen im Verhältnis zueinander und zu den importierten Größen festzulegen.

Spezifikationen werden auf der semantischen Ebene durch Modelle interpretiert, durch die der Datentyp-Begriff, der für die Informatik von zentraler Bedeutung ist, mathematisch präzisiert wird. Modelle sind Strukturen, die der durch die Spezifikation vorgegebenen Form genügen, indem sie – korrespondierend zu Sorten, Operations- und Relationsdeklarationen – Datenmengen, Operationen und Relationen besitzen, die den geforderten Eigenschaften genügen.

In Syntax und Semantik folgt das hier eingeführte Konzept logischer Spezifikationen den Ideen der algebraischen Spezifikation (vgl. z.B. Ehrig und Mahr [EM85]) mit dem Unterschied, daß Eigenschaften durch beliebige prädikatenlogische Formeln (vgl. z.B. Glubrecht, Oberschelp und Todt [GOT83]) ausgedrückt werden statt durch Gleichungen oder andere eingeschränkte Formeltypen.

2.1 Syntax logischer Spezifikationen

Für eine *logische Spezifikation* wird folgende Form vereinbart:

(1) Sie erhält einen (in Beispielen fett gedruckten) Namen.

(2) Bei der Vereinbarung einer Spezifikation dürfen andere Spezifikationen importiert und benutzt werden. Das geschieht dadurch, daß hinter den Spezifikationsnamen beliebig viele andere Spezifikationsnamen aufgelistet werden, hinter denen jeweils ein +–Zeichen als Trennsymbol steht.

(3) *Sorten* sind Namen für Datenbereiche und werden hinter dem Schlüsselwort "sorts" aufgelistet.

(4) *Operationsdeklarationen* werden hinter dem Schlüsselwort "opns" aufgelistet. Jede Operationsdeklaration hat die Form $op : w \rightarrow s$, wobei op der Name ist, w eine Sequenz von Argumentsorten und s die Wertsorte. Die Argumentsorten können auch fehlen, was die Deklaration einer Konstanten ergibt.

(5) *Relationsdeklarationen* werden hinter dem Schlüsselwort "rels" aufgelistet. Jede Relationsdeklaration hat die Form $rel : w$, wobei rel der Name ist und w eine Sequenz von Sorten, die in Beziehung zueinander gesetzt werden.

(6) *Variablendeklarationen* werden hinter dem Schlüsselwort "vars" aufgelistet. Jede Variablendeklaration hat die Form $x : s$, wobei x der Name ist und s eine Sorte. Namen von Variablen gleicher Sorte können vor dem Doppelpunkt aufgelistet werden.

(7) *Anforderungen* werden schließlich hinter dem Schlüsselwort "reqs" aufgelistet. Jede Anforderung ist eine prädikatenlogische Formel erster Stufe, d.h. ein Ausdruck, der in der üblichen Weise aus Existenz- und Allquantoren, den logischen Junktoren wie Negation, Disjunktion, Konjunktion, Implikation und Äquivalenz sowie den atomaren Formeln aufgebaut ist. Eine atomare Formel ist dabei die Anwendung von Relationen auf Terme, die aus Konstanten, Variablen und Operationsanwendungen auf Terme zusammengesetzt sind.

Dabei sind Anforderungen aus Platzgründen nicht im Detail definiert. Ihre explizite Form kann in praktisch jedem Logikbuch gefunden werden. Um den Charakter von Anforderungen zu erkennen, mögen die Beispiele 2.2, 3.1 und 4.4 genügen. Abgesehen vom Spezifikationsnamen sind alle anderen Konstrukte optional und können weggelassen werden, wenn sie aktuell nicht gebraucht werden. Streicht man in einer Spezifikation alle Variablen und Anforderungen, erhält man ihre *Signatur*. Es ist nicht übermäßig schwierig, kontextfreie Regeln in Backus-Naur-Form anzugeben, die das skizzierte syntaktische

Schema für logische Spezifikationen festlegen. Neben den kontextfreien Regeln müssen wie auch bei Programmiersprachdefinitionen noch Kontextbedingungen beachtet werden, damit die durch die Grammatik erzeugten Texte sinnvoll als Spezifikationen gedeutet werden können. So muß beispielsweise jeder Sortenname, der in Operations-, Relations- oder Variablendeklarationen vorkommt, in den importierten Spezifikationen bereits existieren oder als Sorte neu deklariert sein. Analoges wird für die in Formeln vorkommenden Operations-, Relations- und Variablennamen verlangt.

Um eine vollständige syntaktische Beschreibung zu erhalten, so daß einiger Schreibkomfort besteht und jeder nach den Regeln und Konventionen entstandene Text eine sinnvoll interpretierbare logische Spezifikation darstellt, wären noch einige Ergänzungen und Präzisierungen erforderlich. Aber hier geht es darum, den Charakter der Sprache zu verdeutlichen, nicht um ein Handbuch. Deshalb seien nur noch einige wichtige Zusatzinformationen gegeben: Standardmäßig wird vorausgesetzt, daß auf jeder Sorte eine zweistellige Gleichheitsrelation existiert, die also nicht deklariert werden muß. Als Name wird das übliche Gleichheitszeichen verwendet und bei der Bildung atomarer Formeln wird das Gleichheitszeichen zwischen die beiden Argumentterme geschrieben. Die entstehenden Formeln haben dann die bekannte Form von Gleichungen. Sind in einer Spezifikation alle Anforderungen Gleichungen, so kann das Schlüsselwort "reqs" durch das Schlüsselwort "eqns" ersetzt werden. Aus einer logischen Spezifikation wird so als Spezialfall eine algebraische Spezifikation.

Mit dem *Importkonstrukt* wird ein einfacher, aber recht wirkungsvoller Strukturierungsmechanismus verwendet. Das Importieren ließe sich noch flexibler gestalten, wenn man einen Umbenennungsmechanismus zur Verfügung stellte. Ein wichtiger Aspekt des Imports ist nämlich die Wiederverwendung von Spezifikationen, die in einer Datenbank gespeichert sein mögen und ursprünglich für andere Aufgaben vorgesehen waren oder bestimmte Standarddatentypen wie Zahlbereiche, Zeichenketten, Mengen, Felder u.ä. verfügbar machen. Inhaltlich können diese Spezifikationen zum aktuellen Problem passen, ihre Namen sind aber nicht darauf abgestimmt. Durch Umbenennung ließe sich das ändern.

2.2 Spezifikation der Zeichenketten

Als Beispiel wird eine Spezifikation von Zeichenketten angegeben, die ein Alphabet als Zeichenvorrat importiert, eine neue Sorte kreiert, das leere Wort als Konstante einführt und zwei weitere Operationen erlaubt. $INSERT$ soll Zeichen an Ketten hängen, und $CONCAT$ soll die übliche Konkatenation zweier Zeichenketten liefern.

string = **alphabet** +
sorts: *string*
opns: $\lambda : \rightarrow string$
$INSERT : alphabet\ string \rightarrow string$
$CONCAT : string\ string \rightarrow string$
vars: $x : alphabet$
$S, S' : string$
reqs: $CONCAT(\lambda, S') = S'$
$CONCAT(INSERT(x, S), S') = INSERT(x, CONCAT(S, S'))$

Diese Spezifikation wird in den nächsten Abschnitten um eine Sortieroperation in mehreren Varianten erweitert. Dabei wird vorausgesetzt, daß die Spezifikation **alphabet** nicht nur eine Sorte *alphabet* bereitstellt, sondern auch einen zweistelligen Vergleich $\leq$ mit den Eigenschaften einer totalen Ordnung.

2.3 Semantik logischer Spezifikationen

Als Semantik kann einer logischen Spezifikation $SPEC$ die Klasse aller ihrer Modelle zugeordnet werden. Modelle interpretieren Spezifikationen in dem Sinne, daß jeder importierten Spezifikation eines ihrer Modelle, jeder Sorte ein Datenbereich, jeder Operationsdeklaration eine Operation und jeder Relationsdeklaration eine Relation zugeordnet wird, wobei die deklarierte Funktionalität beziehungsweise Stelligkeit beachtet wird. Operationen sind dabei als Funktionen gewählt, so daß sie eindeutig Datenzugriffe in Abhängigkeit von Argumentdaten erlauben. Die Relationen beschreiben Beziehungen zwischen den Daten. Importierte Modelle, Operationen und Relationen müssen so gewählt werden, daß sie den spezifizierten Anforderungen genügen. Da Modelle Datenbereiche mit Daten verschiedener Art, Operationen auf und Beziehungen zwischen Daten umfassen, bilden sie eine der mathematischen Logik entlehnte Präzisierung des Datentyp-Begriffs.

Genauer gesagt besteht ein *SPEC-Modell* **A** aus:

(i) einem $IMPORT$-Modell $\mathbf{A}_{IMPORT}$, das auch *IMPORT-Anteil* von **A** genannt wird, für jede importierte Spezifikation $IMPORT$;

(ii) einer *Trägermenge* A_s für jede neu deklarierte Sorte s;

(iii) einem *ausgezeichneten Element* $c_A \in A_s$ für jede neu deklarierte Konstante $c : \rightarrow s$;

(iv) einer funktionalen *Operation* $op_A : A_{s_1} \times A_{s_2} \times \ldots \times A_{s_n} \rightarrow A_s$ für jede neu deklarierte Operation $op : s_1 \ldots s_n \rightarrow s$;

(v) einer *Relation* $rel_A \subseteq A_{s_1} \times \ldots \times A_{s_n}$ für jede neu deklarierte Relation $rel : s_1 \ldots s_n$,

so daß jede Anforderung gilt.

$A_{s_1} \times \ldots \times A_{s_n}$ ist das kartesische Produkt der zu den Sorten s_i für $i = 1, \ldots, n$ gehörenden Datenmengen. Operationen sind mengentheoretische Abbildungen; d.h. für alle $a_i \in A_{s_i}$ und $i = 1, \ldots, n$ ist $op_A(a_1, \ldots, a_n)$ ein Wert in A_s.

Bezüglich (v) bedeutet $(a_1, \ldots, a_n) \in rel_A \subseteq A_{s_1} \times \ldots \times A_{s_n}$ intuitiv, daß sich die Daten $a_i \in A_{s_i}$ für $i = 1, \ldots, n$ in der durch rel benannten Beziehung befinden, während für Daten a'_i mit $(a'_1, \ldots, a'_n) \notin rel_A$ die Beziehung im Modell **A** nicht besteht. Im Falle von $rel \in REL_s$ für $s \in S$ stellt $rel_A \subseteq A_s$ mehr eine Eigenschaft dar, die die Elemente in rel_A besitzen und die Elemente von A_s außerhalb rel_A nicht.

Die $SPEC$-Modelle bilden eine Klasse spezifizierter Datentypen, die Datenbereiche, Operationen und Relationen entsprechend den deklarierten Größen besitzen. Außerdem müssen alle spezifizierten Anforderungen gelten, was den wichtigsten semantischen Begriff bildet. Belegt man Variablen mit Werten der zugehörigen Datenbereiche und ersetzt alle Konstanten- und Operationssymbole von Termen durch die korrespondierenden ausgezeichneten Elemente beziehungsweise Operationen, liefert jeder Term einen Wert. Wertet man die Argumentterme einer atomaren Formel so aus und entsteht dabei für jede Variablenbelegung ein Wertevektor, der in der Relation liegt, die dem Relationssymbol der atomaren Formel zugeordnet ist, so *gilt* die atomare Formel. Diese Gültigkeit läßt sich auf beliebige Formeln fortsetzen, wenn man die Junktoren und Quantoren in der üblichen Weise interpretiert. Verzichtet man im Modellbegriff auf die Gültigkeit der Anforderungen, bezieht sich der Rest mit Datenbereichen, Konstanten, Operationen und Relationen auf die Signatur einer Spezifikation und wird *Struktur* genannt.

2.4 Modell der Zeichenketten

Wählt man als **alphabet**-Anteil eine Menge A mit einer totalen Ordnung $\leq$, dann erhält man ein **string**-Modell $\mathbf{A}^*$ durch die Menge A^* aller Zeichenketten über A als neuen Datenbereich, das leere Wort als Konstante, die Linksaddition, die links ein Zeichen an ein Wort hängt, als $INSERT$-Operation und die üblichen Konkatenationen für $CONCAT$. Das leere Wort ist bezüglich der Konkatenation ein neutrales Element und die Konkatenation ist assoziativ. Die beiden geforderten Gleichungen gelten also als Spezialfälle dieser Eigenschaften, wenn man beachtet, daß die Linksaddition ein Spezialfall der Konkatenation ist.

2.5 Folgern und Ableiten

Über die Klasse der $SPEC$-Modelle ist im allgemeinen wenig oder gar nichts bekannt. Oft weiß man nicht einmal, ob es überhaupt Modelle gibt, ob spezifizierte Anforderungen überhaupt realisierbar sind oder wie einzelne Modelle aussehen. Deshalb ist es interessant zu erfahren, welche Eigenschaften die Modelle besitzen, beziehungsweise welche Formeln in allen $SPEC$-Modellen gelten. Solche Formeln werden *Folgerungen* genannt. Aus Sicht der Informatik ist die Prädikatenlogik erster Stufe und damit die hier vorgestellte logische Spezifikationsmethode vielversprechend, weil alle Folgerungen algorithmisch erzeugt werden können. Ein solcher Algorithmus heißt (*vollständiger* und *korrekter*) *Ableitungskalkül*, wenn Folgerungen aus Folgerungen durch wiederholtes Anwenden von *Ableitungs-* oder *Inferenzregeln* entstehen. Eine derartige Regel ist zum Beispiel die *Substitutionsregel*, die Variablen atomarer Formeln durch Terme zu ersetzen erlaubt und so vom Allgemeineren zum Besonderen schließt, oder die *Operationsanwendungsregel*, die die Gleichung $op(t_1, \ldots, t_n) = op(R_1, \ldots, R_n)$ ableitet, wenn die Gleichungen $L_i = R_i$ für $i = 1, \ldots, n$

schon abgeleitet waren. Es gibt viele Regeln, die für Ableitungskalküle herangezogen werden. Die berühmteste Regel ist vielleicht die *Resolution* (siehe z.B. Robinson [Ro65]), weil sie die Grundlage der logischen Programmierung darstellt (siehe z.B. Clocksin und Mellish [CM81], Hogger [Ho84] sowie Kowalski [Ko79].

Wenn eine Formel f in allen $SPEC$-Modellen gilt, läßt sie sich in einem vollständigen und korrekten Ableitungssystem auch erzeugen, was durch $SPEC \vdash f$ notiert wird. Für eine vorgesehene Formel kann also zumindest auf algorithmischem Weg ihre Gültigkeit bejaht werden. Systeme, die das leisten, werden *Theorembeweiser* genannt und können folgendermaßen veranschaulicht werden:

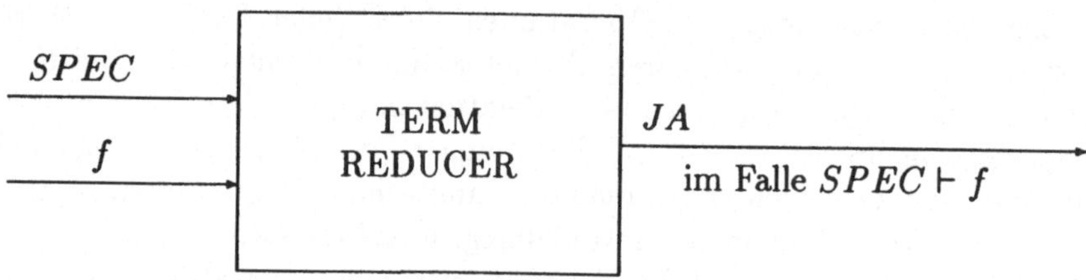

Es gibt allerdings im allgemeinen keine algorithmische Möglichkeiten, auch die negativen Antworten korrekt zu ermitteln, was den Wert von Theorembeweisern unvermeidbar beeinträchtigt. Für Einzelheiten sei auf die Literatur verwiesen, wie z.B. Bibel [Bi82], Boyer and Moore [BM79], Hofbauer und Kutsche [HK89], Kowalski [Ko70] und Loveland [Lo79].

3 Anforderungsdefinition

Im Prozeß der Softwareentwicklung spielt die Anforderungsdefinition eine bedeutende konzeptionelle Rolle, weil sie alle Angaben zusammenfaßt, die die zu lösende Datenverarbeitungsaufgabe beschreiben. Vage Wünsche und Vorstellungen werden dabei explizit gemacht und präzisiert. Zu den Anforderungen an ein System gehören insbesondere die funktionalen, die festlegen, *was* das System tun soll.

Herkömmliche Ansätze zur Anforderungsdefinition wie SADT, PSL, SREM u.a. ergänzen umgangssprachliche Beschreibungen durch halbformale oder graphische Elemente, die selten über den Informationsgehalt des Deklarationsteils von Spezifikationen hinausgehen (siehe z.B. Sommerville [So87]). Solche Methoden können nur wenig durch Softwarewerkzeuge unterstützt werden. Sie erlauben fast keinerlei semantische Analyse, so daß irrige Anforderungen erst beim Entwurf oder während des Tests der fertigen Programme oder gar erst in ihrem Betrieb entdeckt werden. Sie sind nur unzureichend mit anderen methodischen und konzeptionellen Ebenen des Entwicklungsprozesses integrierbar. Deshalb werden im Bereich des "Requirements Engineering" in jüngster Zeit Vorschläge für die Anforderungsdefinition auf der Basis formaler Methoden und Modelle gemacht.

Soweit Anforderungen dazu dienen, ein zu lösendes Datenverarbeitungsproblem zu beschreiben, kommen dafür insbesondere auch logische Spezifikationen infrage. Denn eine

Möglichkeit, ein Problem zu fixieren, besteht darin, alle zulässigen Lösungen zu charakterisieren. Akzeptiert man die Vorstellung, daß Programmsysteme, abstrakt gesehen, Datentypen bilden und durch logische Modelle formalisiert sind, erweist sich der Vorschlag als brauchbar. Denn eine logische Spezifikation wird ja semantisch gerade durch eine Klasse von Modellen und so durch eine Klasse möglicher Softwarelösungen für das spezifizierte Problem interpretiert. Auch daß für eine logische Spezifikation die Modellklasse leer sein kann oder daß kein Modell bekannt sein muß, ist konzeptionell auf der Ebene der Anforderungsdefinition sinnvoll. Denn Anforderungen können sich widersprechen, und wenn ein Problem beschrieben wird, muß noch lange keine Lösung bekannt sein. Außerdem ist zu beachten, daß nicht jedes Modell auch tatsächlich einer Softwarelösung entspricht. Es genügt für die semantische Beschreibung von Anforderungen, daß jedes realisierbare Modell eine zulässige Lösung ist und umgekehrt.

Nach dieser Überlegung kommen als Anforderungsdefinitionssprachen alle Spezifikationssprachen infrage, die eine sogenannte "lockere Semantik" (Englisch: loose semantics) besitzen, d.h. bei denen eine einzelne Spezifikation eine Klasse von Datentypen festlegt. Zu den Sprachen dieser Art zählen CLEAR, ExtendedML, LARCH u.a., die allerdings meist algebraisch fundiert sind und damit nicht die volle Breite prädikatenlogischer Formeln erster Stufe nutzen.

Daß logische Spezifikationen als Anforderungsdefinitionen aufgefaßt werden können, soll am Beispiel des Sortierens demonstriert werden.

3.1 Anforderungen an einen Sortieralgorithmus

Wird ein Sortieralgorithmus auf den Zeichenketten gewünscht, dann läßt sich das durch zwei Anforderungen ausdrücken: Zum einen muß das Ergebnis immer sortiert sein, und zum anderen soll das Ergebnis gerade alle Elemente enthalten, die die urspüngliche Zeichenkette enthält. Das läßt sich direkt formal spezifizieren, wenn eine Spezifikation **string1** der Zeichenketten vorausgesetzt wird, die die zwei Relationen $-ISSORTED : string$ und $-ISPERMUTATIONOF- : string\ string$ verfügbar macht:

sort = string1 +
opns: $SORT : string \rightarrow string$
vars: $w : string$
reqs: $SORT(w) ISSORTED$
$SORT(w) ISPERMUTATIONOF\ w$

Die Schreibweise der Relationsanwendungen weicht von der üblichen Präfix-Notation ab. Kommen im Operations- oder Relationsnamen Bindestriche vor (siehe unten), dann werden bei der Anwendung auf Argumentterme diese in der Reihenfolge der Argumente für die Bindestriche eingesetzt.

Interessant an der Spezifikation **sort** ist, daß damit offenbar noch kein konkretes Sortierverfahren festgelegt ist. Außerdem hängt die Art der Modelle stark von der importierten Spezifikation **string1** und ihren Modellen ab. Um das explizit zu machen, muß mehr über **string1** gesagt werden. Es sei angenommen, daß es sich um eine Erweiterung von **string** aus 2.2 um die zwei genannten Relationen handelt. Zum Beispiel so:

string1 = **string** +
rels: $-ISSORTED: string$
$-ISPERMUTATIONOF-: string\ string$
vars: $x, y: alphabet$
$u, v: string$
reqs: $\lambda\ ISSORTED$
$x\ ISSORTED$
$xyv\ ISSORTED \iff x \leq y \wedge\ yv\ ISSORTED$
$\lambda\ ISPERMUTATIONOF\ \lambda$
$x\ ISPERMUTATIONOF\ x$
$uxyv\ ISPERMUTATIONOF\ uyxv$

Zur Schreibvereinfachung sind hier die Operationen $INSERT$ und $CONCAT$ als unsichtbar weggelassen, d.h. z.B. yv steht für $INSERT(y, v)$, uv steht für $CONCAT(u, v)$. Darüber hinaus steht das Zeichen x auch für das Wort $INSERT(x, \lambda)$.

Wählt man nun den **string**-Anteil als $\mathbf{A}^*$ und die Sortiertheits- und Permutationsrelation als kleinste Mengen, die die Anforderungen erfüllen, dann gibt es nur noch genau eine Sortieroperation, die ein **sort**-Modell definiert. Schwächt man dagegen die Anforderungen an die Relation $ISPERMUTATIONOF$ so ab, daß in beiden Argumenten dieselben Zeichen vorkommen, dann gibt es viele verschiedene Sortierfunktionen, die sich darin unterscheiden, wie viele Doppeleinträge sie beseitigen beziehungsweise produzieren.

3.2 Anforderung vordefinierter Datentypen

In der Diskussion des Beispiels wird deutlich, daß es über die Anforderungen in Form logischer Formeln hinaus sinnvoll ist, für bestimmte Spezifikationsteile bestimmte Modelle beziehungsweise Datentypen zu unterstellen. Es handelt sich dabei tatsächlich um eine sehr wichtige Anforderungsart, die im Rahmen von Softwareentwicklungen häufig auftritt, nämlich der frühzeitigen Entscheidung für die Verwendung einer bestimmten Programmiersprache, eines bestimmten Rechners mit existierender Systemsoftware und für die Verwendung schon existierender Anwendungssoftware. Konzeptionell bedeutet das, daß für Teilspezifikationen Standarddatentypen als Interpretation vorausgesetzt werden, wie beispielsweise die Arithmetik von Programmiersprachen wie FORTRAN oder PASCAL für die Lösung numerischer Probleme oder spezieller Dateitypen, auf denen sortiert werden soll.

Solche Anforderungen vordefinierter Datentypen lassen sich auf der Ebene von Anforderungsdefinitionen ausdrücken, soweit geeignete Modelle für die betreffenden Spezifikationen bekannt sind.

Sei $SPEC$ eine logische Spezifikation und $MOD \subseteq SPEC$ eine Teilspezifikation; sei ferner $\mathbf{A}$ ein MOD-Modell und $\mathbf{B}$ ein $SPEC$-Modell.

Dann definiert $\mathbf{A}$ eine *SPEC-Modellfestlegung*, die von $\mathbf{B}$ *erfüllt* wird, wenn der MOD-Anteil von $\mathbf{B}$ mit $\mathbf{A}$ übereinstimmt, wenn also gilt:

$$\mathbf{B}_{MOD} = \mathbf{A}.$$

Syntaktisch könnten solche Anforderungen unter einem geeigneten Schlüsselwort, z.B. *constraints* (Festlegungen werden im Englischen häufig so genannt), durch Namensnennung der Modelle aufgeführt werden. Realistisch ist diese Vorstellung nur dort, wo tatsächlich eine Modellsemantik existiert oder naheliegt. (Teile von) Programmiersprachen, deren Semantik durch abstrakte speicherverwaltende Maschinen beschrieben ist, Datenbank- und Betriebssysteme, deren Dateiverwaltung auf der Basis relationaler oder hierarchischer Strukturen gegeben ist, Compiler und gerätenahe Benutzungsoberflächen kommen dafür infrage.

Im folgenden Abschnitt wird darauf hingewiesen, daß Gleichungsspezifikationen in Gestalt sogenannter initialer und freier Strukturen Standardmodelle besitzen. Diese Erkenntnis erweitert die Möglichkeiten von Modellfestlegungen dahingehend, daß neben vorgefundenen Datentypen auch neue erst entwickelt werden. Mit ihrer Festlegung (durch Nennung der Gleichungsspezifikation und der Unterscheidung zwischen initialer und freier Interpretation) kann verlangt werden, daß sie im weiteren Prozeß nicht mehr verändert werden. Das Konzept der semantischen Festlegungen ist bei Ehrig und Mahr [EM90] ausführlich abgehandelt.

Es sollte beachtet werden, daß mit derartigen Festlegungen der Rahmen der Logik erster Stufe verlassen wird, weil nicht mehr nur über Datenobjekte quantifiziert wird, sondern die Existenz von bestimmten Datenbereichen, Operationen und Relationen gefordert wird. Das Problem einer zweiten Stufe der Logik liegt darin, daß im allgemeinen keine vollständigen Ableitungssysteme existieren, so daß die automatische Unterstützung semantischer Analysen durch Theorembeweiser noch mehr erschwert ist.

4 Entwurfsspezifikationen

Eine weitere konzeptionell eingrenzbare Ebene eines Softwareentwicklungsprozesses ist der Entwurf, durch den konstruktiv die prinzipielle Lösbarkeit der gestellten Datenverarbeitungsaufgabe sichergestellt wird. Vom fertigen Programmsystem, das ebenfalls eine konstruktive Lösung bezüglich der funktionalen Anforderungen darstellen sollte, so daß Entwurf und Programm auch zusammenfallen können, darf ein Entwurf in vielerlei Hinsicht abweichen. Er muß nicht in der endgültigen Programmiersprache geschrieben sein, er muß nicht auf den für das fertige System vorgesehenen Rechnern laufen, die Benutzungsoberfläche muß nicht schon allen geplanten Komfort aufweisen, das Laufzeitverhalten und die Ausnahmebehandlung können noch Mängel zeigen usw. Insgesamt ist ein Entwurf noch stark problemorientiert und damit eher rechnerfern.

Aus logischer Sicht handelt es sich bei einem Systementwurf um die Beschreibung einer Problemlösung und damit um die Auszeichnung eines ausführbaren Datentyps. Für die Entwurfsspezifikation kommen daher nicht beliebige logische Spezifikationen infrage, die ja eine Klasse von Modellen festlegen, in der kein ausgezeichnetes Modell bekannt sein muß und die sogar leer sein kann oder keine ausführbaren Modelle enthält. Dagegen eignet sich der Spezialfall der Gleichungsspezifikationen für die Entwurfsebene, wie es von Vertreterinnen und Vertretern des algebraischen Spezifikationsansatzes vorgeschlagen wird (vgl. [EGL89, EM85+90, GTW78, HL89, Kl83]). Die Gründe dafür sind in den folgenden Punkten knapp zusammengetragen und durch Beispiele illustriert.

4.1 Quotientenmodelle

Geht man von einer Menge von spezifizierten Gleichungen aus und leitet aus diesen durch wiederholte Anwendung der Substitutions- und Operationsanwendungsregel – ergänzt um Reflexivität, Symmetrie und Transitivität – neue Gleichungen ab (vgl. 2.5), dann bilden die ableitbaren Gleichungen eine Kongruenzrelation auf den Termmengen, so daß sie in einer Termstruktur nach dieser Kongruenz faktorisiert werden können, indem alle Terme in einer Äquivalenzklasse zusammengefaßt und damit gleichgesetzt werden, die zueinander ableitbar gleich sind. Daß dabei wieder eine Struktur entsteht, garantiert die Operationsverträglichkeit einer Kongruenz. Da die ableitbaren auch folgerbare Gleichungen sind und die beteiligten Terme bei der Faktorisierung gerade gleichgesetzt werden, gelten die spezifizierten Gleichungen in den resultierenden Quotientenstukturen. Die so entstehenden Modelle werden *frei* über dem Variablenvorrat genannt. Bezüglich des leeren Variablenvorrats erhält man insbesondere ein ausgezeichnetes Modell für jede Gleichungsspezifikation, das *initial* genannt wird. Initiale und freie Modelle bilden die Grundlage für Spezifikationssprachen mit initialer Semantik wie OBJ und ACT ONE (siehe Futatsugi u.a. [FGJM85] sowie Ehrig und Mahr [EM85]).

4.2 Termauswerter

Für Gleichungsspezifikationen läßt sich daraus eine operationelle Semantik gewinnen, die durch einen Interpreter gegeben ist, der Terme auswertet. Zu eingegebenen Termen, die ja Werte repräsentieren, werden ableitbar gleiche Terme gebildet, bis ein als Ausgabe akzeptabler Term entsteht. Dazu muß noch eine Ausgabespezifikation OUT geliefert werden, die eine bestimmte Menge T_{OUT} von Termen als akzeptable Ausgaben definiert. Beispielsweise könnte als Ausgabe verlangt werden, daß nur bestimmte Operationen vorkommen (wie λ und $INSERT$ bei **string**, so daß Terme, die $CONCAT$ enthalten, nicht als Ausgabe akzeptiert würden). Bezeichnet man die im vorigen Punkt eingeführte Ableitbarkeit mit $\vdash_{eq}$, kann das in folgender Graphik zum Ausdruck gebracht werden:

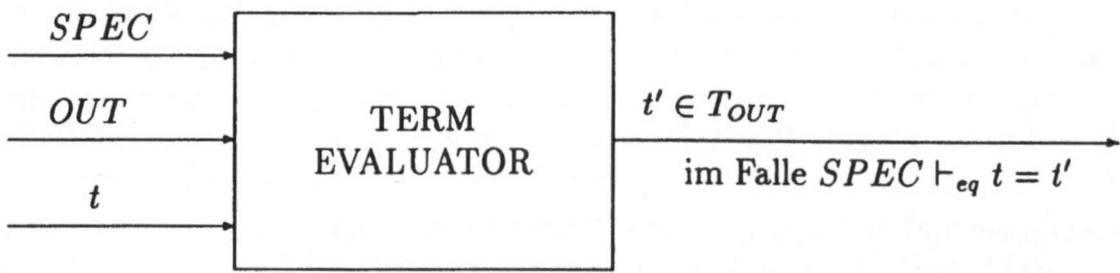

Dieser Prototyp eines Termauswerters, der in der Regel sehr ineffizient arbeitet, weil er Schritt für Schritt die Äquivalenzklasse des eingegebenen Terms aufbaut und nicht zielgerichtet einen Ausgabeterm sucht, hat die günstige Eigenschaft, daß er eine Ausgabe produziert, wann immer es einen zur Eingabe ableitbar gleichen Ausgabeterm gibt.

Die meisten Interpreter für Gleichungsspezifikation wie AFFIRM, OBJ, ACT ONE, ASSPEGIQUE arbeiten nach einem etwas modifizierten Prinzip, indem ohne Anwendung der Symmetrieregeln abgeleitet wird, also alle Gleichungen immer nur von links nach rechts benutzt werden. Gleichungen werden dann auch *Termersetzungsregeln* genannt und das Ableiten *Termersetzung*. Diese Auswertungskonzeption erlaubt eine Standardausgabe-Beschreibung. Als Ausgaben werden reduzierte Terme akzeptiert, aus denen sich keine anderen Terme mehr ableiten lassen. Bezeichnet man die Menge der reduzierten Terme mit T_{RED} und die Ableitbarkeit in diesem Kalkül mit $\vdash_{red}$, ergibt sich folgendes Bild:

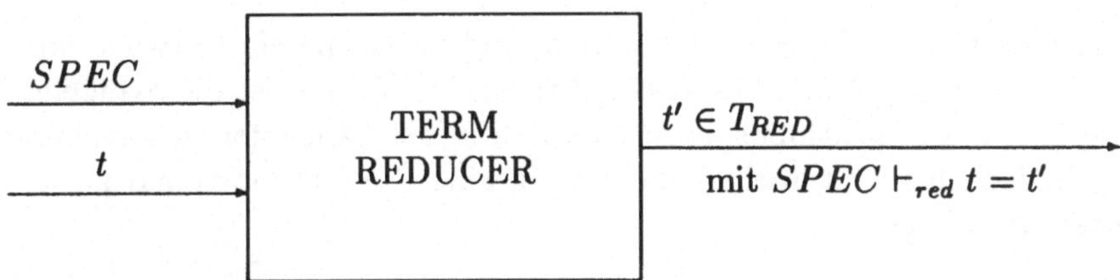

Dabei erfolgt eine Ausgabe allerdings nur, soweit sie auffindbar ist.

Diese Art der Termreduktion ist viel häufiger auch effizient durchführbar als im obigen Fall. Der Preis dafür ist, daß das System nicht unbedingt Ausgaben findet, selbst wenn es reduzierte Terme gibt, die folgerbar gleich zur Eingabe sind. Dieser spezielle Ableitungskalkül ist also selbst eingeschränkt auf Gleichungen, nur in Spezialfällen vollständig, die allerdings als konfluente und terminierende Termersetzungssysteme gut untersucht sind. Brauchbare Einführungen in das weite Feld der Termauswertung werden z.B. von Huet und Oppen [HO80] und Drosten [Dr89] gegeben.

4.3 Gleichungsspezifikationen als Entwurf

Jedenfalls kann man zusammenfassend sagen, daß Gleichungsspezifikationen als syntaktische Beschreibungen ausführbarer Datentypen und so als Entwurfsspezifikationen betrachtet werden können. Dasselbe gilt mit nahezu identischen Überlegungen auch für Spezifikationen mit bedingten Gleichungen, wenn die Prämissen der Implikationen Konjunktionen von Gleichungen sind (siehe z.B. Padawitz [Pa88]).

Gleichungsspezifikationen sind im allgemeinen noch weit entfernt von effizienten Programmen, erlauben aber frühzeitige Testläufe im Rahmen einer Softwareentwicklung und eignen sich für die Anwendung von Verifikationsverfahren.

4.4 Sortieren durch Einsortieren und Mischen

Auch der Entwurfscharakter von Gleichungsspezifikationen soll am Beispiel des Sortierens, für das die Anforderungen in 3.1 formuliert sind, illustriert werden. Beginnend mit der leeren Liste, besteht eine einfache Art zu sortieren darin, jedes einzelne Element in eine Liste schon bearbeiteter Elemente so einzusortieren, daß alle Elemente davor echt kleiner sind. Nimmt man an, daß die Spezifikation **place** eine derartige Einsortieroperation mit dem Namen $PLACE$ auf Zeichenketten verfügbar macht, kann das Sortieren rekursiv so spezifiziert werden:

sort = **place** +
opns: $SORT : string \longrightarrow string$
vars: $x : alphabet$
$u : string$
eqns: $SORT(\lambda) = \lambda$
$SORT(INSERT(x,u)) = PLACE(x, SORT(u))$

Das ist zwar eine Lösung des Sortierproblems, und als solche ein Entwurf, aber als Programm ist es ungeeignet, obwohl es ausführbar ist. Der Grund ist die mangelhafte Effizienz. Die Laufzeit des Algorithmus ist quadratisch in der Länge der zu sortierenden Liste. Sortieren geht jedoch viel schneller, nämlich in einer Zeit proportional zu $n \cdot log\, n$ für Zeichenketten der Länge n.

Eine gute Implementierung sollte diese Vorteile nutzen. Sei eine Spezifikation **merge** vorausgesetzt, die drei Operationen auf Zeichenketten verfügbar macht, nämlich:

(1) $MERGE$, das zwei Zeichenketten so mischt, daß jeweils als nächstes Element immer das kleinere der obersten Elemente der beiden Argumentketten (bzw. deren Reste) eingefügt wird;

(2) $LEFT$ und $RIGHT$, die eine Zeichenkette u so aufteilen, daß die Konkatenation der Bilder wieder u ergibt und die Längen der Bilder sich höchstens um eins unterscheiden.

Auf dieser Basis läßt sich das Sortieren rekursiv dadurch erreichen, daß linke und rechte Hälfte einer Liste getrennt sortiert und dann gemischt werden:

mergesort = **merge** +
opns: $SORT : string \longrightarrow string$
vars: $u : string$
eqns: $SORT(u) = MERGE(SORT(LEFT(u)), SORT(RIGHT(u)))$

Dieser gleichungsspezifizierte Algorithmus ist bezüglich des Zeitaufwands optimal, könnte also als brauchbare Implementierung des Sortierproblems angesehen werden.

Es sei noch angemerkt, ohne das auszuführen, daß die bei den beiden diskutierten Sortierungsverfahren importierten Spezifikationen auch gleichungsspezifizierbar sind.

5 Verifikation der Korrektheit

Irgendwann im Laufe eines Softwareentwicklungsprojekts, das nicht frühzeitig erfolglos abgebrochen wird, entsteht ein Programmsystem, wobei heutzutage überwiegend herkömmliche imperative Programmiersprachen verwendet werden. Um effizient und handhabbar zu sein, muß es die Eigenarten und Umstände der eingesetzten Computersysteme berücksichtigen. Außerdem kann sich ein Programm von einem Entwurf darin unterscheiden, daß es einen intendierten Datentyp nicht exakt, sondern nur bis auf eine sogenannte Abstraktionsfunktion realisiert. Die Abstraktionsfunktion, ohne in die Einzelheiten gehen zu wollen, ordnet den Datenobjekten, die das Programm manipulieren kann, diejenigen Datenobjekte zu, auf denen vom Datenverarbeitungsproblem her operiert werden muß. Dabei ist zugelassen, daß problemnahe abstrakte Objekte mehrfach repräsentiert sein können und daß interne programmnahe Objekte existieren mögen, die nicht problembezogen sind. Jedenfalls beschreibt idealerweise ein Programm bis auf Abstraktion genauso wie eine Entwurfsspezifikation einen Datentyp. In beiden Fällen wird man erwarten, daß dieser Datentyp die definierten Systemanforderungen erfüllt, daß er - mit anderen Worten - korrekt ist. Außerdem wird man manchmal auch wissen wollen, ob die Erwartung zutrifft. Das ist dann besonders ratsam, wenn von der Funktionsfähigkeit des Programmsystems viel Geld oder das Wohlbefinden von Menschen abhängt. In solchen Fällen ist die Verifikation (oder Widerlegung) der Korrektheit gefragt.

5.1 Korrektheitsbegriff

Etwas wird korrekt genannt, wenn es leistet, was es soll. Da die Leistung einer Entwurfsspezifikation wie eines Programms durch einen Datentyp festgelegt ist und die Intention einer Softwareentwicklung durch eine Anforderungsdefinition, bedeutet Korrektheit auf der formalen Ebene, daß ein Modell logischen Anforderungen genügt. Bedenkt man noch, daß zur Realisierung von intendierten Funktionen Hilfsfunktionen benutzt werden können (wie das Einsortieren beim ersten Sortieren oder das Listenhalbieren und -verschmelzen beim zweiten), die bei den Anforderungen keine Rolle spielen, legt das folgenden Korrektheitsbegriff nahe.

Sei **A** die Modellsemantik einer Entwurfsspezifikation $SPEC$ oder eines Programms $PROG$ nach der Abstraktion. Sei außerdem $REQDEF$ eine Anforderungsdefinition, deren Signatur SIG_0 ganz in der enthalten ist, auf die sich **A** bezieht.

Dann ist **A** (bzw. $SPEC$, bzw. $PROG$) *korrekt* bezüglich $REQDEF$, wenn im SIG_0-Anteil von **A** alle Anforderungen aus $REQDEF$ gelten.

Für Programmkorrektheit gibt es eine alternative Definition, wenn man bedenkt, daß die Entwurfsspezifikation konzeptionell zwischen Anforderungen und Programm liegt.

$PROG$ ist *korrekt* bezüglich $SPEC$, wenn das Modell von $PROG$ nach Abstraktion mit dem Modell von $SPEC$ übereinstimmt.

Man beachte, daß die Korrektheit eines Programms bezüglich einer Entwurfsspezifikation die Korrektheit bezüglich einer Anforderungsdefintion nach sich zieht, wenn die Entwurfsspezifikation bezüglich der Anforderungsdefinition bereits korrekt ist.

5.2 Verifizieren als Theorembeweisen

Der Einsatz von Theorembeweisern erschließt Möglichkeiten, Korrektheit nachzuweisen. Ansatzpunkt ist die Beobachtung, daß eine Entwurfsspezifikation korrekt bezüglich der Anforderungen ist, wenn diese aus der Spezifikation folgen. Dasselbe gilt für ein Programm, wenn seine Semantik ebenfalls durch eine logische Spezifikation angegeben werden kann. Das ist beispielsweise der Fall, wenn die Semantik der Programmiersprache als

Speicher- oder Prädikatentransformation definiert ist. Die Korrektheitserwägungen für imperative Programme auf der Basis von Vor- und Nachbedingungen und der Zusicherungsmethoden ordnen sich hier ein. Eine sorgfältige Darstellung des Themas Programmkorrektheit auf der Grundlage logischer Vor- und Nachbedingungen kann beispielsweise in dem Buch von Alagic und Arbib [AA78] gefunden werden.

Die Verwendung von Werkzeugen beim Verifizieren ist empfehlenswert, da Beweise mit Papier und Bleistift für umfangreiche Softwaresysteme unrealistisch sind. Allerdings bergen die Theorembeweiser, wie sie in Punkt 2.5 skizziert sind, eine weitere arge Schwierigkeit. Wenn man den ersten Entwurf für das Sortieren betrachtet, fällt auf, daß der Sortiervorgang eigentlich nur für die leere Liste und rekursiv für durch $INSERT$ aufgebaute Listen vollzogen werden kann. Ein vollständig sortiertes Ergebnis ist also nur zu erwarten, wenn alle Listen so repräsentiert werden können. Das gilt zwar für die Modelle, deren Datenmengen aus Zeichenketten bestehen, nicht jedoch für alle **sort**-Modelle. Mit anderen Worten ist

$$SORT(u) IS\,SORTED$$

gar keine Folgerung aus **sort**. Tatsächlich tritt diese Situation häufig auf und ist beim Spezifizieren und Programmieren praktisch unvermeidlich, wie eine Unzahl von Beispielen belegt.

Der Ausweg aus diesem Dilemma besteht darin, die Anforderungen nicht mehr für alle Belegungen der Variablen zu verlangen, sondern nur für solche, wo die Daten durch Terme einer bestimmten Teilsignatur repräsentiert sind. Da diese Terme induktiv aufgebaut sind, läuft das darauf hinaus, die Anforderungen mit Hilfe vollständiger Induktion zu beweisen. Die Theorembeweiser sind demnach um diese Beweismethode zu erweitern. Unangenehm daran ist, daß das im allgemeinen wie bei Modellfestlegungen auf die zweite logische Stufe hinausläuft und damit vollständige Ableitungssysteme fehlen.

Literaturverzeichnis

[AA78] S. Alagic, M.A. Arbib: The Design of Well-structured and Correct Programs, Springer, New York-Heidelberg-Berlin 1978.

[BN77] E. Bergmann, H. Noll: Mathematische Logik mit Informatik-Anwendungen, Springer, Berlin-Heidelberg-New York 1977.

[Bi82] W. Bibel: Automated Theorem Proving, Vieweg, Braunschweig 1982.

[BM79] R.S. Boyer, J.S. Moore: A Computational Logic, ACM Monograph Series, Academic Press, 1979.

[CM81] W.F. Clocksin, C.S. Mellish: Programming in Prolog, Springer, Berlin 1981.

[Dr89] K. Drosten: Termersetzungssysteme, Springer, Berlin-Heidelberg-New York-London-Paris-Tokyo 1989.

[EGL89] H.-D. Ehrich, M. Gogolla, U.W. Lipeck: Algebraische Spezifikation abstrakter Datentypen, Teubner, Stuttgart 1989.

[EM85] H. Ehrig, B. Mahr: Fundamentals of Algebraic Specification 1: Equations and Initial Semantics, EATCS Monographs on Theoretical Computer Science, Volume 6, Springer, 1985.

[EM90] H. Ehrig, B. Mahr: Fundamentals of Algebraic Specification 2: Module Specifications and Constraints, Volume 21, Springer, 1990.

[FGJM85] K. Futatsugi, J.A. Goguen, J.-P. Jouannaud, J. Meseguer: Principles of OBJ2, Proc. 12th POPL, New Orleans 1985, 52-66.

[Ga86] J.H. Gallier: Logic for Computer Science: Foundations of Automatic Theorem Proving, Volume 5 of Computer Science and Technology Series, Harper & Row, New York 1986.

[GN89] M.R. Genesereth, N.J. Nilsson: Logische Grundlagen der Künstlichen Intelligenz, Vieweg, Braunschweig-Wiesbaden 1989.

[GOT83] J.-M. Glubrecht, A. Oberschelp, G. Todt: Klassenlogik, Bibliographisches Institut, Mannheim-Wien-Zürich 1983.

[GTW78] J.A. Goguen, J.W. Thatcher, E.G. Wagner: An Initial Algebra Approach to the Specification, Correctness and Implementation of Abstract Data Types: in: R. Yeh (Ed.): Current Trends in Programming Methodology. IV: Data Structuring Prentice Hall, New Jersey 1978, 80-144.

[HK89] D. Hofbauer, R.-D. Kutsche: Grundlagen des maschinellen Beweisens, Vieweg, Braunschweig 1989.

[Ho84] C.J. Hogger: Introduction to Logic Programming, Academic Press, New York 1984.

[HL89] I. Van Horebeek, J. Lewi: Algebraic Specifications in Software Engineering, Springer, Berlin-Heidelberg-New York-London-Paris-Tokyo-Hong Kong 1989.

[HO80] G. Huet, D.C. Oppen: Equations and Rewrite Rules - a Survey, in R. Book (ed.): Formal Language Theory: Perspectives and Open Problems, Academic Press, 1980, 349-405.

[Kl83] H.A. Klaeren: Algebraische Spezifikation, Springer, Berlin-Heidelberg-New York 1983.

[Ko70] R. Kowalski: Search Strategies for Theorem Proving, Machine Intelligence, Vol. 5, (1970), 181-201.

[Ko79] R. Kowalski: Logic for Problem Solving, Elsevier North-Holland, Amsterdam 1979.

[Lo79] D.W. Loveland: Automated Theorem Proving: A Logical Basis, Elsevier North-Holland, New York 1979.

[Pa88] P. Padawitz: Computing in Horn Clause Theories, EATCS Monographs on Theoretical Computer Science 16, Springer, Berlin-Heidelberg-New York-London-Paris-Tokyo 1988.

[Ri78] M.M. Richter: Logikkalküle, Teubner, Stuttgart 1978.

[Ro65] J.A. Robinson: A Machine-oriented Logic Based on the Resolution Principle, Journal of the Association for Computing Machinery 12 (1965).

[Sc87] U. Schöning: Logik für Informatiker, Bibliographisches Institut, Mannheim-Wien-Zürich 1987.

[Si90] D. Siefkes: Formalisieren und Beweisen – Logik für Informatiker, Vieweg, Braunschweig 1990.

[So87] I. Sommerville: Software Engineering, Addison Wesley (Deutschland), Bonn 1987.

Nichtsequentielle Programmierung mit Eiffel

Klaus-Peter Löhr
Fachbereich Mathematik, Institut für Informatik
Freie Universität Berlin

Zusammenfassung: Für die objektorientierte Entwicklung nichtsequentieller Systeme wird vorgeschlagen, objektorientierte sequentielle Sprachen mit nur minimalen Erweiterungen zu versehen und technische Fragen der Nebenläufigkeit zu verbergen. Notwendige Koordinationsmaßnahmen - wie beispielsweise 2-Phasen-Sperren - werden über Pragmas und Übersetzer-Optionen gesteuert. Ein solcher Ansatz erlaubt insbesondere die Verwendung einheitlicher Klassenbibliotheken sowohl für sequentielle als auch für nichtsequentielle Systeme und fördert damit die Wiederverwendbarkeit. Die vorgeschlagene Vorgehensweise wird im Kontext der Sprache Eiffel dargestellt, die sich dafür als besonders geeignet erweist.

1 Einleitung

In vielen Vorschlägen für nichtsequentielle objektorientierte Sprachen wird die Verwandtschaft des Objektbegriffs mit dem Prozeßbegriff betont. Dementsprechend versucht man, Prozesse als spezielle Objekte einzuführen, die Träger von Aktivitäten sind, und spricht von *aktiven Objekten.* Man kann zwar auch anders vorgehen und "Prozeß" und "Objekt" als unabhängige Begriffe ansehen; ein solcher Zugang unterstützt aber weniger gut die "Modellierung der Realität", die man mit der objektorientierten Programmierung verfolgt.

Aktive Objekte werden in existierenden Sprachen durch Konstrukte (und/oder Bibliotheksklassen) zur Kommunikation und Synchronisation unterstützt. Diese Konstrukte sind häufig nicht konsequent objektorientiert, sondern traditionellen nichtsequentiellen Sprachen verhaftet; darunter leidet typischerweise das Zusammenspiel von Nichtsequentialität und Vererbung.

Im folgenden wird ein Stil der nichtsequentiellen objektorientierten Programmierung vorgeschlagen, der von vornherein Konflikte zwischen Objektorientierung und Nichtsequentialität ausschließt. Verfolgt wird das Prinzip, eine geeignete (sequentielle) objektorientierte Sprache zugrundezulegen und diese Sprache (möglichst unverändert) mit einer nichtsequentiellen Semantik zu versehen. Dies hat unter anderem die Konsequenz, daß alle Objekte "im Prinzip" aktiv sind. Statt von Objekten werden wir daher vielfach von *Subjekten* sowie unter Einbeziehung der Vererbung von *subjektorientierter Programmierung* reden.

Eine Einführung in die Probleme nichtsequentieller objektorientierter Sprachen gibt [Wegner 90]. Einige ältere Sprachen sind in [Yonezawa/Tokoro 87] beschrieben. Einen ausführlichen Überblick sowie eine Klassifikation verschiedener Ansätze findet man in [Papathomas 89]. Nach dieser Klassifikation ist der hier vertretene Ansatz *nicht-orthogonal* (d.h. der Prozeßbegriff ist nicht unabhängig vom Objektbegriff) und *uniform* (d.h. es wird nicht zwischen passiven und aktiven Objekten unterschieden). Diese Klasse enthält unter anderem auch die Sprachen POOL [America 87] [America 89] und SINA [Tripathi/Aksit 88] [Aksit et al. 91], auf die wir in Abschnitt 5 zurückkommen.

Der hier verfolgte Ansatz ist an keine bestimmte Programmiersprache gebunden. Existierende (sequentielle) objektorientierte Sprachen sind aber unterschiedlich gut dafür geeignet. Wie in Abschnitt 2 deutlich werden wird, ist *Eiffel* [Meyer 88] [Meyer 90a] besonders gut geeignet und wird deshalb als Demonstrationsobjekt für die subjektorientierte Programmierung verwendet.

Die Eignung von Eiffel für die nichtsequentielle Programmierung ist bereits von anderen Autoren untersucht worden. [Meyer 90b] enhält einige - nicht sehr weit entwickelte - Überlegungen zu diesem Thema. Ein implementiertes Konzept ist in [Caromel 89] [Caromel 90] beschrieben; es ist als nicht-orthogonal, nicht-uniform zu klassifizieren. Im Gegensatz zu Caromel's Konzept wie auch zu allen anderen nicht-orthogonalen Konzepten erlaubt der hier verfolgte Ansatz eine variable Anzahl von Aktivitäten innerhalb eines Objekts, wie das sonst bei orthogonalen Konzepten der Fall ist. Dies wird häufig als *Threading* bezeichnet (wie auch bei leichtgewichtigen Prozessen innerhalb eines Adreßraums).

In den folgenden beiden Abschnitten 2 und 3 wird der Objektbegriff zum Subjektbegriff verallgemeinert und durch eine Betrachtung der Vererbung zwischen Subjekten der Begriff der *Subjektorientierung* gerechtfertigt. Abschnitt 4 befaßt sich mit Fragen der Implementierung und insbesondere der Übersetzersteuerung mit Pragmas und Optionen. Diese sind von zentraler Bedeutung für den flexiblen Einsatz von Klassen sowohl in sequentiellen als auch in nichtsequentiellen Programmen - und damit für die

Wiederverwendbarkeit. Abschnitt 5 bringt einen Vergleich mit verwandten Ansätzen. In einem Anhang werden Sprachkonstrukte vorgeschlagen, mit denen sich Scheduling-Probleme mit minimalem Aufwand lösen lassen.

2 Subjekte

2.1 Klassen und Automaten

Eine Klasse stellt eine bestimmte Implementierung eines abstrakten Automaten dar [Wegner 90]. (Umgekehrt stellt der Automat eine Spezifikation der Klasse dar.) Die Zustandsübergangsfunktion und die Ausgabefunktion werden durch die exportierten Operationen realisiert.

Die Ausführung einer Operation eines Objektes bezeichnen wir als *Aktivität*; dem entspricht eine abstrakte *Aktion* des zugehörigen Automaten. Während eine Aktivität eine endliche Zeit benötigt, stellt eine Aktion lediglich einen zeitlosen Zustandsübergang dar. Wenn Objekte "von außen" betrachtet werden, werden wir nicht immer strikt zwischen "Aktion" und "Aktivität" unterscheiden.

Der Aufruf eines Objekts B durch ein Objekt A kann begriffen werden als die Erteilung eines *Auftrags* von A an B (zur Ausführung einer bestimmten Operation mit bestimmten Parametern, wobei ein Resultat geliefert werden kann). Eine Aktivität ist dann die Ausführung eines Auftrags. In der Realität gibt es Objekte (Personen, Geräte,...), die ohne explizite Auftragserteilung aktiv werden, und in der Automatentheorie läßt man *autonome* Zustandsübergänge zu. Somit sollten auch Software-Objekte zu autonomen Aktivitäten in der Lage sein, d.h. Klassen müssen über *autonome Operationen* verfügen können. Entsprechende Aufträge werden nicht durch Aktivitäten anderer Objekte erteilt, sondern "fallen vom Himmel".

Eine Klasse mit autonomen Operationen nennen wir *autonome Klasse*. Ein System, das autonome Klassen enthält, ist nichtsequentiell. Das bedeutet, daß ein Objekt *während* einer Aktivität einen weiteren Auftrag erhalten kann. Somit stellt sich die Frage, ob - bzw. wann - Threading erlaubt sein soll. Wir kommen später darauf zurück.

2.2 Subjekte in Eiffel

Nicht nur autonome Operationen, auch der Vorgang der Auftragserteilung ist eine mögliche Quelle von Nichtsequentialität. Bisweilen unterscheidet man zwischen beiden und spricht von *horizontaler* bzw. *vertikaler* Nebenläufigkeit. Wenn ein Klient (client) einem Anbieter (server) einen Auftrag erteilt hat, kann er eventuell mit seiner eigenen Aktivität asynchron zur Auftragsausführung fortfahren. Das kann sinnvoll sein, wenn das Resultat erst zu einem späteren Zeitpunkt benötigt wird (oder gar kein Resultat geliefert wird). Es führt im Fall der Abwesenheit von Seiteneffekten zum gleichen Ergebnis wie die synchrone Auftragsausführung und kann auf einem Mehrprozessorsystem zu erheblicher Beschleunigung führen.

Ein elegantes Konzept für das Warten auf das Ergebnis orientiert sich am Datenfluβ: die asynchrone Auftragserteilung liefert statt des Ergebnisses ein Stellvertreterobjekt, das beliebig herumgereicht werden kann; die erste Operation, die auf dem Objekt versucht wird, impliziert die Synchronisation. Diese Technik wird auch in anderen Sprachen verwendet. Caromel spricht von *wait-by-necessity*.

Ob die Auftragserteilung

```
x.operation(parameters)
```

das Warten auf die Beendigung der Auftragsausführung impliziert hängt von der Anbieter-Klasse ab: wenn sie Unterklasse der Standardklasse `async` ist, wird nicht gewartet. Wie wir sehen werden, ist `async` nicht mit `process` aus [Caromel 90] identisch.

Im Hinblick auf die horizontale und vertikale Nebenläufigkeit ist es naheliegend, im Nichtsequentiellen "größere" Objekte und solche mit autonomen Operationen grundsätzlich als Subjekte zu betrachten. Konkretisieren wir diese Sicht am Beispiel einer Eiffel-Klasse:

```
class C export op1, op2, attr
inherit .....                         -- eventuell async
feature .....
        op1(a: Argtyp): Restyp is do .....
        -- möglicherweise asynchron, mit Synchronisation

        op2(a: Argtyp) is do .....
        -- möglicherweise asynchron, ohne Synchronisation

        auto is -->
        do .....
        -- autonome Operation, nicht exportiert

        attr: Restyp;
        -- wie parameterlose synchrone Operation
end -- C
```

Aufträge für ein Subjekt dieser Klasse werden wie folgt erteilt:

`op1, op2`: Durch normalen Aufruf.

`auto`: Das Pragma `-->` bezeichnet die Operation als autonom. Es liegt ein "Dauerauftrag" vor: ein Auftrag wird implizit bei Erzeugung des Subjekts erzeugt; bei Beendigung der Auftragsausführung wird automatisch ein neuer Auftrag erzeugt. Es gibt weder Argumente noch Resultate. Eine autonome Operation kann ansonsten wie eine normale Routine verwendet werden.

`attr`: Wie `op1` ohne Parameter, aber grundsätzlich synchron.

Mit der *Annahme* eines Auftrags - die nicht grundsätzlich mit der Auftragserteilung zusammenfällt - wird eine Aktivität begonnen. Ein Subjekt ist zu jedem Zeitpunkt

entweder *passiv*: mit keiner Aktivität befaßt;
oder *aktiv*: mit einer Aktivität befaßt;
oder *mehrfach aktiv*: mit mehreren Aktivitäten befaßt (Threading).

Im asynchronen Fall kann der Klient erst dann mit seiner Aktivität fortfahren, wenn der erteilte Auftrag angenommen wurde. Wenn an einen Anbieter mehrere Aufträge erteilt sind, werden diese *fair* - wenngleich nicht notwendig in der Reihenfolge ihres Eintreffens - angenommen.

Im Sequentiellen kann für ein Objekt (bzw. seine Klasse) eine *Spezifikation* angegeben werden, wenn es ein abgeschlossenes *Subsystem* ist, d.h. wenn sein Zustand einschließlich der Zustände der direkt oder indirekt benutzten Objekte (!) nur über die Exportschnittstelle manipulierbar ist. Soll diese Spezifikation auch im Nichtsequentiellen gelten, so muß das Subjekt *serialisierbar* sein, d.h. sich so verhalten, als würde es seine Aufträge strikt nacheinander ausführen - in irgendeiner Reihenfolge[1]. Die Serialisierbarkeit kann dadurch gewährleistet werden, daß die Aufträge tatsächlich einer nach dem anderen ausgeführt werden; diese Realisierung nennen wir *atomar*. Will man Threading zulassen, so kann die Serialisierbarkeit durch geschickte Programmierung erreicht werden oder dadurch, daß der Übersetzer ein *2-Phasen-Sperrverfahren* einbaut. Wir kommen in Abschnitt 4 auf die verschiedenen Möglichkeiten zurück.

2.3 Verzögerte Auftragsannahme

Die Funktionen eines Automaten sind häufig *partiell*. In der Implementierung findet die Partialität einer Funktion ihren Niederschlag in einer *Voraussetzung* (precondition) für die zugehörige Operation; wir nennen diese dann auch partiell. In Eiffel besteht die Möglichkeit, Operationen mit einer **`require`**-Klausel und einer **`ensure`**-Klausel zu versehen und damit die Voraussetzung bzw. Konsequenz (postcondition) der Operation anzugeben. Im sequentiellen Fall bedeutet die Verletzung der Voraussetzung eine fehlerhafte Benutzung der Operation, entweder weil das Objekt gerade nicht in einem "passenden" Zustand ist oder einfach wegen inkonsistenter Parameter; die angemessene Behandlung dieser Situation besteht in der Meldung einer *Ausnahme* (exception).

Im nichtsequentiellen Fall muß eine Auftragserteilung bei nicht erfüllter Voraussetzung nicht unbedingt ein Fehler sein, denn andere Subjekte können eventuell Aufträge erteilen, deren Effekt die gewünschte Voraussetzung schafft. In diesem Fall ist es sinnvoll, die Auftragsannahme zu *verzögern*, und zwar so lange, bis die Voraussetzung gilt. Dieses Prinzip wird in vielen nichtsequentiellen Sprachen mit speziellen *Guards* verfolgt. Ein beliebtes Beispiel, die endliche Schlange, sieht im sequentiellen Eiffel wie folgt aus:

---

[1] Serialisierbarkeit ist nicht immer erforderlich, nur muß dann in der Spezifikation präzisiert sein, wie das Subjekt sich verhält, wenn mehr als ein Auftrag vorliegt. Zu den hier verwendeten Begriffen sei auf die Datenbankliteratur verwiesen, z.B. [Weikum 88]. Üblicherweise wird die Serialisierbarkeit als Eigenschaft eines Ablaufs (history) definiert. Die Serialisierbarkeit einer Klasse bedeutet hier, daß alle ihre Abläufe serialisierbar sind.

```
class Queue export enqueue, dequeue
feature .....
        enqueue(x: String) is
             require length < maxlength do .....
        dequeue:   String is
             require length > 0 do .....
 end -- Queue
```

Wie soll entschieden werden, ob ein Auftrag bei nicht erfüllter Voraussetzung verzögert oder zurückgewiesen werden soll? Eine Verzögerung macht jedenfalls nur dann Sinn, wenn die folgenden beiden Kriterien erfüllt sind:

1. Das Subjekt wird nebenläufig benutzt.
2. Die Voraussetzung ist vom Zustand des Subjekts abhängig.

Beide Kriterien sind nicht entscheidbar. Die Unsicherheit bezüglich 1. wird dadurch beseitigt, daß die Klasse als Unterklasse der Standardklasse `atomic` konzipiert wird und damit für die Verwendung in einer nichtsequentiellen Umgebung als atomar vereinbart ist (wir kommen in Abschnitt 4 auf die Klasse `atomic` zurück). Natürlich ist dadurch nicht garantiert, daß alle Subjekte dieser Klasse tatsächlich nichtsequentiell benutzt werden und insbesondere kein "Hangup" auftreten kann.

In den meisten praktischen Fällen ermöglicht eine einfache statische Analyse die Überprüfung des Kriteriums 2. Beachte in diesem Zusammenhang, daß die Voraussetzung häufig die Gestalt einer Konjunktion hat, die zum einen Teil vom Zustand abhängt, zum anderen nicht (Parameterkonsistenz). Die **`require`**-Klausel der obigen Operation `enqueue` könnte etwa so aussehen:

```
require not x.Void;
        length < maxlength
```

Es muß dann von Fall zu Fall geprüft werden, ob der zustandsunabhängige Teil erfüllt ist; wenn nicht, muß der Auftrag zurückgewiesen werden (exception).

Es ist damit zwar nicht hundertprozentig zwingend, wohl aber pragmatisch vertretbar, bei atomaren Klassen wie folgt vorzugehen:

Durch statische Analyse wird die konjunktive Normalform der Voraussetzung in zwei Teile zerlegt: U - zustandsunabhängig, A - zustandsabhängig bzw. unklar. U wird dynamisch überprüft (sofern mit der Option PRECONDITIONS übersetzt wurde). Ist U nicht erfüllt, wird der Auftrag zurückgewiesen. Andernfalls wird A ausgewertet und entsprechend dem Ergebnis die Auftragsannahme verzögert oder nicht.

Die folgende Tabelle gibt an, welche Prüfungen bei den beiden Teilen U und A der Voraussetzung in Abhängigkeit von den Übersetzungsoptionen vorgenommen werden[2]:

<table>
<tr><td colspan="2" rowspan="2"></td><td colspan="2">PRECONDITIONS</td></tr>
<tr><td>NO</td><td>YES</td></tr>
<tr><td rowspan="3">atomic</td><td>NO</td><td>keine Pruefungen</td><td>U&A (evtl. Zurueckweisung)</td></tr>
<tr><td rowspan="2">YES</td><td rowspan="2">A (evtl. Verzoegerung)</td><td>U (evtl. Zurueckweisung)</td></tr>
<tr><td>A (evtl. Verzoegerung)</td></tr>
</table>

Mittels der **`require`**-Klausel kann auch die Ausführung einer autonomen Operation gesteuert werden, wie ein Beispiel im nächsten Abschnitt zeigen wird.

3 Vererbung zwischen Subjekten

In 2.2 war betont worden, daβ eine autonome Operation, wenn von der Autonomie-Eigenschaft abgesehen wird, sich in jeder Hinsicht wie eine normale Routine verhält. Das bedeutet insbesondere, daβ sie vererbt werden kann. Da eine Klasse mehrere autonome Operationen haben kann, steht auch einer mehrfachen Vererbung zwischen Subjekten nichts im Wege.

Wir betrachten zwei Klassen `Moving` und `Beeping`, die zu einem Animationssystem weiterentwickelt werden könnten (wir abstrahieren hier von der tatsächlichen Bildschirm-Programmierung). Die durch `Moving`-Subjekte simulierten Körper bewegen sich im 2-dimensionalen Raum; ihre Geschwindigkeit kann durch äuβeren Eingriff verändert werden. `Beeping`-Subjekte geben wiederholt einen Ton von sich; sie können ein- und ausgeschaltet werden.

---

2 Dies gilt nur für Aufträge, d.h. externe Aufrufe. Bei lokalen Aufrufen wird bei nichterfüllter Voraussetzung grundsätzlich eine Ausnahme gemeldet.

```
class Moving export position, setVelocity
inherit atomic
feature position: Vector;
        velocity: Vector;
        stepTime: Real;

        Create(startingPoint: Vector; timeUnit: Real) is
        require timeUnit > 0
        do position.Clone(startingPoint);
           stepTime := timeUnit end;

        setVelocity(v: Vector) is
        do velocity.set(v.x, v.y) end;

        step is -->
        do position.set(position.x+velocity.x*stepTime,
                                position.y+velocity.y*stepTime)
        end;
end -- Moving
```

(Beachte hier die Bedeutung der Atomarität! Unkontrolliert überlappende Ausführungen von `setVelocity` etwa mit `(0,1)` und `(1,0)` könnten dem Subjekt die Geschwindigkeit `(0,0)` verleihen. Eine vernünftige Spezifikation von `Moving` würde das nicht zulassen.)

```
class Beeping export on
inherit atomic
feature beepon: Boolean;
        sound: Speaker;

        Create(s: Speaker) is
        do sound := s end;

        on(b: Boolean) is
        do beepon := b end;

        beep is -->
        require beepon
        do sound.beep end;
end -- Beeping
```

Es ist unmittelbar einsichtig, wie diese Klassen als Oberklassen verwendet werden können, auch für mehrfache Vererbung, und auch wenn die Unterklassen selbst autonome Operationen haben. Ein einfaches Beispiel:

```
class Bird export position, setVelocity, on
inherit Moving rename Create as mcreate;
        Beeping rename Create as bcreate;
feature .....
end -- Bird
```

4 Threading und Serialisierbarkeit

Ein wesentliches Ziel des hier verfolgten Ansatzes ist ein möglichst hoher Grad von Wiederverwendbarkeit von Klassen, auch was den Wechsel zwischen sequentieller und nichtsequentieller Programmierung betrifft. Aus diesem Grund wird versucht, den Programmtext von nichtsequentiellen Konstrukten möglichst frei zu halten und stattdessen mit *Pragmas* - wie dem Symbol --> - und *Übersetzer-Optionen* zu arbeiten.

4.1 Serialisierbarkeit

In einem nichtsequentiellen Programm wird jede Instanz potentiell nebenläufig benutzt. Damit stellt sich für jede Klasse die Frage, ob Einschränkungen eines freizügigen Threading vorgenommen werden sollen. Drei Alternativen bieten sich an:

1. *Threading wird uneingeschränkt zugelassen.* Es wird davon ausgegangen, daß die Klasse dafür korrekt programmiert ist. Bisweilen lassen sich sogar serialisierbare Subsysteme (2.2) auf diese Weise programmieren [Herlihy/Wing 90]. Beachte, daß eventuelle Voraussetzungen nebenläufig zunichte gemacht oder inkonsistent ausgewertet werden können. Verzögerte Auftragsannahme ist daher fragwürdig.

2. *Threading wird ausgeschlossen.* Diese Realisierung wird auch *atomar* genannt. Ein atomares Subjekt verhält sich wie ein Monitor oder Prozeß. Ein atomares Subsystem ist trivialerweise serialisierbar.

3. *Threading mit 2-Phasen-Sperren:* Auf alle Attribute und gegebenenfalls die Subjekte/Objekte[3], auf die sie verweisen, wird ein 2-Phasen-Sperrverfahren angewendet. Unter bestimmten Voraussetzungen (s.u.) garantiert dies die Serialisierbarkeit. Auch andere Verfahren wären hier denkbar. - Für Subjekte mit verzögerter Auftragsannahme kommt diese Alternative nicht in Frage.

Die Entscheidung zwischen den drei Alternativen wird wie folgt gesteuert:

> **`inherit`** `atomic` fordert Atomarität *oder* 2-Phasen-Sperren (!). Fehlt diese Sperrforderung, so wird die Alternative 1 gewählt.
>
> Eine Übersetzer-Option 2PL=YES wählt das 2-Phasen-Sperrverfahren.

Verzögerte Auftragsannahme wird nur bei `atomic` und 2PL=NO praktiziert.

Serialisierbare Subsysteme können in systematischer Weise bottom-up konstruiert werden, wobei die Entscheidung für eine der drei Alternativen für jede Klasse unabhängig von allen anderen Klassen erfolgen kann. Die Basis einer solchen Vorgehensweise bilden die *Entities* in Eiffel: der Übersetzer garantiert ihre Serialisierbarkeit. Für *Felder* (Standardklasse `Array`) gilt das Gleiche. (Beide sind atomar realisiert.)

Betrachten wir als Beispiel die Klasse `Moving` aus 3. Eine Spezifikation für diese Klasse würde sinnvollerweise eine "Quasi-Serialisierbarkeit" fordern: nach zwei nebenläufigen `setVelocity`-Aufrufen soll der Körper auf dem Bildschirm sich mit einer der beiden Geschwindigkeiten bewegen. Der Programmierer hat zwei Alternativen:

- `Moving` wird als sperrbedürftig erkannt und erbt daher von `atomic`. 2PL ist nicht sinvoll - es hieße mit Kanonen auf Spatzen schießen.
- `Vector` wird als serialisierbar postuliert, und damit ist **`inherit`** `atomic` entbehrlich.

---

[3] Hier sind i.a. viele "kleine Objekte" beteiligt, wie etwa Zahlen, Verbunde, Felder, die als "Subjekte" zu bezeichnen die Feder sich sträubt.

4.2 2-Phasen-Sperren

Jede Aktivität erwirbt beim ersten Zugriff auf eine Attribut-Entity bzw. ein Attribut-Objekt eine zugehörige Sperre. Der Zugriff bzw. die Auftragsannahme wird gegebenenfalls verzögert, wenn die Sperre gerade nicht erworben werden kann. Alle erworbenen Sperren werden bei *Beendigung* der Aktivität freigegeben (sogenanntes *striktes* 2-Phasen-Sperren). Wenn über mehrere Aufrufebenen hinweg in dieser Weise vefahren wird, entsprechen die dynamisch geschachtelten Aktivitäten den *geschachtelten Transaktionen* bei Datenbanksystemen[4].

Eine nichtautonome Klasse, die das 2-Phasen-Sperren praktiziert, ist serialisierbar, wenn ihre Attributklassen serialisierbar sind. Das bedeutet insbesondere, daβ die entsprechenden Objekte - wir nennen sie im folgenden *Komponenten* - abgeschlossene Subsysteme sind: es darf nicht möglich sein, daβ man ausgehend von zwei verschiedenen Attributen über zwei Verweisketten an ein und dasselbe Objekt gelangen kann. Beachte, daβ es irrelevant ist, mit welcher der drei Alternativen aus 4.1 die Serialisierung der Komponenten erzielt wird; es muβ nicht notwendig das 2-Phasen-Sperren sein.

Beim 2-Phasen-Sperren können für die Komponenten verschiedene Arten von Sperren zum Einsatz kommen. Am einfachsten sind *objektspezifische* Sperren. Sie sind ein Spezialfall der *operationsspezifischen* Sperren, bei denen die typspezifischen Operationen der Objekte zugrundegelegt werden. Um festzulegen, welche Sperren miteinander verträglich sind, wird eine Aussage über die *Konflikte* zwischen den Operationen gemacht:

> Zwei Operationen einer Klasse heiβen *kommutativ* (commuting), wenn für beliebige zugehörige Aufträge, die beide unverzögert ausführbar sind, das Ergebnis der (seriellen) Ausführung nicht von der Ausführungsreihenfolge abhängt. Andernfalls sind die Operationen *im Konflikt* miteinander (conflicting). - So sind bekanntlich die Operationen `read/read` auf Variablen kommutativ. Für Schlangen sind die Operationen `enqueue/dequeue` kommutativ. Wenn keinerlei Kommutativität vorliegt, haben wir den Spezialfall der objektspezifischen Sperre. Wenn alle Operationspaare kommutativ sind, wird nicht gesperrt.

(Es gibt subtile Unterschiede in den Definitionen von "Konflikt". In der Datenbankwelt geht man liberaler vor und legt statt Operationen Aufträge zugrunde, d.h. die Parameter - manchmal sogar die Ergebnisse - werden mitberücksichtigt. Vielfach wird auch im

---

[4] genauer: *offen* geschachtelte Transaktionen [Weikum 88]; beachte, daβ es uns hier nur um Serialisierbarkeit, nicht um Fehleratomarität geht.

Gegensatz zur obigen Definition die Kommutativität nicht als symmetrische Relation definiert [Hadzilacos 88].)

Im Fall einer verzögerten Auftragsannahme wird die Sperre für die zugehörige Operation erst dann erworben, wenn der Auftrag tatsächlich angenommen wird.

Es muß betont werden, daß die Kommutativität nur das äußere *Verhalten* von Subjekten, nicht ihre Implementierung betrifft. Das oben erwähnte "Ergebnis" der Ausführung umfaßt die zurückgelieferten Resultate der Aufträge und den Effekt der Ausführung auf das Subjekt, so wie er sich im *abstrakten* Zustand des Subjekts niederschlägt. Es ist durchaus erlaubt, daß der *konkrete* Endzustand von der Ausführungsreihenfolge abhängt. Für die Resultate gilt ähnliches; z.B. sind bei einer Klasse zur Betriebsmittelverwaltung die Operationen `request/request` kommutativ, wenn die als Resultate gelieferten Betriebsmittel - wenngleich physisch verschieden - für die Klienten nicht unterscheidbar sind.

Beachte insbesondere auch, daß die Sperrmaßnahmen nur die Serialisierung des *aufrufenden* Subjekts zum Ziel haben, unabhängig davon, wie die *Komponenten* ihre Serialisierung erreichen. Wenn ein Operationspaar kommutativ ist, heißt das *nicht* a priori, daß die Implementierung dieser Operationen auf Sperrmaßnahmen verzichten kann. Hier muß man sich vor Konfusion hüten, zumal im Spezialfall des `read/write`-Sperrens eine interne Serialisierung tatsächlich überflüssig ist.

Die Konflikte einer Klasse sind also Teil ihrer Spezifikation bzw. aus ihrer Spezifikation ableitbar. In einem geeigneten *Pragma* (s.u.) kann angegeben werden, welche Operationspaare kommutativ sind. Der Übersetzer ist dann in der Lage, die Klasse für ihre Benutzung durch solche Klassen, die das 2-Phasen-Sperren praktizieren, einzurichten (Einbau der Sperrenverwaltung). Die Übersetzung einer Klienten-Klasse ist mit 2PL = YES nur dann möglich, wenn die benutzten Klassen das Kommutativitäts-Pragma haben. Die Klienten-Klassen sind aber *nicht verpflichtet*, mit 2-Phasen-Sperren zu arbeiten. Eine Klasse mit Kommutativitäts-Pragma ist für beide Arten von Benutzung eingerichtet.

Für die Kommutativitäts-Angaben sind gemäß der zugrundeliegenden Kommutativitäts-Matrix verschiedene Darstellungen möglich, z.B. die folgende zweidimensionale, auf die der Übersetzer durch das Pragma `--/` hingewiesen wird. Das Beispiel bezieht sich auf eine Schlange mit einer erweiterten Palette von Operationen. Die oben erwähnte Variante, auftragsspezifisch zu sperren, kommt hier nicht in Betracht, wäre aber z.B. wünschenswert, wenn Datenbestände über Schlüssel verwaltet werden. Eine entsprechende Verallgemeinerung des Pragmas ist möglich, wird aber hier nicht weiter verfolgt.

```
class Queue export    --/ e d r l f l
              enqueue, --/ -
              dequeue, --/ * -
              rotate,  --/ - - *
              length,  --/ - - * *
              first,   --/ * - - * *
              last     --/ - * - * * *
inherit atomic
feature .....
end -- Queue
```

Wenn man nur `--/` ohne weitere Detaillierung durch `*` angibt, wird objektspezifisch gesperrt. Eventuell vorhandene autonome Operationen bleiben unberücksichtigt, weil es für sie keine auftragserteilenden Aktivitäten gibt. Die Serialisierbarkeit der Klienten ist in diesem Fall ohnehin nicht mehr automatisch gesichert. Das bedeutet *nicht*, daß dann Kommutativitätsangaben und ihre Verwendung beim 2-Phasen-Sperren in jedem Fall sinnlos wären. Betrachten wir die Beispiele aus 3. Bei der Klasse `Beeping` gibt es keine Kommutativität. Für die Klasse `Moving` haben wir

```
class Moving export        --/ p s
              position,    --/ *
              setVelocity  --/ *
         .....  -- not necessarily atomic (4.1)
end -- Moving
```

Man kann ein bewegliches Subjekt eine Dreiecksbahn beschreiben lassen, indem man nacheinander drei `setVelocity`-Aufträge erteilt. Mit 2-Phasen-Sperren können mehrere solche Auftragsfolgen durch eine Operation `triangle` (einer anderen Klasse) nebenläufig ausgeführt werden, ohne daß die Dreiecke dadurch Schaden nehmen (wenngleich sie an nicht vorhersagbaren Stellen landen).

Eine Unterklasse "erbt" in der Regel die Verträglichkeiten ihrer Oberklassen - wenn keine abweichenden Angaben gemacht werden. Außerdem sind alle Paare von Operationen aus *verschiedenen* Oberklassen kommutativ - wenn nichts anderes angegeben ist. Bei der Klasse `Bird` z.B. sind keine Kommutativitätsangaben erforderlich.

Für *Entities* sind die (nicht explizit sichtbaren) Operationen `read/read` kommutativ. Bei *Feldern* mit den Operationen `get/put` sind `get/get` kommutativ[5].

---

[5] Hier wäre die Variante naheliegend, daß indexspezifisch gesperrt wird.

4.3 Verklemmungen

Das 2-Phasen-Sperren ist von Verklemmungen bedroht. Abbruch und Wiederaufsetzen von Transaktionen nach einer Verklemmung ist bei Datenbanken praktizierbar (und unverzichtbar), nicht aber bei effizient auszuführenden subjektorientierten Programmen. (Die Behandlung persistenter Objekte klammern wir hier aus.)

Es liegt daher in der Verantwortung des Programmierers, solche Verklemmungen zu vermeiden. Dies ist unproblematisch, weil es nur rein *lokale* Analysen erfordert: bei der Programmierung einer Klasse muß darauf geachtet werden, daß kommutative Operationen - nur auf diese kommt es an! - sich nicht verklemmen können. Je mehr Kommutativität die Klasse hat und je weniger Kommutativität die benutzten Klassen haben, umso größer ist die Verklemmungsgefahr.

5 Verwandte Ansätze

5.1 Caromel's Eiffel

Die oben vorgeschlagenen Pragmas stellen für einen Übersetzer, der sie zur Kenntnis nehmen soll, de facto eine syntaktische Erweiterung der Sprache dar. Die bereits erwähnte Eiffel-Variante von Caromel hat den Vorteil, daß sie ohne jede Syntaxerweiterung auskommt. Dafür müssen allerdings gravierende Einschränkungen in Kauf genommen werden. Eine asynchrone Auftragsausführung durch ein Objekt ist grundsätzlich nur dann möglich, wenn dessen Klasse als Prozessklasse vereinbart wurde, d.h. von der Standardklasse `Process` erbt. Ein Prozeßobjekt stellt einen sequentiellen Prozeß dar, dessen Verhalten durch eine von `Process` geerbte - aber natürlich redefinierbare - Routine `Live` beschrieben wird. `Live` steuert die Annahme von Aufträgen (unabhängig von den Preconditions) sowie ein eventuelles Scheduling. Problematisch ist, daß `Live` bei weiterer Vererbung i.a. redefiniert werden muß.

Prozesse können nicht nebenläufig auf Objekte, die keine Prozesse sind, zugreifen. Somit gibt es kein Threading. Das bedeutet zum einen, daß selbst bei zustandslosen Klassen nicht mehrere Aufträge gleichzeitig in Bearbeitung sein können - es sei denn, man erzeugt entsprechend viele Objekte. Zum anderen muß jedes auch noch so kleine Objekt, wenn es von mehreren Prozessen gemeinsam benutzt werden soll, als Prozeß realisiert werden. Wie das effizient realisierbar sein soll, ist nicht zu erkennen.

5.2 POOL

POOL [America 87][America 89] ist eine eigens für die objektorientierte nichtsequentielle Programmierung geschaffene Sprache, insbesondere für Parallelrechner. Auch hier ist kein Threading möglich. *Jedes* Objekt verhält sich wie ein Prozeß (wenngleich im Gegensatz zu 5.1 bei einfachen Objekten Optimierungen möglich sind). Die Kommunikation erfolgt über einen Rendezvous-Mechanismus, von dem es auch eine asynchrone Variante gibt. Wenn der Prozeßrumpf weggelassen wird, ähnelt ein Objekt einem mit Guards versehenen Monitor.

5.3 SINA

Auch in *SINA* [Tripathi/Aksit 88] sind Prozesse an Objekte gebunden; allerdings kann in einem Objekt mehr als ein Prozeß aktiv sein. Dieser Threading-Effekt wird *dynamisch* erzielt: indem eine Aktivität die Anweisung `detach` ausführt (die sehr an *Simula* erinnert), läßt sie eine weitere Aktivität zu. Die Annahme und das Scheduling von Aufträgen werden recht umständlich über Anweisungen `hold/accept` gesteuert. Asynchrone Auftragsausführung ist nicht möglich.

In einer neueren Version der Sprache [Aksit et al. 91] kann man durch den Aufruf

```
object.<op1(...), op2(...), ...>
```

veranlassen, daß eine Folge von Operationen auf *einem* Objekt als Transaktion (atomic action) ausgeführt wird, bei der ein 2-Phasen-Sperrverfahren - allerdings nur mit Objektsperren - zum Einsatz kommt. Vertretbar wird dieses Konzept dadurch, daß von der Technik der *Delegation* intensiv Gebrauch gemacht wird: zwei Aufträge der Art `op1` bzw. `op2` müssen nicht unbedingt an das gleiche Objekt gehen. SINA unterstützt Verklemmungserkennung und Fehleratomarität.

5.4 Avalon/C++

In diesem als orthogonal zu klassifizierenden Ansatz werden Spracherweiterungen und Standardklassen für C++ bereitgestellt, die die Entwicklung transaktionsorientierter verteilter Software erleichtern [Detlefs et al. 88], wobei die Transaktionen durch das unterliegende Camelot-System unterstützt werden. Persistenz, Serialisierbarkeit und Fehleratomarität werden durch Vererbung und geeigneten Einsatz der Standardklassen `recoverable` und ihrer Unterklassen `atomic` und `subatomic` erzielt. `atomic` und `subatomic` stellen elementare Sperrmechanismen zur Verfügung, mit denen man eigene Sperrverfahren implementieren kann. Die Programmierung bleibt mühsam, was aber angesichts der ehrgeizigen Zielsetzung auch nicht überraschend ist.

5.5 MELD

MELD [Kaiser et al. 90] [Popovich et al. 91] unterstützt wie Avalon/C++ verteilte Transaktionen und ist ebenfalls als orthogonal zu klassifizieren (wenn man das sogenannte "constraint" ignoriert, eine Art autonomer Anweisung). Es gibt Konstrukte für kritische Abschnitte und für Transaktionen; letztere sind aber nicht an Objekte gebunden. Ungwöhnlich ist das Konstrukt "dataflow block", innerhalb dessen eine feinkörnige Nichtsequentialität mit single-assignment-Semantik praktiziert wird.

6 Zusammenfassung

Am Beispiel von Eiffel wurde ein Ansatz für die objektorientierte Systementwicklung vorgestellt, der einen reibungslosen Übergang zwischen sequentieller und nichtsequentieller Programmierung gewährleisten soll.

- Ein Pragma `-->`, das von einem sequentiellen Übersetzer ignoriert wird, erlaubt die Einführung autonomer Operationen.

- Bei Unterklassen der Standardklasse `async`, die im sequentiellen Fall leer ist, wird jeder Auftrag asynchron zur Aktivität des Auftraggebers ausgeführt.

- Eine Standardklasse `atomic`, die im sequentiellen Fall leer ist, bewirkt den Einbau von Sperrmaßnahmen in ihre Unterklassen. Die Übersetzer-Option 2PL bestimmt, ob ein 2-Phasen-Sperrverfahren oder eine Vollsperrung praktiziert werden soll.

- Die Anwendung des 2-Phasen-Sperrens setzt voraus, daß die Komponenten dafür vorbereitet sind. Dazu dient das Pragma `--/`.

- Die in einer **`require`**-Klausel angegebene Precondition kann bei einer atomaren Klasse (`atomic` ohne 2PL) eine Synchronisation bewirken. Damit sind separate Guards überflüssig, und die Klasse ist auch sequentiell verwendbar. Ein eventuell erforderliches Nicht-Standard-Scheduling wird wie im Anhang angegeben unterstützt.

Hiermit ist ein minimaler und flexibel einsetzbarer Satz von Mechanismen gegeben, bei dem die Eiffel-Syntax nur um die beiden Pragmas `-->` und `--/` erweitert wird. Nichtsequentielle Programmierung wird nicht durch eine Vielzahl ungewöhnlicher "Features" erleichtert, sondern dadurch, daß so weit wie möglich ausgenutzt wird, was im Sequentiellen bereits angelegt ist.

Danksagung: Für fruchtbare Diskussionen bin ich den Mitarbeitern des Projekts HERON, insbesondere Thomas Wolff, zu Dank verpflichtet.

Anhang: Scheduling durch Bezugnahme auf die Auftragsliste

Die Auftragsliste

Wenn ein atomares Subjekt seine Entscheidungen von der Auftragslage abhängig machen will, etwa um auf die Reihenfolge der Auftragsannahme Einfluß zu nehmen, muß es in der Lage sein, sich auf die anstehenden Aufträge zu beziehen. Traditionelle nichtsequentielle Sprachen erlauben dies i.a. nicht (oder nur sehr rudimentär). Man kann diese Tradition zwar auch in einem nichtsequentiellen Eiffel beibehalten, attraktiver ist aber die Verwendung eines Iterators, wie im folgenden vorgeschlagen.

Der Typ eines bei einem Subjekt anstehenden Auftrags ist an die zugehörige Klasse gebunden; er ist nicht explizit benennbar. Ein Auftrag ist einem varianten Verbund vergleichbar, wobei die Auftragsart (=Operation) variiert, die formalen Parameter den Feldern des Verbunds und die aktuellen Parameter den aktuellen Feldinhalten entsprechen.

Die bei einem Subjekt anstehen Aufträge bilden einen *Bag* (es können mehrere gleiche Aufträge vorliegen), den wir *Auftragsliste* nennen. Eine Auftragserteilung erweitert die Auftragsliste um einen Auftrag, eine Auftragsannahme entfernt einen Auftrag aus der Auftragsliste. Eine explizite Modifikation der Auftragsliste ist nicht möglich.

Es gibt eine vordefinierte Entity `Next` vom Typ Auftrag, die bei jeder Auftragsannahme auf `Void` gesetzt wird. Nach Beendigung einer Aktivität wird versucht, als nächsten

Auftrag Next anzunehmen; im Fall Next.Void oder wenn die Voraussetzung des Auftrags Next (wider Erwarten) nicht erfüllt ist wird versucht, einen anderen Auftrag anzunehmen. Somit kann mittels einer geeigneten Zuweisung an Next die Auftragsannahme gezielt gesteuert werden.

Die Inspektion der Auftragsliste und die Zuweisung an Next wird durch einen *Iterator* ermöglicht, der die folgende Gestalt hat:

for all Feature_name **do** Compound **end**

Die Anweisungen des Compound werden auf alle Aufträge der Operation Feature_name angewendet. Dabei bezeichnet Feature_name gleichzeitig die Laufvariable (!), und die Parameter des jeweiligen Auftrags werden durch die Parameternamen bezeichnet. Die Iteration kann - ähnlich wie das **loop**-Konstrukt in Modula-2 [Wirth 85] - durch **exit** abgebrochen werden.

Es erweist sich für die effiziente Behandlung der Auftragsliste als hilfreich, wenn man an die **require**-Klausel eine Klausel

by Integer_expression

anhängen kann, die veranlaßt, daß nur die anstehenden Aufträge mit jeweils kleinstem Integer_expression geprüft werden. Diese Klausel kann verwendet werden, wenn die Nichtausführbarkeit eines solchen Auftrags die Nichtausführbarkeit aller anderen gleichartigen Aufträge impliziert[6].

Betriebsmittelverwaltung nach Prioritäten

Zwei einfache Beispiele aus dem Bereich der Betriebsmittelverwaltung mögen die typische Verwendung des Auftragslisten-Iterators verdeutlichen. Ein ResourceManager verwaltet eine Menge gleichartiger Ressourcen, von denen jeweils ein Exemplar mit get angefordert und mit put zurückgegeben werden kann.

---

[6] Diese **by**-Klausel ist *nicht* identisch mit der gleichnamigen Klausel aus SR [Andrews et al. 88], bei der die Aufträge in der Reihenfolge der **by**-Werte durchsucht werden, bis einer mit gültigem Guard gefunden wird.

```
class ResourceManager export get, put -- Boolean priorities
inherit atomic
feature .....
        get(urgent: Boolean): Resource is
        require available > 0 do ..... end;

        put(r: Resource) is
        do .....
           if available = 1 then
              for all get do
                 if urgent then
                    Next := get; exit end end end end;
end -- ResourceManager
```

```
class ResourceManager export get, put -- Integer priorities
inherit atomic
feature .....
        get(rank: Integer): Resource is
        require rank >= 0; -- may raise exception
                available > 0 by rank
        do ..... end;

        put(r: Resource) is do ..... end;
end -- ResourceManager
```

Hier hätte man die erste Version auch mit **by**, die zweite auch mit **for** lösen können. **by** ist effizienter, aber nicht immer anwendbar.

Komplexes Scheduling

Eine Klasse `Printers` verwaltet einen Standard-Drucker und einen Drucker mit erweitertem Zeichensatz. Zum Ausdrucken einer Datei dient die Operation `print`, die als Parameter neben dem Dateinamen eine Angabe hat, ob der normale Zeichensatz ausreicht oder nicht. Die Klasse `Printers` benutzt eine Klasse `Scheduler`, um aus den beiden Druckern einen geeigneten auszuwählen: für den erweiterten Zeichensatz kommt nur der Spezialdrucker in Frage, für den normalen Zeichensatz beide Drucker; ein spezieller Druckauftrag sollte aber nicht durch einen normalen verdrängt werden können.

```
class Printers export print
inherit async   -- NOT atomic
feature standard, special: Printer;
        s: Scheduler;

        Create is
        do standard.Create(false);
           special.Create(true);
           s.Create  end;

        print(filename: String; needspecial: Boolean) is
        local spec: Boolean
        do spec := s.request(needspecial);
           if spec then
                special.print(filename)
           else standard.print(filename) end;
           s.release(spec)  end;

end --Printers


class Scheduler export request, release
inherit atomic
feature standardidle, specialidle: Boolean

        Create is
        do standardidle := true;
           specialidle := true  end;

        request(needspecial: Boolean): Boolean is
        require needspecial and specialidle or
             not needspecial and (standardidle or specialidle)
        do Result := needspecial or not standardidle;
           if Result then
                specialidle := false
           else standardidle := false  end end;
```

```
        release(spec: Boolean) is
        do if spec then
                specialidle := true;
                for all request do
                    if needspecial then
                       Next := request; exit end end
           else standardidle := true end end;

end -- Scheduler
```

`Printers` wird nicht gesperrt. Dies ist wichtig, um nicht den von geschachtelten Monitoren (oder Ada-Tasks) bekannten Effekt zu bekommen, daβ de facto kein Scheduling stattfindet. `Scheduler` wird atomar realisiert. *Beide* Klassen sind serialisierbar.

Gegenüber üblichen Lösungen von Problemen dieser Art entfällt hier dank der Zugriffsmöglichkeit auf die Auftragsliste die explizite Programmierung der Auftragswarteschlange für die Drucker. Beachte, daβ das Scheduling nicht mit Auftragspufferung verquickt wird. Spooling wird hier durch das Erben von `async` bewirkt.

Uhr mit Weckdienst

Die folgende Klasse `Clock` repräsentiert eine Uhr, die gleichzeitig für beliebig viele Klienten einen Weckdienst anbietet:

```
class Clock export time, setTime, wait
inherit atomic
feature time: Integer;

        setTime(t: Integer) is
        do  time := t end;

        wait(alarm: Integer) is
        require time >= alarm by alarm do end;

        tick is -->
        do time := time+1 end;

end -- Clock
```

Von der Taktung von `tick` wird hier abstrahiert, und auch die Zeiteinheit ist nicht festgelegt. In einer für die Realzeitprogrammierung geeigneten Version der Sprache wäre das Pragma `-->` an ein reales Gerät koppelbar.

Beachte, daβ bei Verwendung einer atomaren increment-Operation in `tick` das **`inherit`** `atomic` überflüssig wäre.

Literatur

[Aksit et al. 91] M. Aksit, J.W. Dijkstra, A. Tripathi: Atomic delegation: object-oriented transactions. IEEE Software, March 1991

[America 87] P.H.M. America: POOL-T: a parallel object-oriented language. In [Yonezawa/Tokoro 87]

[America 89] P.H.M. America: Issues in the design of a parallel object-oriented language. Formal Aspects of Computing 1.4, 1989

[Andrews et al. 88] G.R. Andrews, R.A. Olsson, M. Coffin, I. Elshoff, K. Nilsen, T. Purdin, G. Townsend: An overview of the SR language and implementation. ACM TOPLAS 10.1, January 1988

[Caromel 89] D. Caromel: Service, asynchrony and wait-by-necessity. JOOP 2.4, November/December 1989

[Caromel 90] D. Caromel: Concurrency and reusability: from sequential to parallel. JOOP 3.3, September/October 1990

[Detlefs et al. 88] D.L. Detlefs, M.P. Herlihy, J.M. Wing: Inheritance of synchronization and recovery properties in Avalon/C++. IEEE Computer, December 1988

[Hadzilacos 88] Th. Hadzilacos, V. Hadzilacos: Transaction synchronisation in object bases. ACM 7. Symp. on Principles of Database Systems, Austin, March 1988

[Herlihy/Wing 90] M.P. Herlihy, J.M. Wing: Linearizability: a correctness condition for concurrent objects. ACM TOPLAS 12.3, July 1990

[Kaiser et al. 90] G.E. Kaiser, W. Hseush, S.S. Popovich, S.F. Wu: Multiple concurrency control policies in an object-oriented programming system. 2. IEEE Symp. on Parallel and Distributed Processing, December 1990

[Liskov/Scheifler 83] B. Liskov, R. Scheifler: Guardians and actions: linguistic support for robust, distributed programs. ACM TOPLAS 5.3, July 1983

[Liskov 88] B. Liskov: Distributed programming in Argus. CACM 31.3, March 1988

[Meyer 88] B. Meyer: Object-oriented Software Construction. Prentice-Hall 1988

[Meyer 90a] B. Meyer: Eiffel: The Language and Environment. Prentice-Hall 1990

[Meyer 90b] B. Meyer: Sequential and concurrent object-oriented programming. Proc. TOOLS 2, Paris, 1990

[Papathomas 89] M. Papathomas: Concurrency issues in object-oriented programming languages. In D. Tsichritzis(ed.): Object-oriented Development. Université de Genève 1989

[Popovich et al. 91] S.S. Popovich, S.F. Wu, G.E. Kaiser: An object-based approach to implementing distributed concurrency control. 11. Int. Conf. on Distributed Computing Systems, May 1991

[Tripathi/Aksit 88] A. Tripathi, M. Aksit: Communication, scheduling and resource management in SINA. JOOP 1.4, November/December 1988

[Wegner 90] P. Wegner: Concepts and paradigms of object-orientd programming. ACM OOPS Messenger 1.1, August 1990

[Weikum 88] G. Weikum: Transaktionen in Datenbanksystemen. Addison-Wesley 1988

[Wirth 85] N. Wirth: Programmieren in Modula-2. Springer 1985

[Yonezawa/Tokoro 87] A. Yonezawa, M. Tokoro: Object-oriented Concurrent Programming. The MIT Press 1987

NULL-Werte und dreiwertige Logik in SQL

Günter Matthiessen
Hochschule Bremerhaven, Fachbereich 2
An der Karlstadt 8, D-W2850 Bremerhaven

1. Problemstellung

In relationalen Datenbanken ist es üblich, daß gewisse Felder "NULL" sein können (vgl. [Date86]). Wir sagen hier bewußt nicht "den Wert NULL haben". NULL kann u.a. bedeuten, daß der aktuelle Wert eines Attributs unbekannt ist. Andere Arten von Nullen, wie z.B. "nicht anwendbar" oder "gibt es nicht" werden hier nicht behandelt. (vgl. dazu [Codd86] und [Codd87]).

Zur Illustration einiger Aussagen verwenden wir im Verlauf die folgende, aus zwei Tabellen bestehende, Datenbank.

Lieferant

Lief_nr	Name	Ort
10	Tiger	Hamburg
20	Panther	Bremen
30	Bär	NULL
40	Fuchs	Kiel

Sortiment

Art_nr	Lief_nr
123	25
124	30
125	NULL
125	40

In Vergleichen der Form "Feld = Wert", "Feld < Wert" u.ä. ist der logische Wert "unbekannt", im folgenden auch als UNKNOWN bezeichnet, wenn einer der Operanden oder beide NULL sind. Bei Abfragen werden jeweils nur die Zeilen angezeigt, für die der logische Ausdruck den Wert TRUE hat. UNKNOWN ist nicht NULL, da wir logische Operationen ausführen können, für die ein Operator UNKNOWN ist; das Ergebnis ist nicht notwendigerweise UNKNOWN; vgl. die folgende Tabelle, in der wir den logischen Wert UNKNOWN durch ½ darstellen.

AND	0 ½ 1
0 ½ 1	0 0 0 0 ½ ½ 0 ½ 1

OR	0 ½ 1
0 ½ 1	0 ½ 1 ½ ½ 1 1 1 1

NOT	
0 ½ 1	1 ½ 0

Das Hauptproblem bei der Benutzung von NULLen in SQL scheint mir zu sein, daß für zwei Tupel, z.B. t1 ::= [NULL, "Adler", "Nürnberg"] und t2 ::= [NULL, "Adler", "Nürnberg"] einerseits die Bedingung

```
t1.Lief_nr = t2.Lief_nr AND
t1.Name    = t2.Name    AND
t1.Ort     = t2.Ort
```

den Wert UNKNOWN erhält; anderseits aber t1 und t2 als gleiche Tupel angesehen werden und somit in einer Relation nicht zweimal auftreten dürfen.

Mengen, die auch eine NULL enthalten können, werden in [Date86] als n-Mengen bezeichnet. Insbesondere kann in einer Projektion auf ein Attribut die resultierende n-Menge maximal eine NULL enthalten. Damit gibt es dann Mengen mit einer NULL, die somit potentiell jedes Element enthalten können und Mengen ohne NULL. Date zeigt in den drei zitierten Arbeiten auf, daß in Daten-banken mit NULL einige bisher als allgemeingültig anerkannte Sätze falsch werden. In [Date90b] wird gezeigt, daß die EXISTS-Klausel mit der im SQL-Standard vorgeschriebenen Interpretation nicht mit der dreiwertigen Logik kompatibel ist, da "`EXISTS (SELECT ...)`" nur den Wert TRUE oder FALSE liefern kann, nicht aber UNKNOWN. Somit liefert "`NOT EXISTS (SELECT ...)`" auch Tupel, die eigentlich den logischen Wert "UNKNOWN" haben.

2. Theoretische Ansätze zur Semantik von Datenbank-Abfragen

Bei einer logischen Betrachtung werden Datenbanken im Tarskischen Sinne als *Modelle* einer Theorie betrachtet, die durch das Datenbankschema und die Konsistenz-Bedingungen (z.B. funktionale Abhängigkeiten und referentielle Konsistenzen) gegeben ist. Eine *Anfrage* an die Datenbank wird dann als prädikatenlogische Formel interpretiert. Die Antwortrelation ist gegeben durch die Menge der Belegungen der Variablen der Anfrage mit Tupeln, die diese Anfrage erfüllen, d.h. den Wert TRUE ergeben.

In einer anderen Betrachtungsweise, die z.B. in [Reit84] dargestellt wird, ist eine Datenbank eine Menge von als wahr angesehenen prädikatenlogischen Formeln. Daneben gibt es grundsätzlich als wahr angenommene Prinzipien, die für jedes Datenbankschema durch prädikatenlogische Formeln dargestellt werden können. Eine *Anfrage* an die Datenbank ist dann eine prädikatenlogische Formel, für die festgestellt werden soll, ob sie aus den Formeln der Datenbank und den entsprechenden Prinzipien ableitbar ist.

Die angenommenen Prinzipien sind (nach [Reit84]):

domain closure assumption:

Alle existierenden Individuen sind in der Datenbank explizit definiert.

Dem entsprechen Formeln der Form

$$(\text{All } x : D \mid x=c_1 \vee x=c_2 \vee \ldots \vee x=c_n) \ ,$$

wobei $c_1, c_2, \ldots c_n$ alle Entitäten der Domäne D sind.

unique name assumption:

Individuen mit verschiedenen Namen sind verschieden.

Dem entsprechen Formeln der Form

$$\neg\ (c_1 = c_2),$$
$$\neg\ (c_1 = c_3),$$
$$\ldots$$
$$\neg\ (c_{n-1} = c_n)$$

closed world assumption:

es sind nur die Fakten gültig, die explizit in der Datenbank abgespeichert sind.

Dem entsprechen Formeln der Form

$$(\text{All } x_1 : D_1;\ x_2 : D_2;\ \ldots\ x_n : D_n \mid P(x_1,x_2,\ldots,x_n) \backslash$$
$$x_1 = a_{11} \wedge x_2 = a_{12} \wedge \ldots \wedge x_n = a_{1n} \vee$$
$$\ldots$$
$$x_1 = a_{r1} \wedge x_2 = a_{r2} \wedge \ldots \wedge x_n = a_{rn}) \ ,$$

wobei P eine Relation über den Domänen $D_1, D_2, \ldots, D_n$ ist, die

genau die Tupel

$$[a_{11}, a_{12}, \ldots, a_{1n}],$$
$$\ldots$$

$[a_{r1}, a_{r2}, ..., a_{rn}]$

enthält.

Ein Zustand einer Datenbank (der also durch die Mengen der Domänen und die Relationen gegeben ist), definiert dann eine "Theorie" (d.h. eine Menge von als gültig angenommenen prädikatenlogischen Formeln). Eine Änderung des Datenbank-Zustandes definiert somit automatisch eine Änderung der entsprechenden Theorie.

Für Datenbanken ohne NULLen ist es relativ einfach, zu zeigen, daß beide Ansätze äquivalent sind. Für Datenbanken mit NULLen gibt Reiter in [Reit84] eine Erweiterung an, die auf der zweiwertigen Prädikatenlogik beruht. Die beweistheoretische Methode soll (aufgrund ihrer beherrschbaren Theorie) als Prüfstein für effektive Implementierungen gelten; sie soll (anders als etwa in Prolog) selber keine Implementierung darstellen.

Ein wesentlicher Punkt der Theorie der Datenbanken mit NULLen in [Reit84] ist, daß die Theorie mit NULLen für jede Domäne möglicherweise mehrere NULLen enthalten kann, von denen jeweils nicht bekannt ist, ob sie zueinander oder zu bekannten Elementen der Domänen identisch sind. Dieses steht in starkem Kontrast zu dem Ansatz in SQL, nach dem eine Domäne höchstens eine NULL enthalten kann. Diese Einschränkung ist eine Ursache für viele der angegebenen Inkonsistenzen.

3. Dreiwertige Logik und Abfrage-Vollständigkeit

Bevor wir im folgenden Kapitel die Prädikatenlogik auf einer dreiwertigen Logik behandeln, stellen wir im folgenden einen kurzen Abriß von Theorien der dreiwertigen Logik dar.

Dreiwertige Logiken sind von Lukasiewicz (1920, vgl. [Sino68]) und Kleene (siehe [Turn84]) untersucht worden. Die Operationen $\wedge$, $\vee$, $\neg$sind im vorigen Abschnitt dargestellt. Die beiden Ansätze unterscheiden sich in der Definition der Implikation, die die zweiwertige Implikation jeweils konsistent erweitert. Es gilt jeweils

$½ \rightarrow ½ = 1$ (Lukasiewicz),

$½ \rightarrow ½ = ½$. (Kleene).

→	0	½	1
0	1	1	1
½	½	1	1
1	0	½	1

→	0	½	1
0	1	1	1
½	½	½	1
1	0	½	1

nach Lukasiewicz nach Kleene

Als Zusammenhang zwischen Ordnung und Implikation gelten hier folgende Gesetze:

Wenn $x \leq y$, dann ist $x \to y = 1$ (Lukasiewicz)

$x \to y = \neg x \vee y$ (Kleene).

Die Implikation nach Lukasiewicz ist insofern weitergehender als sie nicht durch einen Term ausgedrückt werden kann; (für alle Termfunktionen f gilt f (½, ½) = ½). Die Implikation nach Kleene ist durch den Term ($\neg x \vee y$) definierbar. Im folgenden betrachten wir die dreiwertige Logik nach Lukasiewicz, die wir durch L3 bezeichnen.

Die Funktion MAYBE - dargestellt durch "?" - (vgl. [Date90a]) mit ?0 = 0, ?½= 1, ?1 = 0 können wir in L3 definieren durch ?x ::= $(x \setminus \neg x) \wedge (\neg x \setminus x)$.

Daraus lassen sich weiter die Funktionen

$\Diamond x$ ::= $x \vee ?x$ (POSSIBLE)

$\Box x$ ::= ¬$¬x (NECESSARY)

⌐x ::= ¬$x (IMPOSSIBLE)

ableiten. Diese einstelligen Funktionen sind in folgender Tabelle zusammengefaßt.

x	¬x	?x	◊x	□x	⌐x
0	1	0	0	0	1
½	½	1	1	0	0
1	0	0	1	1	0

In L3 ist der Term ($x \vee \neg x$) keine Tautologie. Dafür sind die folgenden Terme Tautologien:

$x \vee \Diamond x$

$x \vee ?x \vee$ ⌐x

$\Box x \vee ?x \vee$ ⌐x

L3 ist aber nicht "*vollständig*" wie die zweiwertige Boolesche Algebra 𝔹, d.h. es gibt Funktionen, die sich nicht durch Terme ableiten lassen. Das folgt daraus, daß {0,1} abgeschlossen gegen die vorgegebenen Operationen (incl. Implikation) ist und somit <u>für jede</u> Termfunktion f gilt $f(1) \subseteq \{0,1\}$.

L3 ist dagegen in einem anderen Sinne vollständig; diese Eigenschaft nennen wir "*1-Vollständigkeit*". Wenn wir eine Termfunktion $f: L3^n \to L3$ haben, interessieren wir uns für die

Menge der Belegungen, die den Wert 1 ergeben. Wir betrachten also $\{b \in L3^n \mid f(b) = 1\}$. Mit einem ähnlichen Beweisverfahren wie im Falle der Booleschen Algebra können wir den folgenden Satz zeigen.

3.1 Satz (1-Vollständigkeit von L3)

Für jede Teilmenge $A \subseteq L3^n$ gibt es eine Termfunktion f, so daß
$A = \{[x_0,\ldots,x_{n-1}] \in L3^n \mid f(x_0,\ldots,x_{n-1}) = 1\}$

<u>Beweis</u>:
Für jede Belegung $[x_0,\ldots x_{n-1}] \in A$ bilden wir die Konjunktion

$\tau x_0 \wedge \ldots \wedge \tau x_{n-1}$, wobei

$$\tau x_i := \begin{cases} \neg x_i & \text{falls } b(i) = 0 \\ ?x_i & \text{falls } b(i) = ½ \\ \Box x_i & \text{falls } b(i) = 1 \end{cases}$$

Sei f die Disjunktion dieser Konjunktionen; es ist
$A = \{[x_0,\ldots x_{n-1}] \in L3^n \mid f(x_0,\ldots x_{n-1}) = 1\}$ Ω

3.2 Beispiel

Sei n = 3 und es sei A ::= {[0 0 0], [0 0 1], [0 ½ 1]}.
Für den Term $t(x_0,x_1,x_2)$ ::=

$$\neg x_0 \wedge \neg x_1 \wedge \neg x_2 \vee \neg x_0 \wedge \neg x_1 \wedge x_2 \vee \neg x_0 \wedge ?x_1 \wedge \neg x_2$$

ist $A = \{[x_0,x_1,x_2] \in B^3 \mid t(x_0,x_1,x_2) = 1\}$.

In SQL haben wir für Attribute die Testfunktion IS NULL. Prinzipiell läßt sich damit jede Abfrage, die die Operatoren MAYBE (oder NECESSARY, POSSIBLE, IMPOSSIBLE) benutzt, darstellen. De facto kann dieser Ausdruck lang werden. Seien z.B. die drei numerischen Attribute x, y, z gegeben. Die Abfrage

```
POSSIBLE (x > 0 AND y > 0 AND z > 0)
```

kann ausgedrückt werden durch

```
(x > 0 OR x IS NULL) AND
(y > 0 OR y IS NULL) AND
(z > 0 OR z IS NULL)
```

Mit L3 läßt sich ohne Problem eine Prädikatenlogik definieren, da das Maximum und Minimum (die für den Existenz- und All-Quantor stehen) für beliebige Folgen von logischen Werten auch bei der dreiwertigen Logik definiert sind. Dieses wird im folgenden Abschnitt dargestellt.

4. L3-Modelltheorie

Wir werden hier die Prädikatenlogik 1. Ordnung mit Gleichheit, Funktionssymbolen und Sorten einführen. Da wir eine spezielle Sorte "LOGIC" voraussetzen, können wir auf Relationssymbole verzichten und Relationen durch ihre charakteristische Funktion einführen. Grundsätze dieses Ansatzes sind in [Matt78] enthalten.

4.1 Sprache der Prädikatenlogik

Eine Sprache der Prädikatenlogik 1. Ordnung besteht aus folgenden Symbolen:

- *Symbole für Sorten*:
  (z.B. Waren, Kunden, Lieferanten, Sortiment,
  `INTEGER, CHAR(20), DECIMAL(10,3)`)
  speziell ist eine Sorte `LOGIC` vorhanden.

- *Funktionssymbole mit Signaturen*:
  $F : S_0 \times \ldots \times S_{n-1} \text{ ---> } S$ (Funktionen)
  $F : S$ (Konstanten)
  $F : S_0 \times \ldots \times S_{n-1} \text{ ---> } LOGIC$ (Relationen)

Neben weiteren Symbolen (die z.B. vom Datenbankschema abhängen), benötigen wir grundsätzlich folgende spezielle Symbole:

- *Identität:*
  $=_S : S \times S \text{ ---> } LOGIC$

für jede Sorte S der entsprechenden Sprache. Wir verwenden im folgenden die konventionelle Schreibweise $\alpha = \beta$ für $=_S(\alpha, \beta)$

- *Klammern* und *Komma*:

  (,)

  Klammern dienen zur Bindung der Argumente an ein Funktionssymbol, die Argumente werden durch Kommata getrennt.

- *Operatoren der Aussagenlogik*:

  ∧ : LOGIC x LOGIC ---> LOGIC,

  ∨ : LOGIC x LOGIC ---> LOGIC,

  ¬ : LOGIC ---> LOGIC,

- *für jede Sorte* S gibt es eine *unendliche* Menge Var(S) von "Variablensymbolen".

Aus konventionellen Gründen verwenden wir in der Logik die Schreibweise (z.B. "x ∧ y" statt "∧(x,y)", wobei die üblichen Vorrangregeln bzw. Klammern benutzt werden.

4.2 Terme über einer Sprache der Prädikatenlogik

Jeder Term gehört zu einer Sorte. Term(S) bezeichne die Menge aller Terme zur Sorte S.

- für $x \in$ Var(S) ist $x \in$ Term(S)

- für $F : S_0 \times \ldots \times S_{n-1}$ ---> S und $t_i \in$ Term(S_i) ist

  $F(t_0, \ldots, t_{n-1}) \in$ Term(S)

- für $t \in$ Term(LOGIC), $x \in$ Var(S) sind

  (Ex x : S | t) ∈ Term(LOGIC) und

  (All x : S | t) ∈ Term(LOGIC).

Als Spezialfall der 2. Regel ist eine Konstante der Signatur S ein Term der Sorte S. Für eine Funktion $F : S_0 \rightarrow S$ und $x \in$ Var(S_0) schreiben wir in bestimmten Zusammenhängen x.F statt F(x).

Um jetzt von der Syntax der Prädikatenlogik zur Semantik zu kommen, müssen wir definieren, was wir unter einer "*Modell*" für eine prädikatenlogische Sprache verstehen.

4.3 Definition (Modell einer prädikatenlogischen Sprache)

Ein prädikatenlogisches Modell μ für eine prädikatenlogische Sprache besteht aus folgenden Angaben:

- für jede Sorte S gibt es eine Menge S_μ, genannt die "Domäne" für S;

- für jedes Funktionssymbol
  $F : S_0 \times S_1 \times \ldots \times S_{n-1} \rightarrow S$
  gibt es eine Funktion
  $F_\mu : (S_0)_\mu \times (S_1)_\mu \times \ldots \times (S_{n-1})_\mu \text{ ---> } S_\mu$

- Für jede Sorte S ist $(=_S)_\mu$ die Identität auf S_μ.

- Die Sorte LOGIC sowie die logischen Funktionen sind in der Bedeutung der vorgegebenen Logik zu verwenden (hier also L3) und dienen der Verknüpfung von prädikatenlogischen Termen.

Ähnlich wie bei der Identität lassen wir zu, daß derselbe Funktions-Bezeichner mehrfach verwendet werden kann, sofern die Domänen der Argumente sich unterscheiden.

Als letztes definieren wir *Variablenbelegungen*. Anders als es in der Prädikatenlogik ohne Sorten üblich ist, ist hier eine Variablenbelegung eine *partielle* Funktion der Variablen in das Modell (im Sinne von Lisp gibt es also auch "ungebundene" Variable). Dieses ist notwendig, da möglicherweise einige der Sorten leer sind und somit die Variablen der entsprechenden Sorte nicht belegt werden können.

4.4 Definition (Variablenbelegung in einem Modell)

- Eine *Belegung* b ist gegeben durch eine *partielle* Funktion
  $b_S : Var(S) \text{ ---> } S_\mu$
  für jede Sorte S

- für $x \in Var(S)$ und eine Belegung b ist
  $wert(x,b) ::= b_S(x)$

- für ein Funktionssymbol $F : S_0 \times \ldots \times S_{n-1} \text{ ---> } S$ ist
  $wert(F(t_0,\ldots,t_{n-1}), b) ::= F_\mu(wert(t_0,b), \ldots, wert(t_{n-1},b))$

- für $x \in Var(S)$, $t \in Term(LOGIC)$ ist

$$wert((Ex\ x: S\ |t), b) ::= \max_{a \in S_\mu} (wert(t,b[x/a])$$

und

$$wert((All\ x: S\ |t), b) ::= \min_{a \in S_\mu} (wert(t,b[x/a])$$

wobei b[x/a](z) ::= IF z = x THEN a ELSE b(z)

5. Prädikatenlogik und SQL

Entsprechend der Definition im vorigen Abschnitt werden *Relationen* in SQL als *Sorten* aufgefaßt. Wir bekommen damit keine Entsprechung von *Relationen* zu *Prädikaten*, sondern berücksichtigen, daß in SQL über Tupel-Variable quantifiziert wird. Ein Attribut A zur Relation R mit der Domäne D wird entsprechend als 1-stelliges Funktionssymbol mit der Signatur A : R ---> D aufgefaßt.

In SQL sind nur solche Abfragen zulässig, die über Tupelvariable quantifizieren oder Tupelvariable als freie Variable enthalten (in der FROM-Klausel gebunden). Hierin enthalten ist der EXISTS-Operator. Somit dürfte bei EXISTS nicht nur TRUE oder FALSE herauskommen kann, sondern auch UNKNOWN - dann ist die Negation auch UNKNOWN und somit das Eingangsproblem gelöst.

In SQL haben wir zum einen Ausdrücke, die prädikatenlogisch interpretiert werden können, wie z.B.

```
{ Beispiel 1}
SELECT l.lief_nr, l.name, l.ort
FROM   Lieferant l
WHERE  NOT EXISTS
   (SELECT *
    FROM   Sortiment s
    WHERE  s.lief_nr = l.lief_nr
      AND  s.art_nr  = 125)
```

Abgesehen von der SELECT-Klausel entspricht das dem folgenden Prädikat mit der freien variablen l : Lieferant

```
¬(Ex s : Sortiment |
   s.lief_nr = l.lief_nr ∧ s.art_nr = 125)
```

Im Falle der zweiwertigen Logik beschreibt dieses Prädikat eine Menge von Lieferanten, die den Artikel mit der Artikel-Nummer 125 nicht im Sortiment haben.

Diese SQL-Anweisung ist bei Benutzung zweiwertiger Logik äquivalent zu

```
{ Beispiel 2}
SELECT l.lief_nr, l.name, l.ort
FROM   Lieferant l
WHERE  NOT l.lief_nr IN
   (SELECT s.lief_nr
    FROM   Sortiment s
    WHERE  s.art_nr  = 125)
```

Bei Benutzung von NULLen ist diese Anweisung nicht äquivalent zum Beispiel 1; vgl. hierzu [Date90b, S. 348]. Für den Lieferanten mit der Lieferanten-Nummer 10 ist nicht klar, ob er den Artikel 125 im Sortiment hat. Die Unterabfrage ergibt für Lief_nr = 10 für das dritte Tupel den logischen Wert UNKNOWN (NULL = 10), für die anderen Tupel den Wert FALSE. Somit ist das Resultat der Unterabfrage die leere Menge, da zum Resultat einer Abfrage alle die Sätze gehören, für die das Prädikat in der WHERE-Klausel den Wert TRUE ergibt. Somit ergibt der EXISTS-Quantor hier den Wert FALSE im Gegensatz zum o.a. prädikatenlogischen Ansatz, der UNKNOWN ergibt. NOT EXISTS würde prädikatenlogisch auch UNKNOWN ergeben, während SQL hier TRUE ergibt, d.h. die Anfrage zu Beispiel 1 ergibt die ersten drei Tupel der Relation Lieferant.

Dagegen soll der Term

```
l.lief_nr IN
   (SELECT s.lief_nr
    FROM   Sortiment s
    WHERE  s.art_nr  = 125)
```

äquivalent sein zu

```
l.lief_nr =   25  OR
l.lief_nr =   30  OR
l.lief_nr =  NULL OR
l.lief_nr =   40
```

Das ergibt für lief_nr = 10 den Wert UNKNOWN, im Gegensatz zum EXISTS-Quantor. (De Facto kommt bei einigen Datenbanksystemen für Lief_nr = 10 fälschlicherweise auch hier FALSE heraus.)

Diese Probleme in SQL könnten gelöst werden, wenn Mengen nicht im Sinne von [Date86] als n-Mengen, sondern analog zu den vagen Mengen ("fuzzy sets"; vgl [Zade65]) als L3-Mengen verallgemeinert werden.

5.1 Definition (L3-Menge)

Ein Universum ist eine Menge im üblichen Sinne.

Eine L3-Menge M über einem Universum U ist eine Abbildung
M : U ---> L3.

Für jedes Element s des Universums U gibt es also drei Möglichkeiten: es kann Element von M sein (M(s) = 1), es kann außerhalb von M liegen (M(s) = 0) und es kann möglicherweise zu M gehören (M(s) = ½).

Unterabfragen in SQL haben als Ergebnis L3-Mengen. Durch die Einführung von L3-Mengen sind damit auch - im Prinzip - die Inkonsistenzen der SQL-Norm zu lösen (z.B. die Äquivalenz der Abfragen Beispiel 1 und Beispiel 2). Ein Problem stellt dann aber die Darstellung der L3-Mengen dar.

Tupelmengen sind grundsätzlich endlich; somit ist es sinnvoll, L3-Mengen als Tupelmengen M zuzulassen, in denen {s|M(s)=1} *klein* ist und {s|M(s)=0} oder {s|M(s)=½} *klein* ist. "*klein*" hat hier eine ähnliche Bedeutung wie "*endlich*"; es ist jedoch zu berücksichtigen, daß auch eine Menge der Elemente von INTEGER "endlich" ist: es gibt (je nach Implementierung) etwa 4 Milliarden mögliche INTEGER-Zahlen; "klein" sind solche Mengen, die durch explizite Aufzählung darstellbar sind.

Es ist zum einen notwendig, daß es in einer L3-Menge mehrere NULLen geben kann. Diese könnten vom Datenbank-Verwaltungs-System beim Einfügen eines Tupels als "laufende Nummer mit einer NULL-Kennung" vergeben werden, so daß in einer Datenbank bei getrennter Vergabe auch immer verschiedene NULLen entstehen. Es müßte durch Änderung der SQL-Syntax weiterhin möglich sein, identische NULLen in verschiedenen Tupeln gleichzeitig zu vergeben, etwa in der Form

```
INSERT
INTO Lieferant l, Sortiment s
   (l.Lief_nr = s.Lief_nr, s.Art_nr, l.Name, l.ort)
VALUES (NULL, 128, "Wolf", "Kassel")
```

Der Vergleich eines Wertes mit einer NULL ergibt weiterhin grundsätzlich UNKNOWN; der Vergleich zweier NULLen kann UNKNOWN oder TRUE ergeben. Somit sind "verschiedene" NULLen möglicherweise gleich - aber "gleiche" NULLen sind grundsätzlich gleich.

Einen Hinweis, daß ggf. in einer Relation mehrere NULLen auftreten können, ist in [Reit84] enthalten. Dort werden NULLen als Skolem-Konstanten von Existenz-Ausdrücken gefordert.

Dieser Ansatz, mehrere NULLen zuzulassen, würde auch ein Problem von [Date86] lösen: Wenn R(A,B,C) eine Relation mit der funktionalen Abhängigkeit $A \rightarrow B$ ist und für A NULLen zugelassen sind, gibt es keine Normalisierung in einen verlustfreien Verbund der Projektionen R1(A,B) und R2(A,C). Bei der Benutzung mehrerer NULLen, ist R als verlustfreier Verbund von R1 und R2 darstellbar, da die entsprechenden NULLen in den Projektionen R1 und R2 identisch sind.

6. Zusammenfassung

Wir haben verschiedene Ansätze dargestellt, wie in relationalen Datenbank mit unvollständiger Information umgegangen werden kann. Der in SQL angewandte Ansatz ist in sich widersprüchlich, was an anderer Stelle ausreichend gewürdigt worden ist (vgl. [Date85] u.a.). Der in [Reit84] angegebene Ansatz, das Problem beweistheoretisch anzugehen, führt zu einer klareren Betrachtungsweise - stellt aber für relationale Datenbanken keine effiziente Implementierung zur dar.

Als Lösung wird vorgeschlagen, für die Behandlung der dreiwertigen Logik als Pendant zu den Mengen die dreiwertige Variante der "fuzzy sets" zu verwenden und entsprechend in einer Menge mehrere NULLen zuzulassen. Außerdem ergibt NULL = NULL nicht notwendigerweise UNKNOWN, sondern kann auch TRUE ergeben, wenn bekannt ist, daß die tatsächlichen Werte identisch sind.

Dieser Ansatz löst einige der in [Date86], [Date90a] und [Reit84] dargestellten Probleme. Er ist aber nicht vollständig im Sinne von [Reit84], da es weiterhin aus den Fakten ableitbare Anfragen gibt, die in diesem Ansatz den Wert UNKNOWN haben. Das ist aber unvermeidlich, da z.B. `(a = 0) ∨ NOT (a = 0)` für beliebige a aus jeder Datenbank ableitbar ist, aber für eine NULL a in der dreiwertigen Logik immer UNKNOWN ergibt.

Bei einer effizienten Implementierung werden auch weitere Anfragen den Wert UNKNOWN ergeben, die eigentlich positiv entschieden werden können. So ist für reelle a sicher a*a >= 0 immer wahr; wenn a NULL ist,-wird hier UNKNOWN abgeleitet. Es dürfen keine Anfragen positiv entschieden werden, die in Wahrheit aus der Datenlage nicht ableitbar sind. Dieses ist aber in SQL der Fall (vgl. die Beispiele in Abschnitt 5). Bei einer konsequenten Verwendung der dreiwertigen Logik auch in der Modelltheorie wird das nicht auftreten.

Literatur:

Codd86 Codd, E.F.: Missing Information (Applicable and Inapplicable) in Relational Databases; in ACM SIGMOD Record 15, No. 4 (Dec. 1986)

Codd87 Codd, E.F.: More Commentary on Missing Information in Relational Databases(Applicable and Inapplicable); in ACM SIGMOD Record 16, No. 1 (Mar. 1987)

Date86 Date, C.J.: Null Values in Databases Management; in Relational Database: Selected Writings; Addison-Wesley Publishing Company (1986)

Date90a Date, C.J.: NOT IS Not "Not"! (Notes on Three-Valued Logic and Related Matters); in Relational Database: Selected Writings; Addison-Wesley Publishing Company (1990)

Date90b Date, C.J.: EXISTS IS Not "Exists"! (Some Logical Flaws in SQL); in Relational Database: Selected Writings; Addison-Wesley Publishing Company (1990)

Lans88 van der Lans, R.F.: The SQL Standard; Prentice Hall (1988)

Matt78 Matthiessen, G.: A heterogeneous algebraic approach to some problems in automata theory, many valued logic and other topics; in Contributions to General Algebra, Proceedings of the Klagenfurt Conference, May 25-28, 1978; Verlag Johannes Heyn, Klagenfurt (1979)

Reit84 Reiter, R.: Towards a Logical Reconstructiion of Relational Database Theory; in On Conceptual Modelling; Springer Verlag (1984)

Sino68 Sinowjew, A.A.: Über mehrwertige Logik - Ein Abriß; Friedrich Vieweg u. Sohn (1968)

Turn84 Turner, R.: Logics for Artificial Intelligence; John Wiley and Sons (1984)

Zade65 Zadeh, L.A.: Fuzzy Sets; Information and Control 8, (1965)

Ein Ansatz zur systematischen Auswahl von Software-Testmethoden

Monika Müllerburg
Gesellschaft für Mathematik und Datenverarbeitung (GMD)
Schloß Birlinghoven, 5205 Sankt Augustin 1
e-mail: mbg@gmdzi.gmd.de

Zusammenfassung

Es gibt heute viele Methoden zum Testen von Software. Jede dieser Methoden ist für manche Testaufgabe gut, für andere weniger gut geeignet. Hier wird ein Ansatz vorgestellt, der eine systematische Auswahl von Software-Testmethoden erlaubt. Softwarekonstruktion wird als Prozess schrittweiser Verfeinerung interpretiert. Für jeden Verfeinerungsschritt wird ein Testschritt definiert, der sich auf die Prüfung derjenigen Aspekte konzentriert, die im Verfeinerungsschritt beschrieben wurden. Für jeden identifizierten Testschritt müssen das Testobjekt, die Testziele und die zu testenden Aspekte bestimmt werden. Davon abhängig können für jeden Testschritt geeignete Testmethoden ausgewählt werden.

Das Ziel des Ansatzes ist, möglichst sichere Aussagen über qualitative Eigenschaften des Programms zu erhalten, ohne den Testaufwand beliebig zu erhöhen. Da es nicht darum gehen kann, möglichst viele Testmethoden zu verwenden, muß man versuchen, den Testaufwand möglichst optimal einzusetzen. Durch eine zielorientierte Auswahl von Testmethoden läßt sich der Testaufwand reduzieren ohne seine Wirksamkeit einzuschränken.

1 Einführung

Das Testen ist eine der Möglichkeiten der analytischen Software-Qualitätssicherung und zwar die in der Praxis am meisten verwendete. Testen ist eine anspruchsvolle Tätigkeit, da die zu testenden Systeme heute im allgemeinen sehr groß und komplex sind. Dementsprechend wird ein erheblicher Teil des Aufwands im Softwareentwicklungsprozeß für das Testen benötigt.

Diese Situation wird sich in Zukunft eher noch verstärken, da die Anforderungen von Auftraggebern und Nutzern mit wachsendem Bewußtsein für Qualität steigen (Stichwort Produkthaftung). Unter solchen Umständen ist es für Softwareentwickler notwendig, nachweisbar sicherzustellen, daß sie im Rahmen der Qualitätssicherung alles vertretbar notwendige getan haben. Dabei kann es natürlich nicht darum gehen, alles zu tun was theoretisch möglich wäre, d. h. zum Beispiel jede bekannte Testmethode zu verwenden. Ziel muß vielmehr sein, mit möglichst wenig Aufwand möglichst viel zu erreichen.

In diesem Papier wird ein Ansatz vorgestellt, der die systematische Auswahl von Testmethoden (im Kontext großer Programme) unterstützt. Dafür wird zunächst versucht, etwas Ordnung in die Vielfalt der beim Testen verwendeten Begriffe zu bringen. Solche Begriffe bezeichnen recht unterschiedliche Dinge. Zum Beispiel bezeichnen Modul- und Abnahmetest Entwicklungsphasen, Black Box Test und Zweigtest unterschiedliche Kriterien der Testdatenauswahl und Testabdeckung und Testbarkeit Meßverfahren.

Hier wird nach zwei Aspekten unterschieden: Einerseits wird Test als Entwicklungsphase betrachtet, die wie alle anderen geplant und kontrolliert werden muß, und andererseits wird Test als eine Klasse von Prüfmethoden verstanden, deren Stärken und Schwächen man verstehen muß, wenn man sie (in der Entwicklungsphase Test) wirksam verwenden will. Der Begriff Methode wird verwendet, obwohl er hier nicht ideal ist: Testmethoden geben selten eine methodische Anleitung zum Testen sondern sind häufig lediglich Kriterien oder Bedingungen, die beim Testen erfüllen werden sollen. In Abschnitt 2 werden Testmethoden auf der Basis der Kriterien zur Testdatenauswahl klassifiziert und ihre Stärken und Schwächen werden diskutiert; die Rolle des Testens im Entwicklungsprozeß wird in Abschnitt 3 betrachtet.

Der hier vorgeschlagene Ansatz zur systematischen Auswahl von Software-Testmethoden beruht auf einer vom Entwicklungsprozeß abhängigen Zerlegung der Testphase in Testschritte: Für jeden Konstruktionsschritt gibt es einen Testschritt, der diejenigen Aspekte prüft, die in dem Konstruktionsschritt betrachtet werden. Abhängig vom Ziel dieser Prüfung können geeignete Testmethoden ausgewählt werden. Dies führt zu einer systematischen Bestimmung von Testschritten und einer zielorientierten Auswahl von Testmethoden. Der Ansatz wird in Abschnitt 4 vorgestellt, seine Verwendung wird in Abschnitt 5 an einem Beispiel erläutert.

Abschließend gibt Abschnitt 6 eine Zusammenfassung und diskutiert weitere Entwicklungsmöglichkeiten.

2 Testmethoden

Unter Testmethoden werden hier diejenigen Prüfmethoden verstanden, die auf der Ausführung des Programms beruhen: Das Programm wird geprüft, indem es mit Eingabedaten auf einem Rechner ausprobiert wird. Mit Testmethoden lassen sich dynamische Eigenschaften wie Korrektheit, Zuverlässigkeit und Laufzeit-Effizienz prüfen. Andere Prüfmethoden sind Inspektionsverfahren, statische Fehhleranalyse, symbolische Programmausführung und formale Verifikation [9].

Ein prinzipielles Problem beim Testen entsteht dadurch, daß ein Programm im allgemeinen nicht mit allen möglichen Eingabedaten ausprobiert werden kann, sondern nur mit wenigen ausgewählten: Das Prinzip des Testens ist das einer Stichprobe und das Problem ist, wie man die Stichprobe bestimmt.

Die Bestimmung der Stichprobe, d. h. die Auswahl der Testdaten, hängt von den Eigenschaften ab, die man prüfen möchte. Hier werden Zuverlässigkeit und Korrektheit betrachtet. Zum Verständnis dieser Eigenschaften ist die in [11] vorgeschlagene Unterscheidung dreier Bedeutungen des Begriffs Fehler hilfreich:

- *Errors* bezeichnen die Fehler, die Menschen bei der Entwicklung unterlaufen und die zu Faults in der Software (Programm oder Beschreibungen) führen können.
- *Faults* sind die Fehler (Bugs) in der Software. Sie können zu Fehlverhalten des Programms führen.
- *Failures* bezeichnen Fehlverhalten des Programms und sind sichtbar gewordene Faults.

Bei der Prüfung von Korrektheit strebt man an, alle Fehler in der Software (Faults) aufzudecken, wärend man bei der Prüfung von Zuverlässigkeit davon ausgeht, daß Fehler in der Software (Faults) nur dann relevant sind, wenn sie tatsächlich zu Fehlverhalten des Programms (Failures) führen.

Dies wird hier als Grundlage für eine grobe Klasseneinteilung der Testmethoden verwendet: Die Prüfung von Zuverlässigkeit beruht im wesentlichen auf statistischem Testen, die Prüfung von Korrektheit auf fehlerorientiertem Testen. Diese Unterscheidung mag etwas ungewöhnlich erscheinen, ist aber zur Klärung der Begriffe nützlich.

2.1 Statistisches Testen

Beim statistischen Testen werden die Testdaten auf der Basis von Annahmen über Verteilungen im Eingabebereich bestimmt, d. h. unabhängig von Annahmen über Fehler in der Software.

Zufallstesten, als eine statistische Testmethode, geht von der Annahme einer gleichmäßigen Verteilung aus. In diesem Fall lassen sich Testdaten automatisch generieren, so daß man auf eine relativ billige Weise zu vielen Testdaten kommen kann. Eine andere statistische Testmethode beruht auf der Verwendung bestehender Anwendungsprofiles. Wenn man von der Annahme ausgeht, daß die zukünftige Benutzung der früheren ähnlich sein wird, hat man insbesondere eine Angabe über die Verwendungshäufigkeit von Funktionen. Eine solche Angabe ist eine geeignete Grundlage zum Prüfen von Zuverlässigkeit, da Funktionen, die nicht oder selten verwendet werden auch nicht oder selten zu Fehlverhalten führen. In manchen

Fällen hat man die Möglichkeit, bereits existierende Daten zu verwenden. Ein besonderer Vorteil dabei ist, daß unter Umständen auch die korrekten Ergebnisse bereits vorhanden sind, so daß die neuen und die alten Ergebnisse automatisch verglichen werden können. Man hat allerdings das Problem zu entscheiden, welche Daten noch relevant sind und ob möglicherweise zusätzliche benötigt werden.

Auf der Basis von Zuverlässigkeitsmodellen kann Zuverlässigkeit gemessen werden. Die Messung von Zuverlässigkeit beruht wesentlich auf Informationen über das Fehlverhalten des Programms. Zuverlässigkeitsmaße werden häufig als Wahrscheinlichkeit definiert, daß ein Fehlverhalten in einer bestimmten Zeitspanne auftritt.

Grundlage für Zuverlässigkeitsmodelle sind zum Beispiel:

- Zeit zwischen Auftreten von Fehlverhalten
- Anzahl von Fehlverhalten in einer vorgegebenen Zeitspanne
- Anzahl festgestellter Fehlverhalten bezüglich einer Menge von eingestreuten Fehlern

Diskussionen über Zuverlässigkeitsmodelle und -maße findet man zum Beispiel in [2,3,4,6,21,12].

2.2 Fehlerorientiertes Testen

Eine fehlerorientierte Testmethode beruht auf einem identifizierten Fehlertyp sowie einer These wie Fehler dieses Typs aufzudecken sind. Die Thesen betreffen im allgemeinen notwendige aber nicht hinreichende Bedingungen zur Fehleraufdeckung. Ein Beispiel für einen Fehlertyp sind nicht implementierte aber spezifizierte Teilfunktionen. Fehler dieses Typs kann man beim Testen nur finden, wenn man das Programm mit Testdaten für jede spezifizierte Teilfunktion ausprobiert.

Fehlertyp und These bestimmen Kriterien zur Testdatenauswahl. Für den Fehlertyp falscher Operator in einer Programm-Anweisung (z.B. + statt −) und der These, daß Fehler dieses Typs beim Testen nur gefunden werden können, wenn die Anweisung ausgeführt wird, kann man das Kriterium ableiten, daß jede Anweisung mindestens einmal ausgeführt werden muß. Man versucht dann, eine Testdatenmenge zu finden, die diese Bedingung erfüllt. Die Forderung ist eine Minimalbedingung für die Aufdeckung eines Fehlers in einer Anweisung, da die Ausführung der Anweisung notwendig aber nicht hinreichend für die Fehleraufdeckung ist.

Die Testdaten werden systematisch bestimmt, indem man sie aus dem Programm oder einer seiner Beschreibungen ableitet. Dementsprechend lassen sich Glass Box- und Black Box-Testmethoden unterscheiden: Beim Glass Box Test werden die Testdaten aus dem Quellkode abgeleitet, beim Black Box Test dagegen aus einer

Programmbeschreibung (ohne Berücksichtigung des Quellkode). Glass Box Test wird häufig auch als White Box Test bezeichnet.

Diskussionen zu Testmethoden findet man zum Beispiel in [10,13,16,22], eine Übersicht zur Wirksamkeit von fehlerorientierten Testmethoden bezüglich verschiedener Fehlerklassen in [14,19].

Black Box Testmethoden

Bei Black Box Testmethoden werden Testdaten aus einer Programmbeschreibung abgeleitet. Die Ableitungsmöglichkeiten hängen davon ab, was in der Beschreibung angegeben ist.

Im Falle einer Beschreibung als Funktion hat man als Grundlage für die Testdatenauswahl den Definitionsbereich und den Wertebereich der Funktion sowie die Abbildung. Häufig werden Teilfunktionen spezifiziert sein, durch die der Definitionsbereich partitioniert wird. In diesem Fall ist die Grundlage für die Testdatenauswahl im allgemeinen der Definitionsbereich mit seinen Partitionen durch die Teilfunktionen [17]. Typische Testmethoden sind Äquivalenzklassentest, Test von speziellen Werten aus dem (gesamten) Definitionsbereich, Test von normalen Werten aus jeder Partition und Grenzwertetest auf der Basis der Partitionen.

Ein solches Funktionen-Modell läßt sich als Grundlage zum Testen sequentieller Programme oder Programmteile verwenden, für das Testen anderer Programme oder Programmteile ist es dagegen nicht geeignet. Beschreibungen von Programmteilen, die zum Beispiel abstrakte Datentypen oder kommunizierende Prozesse repräsentieren, erfordern andere Modelle.

Glass Box Testmethoden

Bei Glass Box Testmethoden werden Testdaten aus dem Quellkode oder einer abstrakten Repräsentation des Quellkode (z.B. Kontrollflußgraph) abgeleitet. Man kann natürlich auch hier wieder Ein- Ausgabebeziehungen betrachten und die vom Black Box Test bekannten Testmethoden verwenden. Die Partitionierung des Eingabebereichs erfolgt in diesem Fall durch die Programmpfade (Folgen von Anweisungen von einem Eingang zu einem Ausgang).

Im Quellkode werden aber weitere Aspekte beschrieben. Man findet insbesondere Anweisungen, Folgen von Anweisungen, Variable und Ausdrücke sowie Werte von Variablen und Ausdrücken. Entsprechend lassen sich Testmethoden unterscheiden:

- Es gibt Testmethoden, die einzelne Elemente berücksichtigen. Ein bekanntes Beispiel ist Anweisungstest, bei dem versucht wird alle Anweisungen auszuführen.

- Andere Testmethoden beruhen auf der Betrachtung von Anweisungsfolgen, entweder aus Sicht des Kontrollflusses oder aus der des Datenflusses. Ein Beispiel für eine kontrollfluß-orientierte Testmethode ist das Testen schleifenfreier Pfade, bei dem versucht wird, alle schleifenfreie Pfade auszuführen.
- Wiederum andere Testmethoden beruhen auf der Betrachtung von Zuständen, d. h. von Werten von Variablen und Ausdrücken in Berechnungen und Prädikaten. Ein Beispiel ist Prädikattest bei dem versucht wird, alle Permutationen über die Werte der Einzelbedingungen (oder eine Teilmenge davon) zu erreichen.

Eine Testmethode, die Pfade berücksichtigt ist strenger als eine, die nur einzelne Anweisungen betrachtet, d. h. die Methoden bilden eine Hierarchie (siehe Abb. 1). Andererseits läßt sich eine solche Beziehung zwischen den zustandsorientierten Methoden und den anderen nicht erkennen, d. h. sie ergänzen sich in ihrer Wirkung [14].

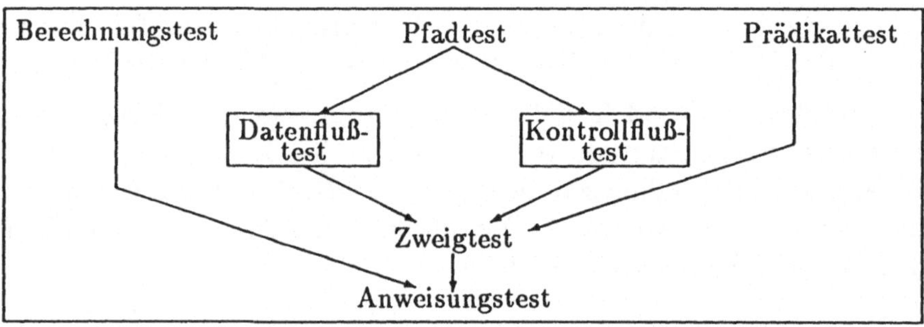

Abbildung 1: Hierarchie einiger Glass Box Testmethoden

Meßverfahren

Bei den fehlerorientierten Testmethoden lassen sich zwei Typen von Meßverfahren verwenden: Testabdeckungsmaße zur Bewertung der Wirksamkeit des Tests und Testbarkeitsmaße zur Schätzung des notwendigen Testaufwands. Beide sind aus den Testmethoden ableitbar. Dies bedeutet aber andererseits auch, daß sie nur im Zusammenhang mit der entsprechenden Testmethode sinnvoll nutzbar sind.

Testabdeckungsmaße sind definiert als Verhältnis der verwendeten geforderten Elemente (z.B. Anweisungen, schleifenfreie Pfade, Module und Funktionen) zu den geforderten.

Beispiel:

Das Testabdeckungsmaß für den Anweisungstest läß sich als Verhältnis der Anzahl der beim Testen (bisher) ausgeführten (vorschiedenen) Anweisungen zur Anzahl der im Programm vorhandenen angeben:

$$m_s = \frac{Anzahl\ der\ ausgeführten\ vorhandenen\ Anweisungen}{Anzahl\ der\ vorhandenen\ Anweisungen}$$

Testabdeckungsmaße geben Hinweise auf unzureichend getestete Programmteile und können außerdem als Endekriterium für den Test verwendet werden. Bei der Verwendung von Testabdeckungsmaßen muß man allerdings folgendes beachten: Ein Meßwert von 50% Anweisungsabdeckung sagt, daß die Hälfte der Anweisungen überhaupt nicht ausgeführt wurde, nicht aber daß die ausgeführten Anweisungen korrekt sind. Dies bedeutet aber auch, daß selbst 100% Pfadabdeckung keineswegs Korrektheit garantiert.

Ein zweites Problem ist, daß das Programm nichtausführbare Pfade enthalten kann und auch nicht immer alle geforderten Werte (etwa Permutationen der Werte von Einzelbedingungen in Prädikaten) erreichbar sind. In solchen Fällen ist eine vollständige Abdeckung nicht möglich.

Testbarkeitsmaße lassen sich definieren als die minimale Anzahl von Testdaten (Testausführungen), die notwendig ist um eine vollständige Testabdeckung bezüglich einer Testmethode zu erreichen. Man geht dabei also von der Annahme aus, daß alle geforderten Elemente verwendet werden können. Testbarkeitsmaße erlauben, den Testaufwand abschätzen und unterstützen so das Management bei der Test-Organisation. Sie können aber auch verwendet werden um die Konstruktion zu leiten, so daß testbare Programme entstehen. In [1] wird gezeigt wie solche Maße für kontrollflußorientierte Testemethoden definiert und berechnet werden können.

2.3 Folgerungen

Die Diskussion hat gezeigt, daß jeder der beiden Ansätze, statistischer und fehlerorientierter Test, für bestimmte Ziele und Situationen gut geeignet ist, für andere dagegen weniger. Deshalb sollte man sie nicht als konkurrierend ansehen, sondern als sich gegenseitig ergänzend.

Man wird daher im allgemeinen versuchen geeignete Kombinationen zu finden. Eine Möglichkeit ist eine Kombination von Black Box Test und Zufallstest: Für jede Partition des Eingabebereichs durch die spezifizierten Teilfunktionen werden Testdaten mittels Zufallstest generiert. Eine andere Möglichkeit ist eine Kombination aus Glass Box Test und statistischem Test: Der statistische Test wird auf der Basis eines Anwendungsprofiles durchgeführt, wobei die Wirksamkeit dieser Testdaten bezogen auf Glass Box Testmethoden mit entsprechenden Testabdeckungsmaßen bestimmt wird.

Ziel	Basis	Methode
Korrektheit	Faults	Black Box Test Glass Box Test Abdeckungsmaße Testbarkeitsmaße
Zuverlässigkeit	Failures	Statistischer Test Zuverlässigkeitsmaße

Tabelle 1: Testziele, -basis und -methoden

Die Diskussion hat aber auch Unterschiede zwischen den Methoden innerhalb einer Klasse bezüglich ihrer Eignung für verschiedene Zwecke erkennen lassen. Man müßte also im Grunde (fast) alle Testmethoden verwenden, was natürlich nicht möglich ist. Ein praktikabler Ansatz wird vielmehr auch hier versuchen müssen, geeignete Kombinationen zu finden.

3 Testphasen

Testen kann man erst, wenn man ablauffähige Programme hat. Deshalb ist die Testphase die Phase im Softwareentwicklungsprozeß, die auf die Implementierung (Kodierung) folgt. Beim Testen großer Programme hat man das Problem, daß sie nicht im ganzen getestet werden können. Sowohl der Test selbst als auch die möglicherweise notwendige Fehleridentifizierung und -behebung wären viel zu schwierig und aufwendig. Deshalb zerlegt man den Testprozeß in Schritte. Die Begründung ist also die gleiche wie die für die Zerlegung des Kon/-struktionsprozesses: Reduzierung der Komplexität.

Eine in der Praxis häufig zu findende Aufteilung ist die in Modul-, Integrations- und Systemtest. Beim *Modultest* hat man relativ kleine überschaubare Teile, wodurch sich häufig die Probleme der Testdatenauswahl reduzieren. Andererseits hat man allerdings das Problem, daß die Umgebung des Testobjekts oft noch nicht (oder nicht vollständig) vorhanden ist. Falls die aufrufende Funktion noch nicht vorhanden ist, wird sie durch einen sogenannten Driver simuliert, aufgerufene Funktionen, die noch nicht vorhanden sind, durch sogenannte Stubs. Selbst wenn die reale Umgebung verfügbar ist, ist es oft besser, sie zu simulieren, da man sonst unter Umständen Probleme aus der Umgebung in den Test importiert. Außerdem können sich Fehler im Testobjekt auf die Umgebung auswirken, zum Beispiel durch Überschreiben von externen Datenbeständen. Fehler im Testobjekt, die sich nicht im Testobjekt selbst, sondern als Folgefehler in der Umgebung auswirken, erschweren die Fehlerlokalisierung. Der Aufbau der künstlichen Umgebung kann sehr aufwendig sein.

Beim *Integrationstest* werden aus den Moduln schrittweise immer größere Teile des Systems zusammengesetzt. Ein neu hinzukommender Teil ersetzt einen Driver oder einen Stub der künstlichen Umgebung. Die Integration ist eine Umkehrung des Entwurfs. Dementsprechend gibt es ähnliche Stategien: Top-down, Bottom-up, Inside-out, Outside-in, Branchwise. Fehler, die man beim Integrationstest findet, sind meist auf Fehler des Entwurfs zurückzuführen. Solche Fehler sind zum Beispiel inkonsistente Schnittstellen, unerwartete Nebeneffekte von Funktionen und unzulässige Zugriffe auf externe Datenbestände.

Beim *Systemtest* wird das gesamte System in seiner richtigen Umgebung getestet.

In jedem dieser Schritte werden Testmethoden und zugehörige Maße benötigt. Theoretisch könnte man in jedem Testschritt jede Testmethode verwenden. Dies ist allerdings ein ziemlich teurer Weg, der sich leider nicht einmal durch besonders hohe Wirksamkeit auszeichnet.

Andererseits wird oft versucht, eine Testmethode für möglichst viele Testschritte zu verwenden. Anweisungs- oder Zweigtest zum Beispiel werden häufig nicht nur beim Modultest verwendet, sondern auch beim Integrationstest. Es ist aber ziemlich sinnlos, in jedem Testschritt die gleichen Aspekte zu prüfen. Eine Testmethode wie Zweigtest ist für den Test von kleinen Programmen (oder Programmteilen) geeignet, nicht jedoch für den Test von Schnittstellen zwischen ihnen. Wenn man die Methode beim Integrationstest nochmals verwendet, wiederholt man Prüfungen aus dem Modultest. Dies fordert meist unnötig viele Testdaten und führt zu überflüssigem Aufwand. Die Folge ist dann oft, daß der geforderte Testabdeckungsgrad vermindert wird, was die Wirksamkeit des Tests im allgemeinen verschlechtert.

So bleibt die Frage zu beantworten, welche Methode(n) in welchem Testschritt verwendet werden sollte(n) und nach welchen Kriterien man sie auswählt.

4 MOST: Methode des Schrittweisen Testens

Bei der Planung des Entwicklungsprozesses muß nicht nur die Konstruktion geplant werden sondern auch die Prüfaktivitäten und damit auch das Testen. Zur Planung des Testens gehört die Planung der Testschritte und Testziele ebenso wie die Auswahl der Testmethoden und der zugehörigen -maße. Klar ist, daß der Testprozeß in Schritte zerlegt werden muss, aber in welche? Ist es wirklich immer nur die Folge von Modul-, Integrations- und Systemtest? Lassen sich Kriterien für die Zerlegung angeben? Ein weiteres Problem betrifft die Auswahl der Testmethoden. Es gibt viele, aber welche soll man verwenden? Gibt es Kriterien für die Auswahl?

Hier wird die These vertreten, daß es keine allgemein gültige Zerlegung in Testschritte gibt, sondern daß beides, die Zerlegung in Testschritte und die Auswahl der Methoden, vom Entwicklungsprozeß und den verwendeten Methoden abhängt. Da Organisationen und selbst Projekte im allgemeinen unterschiedliche Prozesse und Methoden für ihre Softwareentwicklung verwenden, muß der Testprozeß der speziellen Situation, d. h. der Aufgabe des Projektes, angepaßt werden.

Die hier vorgestellte Methode des schrittweisen Testens (MOST) beruht auf der Idee, für jeden Konstruktionsschritt einen Testschritt zu definieren, im dem genau die Aspekte geprüft werden, die in der Konstruktion betont wurden. Dementsprechend werden für jeden Testschritt die Testmethoden ausgewählt und verwendet, die zur Prüfung dieser Aspekte geeignet sind. Grundlage für MOST ist ein Modell zur Beschreibung der Zerlegung in Testschritte.

4.1 Das Modell

Softwareentwicklung wird als ein Prozeß schrittweiser Verfeinerung interpretiert: Jeder Konstruktionsschritt fügt neue Details zur Beschreibung des Programms hinzu. Eine Entwicklungsphase besteht aus einer Folge von drei Schritten: Im ersten Schritt, der *Spezifikation*, wird das zu konstruierende Objekt beschrieben; im zweiten Schritt, der *Realisierung*, wird das beschriebene Objekt konstruiert; im dritten Schritt, der *Prüfung*, wird die Konsistenz zwischen Realisierung und Spezifikation überprüft (s. Abb. 2). Für diese Prüfung der Konsistenz zwischen Spezifikation und Realisierung sind die Ergebnisse der beiden Schritte wichtig, nicht die Schritte selber. Natürlich gibt es weitere Prüfaktivitäten: Die interne Konsistenz der Ergebnisse sowohl der Spezifikation als auch der Realisierung muß überprüft werden.

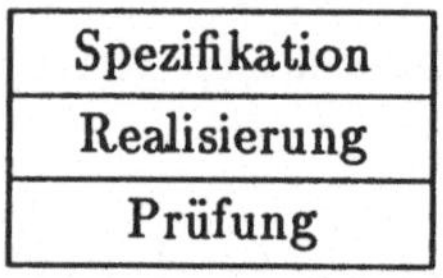

Spezifikation
Realisierung
Prüfung

Abbildung 2: Software Konstruktion und Prüfung

Die Entwicklung großer Software ist im allgemeinen ein komplizierter Prozeß. Interpretiert man ihn als Prozeß der schrittweisen Verfeinerung, besteht der Realisierungsschritt wiederum aus den drei Schritten Spezifikation, Realisierung und Prüfung. Dies läßt sich rekursiv beschreiben (s. Abb. 3). Wenn die Verfeinerung nicht automatisch erfolgt, muß die Konsistenz zwischen Spezifikation und Realisierung bzw. detaillierter Spezifikation für jeden Verfeinerungsschritt nachgewiesen werden, d. h. für jede Spezifikation gibt es einen Prüfschritt.

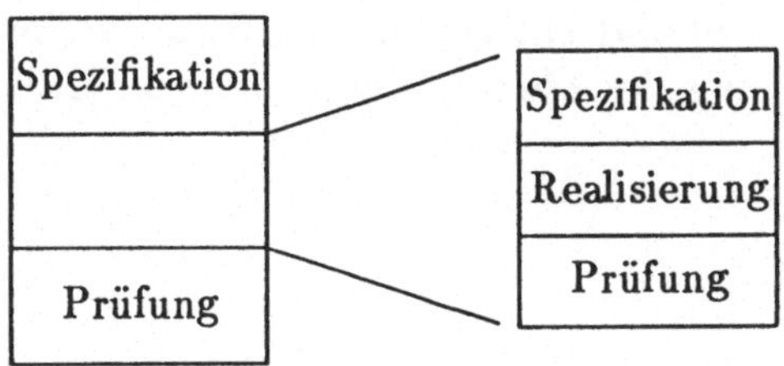

Abbildung 3: Rekursive Beschreibung von Spezifikation, Realisierung und Prüfung

Sollen Testmethoden für die Prüfung verwendet werden, braucht man eine ausführbare Beschreibung. Da die Spezifikationen selten ausführbar sind, muß man mit der Prüfung warten, bis man eine ausführbare Realisierung hat. Dies führt dazu, daß die Konsistenz zwischen der Realisierung und jeder einzelnen Spezifikation geprüft werden muß. Zu einer Konsistenzprüfung gehört die Betrachtung von beiden Seiten aus. Für das Testen bedeutet dies, daß Testdaten zur Prüfung der Konsistenz zwischen der Realisierung und einer Spezifikation sowohl auf der Basis der Spezifikation als auf der der Relaisierung bestimmt werden müssen. Damit macht das Modell auch deutlich, daß es viele Möglichkeiten für die Verwendung von Black Box Testmethoden gibt: Testdaten müssen aus jeder der Spezifikationen abgeleitet werden.

Ein nach diesem Modell definierter Testschritt kann sich darauf konzentrieren, diejenigen Aspekte zu prüfen, die in der entsprechenden Spezifikation beschrieben sind. Für jeden definierten Testschritt müssen Testmethoden und zugehörige Meßverfahren ausgewählt werden, die zur Prüfung dieser Aspekte geeignet sind.

4.2 Verwendung des Modells

Mit diesem allgemeinen Modell lassen sich zum einen Testschritte projektbezogen identifizieren und zum anderen lassen sich für jeden Testschritt geeignete Testmethoden auswählen. Dabei kann man nach folgendem Muster vorgehen:

1. Dokumente und beschriebene Aspekte identifizieren
2. Testschritte bestimmen
3. für jeden Testschritt
    - Testobjekt(e) bestimmen
    - Test-Ziel(e) identifizieren
    - Test-Methode(n) auswählen

Dies wird im folgenden anhand eines Beispiels demonstriert. Eine ausführlichere Diskussion zur Verwendung des Modells findet man in [18].

5 Ein Beispiel

Entsprechend der angegebenen Vorgehensweise sind zunächst die im Entwicklungsprozeß relevanten Dokumente und die in ihnen beschriebenen Aspekte zu identifizieren.

Schritt 1: Dokumente und beschriebene Aspekte identifizieren

In dem in diesem Beispiel betrachteten Entwicklungsprozeß werden folgende relevante Programmbeschreibungen unterschieden:

1. Die *Systemdefinition* beschreibt das System als Menge von externen Funktionen, Datenstrukturen und Zuständen.
2. Die *Architekturbeschreibung* definiert das System als eine Menge von Prozeduren mit Aufrufbeziehungen.
3. Der *Modulentwurf* beschreibt für jeden Modul die Schnittstelle zur Außenwelt. Im Beispiel sei ein Modul eine Prozedur, so daß der Modulentwurf Prozedurschnittstellen spezifiziert.
4. Der *Quellkode* enthält Anweisungen und Variable, Prozeduren und Parameter.

Als nächstes wird der Testprozeß mit Hilfe des Rekursionsmodells in Testschritte zerlegt.

Schritt 2: Testschritte bestimmen

Systemdefinition, Architekturbeschreibung und Modulentwurf repräsentieren die Spezifikationen, der Quellkode die Realisierung. Dementsprechend ergeben sich drei Testschritte: Im Modultest wird die Konsistenz zwischen Realisierung und Modulentwurf geprüft, im Integrationstest die zwischen Realisierung und Architekturbeschreibung und im Systemtest die zwischen Realisierung und Systemdefinition (s. Abb. 4).

Nun müssen für jeden Testschritt Testobjekt, -ziele und -aspekte identifiziert und geeignete Methoden ausgewählt werden.

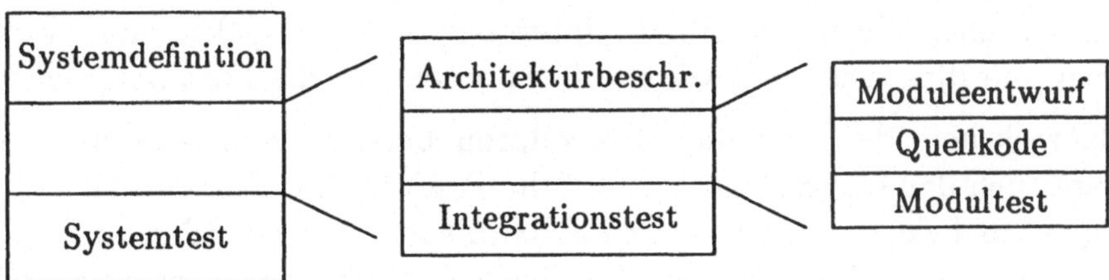

Abbildung 4: Bespiel: Testschritte

Schritt 3: Testobjekte, -ziele und -methoden bestimmen

Grundlage für den *Modultest* ist der Modulentwurf, d. h. die Beschreibung von Prozeduren. Bei der Planung des Tests kann man durchaus entscheiden, mehrere Moduln der Konstruktion als ein Testobjekt für den Modultest zusammenzufassen. In diesem Fall testet man eine Prozedur, die andere aufruft, und man geht von der Spezifikation der aufrufenden Prozedur aus. Eine Prozedur läßt sich mit dem Modell einer Funktion beschreiben, d. h. durch Definitionsbereich, Wertebereich und Abbildung. Die interessanten Aspekte im Quellkode sind die Anweisungen und Variablen, der Kontroll- und Datenfluß sowie die Werte von Variablen und Ausdrücken.

In diesem Testschritt soll die Korrektheit der Prozeduren (des Testobjektes) geprüft werden, und wir entscheiden uns für die Verwendung von fehlerorientierten Testmethoden. Grundlage für den Black Box Test ist die Interpretation der Prozedur als Funktion und wir verwenden die üblichen Testdatenauswahlkriterien, d. h. Äquivalenzklassentest, Grenzwertetest, Test spezieller Werte und normaler Werte (s. Abschnitt 2). Grundlage für den Glass Box Test sind die Anweisungen und Variablen. Wir haben die Auswahl zwischen Pfadtest, Prädikattest und Berechnungstest (s. Abschnitt 2). Häufig wird die Auswahl durch die verfügbare Werkzeugunterstützung bestimmt werden. Wenn man als Testmethode zum Beispiel Zweigtest verwendet, weil ein Werkzeug zur Messung der Zweigabdeckung verfügbar ist, muß man allerdings beachten, daß damit komplexe Ausdrücke in Berechnungen und Entscheidungen nur unzureichend geprüft werden. Wenn die Prozedur solche komplexen Ausdrücke enthält, muß man diese besonders berücksichtigen um Aussagen über ihre Korrektheit machen zu können.

Ein pragmatischer Ansatz für den Modultest ist der folgende: Man bestimmt Testfälle nach Black Box Testmethoden und läßt bei der Testausführung Testabdeckungsmaße für Glass Box Testmethoden berechnen. Falls die Testabdeckung nicht ausreichend ist, werden gezielt zusätzliche Testdaten für den Glass box Test bestimmt.

Grundlage für den *Integrationstest* ist die Architekturbeschreibung, d. h. die Beschreibung des Systems als Menge von Prozeduren, zwischen denen eine Aufrufbeziehung besteht. Die im Quellkode interessierenden Aspekte sind deshalb die Prozeduren und ihre Aufrufe sowie die Parameter und die Parameterwerte.

Da die Korrektheit der einzelnen Prozeduren bereits beim Modultest getestet wurde, kann sich der Integrationstest auf die Prüfung der Korrektheit der Aufrufbeziehungen beschränken. Da wir nach Fehlern suchen, verwenden wir fehlerorientierte Testmethoden. Wir könnten die gleichen Methoden verwenden wie beim Modultest, würden damit aber viele Tests wiederholen. Deshalb ist es ökonomischer, sich nun auf das Testen der Aufrufbeziehungen zu konzentrieren. Für den Black Box Test verwenden wir als Modell eine Beschreibung der Aufrufbeziehungen (repräsentiert zum Beispiel in einem Aufrufgraph). Für den Glass Box Test werden Informationen über Aufrufanweisungen, Aufrufreihenfolgen und Parameterverwendungen aus dem Quellkode genutzt. Methoden für den Integrationstest werden an anderer Stelle in diesem Buch beschrieben sowie in [5,15,8,7].

Grundlage für den *Systemtest* ist die Systemdefinition, die das System als Menge von externen Funktionen, Daten und Zuständen beschreibt. Die entsprechenden Aspekte im Quellkode sind Prozeduren.

Zur Prüfung der Korrektheit des Systems ist es notwendig, die Konsistenz zwischen Realisierung und Systemdefinition zu prüfen. Dafür müßten beide fehlerorientierten Testansätze, d.h. Black Box und Glass Box Test, verwendet werden. Grundlage für den Glass Box Test wären aber die Prozeduren im Quellcode, die bereits sowohl im Modultest als auch im Integrationstest betrachtet wurden. Deshalb wird entschieden, hier auf einen expliziten Glass Box Test zu verzichten und stattdessen statistische Methoden zur Prüfung der Zuverlässigkeit des Systems zu verwenden. Es bietet sich an, zum Prüfen der Korrekheit Black Box Testmethoden auf der Basis eines Funktionenmodells zu verwenden. Dabei soll jede externe Funktion ausgeführt und jede externe Datenstruktur verwendet werden. Für die Prüfung der Zuverlässigkeit können vorhandene Datenbestände verwendet werden.

6 Zusammenfassung und Ausblick

In der Praxis wird heute noch viel zu oft versucht, die gleiche Testmethode für möglichst viele Testaufgaben zu verwenden. Dies fordert meist unnötig viele Testdaten und führt zu überflüssigem Aufwand. Die Folge ist dann oft, daß der geforderte Testabdeckungsgrad vermindert wird, was die Wirksamkeit des Tests im allgemeinen verschlechtert.

Ausgehend von der These, daß es ausreichend viele Testmethoden gibt, wurde ein Ansatz vorgestellt, der eine systematische, d. h. zielgerichtete, Auswahl von Testmethoden unterstützt. Abhängig vom speziellen Softwarekonstruktionsprozeß werden Testschritte unterschieden. Für jeden identifizierten Testschritt werden das Testobjekt und die Testziele bestimmt und Testmethoden ausgewählt, die für diese Ziele und den zu testenden Aspekt geeignet sind. Anhand eines Beispiels wurde gezeigt, wie man diese Methode des schrittweisen Testens verwenden kann. Damit hat man einen systematischen Ansatz, bei dem jeder Aspekt nur einmal getestet wird und der durch die zielorientierte Auswahl von Testmethoden erlaubt, den Testaufwand wirksamer zu nutzen.

Es ist zu beachten, daß es bei diesem Ansatz nicht um eine generelle Klassifikation von ganzen Softwaresystemen geht, sondern um die des jeweils identifizierten Testobjekts. Ein als Testobjekt identifizierter Teil eines Systems mag eine Prozedur repräsentieren, ein anderer einen abstrakten Datentyp. Zum Testen solcher Testobjekte braucht man unterschiedliche Testmethoden: Beim Testen von Prozeduren kann man Testmethoden verwenden, die auf dem Modell einer Funktion beruhen, während dies beim Testen von abstrakten Datentypen nicht ausreicht, da man hierbei insbesondere auch die Reihenfolge von Operationen berücksichtigen muß. Für kommunizierende Prozesse sowie für andere Paradigmen wie objektorientierte Programme braucht man ebenfalls andere Konzepte.

Natürlich sind hier nicht alle Probleme des Testens angesprochen worden, und es gibt im Testprozeß viele weitere Entscheidungen zu treffen. Es ist zum Beispiel sorfältig zu planen, welche Systemteile als Testobjekte für den Modultest betrachtet werden (es muß sich keineswegs immer um genau einen Modul aus der Konstruktion handeln!) und wie man beim Integrationstest das System zusammensetzt, d. h. insbesondere in welcher Reihenfolge.

Ein weiteres Problem ist die Verfügbarkeit (bzw. wohl meist Nicht-Verfügbarkeit) von Werkzeugen. In diesen Fällen muß man sich auf den eigenen Kopf verlassen. Wenn man zum Beispiel nur Zweigabdeckung messen kann und Programme mit sehr komplexen Prädikaten hat, muß man diese Prädikate beim Testen gesondert berücksichtigen. Generell muß man aber festhalten, daß für die Verwendung von Testmethoden in der Praxis die Unterstützung durch Werkzeuge eine notwendige Voraussetzung ist, die heute leider (noch?) nicht in ausreichendem Maße erfüllt ist.

Für den weiteren Ausbau des Ansatzes sind zusätzliche Testmethoden zu integrieren. Dazu müssen deren Grundlagen systematisch aufbereitet werden, d. h. es müssen weitere Modelle zur Interpretation von Programmen identifiziert und entwickelt werden, mit deren Hilfe Testmethoden eindeutig definiert und interpretiert werden können. Auf der Basis einer solchen Formalisierung lassen sich Stärken und Schwächen der Methoden untersuchen.

Der Ansatz kann dadurch unterstützt werden, daß das für seine Anwendung notwendige Wissen auf dem Rechner, d. h. in der konkreten Arbeitsumgebung des Testers, verfügbar gemacht wird. Im Projekt METKIT (ESPRIT II, P 2384) wird ein System entwickelt, mit dem am Beispiel von Software Metriken demonstriert wird, wie Wissen über Konzepte und Verfahren als Teil einer Entwicklungsumgebung zur Unterstützung von Entwicklern genutzt werden kann [20].

Literatur

[1] R. Bache and M. Müllerburg. Measures of Testability as a Basis for Quality Assurance. *IEE/BCS Software Engineering Journal*, 5(2):86 – 92, March 1990.

[2] T.S. Chow, editor. *Tutorial Software Quality Assurance.* IEEE Computer Society Press, Los Angeles, 1985. ISBN 0-8186-0563-3.

[3] M. Dyer. The cleanroom software development process. In B.A. Kitchenham and B. Littlewood, editors, *Measurement for Software Control and Assurance*, pages 1 – 26. Elsevier Applied Science, 1989.

[4] E. Fergus, A.C. Marshall, A. Veevers, and M. Hennell. The quantification of software reliability. In *Proc. of the Second IEE/BCS Conference on Software Engineering 88*, pages 43 – 49. IEE and BCS, 1988.

[5] Franck, R., Spillner, A., and Herrmann, J. Methods and Tools for Integration Testing of Large Software Systems. In *Proc. 2nd European Conference on Software Quality.* European Organisation for Quality Control (EOQC), 1990.

[6] A.L. Goel. Software reliability models: Assumptions, limitations, and applicability. *IEEE Transactions on Software Engineering*, SE-11(12):1411 – 1423, December 1985.

[7] M.J. Harrold and M.L. Soffa. Selecting and Unsing Data for Integration Testing. *IEEE Software*, pages 58 – 85, March 1991.

[8] Harrold, M.J. and Soffa, M.L. Interprocedural Data Flow Testing. In *Proc. 3rd Symposium on Software Testing, Analysis, and Verification (TAV3).* ACM SIGSOFT, 1989.

[9] H.L. Hausen, M. Müllerburg, and M. Schmidt. Über das Prüfen, Messen und Bewerten von Software. *Informatik Spektrum*, 10:123–144, Juni 1987.

[10] W.E. Howden. *Functional Program Testing and Analysis.* McGraw-Hill, Inc., New York, 1987.

[11] IEEE. *ANSI/IEEE Std 729-1983: IEEE Standard Glossary of Software Terminology.* Institute of Electrical and Electronics Engineers (IEEE), New York, 1983.

[12] B.A. Kitchenham and B. Littlewood, editors. *Measurement for Software Control and Assurance.* Elsevier Applied Science, London and New York, 1989.

[13] P. Liggesmeyer. *Modultest und Modulverifikation - State of the Art.* BI-Wissenschaftsverlag, Mannheim, Wien, Zürich, 1990.

[14] U. Linnenkugel and M. Müllerburg. On the Quality of Test Data Sets. In *Proc. of the 1st European Conference on Software Quality*, pages 347 – 363. European Organisation for Quality Control (EOQC), 1988.

[15] U. Linnenkugel and M. Müllerburg. Test Data Selection Criteria for (Software) Integration Testing. In *Proc. of The First International Conference on Systems Integration*, pages 707–717. IEEE, April 1990.

[16] E.F. Miller and W.E. Howden, editors. *Tutorial: Software Testing and Validation.* IEEE, 1978. IEEE Catalog No. EHO 138-8.

[17] M. Müllerburg. On Fundamentals of Program Testing. In *Proc. of the 1st European Seminar on Software Quality*, pages 290–305. European Organisation for Quality Control (EOQC), 1988.

[18] M. Müllerburg. Software Testing: A Stepwise Process. In *Proc. of the 2nd European Conference on Software Quality.* European Organisation for Quality Control (EOQC), 1990.

[19] M. Müllerburg and U. Linnenkugel. On the Effectiveness of Program Testing. In *Proc. of the 2nd IEE/BCS Conference Software Engineering 88*, pages 116–122, London and New York, 1988. The Institution of Electrical Engineers (IEE). ISBN 0 85296365.

[20] M. Müllerburg, D. Meyerhoff, and S. Flacke. Enhancing Accessability of Metrics Knowledge. In *Proc. of EUROMETRICS 91*, pages 369 - 379. EC2, 1991.

[21] J.D. Musa and A.F. Ackermann. Quantifying software validation: When to stop testing? *IEEE Software*, pages 19–27, May 1989.

[22] G.J. Myers. *The Art of Software Testing.* John Whily & Sons, London, 1979.

Modelling of Software Architectures: Importance, Notions, Experiences

Manfred Nagl
Lehrstuhl f. Informatik III
Aachen University of Technology
Ahornstr. 55, 5100 Aachen, Germany

Abstract

This article is a strong pleading for the importance of architecture modelling, i.e. a careful development and maintenance of software systems, in order to solve the actual software problems, namely maintenance, quality improvement and reuse. This is due to the fact that a software architecture is the "essential" structure of a software system and that most of the software documents are directly or indirectly dependent on this structure.

For denoting software architectures we suggest two different languages: a graphical language for denoting an overview of an architecture (architecture diagram) and a textual language for discribing the details of components as well as relations between components identified in the architecture diagram. The paper sketches the syntax as well as the application of these languages to typical situations within architectures and to complete architectures. Furthermore, the mapping of these languages to relevant programming languages is discussed. Finally, we present some open problems of architecture modelling.

1. Introduction and Motivation

The *software crisis* is *still alive* in the industrial practice! We know from figures from the seventies that about 80% of the total effort of DP applications (hardware and software) go into software construction and maintenance /Bo 76/ and we assume that this portion has not been reduced. Software systems nowadays often consist of thousands or ten-thousands of pages of source text where the inherent structure of the system is not explicitly documented. Instead, it is hidden in this huge amount of detailed information, i.e. the source code. Especially, the relations between different parts of a software system can hardly been detected. In most cases, software is constructed from scratch, it is completely hardwired, and it is full of errors.

Therefore, the *current major problems* of software eingineering in our opinion in research as well as in practice are (1) to manage the problems of software maintenance, taking about 60% of software costs /Bo 76/, (2) to avoid starting from scratch and, therefore, to increase productivity by reusing knowledge, components (more general , software documents), or the proceeding of previous developments, and (3) to improve the quality of all involved software documents. All these problems demand for (a) accumulating knowledge about software systems (b) developing suitable notions and methods to express this knowledge and (c) to develop tools which give support to denote, evaluate, and reuse software documents.

A prerequisite for a solution to all three problems is to think about, to design, to carefully denote the "essential" *structure* of a *software system*, and to be able to communicate about this structure. We call this structure the *architecture* of a software system. The architecture denotation has to contain a survey representation giving an overview of the structure (introducing the components and showing which ones are related to each other) but also a detailed description of all of its components (detailed corresponding export, import). In any case, the description has to remain on the programming-in-the-large level, therefore factorizing out all the details which have to do with the implementation of components' bodies or the underlying programming language.

Assuming such a representation of the essential structure of a software system we have a chance to *tackle* the above *problems*. We can identify which parts of a software system are directly or indirectly changed in maintenance, we can speak about the structure of a software system and, therefore, about quality properties as e.g. flexibility, and we can identify reusable structures and components. We can do this without getting lost in the details of source code, i.e. the details of programming-in-the-small and the corresponding programming language.

This *article* tries to give a *survey* of a book /Na 90/. Therefore, can only motivate and sketch the importance, problems, notions, experiences, and tools of architecture modelling. For details the reader is referred to this book and its rich bibliography. The underlying ideas underwent different stages of development (/Al 78/, /Ga 83/, /Na 82/, /LN 85/, /Le 88/). Similar books which, however, are not directly devoted to software architecture modelling are /Bu 84/, /Bo 87/, and /Me 88/.

The *contents* of this paper are as follows: In the next section we give some figures about the importance of architecture modelling, explain the logical level on which architecture modelling has to take place, and show evident errors to be made by a purely functional decomposition. In the next section we introduce two languages for architecture modelling, a graphical one for overview architecture diagrams and a textual one for the detailed description of its components. These languages assume that modules and module relations are either of certain sorts. In the next section we apply these languages and, thereby, motivate to introduce further concepts like subsystems, genericity and object-orientedness. The following section shows how the architecture languages can be mapped onto programming languages. Finally, in the last two sections we introduce some strategies for software design which improve adaptability and reuse, and list some open problems of architecture modelling we are still facing.

2. Modelling of Software Architectures: Level, Importance, and Evident Errors

The result of the design phase is the design specification. This design specification, besides of the semantical description of the involved modules, consists of the software architecture. The realization of the components identified in the architecture is due to the implementation phase. Fig. 1 indicates this situation. The same holds true for maintenance which yields changes on architecture level and, in the sequel, on implementation level. The software architecture contains all logical levels of a software system (layers), enumerates all components (modules), and shows their interrelation. Thereby, we avoid to program the module bodies. Let us call this characterization of the development/maintenance process the *architecture paradigm*. Therefore, we assume a discrete paradigm of the development and maintenance process, namely activities on architecture level called programming-in-the-large and on module body level called programming-in-the-small. An architecture is an abstraction, where the details of module bodies are factorized out from a complete software system . This abstraction should not be intermixed with an abstraction due to a certain layer of a software system.

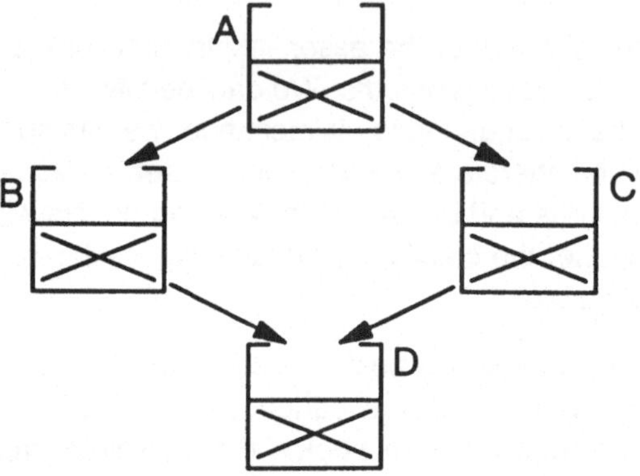

Fig. 1: The architecture paradigm: Modelling a software system without programming the module bodies

Of course, this *view* of software development/maintenance is *idealized* /SB 82/: It is hard to think about all levels of a software system and to develop a complete architecture if we do not implement the module bodies. Therefore, in architecture modelling we often forget modules, which are detected later during the implementation of a module body as necessary resources and, on the other hand, introduce superfluous modules, which are better realized within the bodies of other modules. Following the architecture paradigm, we have to think (in advance) about module implementations and we shall often backtrack later from implementation to design.

However, this idealization *cannot be avoided:* In software systems of relevant size we have a division of labour for different persons with different roles (designer, implementor, quality assurance engineer etc.). Gluing design and implementation together would bear the risk that no architecture is developed at all, or that both levels design and implementation are permanently intermixed. Detection of similarities and commonalities is only possible if the design is in the hands of designers and not programmers. Verification of an architecture before realizing the module bodies is only possible if the architecture is developed first.

We know from literature /Ze 79/ that the activities in early phases of software development/maintenance, i.e. on requirements and on design level are carried out with minor effort. In industrial practice this is often the case even nowadays. We furthermore know /Ra 84/ that many mistakes are made in these working areas. We also know from /Bo 84/ that errors within software, which is already working in the field, are extremely expensive to repair. As many errors are made on requirements engineering or on programming-in-the–large level we can also find a lot of them amongst these expensive errors. So, we can conclude that modelling on *requirements engineering* and on *programming in the large level* has to be carried out with *more care* and more *resources*.

Comparing requirements engineering and programming–in–the–large the latter one is even more important (c.f. Fig. 2.). One reason is that to a certain degree requirements errors can be compensated on programming–in–the–large level. The second and even more important reason is that *programming–in–the–large* is the *center* of most *activities* of software development and maintenance. Most software documents are directly and to a great portion dependent on the structure of the architecture of a software system. Furthermore, we should take into account that the greatest portion of labour in software development and maintenance is done after design or redesign. So, the software architecture is not only the master document in being the essence of a software system, its structure also masters the structure of most of the other documents. Let us make this clear taking only one example: The technical documentation describes the overall structure of a software system and its design decisions. This is directly dependent on the overall structure of the architecture which we denote as the architecture diagram in the following. Furthermore, a technical documentation gives a detailed description of the components of a software system (modules and subsystems). These descriptions are directly dependent on the detailed descriptions of software components of the software architecture. Therefore, a bad architecture induces bad other software documents or, saying it the other way round, design errors are the most expensive ones.

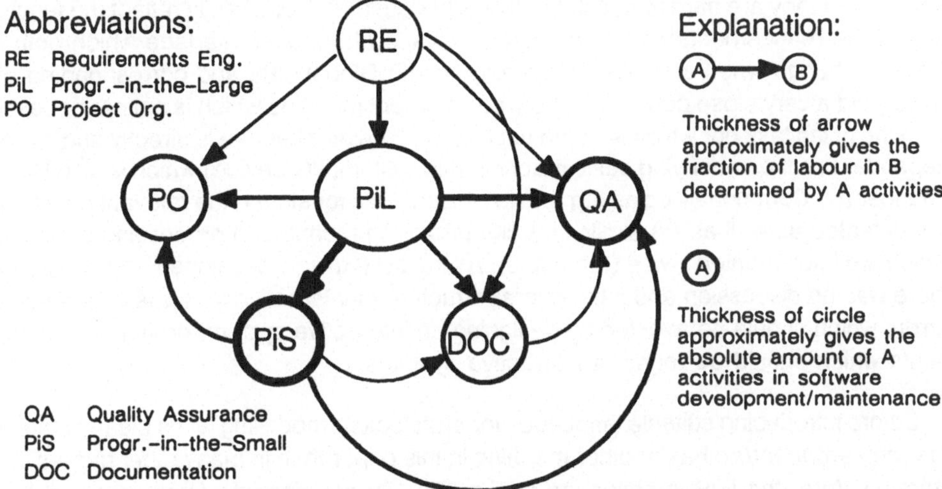

Fig. 2: Architecture Modelling in the center of software development and maintenance

Before starting to introduce our architecture language let us recall the situation how *architectures* are often *modelled* nowadays in *industrial practice*. We do this by introducing a simple example, namely a small interactive system for boxes of record cards which can be accessed by keys. Such a system can be used for storing addresses of persons, bibliographies, or else. There are user commands on boxes as ShowAllBoxes, CreateANewBox, DeleteABox etc., operations on a certain box as ShowACertainCard, CreateACardAndFillItOut, DeleteACard etc., and operations on a set of cards of a box as

SearchForAKey, which is partially determined etc. Without going into the details of this example (c.f. /Na 90/), the reader will get a rough idea by looking at the architecture of Fig. 3, which in this shape or in a similar shape will result if designed by people not familiar with modern architecture concepts and notions.

If we try to *characterize* this *architecture* we can immediately make the following statements: (a) Only functional modules are used which realize exactly one function of the program system, (b) edges used have the semantics that a module delegates a task to another module and waits for the completion of this task. (c) The overall structure is a tree. This is the result of the top–down development on one side and of the fact on the other side that we did not detect similarities and commonalities. (d) The tree is partially ordered reflecting the order of activations in the father modules. (In our example ordering is not relevant as the control modules mostly consist of case statements). (e) The structure of the architecture is nearly 1–1 identical to the requirements definition. (f) The given architecture is based on resources which do not appear in Fig. 3, as e.g. a namelist for boxes or a list of all cards of a box as we assume to have a suitable file system on which we directly implement these lists. (g) Global data are handled, e.g. the information of the current card. (h) Handling global data leads to data flow between the corresponding modules.

Developing an architecture in this way we will definitely *miss* the *overall goals* of *architecture modelling* given in section 1. Architectures of the form of Fig. 3 are easy to develop but they are hard to maintain. This is because (i) they directly reflect the functionality of the requirements and often also the shape of the user interface which both are likely to change when a system is developing. (ii) Global data and corresponding data flows yield a very close connection between different modules which is neither necessary from the given task nor which is made explicit. (iii) The architecture is directly and strongly dependent on the underlying basic machine (file system, I/O device) which is also likely to change. (iv) Commonalities as e.g. basic components for storing the relevant objects are not detected as well as (v) similarities like preparing menus and processing commands which are implemented twice (c.f. Fig. 3). As the system was developed from the scratch there was no discussion about the overall structure of interactive systems in general, the errors which should be avoided by designing an interactive system, or standard components which should be found in interactive systems.

Before introducing suitable languages for architecture modelling let us clearly state that the *term architecture* has another meaning in this paper than in many other papers in the literature (e.g. the IMS–Architecture in /So 88/). By components (modules) we do not mean blocks of a certain undefined complexity which can lay outside of a system to be modelled (as e.g. the user). Instead, modules have a clearly defined export interface, i.e. an interface they provide for other components. Furthermore, edges introduced in an architecture diagram here do not vaguely mean that components have something to do with each other (data flow, dependence, call relation, channel for both, etc.). They clearly define the import interface of a module by enumerating all resources of another component necessary to define or implement this component or they define underlying structure relations. Therefore, the difference between both meanings of the term architecture is (a) that in our architectures we have a much finer granularity, and (b) that the components as well as the relations between them are clearly defined.

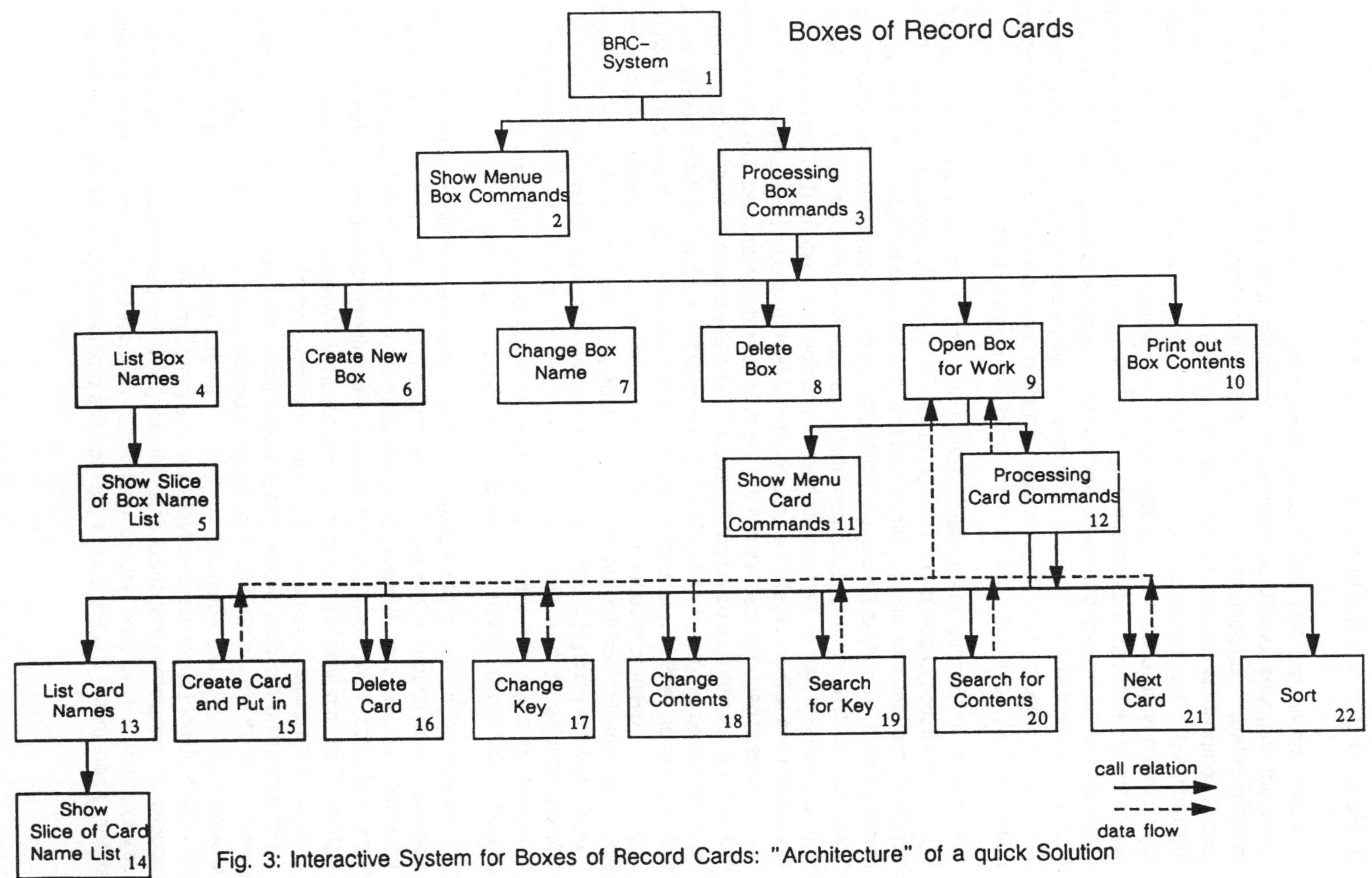

Fig. 3: Interactive System for Boxes of Record Cards: "Architecture" of a quick Solution

3. How to Denote Software Architectures ?

A *software architecture* should be denoted on two *different levels*: (1) Graphical architecture diagrams identify all components (modules, later also subsystems) and all relations between components (c.f. Fig. 4). (2) A *detailed* textual *description* of all architecture components contains their export and import interface (c.f. Fig. 5 for the module AbstractCard). The detailed description of modules contains all information, the architecture diagram is an extract of this information. For example, the edges which indicate certain types of imports are contained as import clauses of a certain type in the textual description of the importing module. Architecture diagrams are especially important for discussions about architectures as, besides all details, we firstly need an overall impression of a software system. Experienced designers can do most of the design on this graphical level, adding the details of the modules in later steps.

In order to understand an architecture two further documents should be available (c.f. Fig. 6 for a fraction of both): (1) A *design rationale* should clearly state the design decisions for introduced modules, for introduced relations between modules, for certain layers of components, as well as for certain quality properties (as adaptability, portability) and, finally, for maintenance and reuse considerations, and how they are achieved. This design rationale is a part of the technical documentation of a system. (2) Furthermore, for any module of a software system a specification of its body should be available in the form of a few lines of pseudocode. We call this the module body's *minispec*. This is no contradiction to the architecture paradigm of section 2. There, we claimed that we do not implement the bodies on programming-in-the-large level but we have to think roughly about what's going on within these bodies. Minispecs are important (a) because to a certain degree they prevent to introduce trivial modules later deleted in a design backtracking step. Analogously, working out a minispec decreases the danger that we introduce "huge" modules which in a later design backtracking step have to be broken down into different modules. As the design rationale belongs to the technical documentation and the minispecs are steps in direction of programming-in-the-small, both are not further discussed in this paper, which is devoted to architecture modelling.

If we look on the architecture diagram of Fig. 4 we see that three *different sorts of modules* are introduced in the architecture languages to be discussed now. There are functional modules (abbr. f) having an input/output or transformational behavior like AdmBoxesAndCards. Functional modules serve for functional abstractions within software systems. Such modules do not have an internal state: Whenever their functions are invoked with the same parameters, they yield the same result.

For supporting the data abstraction principle there are further two different sorts of modules: (1) There are abstract data object modules (abbr. ado) which represent one abstract data object like AbstractCard. In the case that we do need more than one abstract data object (2) we use data type modules (abbr. adt, as arbCard in Fig. 4). Those modules are templates for abstract data objects. (Here, we distinguish between adt modules exporting a type (and access operations) or a creation operation (together with access operations). The first sort of adt modules create abstract data objects with vari-

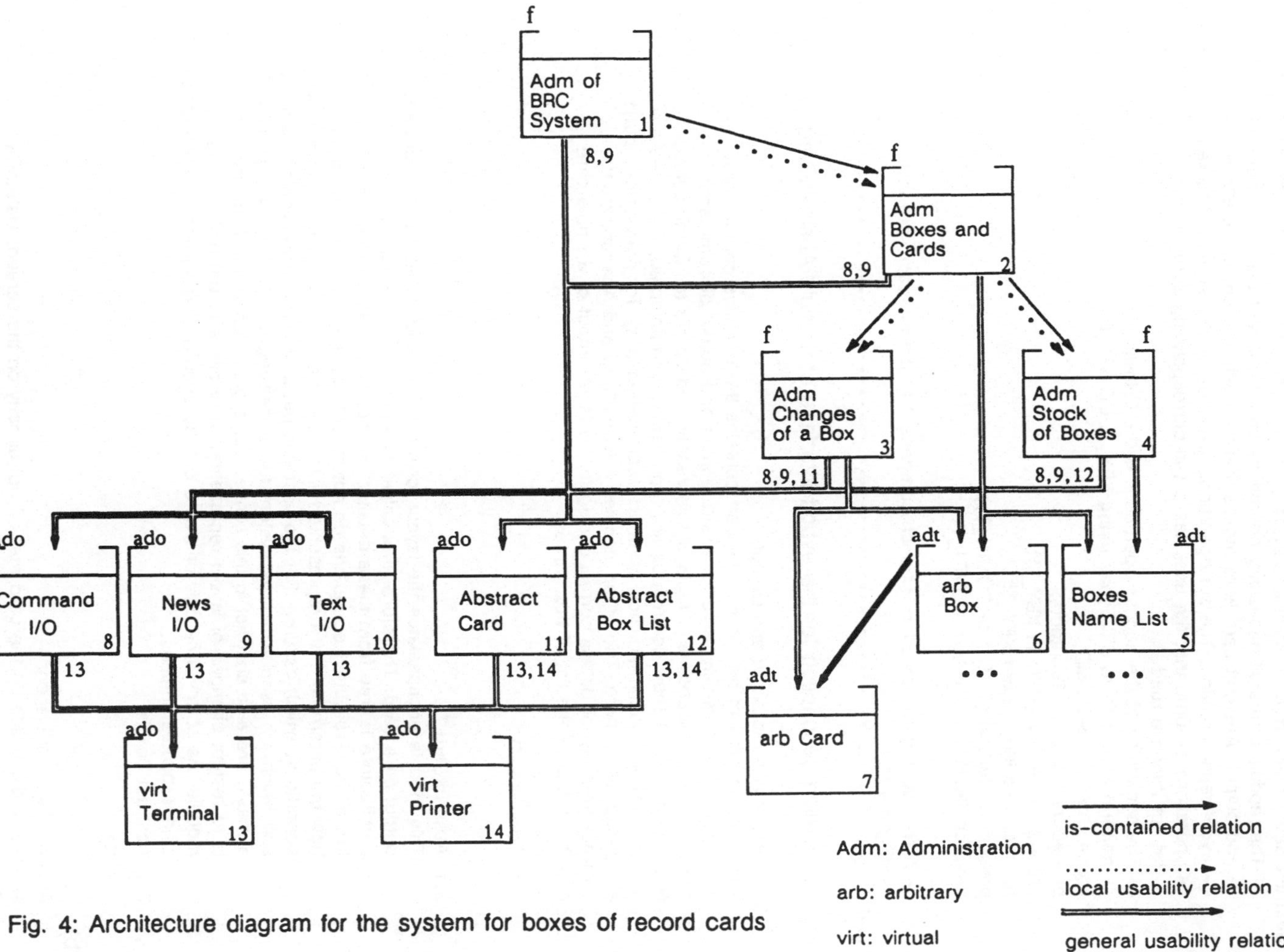

Fig. 4: Architecture diagram for the system for boxes of record cards

```
abstract data object module AbstractCard is -- **********************************
    -- The module offers all necessary operations on an abstract card for input    --
    -- and output. Abstract card here means that we abstract from all details of   --
    -- layout representation. The set operations are done by the system. The read --
    -- operations assume that the user has put in corresponding components         --
    -- before they are read.                                                        --
    -- The semantics of the access operations is the following: ...                --
    -- general import from BRCTypes using KEY_T, COMP1_T, ...;
    procedure InitializeCardIO;
    procedure DeleteCardContents;
    procedure SetKey (KEY: in KEY_T);
    function ReadKey return KEY_T;
    procedure SetComp1 (C1: in COMP1_T);
    function ReadComp1 return COMP1_T;
    ...
    -- A read and write operation for each component of the abstract card inclu-   --
    -- ding the key.                                                                --
end A bstractCard;-- ***************************************************************
```

Fig. 5: Detailed description for the export interface of module AbstractCard

a) 3. Layer for Abstract Input and Output

This layer consists of two parts. One part contains the modules commandIO, NewsIO and TextIO which serve for abstract input and output of commands, news and texts, respectively. All layout representation details for CommandIO, NewsIO and TextIO (how commands are represented and selected, how news are represented and confirmed, how texts are represented (e.g. for parameter input)) are encapsulated here. The other modules AbstractCard and AbstractBoxList abstract from layout details corresponding to the input/output of a single card and the output of the list of box names.

3.1 CommandIO

...

3.4 AbstractCard

This module encapsulates the layout form of a mask for handling the input and output on a card. Therefore, it is called AbstractCard. The rest of the architecture is free from these details. The abstraction holds true for output, i.e. all access output operations do not reflect how the mask is built up and how the parameters are represented within the mask. Conversely, input access operations, which assume that the user has put in the corresponding components and which are used within the system for processing and storing the contents of a mask, are also abstract in this sense. So, a global decision of this module is to restrict changes of layout representation of cards to the body of this module. As at any time only one card can be seen on the screen an abstract data object module suffices.

3.5 Abstract BoxList

...

b) ...

AbstractCard - Minispec:

InitializeCardIO builds up the card mask if not already on the screen; DeleteCard-Contents erases the value of a card's components which, before, have been set either by the user or by the system; SetKey outputs a key on a certain area of the screen; ReadKey opens user input on a certain area of the screen and returns the value the user put in; ...

Fig. 6: (a) Cutout of the design rationale, (b) minispec of AbstractCard module body able, the latter one with pointer semantics.) In /Na 90/ a lot of rules and hints are given for formulating the export interface of data abstraction modules.

Corresponding to *module relations* we also distinguish between *different sorts*. Before explaining them we should point out, that these relations are on usability level and not on the use level (c.f. Fig. 7). Usability means that some rights for use (some imports) are conceded. Usability level is the only level which, according to the architecture paradigm, is important for architecture modelling.

There, we distinguish between local usability and general usability. *Local* usability (dotted arrows in Fig. 4) is bound to occur within trees, which are spanned by the is-contained relation (solid arrows), usually expressed by nesting in programming languages. It is furthermore bound to scope/visibility rules. The difference to those rules in our language is that use is not automatically allowed within the whole visibility region (eventually a big portion of an architecture). The designer explicitly has to state by local usability in which modules the use shall be allowed. By the is-contained relation modules are fixed within a software architecture which only have a special and local importance, i.e. which are used in only one context. This allows for information hiding on architecture level, as for understanding the functionality of a is-contained tree from outside we only have to understand the functionality of its root. In Fig. 4 we see that the functional modules below the main module only have local importance.

By the *general* usability relation we include modules into software architectures which have some general importance. In general, therefore, they are made usable in different other modules. By the general usability relation arbitrary hierarchies are built up. As to be seen from the example of Fig. 4 general usability relations are often directed to data abstraction modules.

In the textual representation the is-contained relation is expressed by a clause contained in the specification of the contained module (target of the corresponding arrow). Local usability is expressed by a local-import clause in the importing module as well as general usability by a general-import clause.

For an architecture denoted in the above two languages a lot of *consistency conditions* (context sensitive syntax relations) hold true. They can be classified according to Fig. 7 (1) whether they can be detected on architecture diagram level ((a) in Fig. 7), (2) whether they belong to the conformity between export interface and import of two modules (A(b) and B(c) in Fig. 7) and, therefore, belong to the textual language for modules. Furthermore, as in our architecture language only certain sorts of modules are allowed (3) we can state conditions how the export interface of such a module has to be built up (A(b)), or (4) how this interface plays together with the corresponding import clause (again A(b) and B(c)). Finally, now leaving the programming-in-the-large level and pointing to programming-in-the-small (5) some rules state relations between module bodies and export interfaces or import clauses, respectively. An example for (1) is that the is-contained relation of a software system has to be a forest, an example for (2) that nothing can be imported which is not exported. An example for (3) is that for any state changing operation of a data abstraction module there should be a value reading operation, by which the user is able to get information about dangerous situations which might occur (e.g. full stack), an example for (4) is, that importing from a data type module only makes sense if the type (or creation operation) is imported, too.

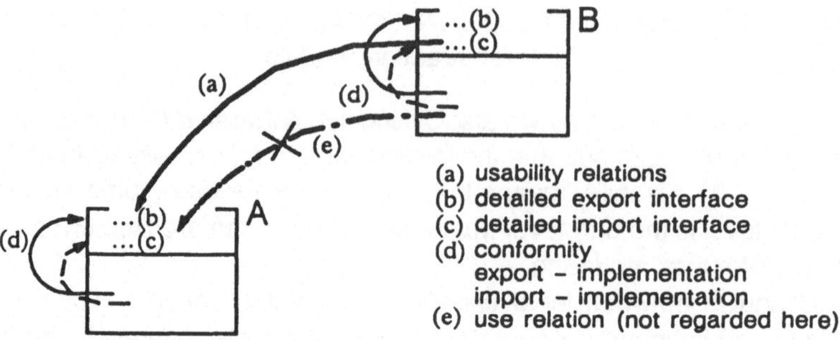

Fig. 7: Different levels for consistency conditions

4. Lessons Learned, and Further Concepts

In Fig. 8 we list the *main applications* of *functional* abstraction and of *data abstraction*. Let us take *some examples* and let us make clear from which details we abstract. If a functional module is used for control or coordination, this means that all the realization details of this control or coordination are made local to the body of this module or to a part of the architecture below this module. If we use an adt module for handling and storing complex entries we factorize out all the representation details of this entry (how single components are represented, how the access to a certain component is realized, whether there are further components for internal reasons and alike). An ado module for a collection of entries hides how the underlying set is realized, where it is stored, how the order is realized, and how the corresponding access mode (as e.g. FIFO) is implemented. Furthermore, an ado module for an I/O device (virtual device) factorizes out all the details of this device and, finally, an adt module for handling abstract output supresses all the details which might occur in the layout of a certain printed list.

We can find these *applications* of functional and data *abstraction* in our *example* of Fig. 4. The upper modules are responsible for coordinating the user dialogues. In arbCard we find an adt module for handling and storing complex entries, in arbBox and in BoxesNameList two adt modules for collections. All ado modules in the left side of Fig. 4 and on the second row from the bottom have the task to factorize out layout details, the two ado modules below this layer abstract from details of physical devices.

Therefore, the main message of Fig. 4 (and one of the main messages of the book /Na 90/) is the importance of the *data abstraction principle* for *software engineering* especially for getting a clean architecture, for adaptability, portability, and reuse. If we compare both solutions (c.f. Fig. 3 and 4) we see that the new architecture is no longer a tree but mostly prefers generally usable modules, and that most of them are data abstraction modules. All *realization decisions* which are likely to change are encapsulated (details for realizing entries, collections, details of devices, details of layout, details of user interface elements (like command names, which we also subsume under abstract input/output). Furthermore, consequent application of data abstraction also has an indirect consequence: Processing of user interface commands is no longer scattered over the whole architecture as in Fig. 3. Instead, processing is grouped semantically in one module each, according to the abstract data object they have an effect on. So, also the functional part of an architecture is influenced by the application of data abstraction. Summing up, the new architecture is much more stable against a *change* of the *functionality* and *user interface* of the system. Both kinds of changes (realization, requirements) can be applied to the new architecture and it can be shown that corresponding changes of architecture remain local. In /Na 90/ some examples can be found.

Type of Module	functional module	abstract data object module	abstract data type module
appli-ca-tion situa-tion	• control or coordination • transformation • complex evaluation utility above one or more ado modules (funct. layer between data abstraction layers	single, complex entry (record) • collection of entries with certain access operations • I/O device • abstract input/output	• handling complex entries • handling collections of entries • handling I/O devices • handling abstract inputs/outputs

• means especially important and often occuring

Fig. 8: Main application of functional or data abstraction

How can we find all these *situations* where *data abstraction* should be applied? A practical and promising proceeding is to arrange two *brainstorming* sessions, one in the preparation of the requirements definition and the other one during building up the architecture. The question for both sessions is "What can be changed or what is likely to change?". The first session mostly delivers enhancements of the functionality/user interface, or changes of the context (underlying machine) to be kept in mind during the design process. The second yields realization changes. Watching the results of both discussions nearly automatically leads to all situations where data abstraction should be applied.

The following not strictly applying *rules* of *experiences* in architecture modelling can be found (c.f. Fig. 4 for an example): functional modules more often occur in the upper layers of a software architecture, data abstraction modules in the lower layers. Also, local usability is more likely in the upper and general usability in the lower levels. Top-down design prefers functional decompostion and local usability, bottom-up design layers of data abstraction modules connected by the general usability relation. Therefore, as one can see from Fig. 3, top-down design is more dangerous.

A consequent application of the data abstraction principle has some further consequences: (1) Data abstraction could and should be used to *localize dangerous* and difficult to survey *situations* like handling with pointers. (2) Data abstraction guarantees a *loose coupling* of modules, i.e. a coupling reduced to the semantically necessary kernel. This argument is nothing else than another formulation of the adaptability argument of above. (3) In architectures, in which in all possible situations data abstraction is applied, there is *no* longer a *distinction* between *programs* and *data*, where the complexity of both determines the complexity of the total system. Each complex data object is represented on the architecture level as a data abstraction module. Therefore, the architecture documents contain the whole complexity of a software system.

Applying the above *concepts* and *languages* to architecture modelling some *standard questions* arise in handling specific and local situations: One is the question, what is a functional and what is a data abstraction, especially ado, module. For answering that question one has to concentrate on the export interface of a module. Either looking into the body or regarding the context in which the module is embedded, may lead to a wrong answer. Another question is where we can find the memory of data abstraction modules in order to keep internal states. Further questions are how functional and data abstraction modules do cooperate, how the design of the architecture below a data abstraction module is made, especially, how layers of data abstraction are modelled and, finally, how to handle situations of entries of collections, where data abstraction has to be applied on entry as well as on collection level. There is not space available here to discuss the situations and the range of possible answers.

In modelling software architectures with the languages of section 3 the necessity arises to *extend* the above *architecture languages* in order to handle more conviently some standard situations of parts of an architecture. In the rest of this section we will sketch these extensions.

The first extension is related to *subsystems*. A subystem is a "logical" collection of modules to build up a new component. Some of them are usable outside. Therefore, those ressources of the export interfaces of these modules needed outside build up the export interface of the subsystem. All the modules are in the body of the subsystem. Fig. 9. gives the graphical representation of a subsystem, the textual representation is skipped. The designer of the subsystem uses the representation of Fig. 9.a., i.e. an architecture diagram inside the body and a module symbol arround this architecture diagram with the additional information, which of the modules comprise the subsystem's export interface. For the use of a subsystem the subsytems internals, i.e. the corresponding architecture diagram, are not interesting (see Fig. 9.b.) Of course, subsystems can be contained in subsystems and so forth. However, in most cases a two-level design approach will suffice even in larger projects. On a global level the overall architecture of a software system is developed consisting of modules and subsystems. Subsystems are then developed by different groups of designers. The reader should notice that the problems discussed in section 2 in connection with the architecture paradigm are even greater but, again, not avoidable. For understanding an architecture it is important to see what is a subsystem and what is a module. Within subsystems and between subsystems and other components the above module relations can take place. So, module relations also extend to subsytems. However, some additional consistency conditions have to be watched which we do not explain here. Subsystems have something to do with building up portions of a complete system to be developed independently, also on architecture level. Therefore, subsystems are natural candidates for subprojects.

The next idea to be introduced on architecture level is *genericity*. Genericity is used to introduce templates for architecture components (modules, subsystems). By genericity we implement a set of components leaving some (generic) parameters open. Typical generic parameters are types, procedures but also simple objects as constants, e.g. to fix the number of entries in a collection. Corresponding to which constructs are available in the underlying programming language there are different views on generic components. If generic components are macro expanded at compile time (as e.g. in Ada) a generic component is not an architectural component but a template from which we can get architectural components (by generic instantiations). If, on the other hand, the underlying programming language has type and procedure parameters to be handled at runtime then a generic component is a usual architecture component. As most relevant programming languages of practice do not have this feature we regard genericity as belonging to the first alternative. Genericity, of course, should not be restricted to modules. For example, the entry-collection situation of Fig. 9 could be generic inasmuch as the key type of entries is a generic topic (together with operations to compare keys, see Fig. 10).

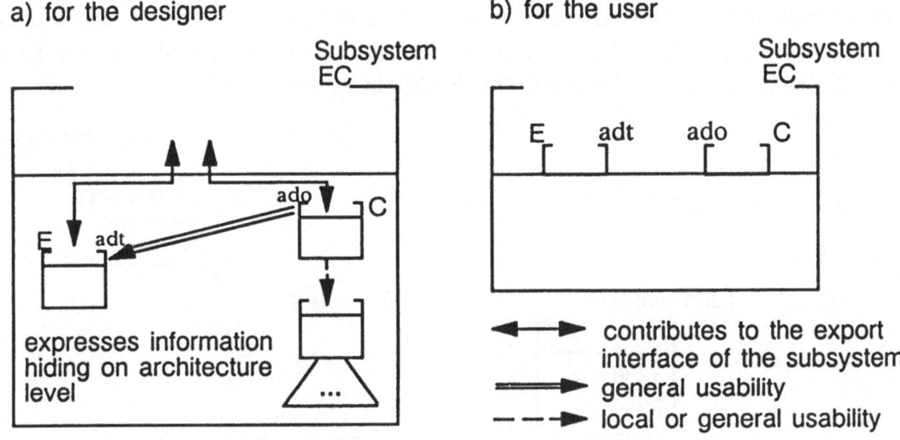

Fig. 9: Graphical representation of a subsystem

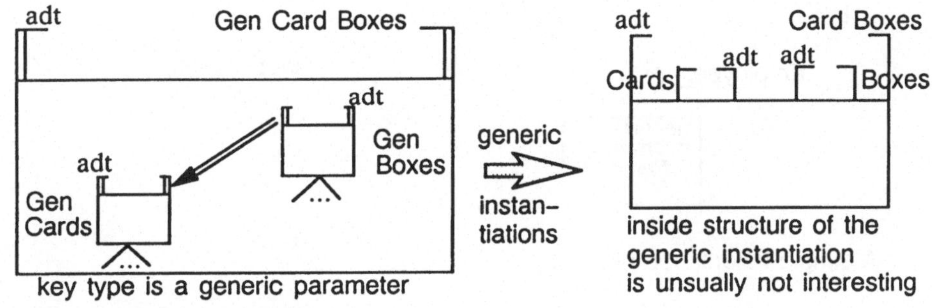

Fig. 10: A generic subsystem

The last concept to be introduced here, again only on architecture diagram level, is *object-orientedness* (c.f. Fig. 11). Classes (adt modules) are connected by the structure relation specialization (dashed arrows). Specialization means inheritance of all properties of (export interfaces) of superclasses. We represent inheritance hierarchies upside-down in order to adopt them to the usual top-bottom abstraction framework. In order to avoid not regulated message passing potentially possible between all classes of a hierarchy we introduce a further sort of import relations within such an inheritance hierarchy. This inheritance usability can be regarded as installing channels through which message passing must occur. In the example these import relations are always directed from a class to its ancestor. Therefore, they are omitted.

Object-oriented architecture modelling essentially means to enrich a predefined inheritance hierarchy by subhierarchies thereby enlarging the set of predefined classes. This is an advantage (reuse) but also a danger (getting lost in the huge amount of predefined classes). Generalization (the inverse of specialization) is semantically different from general usability: Here, a module can only be used if it is not only an arbitrary suitable means for realization. In addition, it encapsulates the common behaviour of all of its subclasses. As object-orientedness is a natural continuation of data abstraction, it can be used for all applications of the data abstraction principle (c.f. Fig. 8, last column) where similarities can be expressed. A good example for the collection application is the hierarchy of predefined collection classes in the Smalltalk system /GR 83/.

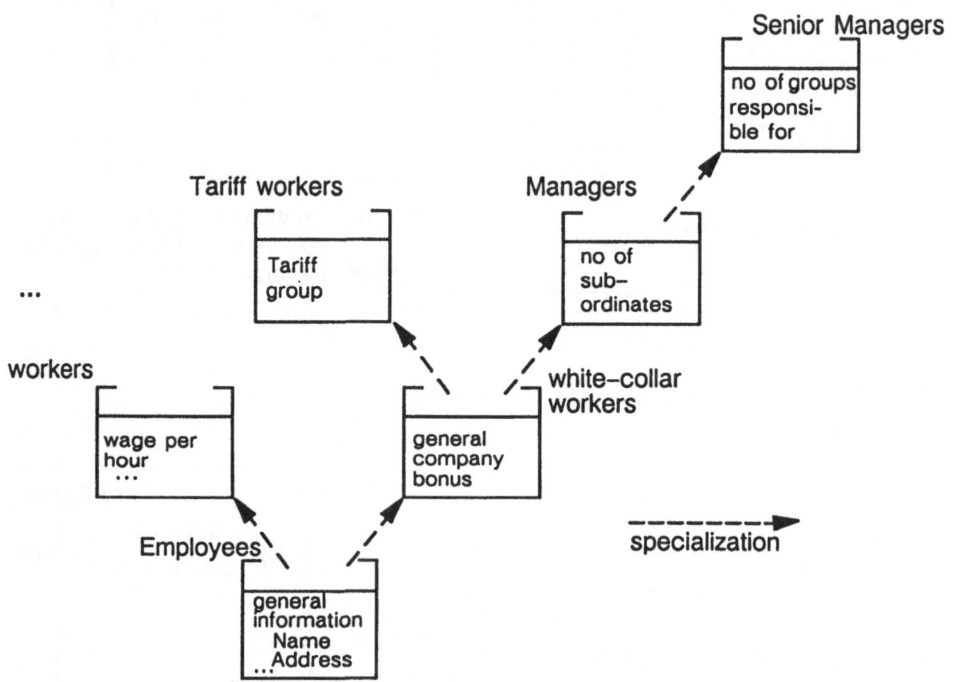

Fig. 11: A simple inheritance hierarchy

For software architectures built up with the two (enhanced) architecture languages some *rules* for *methodological applications* can be found. Let us give only a few examples: (a) is- contained trees should not be too deep. One should always think about whether a module/subsystem has a more general importance and, therefore, is to be connected to an architecture by a general usability edge. (b) If a module has many incoming general usability edges we should be careful, especially if these edges originate from very different abstraction levels (layers) of the architecture. It might be true that in this case some modules in higher levels (some abstractions) have been forgotten. (c) In an inheritance hierarchy one should be careful with inheritance usability to classes of the same hierarchy level. It is propable that it was forgotten to formulate the commonalities between those classes by introducing another suitable class.

5. Mapping on Programming Languages for Implementation

Mapping our language on programming languages can be fully and automatically *done by tools*. This transformation is sometimes called coding-in-the-large as it generates text frames for architectural components. The development of such a tool is especially easy if there is an integrated set of tools for progarmming-in-the-large i.e. a software architecture modelling environment. Tools of this working area should be part of a more comprehensive software development environment. This is no paper to discuss integrated software development environments. But having such an environment at hand which, for any software document to be modelled by the user contains all structural information of this document (so-called structure-oriented environments), then, by an additional transformator tool, called unparser, we can generate source text frames for a specific programming language. In /Le 88/ such an environment is discussed supporting the architecture language of section 3 and its mapping on Modula-2 and C.

Transforming manually besides the evident drawback of inconvenience also has some *advantages* in understanding the architectural concepts introduced in this paper: We carefully have to study our architecture language again as the source of an automatic translation process and, therefore, get a deeper insight. Furthermore, we realize the logical distance between the architecture language of section 3 and 4 on one side and the corresponding programming language on the other.

The problems of translation depend on the richness of constructs of the underlying programming language. Therefore, it is clear that the translation to FORTRAN is harder than the translation to Ada. However, it is never impossible. The transformation was studied for a series of programming languages, namely Assemblers, FORTRAN, Cobol, Standard-Pascal, C, Modula-2, and Ada. The *difficulty* of *translation* is determined by the answers to two questions: (a) Does the programming language have a *module construct*, i.e. a construct to combine different resources to build up the export interface of a module and to hide the implementation within the body? (b) Does the programming language have *constructs* on *usability level*, i.e. import clauses, visibility rules across module boundaries? If the language does not have these constructs we have to build them in mind, we have to textually group units by which the above constructs can be simulated, we have to use comments in order to make this mental constructs clear, and we have to use some discipline in order to avoid the violation of the consistency constraints mentioned above.

The *programming languages* of practical importance listed above (and others) can be devided into *three classes*: (a) programming languages with independent program units which can be compiled apart from others (Assemblers, FORTRAN, Basic, Cobol, C, etc.), (b) block-structured programming languages without a module construct (Algol 60, Algol 68, Standard-Pascal, etc.), and (c) classical modern programming languages with modules (Ada, Pascal dialects, Modula-2, etc.). In the following we restrict our considerations on class (a), taking FORTRAN as a representative. For the mapping of our architecture languages to other classes the reader is referred to /Na 90/.

```
C      ******************************************************
C      *                                                    *
C      * abstract data object module INTEGER_STACK is       *
C      *   procedure PUSH(X: in INTEGER);                   *
C      *   procedure POP;                                   *
C      *   function READ_TOP return INTEGER;  --RDTOP       *
C      *   function IS_EMPTY return BOOLEAN; --ISEMTY       *
C      *   function IS_FULL return BOOLEAN;   --ISFULL      *
C      *   ...                                              *
C      *   Angabe der Bedeutung der Operationen:            *
C      *   ...                                              *
C      * end INTEGER_STACK;---------------------------------*
C
C          local import from INTEGER_LIST using all;
C      * module body INTEGER_STACK is -----------------------
C
       SUBROUTINE PUSH(ELEMNT)
           INTEGER STACK(100), POINTR, ELEMNT
           COMMON /STDATA/ STACK, POINTR
           ...
           RETURN
       END
C
       SUBROUTINE POP
           INTEGER STACK(100), POINTR
           COMMON /STDATA/ STACK, POINTR
           ...
           RETURN
       END
C
       INTEGER FUNCTION RDTOP
           INTEGER STACK(100), POINTR
           COMMON /STDATA/ STACK, POINTR
           ...
           RETURN
       END
C
       ...
       BLOCKDATA
           INTEGER STACK(100), POINTR
           COMMON /STDATA/ STACK, POINTR
           ...
       END
C      * end INTEGER_STACK;                                 *
C      ******************************************************
```

Fig. 12: Abstract data object module in FORTRAN

As no module construct is available in *FORTRAN*, the interface as well as the body of a module have to be built up by comments. In the case of functional modules the body consists of subroutines corresponding to the functions of the export interface. In the case of an abstract data object module (c.f. Fig. 12 for a simple example) a named COMMON is used to realize the abstract data object. The access operations are subroutines working on this COMMON. In the case of abstract data type modules, is clear that only abstract data type modules of the second kind (a creation operation for generating abstract data objects) is possible as no type declaration is available in FORTRAN. The is-contained relation is mapped on a corresponding clause represented as comment in the interface of a contained module. The local usability as well as the general usability is mapped on a corresponding clause in the importing module (c.f. Fig. 12). For subsystems a two-step simulation has to take place. The interface and the body of a subsystem are built up in very much the same way as for modules. Genericity in FORTRAN is only possible by a macro extension tool, generating instantiated modules or subsystems. Object-orientedness is hard to map on FORTRAN as no dynamic mechanisms are available. Therefore, only very special cases can be simulated.

If we ask which *consistency conditions* for the FORTRAN source code have to be preserved by discipline, regardless whether the source is manually or automatically transformed, we can give the following answer: Of course, all conditions which are contained in the architecture languages must hold as none of these architecture language constructs is available in FORTRAN. Furthermore, as no module construct is available the designer/programmer is responsible that only modules of the above sorts are used and that the internals of a body are not used outside of this body or are used to get knowledge in order to directly change encapsulated objects (abstract data object in case of an abstract data type module).

The transformation into *Standard-Pascal* is even harder as into FORTRAN. Nesting of Pascal cannot be used as nesting is not available for modules, because there are no modules. Therefore, a Pascal program structure resulting from a mapping is quite different from the usual program structures (usually deep trees). It is a flat collection of "modules" in the outermost block, quite similar to the situation we find in FORTRAN. The translation into *Ada* is, of course, much simpler as modules are available which only have to be used by discipline, nesting is possible for modules and conveniently usable by subunits, and as the with-clause can directly be used for general usability. However, answering the question which consistency conditions are checked by the Ada compiler we see, that 2/3 of these conditions are still due to discipline. Therefore, our (textual) architecture language can be seen as a methodical use of Ada for specification purposes. As already indicated, there is however a significant difference between the logical level of the architecture language and Ada, even without regarding object-orientedness.

6. Strategies for Adaptability and Reuse

Looking into an *architecture* a lot of *questions* can be *answered* about a software system (c.f. Fig. 13). In most cases these questions can be answered even by regarding only the architecture diagram. We now have a well-founded discussion about maintenance, structural aspects, quality evaluation, and reuse considerations of a software system. One corresponding question for each of these topics is given in Fig. 13. This means, that we do get a considerable improvement by carefully modelling on architecture level. This, however, does not mean that an architecture is easy to build. A good architecture may be the result of months or years. Contrary, bad and dirty architectures are easily bolt together as to be seen from the architecture of Fig. 3 which, in a seminar, is the outcome of an one hour discussion. So, good architecture modelling is a long term investment.

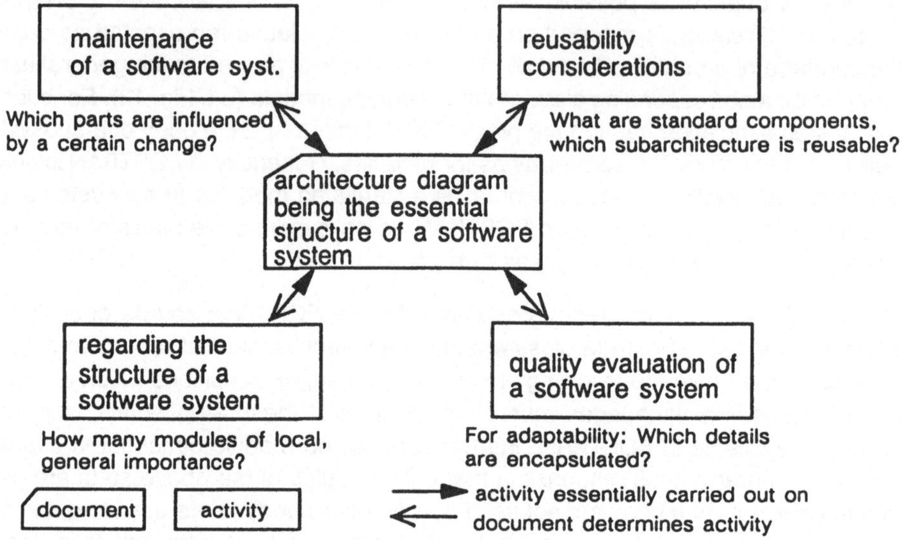

Fig. 13: The role of architecture diagrams

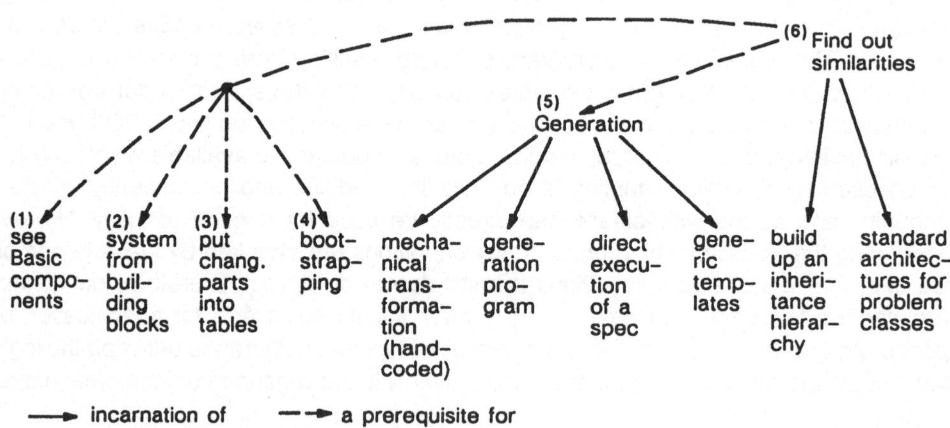

Fig. 14: Summary of strategies for adaptability and reuse

There are some *strategies* for *quality software* which we can only cite here without giving examples which prove their value. The implication of these strategies on reuse and maintainability as well as the discussion which of the architectural concepts of above are usable for these strategies are left as exercises to the reader. The list is as follows: (1) Try to get basic components or, if the architecture of a certain class of systems is made clear, standard components. (2) Try to build up a software system from building blocks such that you can get stripped or enhanced versions by adding or deleting these building blocks. (3) Put parts of a software system, which are likely to change, into data structures (e.g. tables) and do not hardwire them. (4) Use bootstrapping (development of concepts, methods, languages and rules applicable for their own realization). (5) Try rather to generate a program system or essential parts of it than to handcode it from scratch. (Generation can be done manually by a fixed "automatic" proceeding, by a generator program, or by directly executing a specification.) (6) Try to find similarities within one software system but especially within software systems belonging to the same application or "structural" class.

7. Open Problems

We only list some open problems of a big set of *open problems* here. These problems can be classified to belong to *three categories*. The first class consists of problems existing in the architecture language, application of the architecture language, and its tool support. Whereas the architecture languages introduced in section 3 and 4 of this paper are useful to denote intermediate or final states of the design process we can in addition ask whether the process itself can be supported. Therefore, the second class deals with the problems of the design process. Finally, there are problems which have to do with other working areas which, however, are strongly interconnected to programming-in-the-large.

In the problem category *architecture modelling* one problem is to integrate object-orientedness, genericity, and subsystems with the architecture language concepts of section 3. There are still some open problems. Especially, the question is open in which situation which concept is to be used in order to get a good result. Another deep problem is to get even more experience in handling situations occuring as partial architectures in many software systems. Furthermore, classes of systems have to be studied according to the application area (office automation systems, commercial systems, software for engineers etc.) or structural aspects (transformation problems, interactive systems, rule based systems etc.) in order to get standard architectures such that the knowledge about such a class need not be reinvented in building a specific system. For concurrent and/ or distributed systems the question is whether further concepts have to be integrated into our architectural language in order to discribe those systems. Finally, a formal architecture metric should be useful in order to evaluate different architectures.

The second problem category belongs to the design *process*. Here, we look for concepts, languages, and tools to support this process. A special questions is whether certain strategies (top-down, bottom-up etc.) can be supported in order to minimize the drawbacks related to each strategy. Furthermore, the question is how the reuse of concepts, tools, and solutions is to be supported. Structural changes of software systems (e.g. the transformation of a recursive descent parser into a table-driven one in order to improve flexibility and to reduce the effort of writing a parser) can be described as an architecture transformation. How does a complete set of such transformations look like?

Finally, the question is how the strategies for getting quality software of the last section can be supported by tools.

The last problem category handles with the *connection* of programming-in-the-large to *other problem areas*. As argued in section 2 requirements engineering is also very important to solve the actual software problems. Although the requirements specification and the architecture of a software system are different with respect to the logical level (view from outside, inside view on the level which forgets module bodies) and granularity. From these arguments we see that the connection between both documents cannot be automated. On the other hand both documents have very much to do with each other. How then does the connection and its support by tools look like /Ja 90/? Similar questions arise for the other problem areas (programming-in-the-small, documentation support, qualitiy assurance, project organization). In project organization an area of special importance and strong connection to programming-in-the-large is version, variant, and configuration control /We 90/. Finally, in mixed hardware/software systems special problems arise because software design is embedded in system design.The document against which a software architecture has to be compared is rather the architecture of the total system than a requirements definition.

Acknowledgements

The author is indebted to Drs. W. Altmann, R. Gall and C. Lewerentz, who contributed to the architectural concepts of this paper. Furthermore, we thankfully remember many stimulating discussions with J. Börstler, Dr. G. Engels, Th. Janning, A. Schürr and others. Finally, J. Börstler took the load of carefully reading the paper and Mrs. A. Fleck and M. Hirsch prepared its perfect outfit.

References

/Al 78/ W. Altmann: Description of Program Modules for the Design of Reliable Software, Ph. D. Thesis, University of Erlangen, Techn. Report IMMD 11-16 (1978).

/Bo 84/ B. W. Boehm: Software Lifecycle Factors, in Vick/Ramamoorthy (Eds.): Handbook on Software Engineering, 494-518, New York: van Nostrand Reinhold (1984).

/Bo 87/ G. Booch: Software Components with Ada, Menlo Park: Benjamin Cummings (1987).

/Bu 84/ R.J.A. Buhr: System Design with Ada, Englewood Cliffs: Prentice Hall (1984).

/Co 86/ B. Cox: Object-oriented Programming - An Evolutionary Approach, Reading: Addison Wesley (1986).

/DoD 83/ Department of Defense (USA): Reference Manual for the Ada Programming Language, ANSI-MIL-STD 1815 A.

/ENS 86/ G. Engels/M. Nagl/W. Schäfer: On the Structure of Structure-Oriented Editors for Different Applications, in P. Henderson (Ed.), Proc. 2nd ACM Symp. on Pract. Softw. Dev. Env., ACM SIGPLAN Notices 23, 1, 190-198 (1987).

/ES 89/ G. Engels/W. Schäfer: Program Support Environments, Concepts and Realization (in German), Stuttgart: Teubner-Verlag (1989).

/EW 86/ H. Ehrig/H. Weber: Specification of Modular Systems, IEEE Trans. on Softw. Eng. SE-12, 7, 784-789 (1986).

/Ga 83/ R. Gall: Formal Description of Programming-in-the-Large by Graph Grammars (in German), Ph. D. Thesis, University of Erlangen, Techn. Report IMMD 16-1 (1983).

/GHW 85/ J.V. Guttag/J.J. Horning/J.M. Wing: The Larch Family of Specification Languages, IEEE Software 2,5, 24-36 (1985).

/GR 83/ A. Goldberg/D. Robbson: Smalltalk-80: The Language and its Implementation, Reading: Addison Wesley (1983).

/HO 89/ HOOD Working Group: HOOD Reference Manual, European Space Agency WME 89-173/JB.

/HP 80/ H.N. Habermann/D. Perry: Well-formed System Compositions, Technical Report CMU-CS-80-117, Carnegie-Mellon University (1980).

/Ja 90/ Th. Janning: Ph.D. Thesis forthcoming, RWTH Aachen.

/KG 87/ G. Kaiser/D. Garlan: Melding Software Systems from Reusable Building Blocks, IEEE Software, July 87, 17-24.

/Le 88/ C. Lewerentz: Interactive Design of Large Program Systems - Concepts and Tools (in German), Ph. D. Thesis RWTH Aachen, Informatik-Fachberichte 194, Berlin:Springer-Verlag (1988).

/LN 85/ C. Lewerentz/M. Nagl: Incremental Programming-in-the-Large: Syntax-aided Specification Editing, Integration and Maintenance, Proc. 18th Hawaii Int. Conf. on System Sciences, 638-649 (1985).

/Me 86/ B. Meyer: Genericity versus Inheritance, Proc. OOPSLA '86, ACM SIGPLAN Notices 21, 11, 391-405 (1986).

/Me 88/ B. Meyer: Object-oriented Software Construction, New York: Prentice Hall (1988).

/Mü 86/ A.H. Müller: Rigi - A Model for Software System Construction, Integration, and Evolution based on Module Interface Specifications, Ph. D. Thesis, Rice University, Techn. Report COMP.TR 86-36, Houston (1986).

/Na 82, 88/ M. Nagl: Introduction to the Programming Language Ada (in German) first and second edition, Braunschweig: Vieweg-Verlag (1982, 1988).

/Na 90/ M. Nagl: Software Engineering: Methodological Programming-in-the-Large (in German), Berlin: Springer-Verlag (1990).

/OOPSLA/ Proceedings of the Conferences on Object-oriented Programming Systems, Languages and Applications, OOPSLA '86 - '89, ACM SIGPLAN Notices.

/Pa 72/ D.L. Parnas: On the Criteria To Be Used in Decomposing Systems into Modules, Comm. ACM 15, 12, 1053-1058 (1972).

/Ra 84/ C.V. Ramamoorthy et al.: Software Engineering - Problems and Perspectives, Computer 10/84, 191-209 (1984).

/SB 82/ W. Swartout/R. Balzer: On the Inevitable Intertwining of Specification and Implementation, Comm. ACM 25, 7, 438-440 (1982).

/St 88/ B. Stroustrup: What is Object-oriented Programming, IEEE Software, May 88, 10-20.

/So 88/ I. Somerville: Interacting with an Active, Integrated Environment, in P. Henderson (Ed.): Proc. 3rd ACM Symp. on Pract. Softw. Dev. Env., ACM Software Eng. Notes 13, 5, 76-84 (1988).

/We 87/ P. Wegner: The object-oriented Classification Paradigm, in P. Wegner/B. Shriver: Research Directions in Object-oriented Programming Cambridge: MIT Press, 479-550 (1987).

/We 90/ B. Westfechtel: Revision Control in an Integrated Development Environment, PH.D. Thesis forthcoming, RWTH Aachen (1990).

/Ze 79/ M. Zelkowitz et al.: Principles of Software Engineering and Design, Englewood Cliffs: Prentice Hall (1979).

Testen von Software durch Mutationsanalyse: "ja, bitte" wegen der hohen Qualität oder "nein, danke" wegen des Aufwands und der prinzipiellen Probleme ?

Eike Hagen Riedemann
Informatik I
Universität Dortmund
Postfach 500 500
4600 Dortmund 50

Abstract:
Ausgehend von den Problemen existierender Testmethoden, die sich am Kontroll- oder Datenfluß orientieren, wird die Mutationsanalyse als alternative Testmethode vorgestellt, die einen entscheidenden Vorteil hat: sie kann mit (fast) beliebigen Fehlermodellen arbeiten. Da es sich bei der Mutationsanalyse nur um eine Methode zur Bewertung von Testdatenmengen handelt, wird eine Erweiterung dieser Methode vorgestellt, die sich der symbolischen Ausführung von Programmen bedient und damit Testdaten erzeugen kann. Für eine Reihe von Problemen dieser Methode werden Lösungen aufgezeigt (die restlichen Probleme sind unvermeidbar).

1. Welche Fehler werden durch existierende Testmethoden, die sich am Kontroll- und Datenfluß orientieren, aufgedeckt?

Der im folgenden gewählte Ansatz bei der Testdatenerzeugung basiert auf folgenden Grundlagen:

1. **Informationsquelle** ist das *Programm* im Quellcode,
2. Als **Testreferenz** dient die *Spezifikation*, d.h. die tatsächlichen Ergebnisse der Programmläufe werden mit den spezifizierten Ergebnissen verglichen.

Wir beschränken uns also hier auf implementierungsorientiertes (*white-box* bzw. *glass-box*) Testen. Dabei gibt es folgende Probleme:

1. Problem:
Beim *stichprobenartigen* Testen (nicht erschöpfenden Testen) können vergessene Spezifikationsfälle schlecht entdeckt werden.

Daher ist zusätzlich ein spezifikationsorientiertes Testen notwendig (was aber hier nicht weiter betrachtet werden soll).

2. Problem:
Viele existierende Testmethoden realisieren nur *notwendige* - aber nicht hinreichende - Bedingungen für das Auffinden von Fehlern in Programmkomponenten.

Beispiele:
- Anweisungsüberdeckung
- Zweigüberdeckung
- gewisse Pfadüberdeckungen
- Datenflußüberdeckung (z.B. alle D(efinitions)-R(eferenz)-Interaktionen[1])

Die Beziehung zwischen der Anweisungsüberdeckung und den gefundenen Fehlern läßt sich durch folgenden **Satz** ausdrücken:

Wenn ein Fehler in einer Anweisung a mit einem Testfall t entdeckt wurde,
dann wurde Anweisung a unter Testfall t ausgeführt.

Entsprechende Sätze gelten für die Zweigüberdeckung, gewisse Pfadüberdeckungen und die Überdeckung aller D(efinitions)-R(eferenz)-Interaktionen, wenn man in obigem Satz "Anweisung a" durch "Zweig z" bzw. "Pfad p" bzw. "D-R-Interaktion i" ersetzt.

Die Umkehrung dieser Sätze gilt aber nicht.

---

1 Das Kriterium **alle Definitions-Referenz-Interaktionen** verlangt, daß folgende Bedingung für jede Variable erfüllt ist:

mindestens *einer* der folgenden Wege wird durch ein Testdatum ausgeführt:

zu betrachten sind Wege, die von einem Knoten, in dem die Variable *definiert* wird, zu einem Knoten führen, in dem die Variable *referenziert* wird, ohne daß die Variable auf dem Weg neu definiert wird.

Die Zweigüberdeckung beispielsweise deckt Fehler in einem Zweig nur dann sicher auf, wenn folgendes gilt:

a) Fehler sind **massiv**, d.h. *alle* Testdaten, die diesen Zweig ausführen, ergeben falsche Werte;

b) durch Fehler in Entscheidungen (**Bereichsfehler**) werden falsche Zweige durchlaufen oder gewisse Zweige mit anderer Häufigkeit als erwartet.

   Beachte:

   Dafür müssen neben den erwarteten Ergebnissen (Ausgaben) auch die Durchlaufzahlen für die Zweige spezifiziert werden.

Die Unzulänglichkeit der üblichen Zweigüberdeckung wird auch durch experimentelle Untersuchungen bestätigt: nur etwa 34% aller Fehler werden mit einer hundertprozentigen Zweigüberdeckung aufgedeckt (s. [GiW 86]).

Wir müssen also Fehler der folgenden Arten erkennen:

- nicht massive Fehler
- Bereichsfehler, bei denen die Durchlaufzahlen unverändert sind oder nicht auffällig von den erwartbaren Werten abweichen (wenn es *keine genaue* Spezifikation gibt).

2. Testdatenmengenbewertung durch Mutationsanalyse

Um die restlichen Fehler zu erkennen, ist also ein anderer Ansatz mit folgenden Schritten erforderlich:

1. **Fehlermodelle** aufstellen

   Dabei geht es darum, welche Fehler *in Anweisungen* betrachtet werden.

   Eine Voraussetzung dafür ist die **kompetente Programmierer-Hypothese**:

   > Das vorliegende Programm weicht vom korrekten Programm nur gering - in den Anweisungen - ab, d.h. es wurde beispielsweise nicht ein Editor anstelle eines Compilers als Lösung "angeboten". (Ein Installationstest muß solche Verwechslungen aufdecken!)

2. Für bestehende Testdatenmengen muß ermittelt werden, welche Fehler damit entdeckt werden können (Testdatenmengen**bewertung**).

Im Vergleich zum Hardwaretesten, wo ein entsprechender Ansatz mit Erfolg angewendet wird, hat man beim Softwaretesten das folgende Problem: das korrekte Programm liegt nicht vor.

Unter folgenden *Annahmen* kommt man aber zu einer *Lösung*:

1. Das korrekte Programm ist erzeugbar durch Umwandlung des vorliegenden Programms mit Hilfe einer Folge kleiner **Mutationen** von Anweisungen.

   Die Umkehrung (Inversion) dieser Mutationsfolge beschreibt dann gerade das *Einfügen der vorliegenden Fehler* in das (bzw. ein) korrektes Programm.[2]

2. Die folgende **Kopplungseffekt-Hypothese** gilt:

   Eine Menge von Testdaten, die alle funktionalen Abweichungen der Mutanten der Ordnung 1 vom vorliegenden Programm entdeckt, kann auch (fast) alle funktionalen Abweichungen der Mutanten der Ordnung n, n>1, entdecken (und damit alle Fehler, die das vorliegende Programm gegenüber einem korrekten Programm hat).

Die Kopplungseffekt-Hypothese wird durch das folgende *experimentelle Ergebnis* bestätigt (siehe [Off 89]):

Ein untersuchtes Programm TRITYP mit 28 Anweisungen hat 970 Mutanten der Ordnung 1 und 469.962 Mutanten der Ordnung 2.

Um alle Mutanten der Ordnung 1 als Abweichungen zu entlarven (zu **diskriminieren**, engl.: to kill) sind nur 42 Testdaten nötig. Diese Testdaten können - bis auf 11 Mutanten - alle nichtäquivalenten Mutanten der Ordnung 2 diskriminieren, d.h. 99,998%.

Damit ist folgender *eingeschränkter Lösungsansatz* möglich:

Man betrachtet eine Menge von Programmversionen (**Mutanten**), die sich jeweils durch nur *eine* Mutation aus dem vorliegenden Programm ergeben (**Mutanten der Ordnung 1**) und bestimmt Testdaten, die die funktionale Abweichung der (nichtäquivalenten) Mutanten vom vorliegenden Programm aufdecken.

Bei dem vorgestellten Ansatz ergibt sich das Problem, daß **äquivalente** Mutanten, d.h. Programme, die die gleiche Funktion realisieren, zum Teil per Hand aussortiert werden

---

2 Dies ist vergleichbar mit dem Ansatz von Brooks, der anstelle von Mutationen **Fehlerfunktionen** benutzt: Ein (Mehrfach-)Fehler aus einer Menge E bildet ein korrektes Programm R auf das vorliegende Programm P ab. In der Menge $E^{-1}(P) = \{ R \mid \text{ex. } e \in E: e(R) = P \}$ muß also das korrekte Programm R liegen (s. [Bro 81]). Die inversen Fehlerfunktionen entsprechen also gerade den Mutationen.

müssen. Diese notwendige Handarbeit hat allerdings einen nicht zu unterschätzenden Nutzen, nämlich ein vertieftes Verständnis der Programme und das Entdecken weiterer Fehler.

3. Testdatenerzeugung durch modifizierte Mutationsanalyse

Im Rahmen der Mutationsanalyse haben wir das folgende *Problem* noch nicht gelöst: die Testdatenerzeugung für die Diskriminierung bisher noch nicht diskriminierter Mutanten.

Wir können die *Lösung* dieses Problems geeignet zerlegen:

Voraussetzung: Gegeben sei eine **Mutationsstelle** (d.h. eine Anweisung A in Programm P und eine entsprechend modifizierte Anweisung A' in der Mutante PM von P)

1. Schritt

(notwendige Bedingung bzw. **Fehlerstimulierungsbedingung):** [3]

Bestimme zusätzliche Bedingungen für die Werte der Programmvariablen direkt *vor* Ausführung von A bzw. A', so daß sich die Programmvariablen bzw. der Programmzustand direkt *nach* Ausführung von A bzw. A' in P und PM unterscheiden.

Beachte:

Hier ist je nach Typ der Anweisungen verschieden vorzugehen:

a) Bei **Zuweisungen** muß es eine Variable (auf der linken Seite von A bzw. A') geben, die nach der Ausführung in P und PM verschiedene Werte annimmt. Dabei gibt es zwei Fälle:
   i) Die Berechnungen auf der rechten Seite sind bei A und A' verschieden und liefern verschiedene Werte.
   ii) Die Berechnungen sind in A und A' auf der rechten Seite gleich, aber die Werte werden verschiedenen Variablen zugewiesen.

   (Genaueres dazu findet man in [How 81] und [DGM 88].)

b) Bei **Entscheidungen** im Programm kann der Unterschied nur darin liegen, daß in P bzw. PM verschiedene Ausgänge der Entscheidung getroffen werden.

---

3 DeMillo et al nennen dies die **necessary condition** für ein Testdatum (s. [DGM 88]).

Lösungsmethode:

Differenzberechnung für die entsprechenden Ausdrücke

Dies kann jeweils aktuell mit Hilfe von Axiomen und Regeln oder (vorzugsweise) *einmalig* für alle Anweisungenstypen und Mutationstypen geschehen.

Beispiel:

Die Entscheidungen $A > 3$ und $A \neq 3$ haben verschiedene logische Werte, wenn A einen Wert hat, der kleiner als 3 ist.

Allgemein gilt für eine Konstante k und eine Variable A:

$(A > k) \neq (A \neq k)$ g.d.w. $A < k$ gilt

2. *Schritt* **(Erreichbarkeitsbedingung):** [4]

Bestimme Bedingungen für die *Eingabewerte* des Programms, so daß die Stelle A bzw. A' erreicht wird und die Fehlerstimulierungsbedingung aus Schritt 1 gilt.

Lösungsmethode:

Symbolische Rückwärtsrechnung von der Stelle A aus über einen auszuwählenden Weg bis zum Programmanfang.

Beispiel:

Das folgende Programm habe die Eingaben B, C, D, E und die Ausgabe E.

```
1:   B := D+C;
2:   if   B≤7
3:   then E := E²
4:   else E := E² + 1
```

Die Mutante unterscheide sich davon in Anweisung 2:

$B<7$ (statt $B \leq 7$).

Die Fehlerstimulierungsbedingung aus Schritt 1 ergibt $B = 7$.

---

4 DeMillo et al nennen dies die **reachability condition** für ein Testdatum (s. [DGM 88]).

Die symbolische Rückwärtsrechnung über Anweisung B:= D+C zum Programmanfang ergibt die Anfangsbedingung D + C = 7 .

(Dies läßt sich formal aus der Semantik einer Zuweisung ableiten. Für andere Anweisungstypen gibt es entsprechende formale Semantikbeschreibungen).

Wenn man es bei Schritt 1 und 2 beläßt, verfährt man nach der sog. **schwachen Mutationsanalyse** (s. [How 82]).

Die Testdatenerzeugung nach dieser Methode ist zwar einfacher als die hier vorgestellte Methode (da man den folgenden Schritt 3 wegläßt), es werden aber nicht alle Fehler erkannt. Dies liegt daran, daß Fehler im späteren Verlauf der Berechnung maskiert werden können.

Diese Schwäche der Methode wurde empirisch bestätigt durch die Untersuchung von Girgis et al: nur 30% der Berechnungsfehler wurden dort durch schwache Mutationsanalyse entdeckt (s. [GiW 86]).

3. Schritt

(hinreichende Bedingung bzw. **Fehlerpropagierungsbedingung):** [5]

Bestimme zusätzliche Bedingungen für die Variablenwerte und den Zustand der Programme bei Ausführung von A bzw. A',

so daß sich die *Ausgaben* der Programme unterscheiden.

Lösungsmethode:

1. Fall:

Es gibt Eingabebedingungen (die die Erreichbarkeits- und Fehlerstimulierungs-Bedingungen aus Schritt 1 und 2 erfüllen), so daß bei beiden Programmvarianten von der Stelle A bzw. A' aus *verschiedene* Wege bis zu (evtl. identischen) Ausgabeanweisungen O bzw. O' eingeschlagen werden und sich die Ausgaben an der Stelle O in Programm P und Stelle O' in Mutante PM *unterscheiden.*

Dann sind für die *beiden* verschiedenen Wege mit Hilfe der symbolischen Ausführung die hinreichenden (Fehlerpropagierungs-)Bedingungen auszurechnen.

---

5 DeMillo et al nennen dies die **hinreichende** Bedingung ("Sufficiency") für ein Testdatum (s. [DGM 88]).

2. Fall:

Für alle Eingabebedingungen (die die Erreichbarkeits- und Fehlerstimulierungs-Bedingungen aus Schritt 1 und 2 erfüllen) führen die beiden Programmvarianten von der Stelle A bzw. A' *denselben* Weg aus bis zu einer Ausgabeanweisung O, aber es gibt eine zusätzliche Bedingung, so daß sich die Ausgaben an der Stelle O in Programm P und Mutante PM *unterscheiden*.

Dann ist mit Hilfe der symbolischen Ausführung für *einen* dieser Wege eine hinreichende (Fehlerpropagierungs-)Bedingung auszurechnen.

Beispiele für Schritt 3: s. [Rie 91], pp. 24.3-4 f.

Das folgende *Problem* muß dann nur noch gelöst werden:

Man muß feststellen, ob und mit welchen Eingabewerten die Bedingungen erfüllbar sind (s. unten: Kapitel 4, Punkt 5).

4. Nachteile der modifizierten Mutationsanalyse und ihre Überwindung

Es gibt folgende **Nachteile** bzw. **Probleme** der modifizierten Mutationsanalyse:

1. Es müssen *viele Mutanten* betrachtet werden.
2. Die Bestimmung der diskriminierten Mutanten ist aufwendig.
3. Die *äquivalenten* Mutanten können nicht automatisch bestimmt werden.
4. Die *symbolische Rechnung* erfordert einen hohen Aufwand.
5. Es gibt Entscheidungsprobleme bei der *Ausführbarkeit* der Wege mit bestimmten Bedingungen.
6. Es müssen viele Testdaten erzeugt werden, um alle Mutanten zu diskriminieren.
7. Nach einer Programmänderung (wegen eines entdeckten Fehlers) ist die aufwendige Mutationsanalyse zu wiederholen (*Regressionstest*).

Diese Nachteile können zum größten Teil überwunden werden, wie folgende Aufstellung zeigt.

ad 1: viele Mutanten

Bei den ändernden und löschenden Mutationstypen ist bei beschränkter Variablenzahl die Anzahl der Mutanten *linear* in der Anzahl der Anweisungen. (Nur bei beliebigen *Einfügungen* ist die Anzahl nicht linear.) Bei modularer Programmierung mit relativ kleinen Modulen ist der Aufwand also auf ein praktikables Maß begrenzbar.

ad 2: Die **Bestimmung der diskriminierten Mutanten** zu einer gegebenen Testdatenmenge ist zwar aufwendig, kann aber parallel erfolgen: Für *ein* Testdatum können alle Mutanten parallel getestet werden, wenn eine entsprechende Rechnerarchitektur vorliegt (genaueres s. [KMR 88]).

ad 3: Bestimmung äquivalenter Mutanten

Gewisse Typen von Äquivalenzen[6] können automatisch durch Verfolgung des entsprechenden Datenflusses bestimmt werden:

- **Zuweisungs**-Äquivalenz: Nach einer Zuweisung X:=A kann in allen folgenden Ausdrücken (bis zur nächsten Zuweisung an Variable X oder an Variablen, die in Ausdruck A vorkommen) die Variable X durch den Ausdruck A ersetzt werden.
- **Gleichheits**-Äquivalenz: Nach einer Abfrage X = A kann in diesem Zweig des Programms in allen folgenden Ausdrücken (bis zur nächsten Zuweisung an Variable X oder an Variablen, die in Ausdruck A vorkommen) die Variable X durch den Ausdruck A ersetzt werden.
- **Prädikat-Selbst**-Äquivalenz: Eine Abfrage der Art **A r 0** (mit einem arithmetischen Ausdruck A und einer arithmetischen Relation r (z.B. ">") kann stets durch die Abfrage **(k*A) r 0** (mit einer Konstanten k $\neq$ 0) ersetzt werden (wenn man die Rechenungenauigkeit bei real-Zahlen vernachlässigt).

ad 4: Aufwand der symbolischen Rechnung

Für verschiedene Mutationsstellen, die nur auf relativ langen Wegen durch den Kontrollflußgraphen erreicht werden können, kann die *mehrfache* symbolische Ausführung des Programms bzw. der Mutanten vermieden werden:

Für jeden Weg bis zu einer Entscheidungsstelle (oder bestimmten Stellen auf langen sequentiellen Teilwegen ohne Verzweigungen) muß die *Erreichbarkeitsbedingug* nur *einmal* ausgerechnet werden und kann dann für verschiedene Mutanten *mehrfach* verwendet werden.

---

6 Die hier aufgeführten Typen von Äquivalenzen entsprechen den Begriffen **assignment blindness, equality blindness** sowie **self blindness** bei Zeil (s. [Zei 83], p. 339f).

Es bleibt der Aufwand zur Bestimmung der *Fehlerpropagierungsbedingungen*. Diese Bedingungen lassen sich zusammensetzen aus einer *Erreichbarkeitsbedingung* für die betrachtete Ausgabeanweisung und einer *Ausgabeunterscheidungsbedingung*. Die erste Bedingung kann wieder *einmal* für alle Paare aus Entscheidungsstellen und (davon erreichbaren) Ausgabeanweisungen berechnet werden.

Zu beachten ist dabei, daß der Aufwand zur symbolischen Rechnung nur *linear* in der Länge der betrachteten Wege ist, allerdings sind pro Mutation evtl. eine Reihe von Wegen zu betrachten.

ad 5: Erfüllbarkeit der Bedingungen

Für dieses Problem gibt es eine Reihe von *Vereinfachungsregeln*, die in vielen Fällen zur Lösung führen (siehe [Hua 78] bei allgemeinen Formeln und [Bro 81], pp. 112-116, bei Formeln mit Prozeduraufrufen).

Wenn die zu erfüllende Konjunktion aus Erreichbarkeits-, Fehlerstimulierungs- und Fehlerpropagierungs-Bedingung *keine Gleichungen* [7] enthält, ist die Bedingung oft [8] mit großer Wahrscheinlichkeit zu erfüllen, d.h. statt die Testdaten zu berechnen, kann man es mit einigen *zufällig* ausgewählten Testdaten versuchen. Falls die Zufallsmethode - nach einer vertretbaren Anzahl von Versuchen - nicht zum Erfolg führt, muß mit Methoden der linearen, nichtlinearen oder heuristischen Programmierung gearbeitet werden, um eine Lösung zu finden.

Falls die Konjunktion der Bedingungen *keine* Relation zwischen einer Variablen X und den anderen Variablen enthält, kann man auch folgende Methodenkombination anwenden: für die Variable X können die Eingabedaten zufällig ausgewählt werden und für die anderen Variablen können sie berechnet werden.

Beispiel:

Erreichbarkeitsbedingung	$X = Z$ and $Y^2 \geq Y - 5$
Fehlerstimulierungsbedingung	$X \neq U$
Fehlerpropagierungsbedingung	$X \neq 7$

Konjunktion der Bedingungen:

$$(X \neq U \text{ and } X \neq 7 \text{ and } X = Z) \text{ and } (Y^2 \geq Y - 5)$$

Für X, U und Z sind entsprechende Eingabewerte zu bestimmen, für Y kann zufällig ein Wert ausgewählt werden (der $Y^2 \geq Y - 5$ erfüllt).

---

7 und auch keine *impliziten* Gleichungen "X=A" in der Form "X≤A and X≥A"

8 Bei *linearen* Beziehungen ist die Wahrscheinlichkeit groß, sonst evtl. klein:

$Y \geq Y^2 - 5$ gilt nur für Y zwischen -1,79 und +2,79;

$Y \geq Y^2 + 0{,}25$ gilt nur für Y = 0,5.

Da die oben erwähnten Methoden nicht immer hundertprozentig zu einer Lösung führen, bleibt das *generelle Entscheidungsproblem*, ob die Bedingung erfüllbar ist. Dieses Problem hat man allerdings auch schon als *Ausführbarkeitsproblem* bei der Anweisungs- und Zweigüberdeckung; es ist also nicht der modifizierten Mutationsanalyse anzulasten.

ad 6: viele Testdaten

Es muß vermieden werden, daß für jede neue Mutante ein *neues* Testdatum erzeugt wird, welches diese Mutante diskriminiert.

Eine (vom Ergebnis her) ***optimale Strategie*** zum Finden minimaler Testdatenmengen hat folgende 3 Schritte:

1. Schritt: Bestimme maximale Teilmengen M von Mutanten, so daß es ein Testdatum t gibt, das jeweils *alle* Mutanten einer solchen Teilmenge M diskriminiert. Diese Teilmengen erhält man, indem man die Mutanten durch die notwendigen und hinreichenden Erreichbarkeitsbedingungen repräsentiert und bei der Zusammenfassung von Mutanten die Erfüllbarkeit der *Konjunktion* der entsprechenden Bedingungen feststellt. [9]

2. Schritt: Bestimme eine minimale Anzahl m von maximalen Teilmengen M_1, M_2, ..., M_m aus Schritt 1, so daß jede Mutante in einer der Teilmengen M_i vorkommt.

Dies ist ein *Überdeckungsproblem*: Für jede Mutante m_i existiert eine Disjunktion D_i von den Teilmengennamen, die diese Mutante enthalten [10] :

$$D_i = M_{i1} + M_{i2} + ... + M_{in_i}$$

Die Überdeckungsbedingung U lautet dann:

$$U = D_1 * D_2 * ... * D_n \text{ (bei n Mutanten } m_1,...,m_n).$$

In der disjunktiven Normalform von U sind dann die kürzesten Produktterme zu suchen; sie entsprechen den minimalen Testdatenmengen.

Beispiel (mit vier Mutanten):

$$D_1 = M_1 + M_3$$

$$D_2 = M_1 + M_2$$

$$D_3 = M_2 + M_3$$

---

9 Methoden zum Feststellen der Erfüllbarkeit von Bedingungen: siehe "ad 5".

10 In den folgenden Formeln bezeichne + die logische Disjunktion; * bezeichne die logische Konjunktion, wobei dieser Operator bei der Konjunktion *geklammerter* Ausdrücke auch weggelassen werden kann.

$D_4 = M_1$

$U = D_1 * D_2 * D_3 * D_4 = (M_1+M_3)(M_1+M_2)(M_2+M_3)M_1 =$

$= (M_1+M_2*M_3)(M_2+M_3)M_1 = (M_1+M_1*M_2*M_3)(M_2+M_3) =$

$= M_1*M_2 + M_1*M_3 + M_1*M_2*M_3$

Also sind die Mengen $\{M_1, M_2\}$ und $\{M_1, M_3\}$ die gesuchten minimalen Mengen von maximalen Teilmengen. (Das Produkt $M_1*M_2*M_3$ repräsentiert eine nicht minimale Überdeckung!)

3. Schritt: Wähle eine minimale Menge von maximalen Teilmengen aus und bestimme für jede enthaltene maximale Teilmenge M_i ein Testdatum, das alle zu M_i gehörenden Mutanten diskriminiert.

Beispiel:

In obigem Beispiel aus Schritt 2 ist z.B. für M_1 und M_2 je ein Testdatum zu bestimmen, insgesamt also zwei Testdaten (für die vier Mutanten).

Diese optimale Strategie erfordert einen Aufwand, der i.a. exponentiell mit der Zahl n der Mutanten wächst (es gibt 2^n Teilmengen von Mutanten, die evtl. zu betrachten sind). Daher ist diese Strategie nicht praktikabel. Sie muß zu einer *iterativen* Strategie vereinfacht werden, was allerdings bedeutet, daß minimale Testdatenmengen nicht mehr garantiert gefunden werden .

Iterative Strategie:

Voraussetzung: Zu Beginn gilt k=1, b_0 = true und j=0.

Voraussetzung für einen Iterationsschritt:

Die Mutanten m_1 bis m_{k-1} seien durch die bisherigen Testdaten t_1 bis t_j (mit den zugehörigen kombinierten notwendigen und hinreichenden Erreichbarkeitsbedingungen b_1 bis b_j) diskriminiert.

Iterationsschritt (Testdatenbestimmung für die nächste Mutante m_k):

Wird die Mutante m_k mit Bedingung b_k *nicht* durch eines der Testdaten t_1 bis t_j diskriminiert, so ist für jedes i von 1 bis j die Konjunktion der Bedingung b_i mit b_k, d.h. b_i*b_k, zu bilden, falls sie *erfüllbar* ist. Wenn b_i*b_k nicht erfüllbar ist, muß b_i beibehalten werden. Für eine erfüllbare neue Bedingung der Art b_i*b_k ist ein neues Testdatum zu ermitteln, welches das alte Testdatum (welches Bedingung b_i erfüllt) *ersetzt*. (Falls mindestens eine der Bedingungen b_i*b_k, für i=1,...,j erfüllbar ist, braucht man also wiederum nur j Testdaten. Die erfüllbaren Bedingungen b_i*b_k werden im folgenden wieder b_i genannt.)

Falls *alle* $b_i * b_k$ *nicht* erfüllbar sind, muß man dagegen die Bedingungen $b_1,...,b_j$ und b_k durch die alten Testdaten $t_1,...,t_j$ und ein *neues* Testdatum t_{j+1}, also insgesamt j+1 Testdaten, erfüllen. b_{j+1} wird dann per Definition mit b_k gleichgesetzt. (Man kann aber davon ausgehen, daß in vielen Fällen *keine Erhöhung* der Anzahl der Testdaten nötig ist, wenn eine neue Mutante betrachtet wird.)

Bei dieser iterativen Strategie hängt das Ergebnis von der *Reihenfolge* ab, mit der man die Mutanten betrachtet.[11] (Man kann sich dabei das Ersetzen der Testdaten aufsparen und sich nur die Kombinationen der Bedingungen merken. Dann braucht man erst *zum Schluß* die Testdaten zu erzeugen.)

Beispiel:

Wir nehmen an, daß für vier Mutanten m_1, m_2, m_3, m_4 die folgenden notwendigen und hinreichenden Erreichbarkeitsbedingungen gelten.[12]

$b_1 = X > 1$ and $A > 1$

$b_2 = X \geq 0$ and $A < 3$

$b_3 = X < 1$ and $A < 2$

$b_4 = X > 1$ and $A > 3$

Betrachtet man die Mutanten in der Reihenfolge 1, 2, 3, 4, so erhält man die folgenden Ergebnisse:

1. Schritt: Testdatum t_1 für $b_1 = X > 1$ and $A > 1$
2. Schritt: Testdatum t'_1 für $(b_1 * b_2) = X > 1$ and $1 < A < 3$
3. Schritt: Da $(b_1 * b_2 * b_3)$ = false gilt, muß ein neues Testdatum t_2 ermittelt werden (für $b_3 = X < 1$ and $A < 2$).
4. Schritt: Da $(b_1 * b_2 * b_4)$ = false und $(b_3 * b_4)$ = false gilt, muß ein neues Testdatum t_3 ermittelt werden (für $b_4 = X > 1$ and $A > 3$).

Man braucht also bei dieser Reihenfolge *drei* Testdaten.

---

11 Der Hinweis von Brooks, daß das Ergebnis *nicht* von der gewählten Reihenfolge, wohl aber von der *Auswahl der Testdaten* zur Erfüllung einer Bedingung abhängt, ist zweifach falsch. Offenbar verbindet Brooks die Auswahl von Testdaten mit einer *Einschränkung* der zugehörigen Bedingung auf *eine* Alternative, falls die Bedingung disjunktiv aus Alternativen zusammengesetzt ist. Damit wird die Problemstellung verändert - allerdings auch vereinfacht (vgl. [Bro 81], p. 118 ff).

12 Dieses Beispiel ist stark vereinfacht. Man muß eigentlich ein konkretes Programm und konkrete Mutationen angeben, die diese Bedingungen bzw. eine vergleichbare Konstellation von (mehr als vier) Bedingungen mit der gezeigten Eigenschaft haben (daß die erzeugte Testdatenmenge von der Reihenfolge abhängt, mit der die Mutationen betrachtet werden). Da es dieses einfache Beispiel gibt, ist *stark* zu vermuten, daß es viele solche Beispiele gibt.

Betrachtet man die Mutanten dagegen in der Reihenfolge 1, 4, 2, 3 so erhält man nur *zwei* Testdaten:

Testdatum t_1 für $b_1*b_4 = X > 1$ and $A > 3$

Testdatum t_2 für $b_2*b_3 = 0 \leq X < 1$ and $A < 2$

Eine ***vereinfachte iterative Strategie*** erhält man, wenn man auf die Betrachtung der Konjunktion der Bedingungen verzichtet und für jede neue Mutante ein neues Testdatum erzeugt, falls die bisherigen Testdaten die neue Mutante nicht diskriminieren. Am *Ende* dieses Verfahrens kann man dann feststellen, welche Testdaten überflüssig sind, indem man das folgende *Überdeckungsproblem* für Mutanten und Testdaten löst:

Für jede Mutante m_i sind die Testdaten zu bestimmen, die die Mutante diskriminieren. Die Auswahlmöglichkeit drückt sich dann in folgender Disjunktion $D(m_i)$ aus, die die Testdaten t_{ij} enthält, die die Mutante diskriminieren:

$$D(m_i) = t_{i1} + t_{i2} + ...+ t_{in_i}$$

Insgesamt muß dann folgende Konjunktion K erfüllt werden, damit alle Mutanten m_1, m_2, ..., m_n diskriminiert werden:

$$K = D(m_1)*D(m_2)* ...*D(m_n)$$

Dieses *Überdeckungsproblem* läßt sich wiederum lösen, wenn man die Konjunktion K in die disjunktive Normalform umformt und die kürzesten Produktterme bestimmt.

Bei dieser Strategie wird natürlich nicht unbedingt eine minimale Testdatenmenge erzeugt, da man die Mutanten in einer bestimmten Reihenfolge betrachtet und sich jedesmal auf konkrete Testdaten festlegt, die (evtl.) die folgenden Mutanten *nicht* diskriminieren, obwohl es andere Testdaten gibt, die diese Eigenschaft haben.

ad 7: Regressionstest

Nach einer Programmänderung muß die modifizierte Mutationsanalyse *nicht vollständig* wiederholt werden. Für ein Testdatum muß dafür festgehalten werden, welchen Weg durch den Kontrollflußgraphen es ausführt bzw. welche Programmsegmente dabei durchlaufen werden. Gehört das geänderte Programmteil *nicht* zu diesen Programmsegmenten, kann dieses Testdatum für den Regressionstest übernommen werden.

Andernfalls sind die notwendigen und hinreichenden Erreichbarkeitsbedingungen für die betroffenen Mutanten neu zu berechnen. Insbesondere für die Mutationsstellen in den *geänderten* Programmteilen sind diese neuen Bedingungen zu berechnen. Betrifft die Programmänderung einen Zweig des Moduls, der auf *allen* Wegen durch das Modul *vor* einer Ausgabeanweisung liegt (z.B. Anfangszweig oder Endzweig), so ist die modifizierte Mutationsanalyse allerdings vollständig neu zu erstellen: Bei Anfangszweigen wird die *Erreichbarkeitsbedingung* für alle Mutationsstellen vermutlich verändert; bei Endzweigen (vor einer Ausgabe) wird die *Fehlerpropagierungsbedingung* für die entsprechenden Wege vermutlich verändert. (Berücksichtigt man diesen Effekt nicht, so betreibt man nicht mehr die *starke*, sondern nur die *schwache* Mutationsanalyse!)

5. Zusammenfassung der Vorteile der modifizierten Mutationsanalyse

Den Nachteilen der modifizierten Mutationsanalyse stehen folgende **Vorteile** gegenüber:

- Beliebige *Fehlermodelle* sind einsetzbar (jedenfalls solche mit lokalen Mutationen).
- Alle nichtäquivalenten *Einfachfehler* können (im Prinzip) entdeckt werden, insbesondere
  - Änderungen an Anweisungen
  - falsche zusätzliche Anweisungen

  (- *fehlende* Anweisungen sind dagegen problematisch und müssen mit blackbox-Testmethoden aufgespürt werden).
- Diese Analyse ist eine Art *Meßlatte* für andere Testmethoden, d.h. man kann die Qualitätseinbußen grob abschätzen, wenn man Teile der obigen Schritte wegläßt oder vereinfacht.
- Bei *hohen Anforderungen* an die Korrektheit der Software kann man - am Ende der Testphase - nach diesem Konzept vorgehen und eine sehr geringe Restfehleranzahl erreichen.

6. Literatur

[Bro 81] Brooks, M.F.
Determining Correctness by Testing,
Stanford University, Ph.D., Mai 1980,
Ann Arbor, Mi., University Microfilms Int., 1981

[DGM 88] DeMillo, R.A.; Guindi, D.S.; McCracken, W.M.; Offut, A.J.; King, K.N.
An Extended Overview of the Mothra Software Testing Environment,
in: Proc. 2nd Workshop on Software Testing, Verification, and Analysis,
1988, Banff, Kanada, ACM/IEEE, pp. 142-151

[GiW 86] Girgis, M.R.; Woodward, M.R.
An Experimental Comparison of the Error Exposing Ability of Program Testing Criteria,
in: Proc. Workshop on Software Testing, 15.-17. Juli 1986, Banff, Kanada,
ACM/IEEE, pp. 64-73

[How 81] Howden, W.
Completeness Criteria for Testing Elementary Program Functions,
in: Proc. 5th International Conference on Software Engineering,
San Diego, März 1981, pp. 235-243

[How 82] Howden, W.E.
Weak Mutations Testing and Completeness of Test Sets,
IEEE Transactions on Software Engineering,
SE - 8 (4), Juli 1982, pp. 371 -379

[Hua 78] Huang, J.C.
An Approach to Program Testing,
in: Tutorial Software Testing & Validation Techniques,
ACM/IEEE, 1978, pp. 246-261

[KMR 88] Krauser, E.W.; Mathur, A. P.; Rego, V.
High Performance Testing On SIMD Machines,
in: Proc. 2nd Workshop on Software Testing, Verification, and Analysis,
1988, Banff, Kanada, ACM/IEEE, pp. 171-177

[Off 89] Offut, A.J.
The Coupling Effect: Fact or Fiction?
Software Engineering Notes 14 (8), Dezember 1989, pp. 131-140

[Rie 91] Riedemann, E.H.
Testen von sicherheitsrelevanten Softwaresystemen mit Hilfe von Mutationsanalyse und symbolischer Ausführung,
in: 4. Kolloquium Software-Entwicklungs-Systeme und -Werkzeuge,
Technische Akademie Esslingen, 3.-5. Sept. 1991, pp. 24.3-1 bis 24.3-6

[Zei 83] Zeil, S.J.
Testing for Perturbations of Program Statements,
IEEE Transactions on Software Engineering
SE - 9 (3), Mai 1983, pp. 335 -346

Organisation, Benutzer und Software

- Zur Konstituierung von Softwaresystemen -

Thorsten Spitta: Vatter Unternehmensgruppe, Rheine und Schongau

Abstract: This paper deals with the first and most important decision in the development process of software: The constitution of the system itself. This step is heavily neglected in the software engineering literature. A system is constructed by using methods of data engineering (data models, construction of terms). These methods allow to find the objects, which are the buildings stones of object oriented software, in a very early phase. Those objects can later be specified and implemented without break in the development structure. Such a break is inherent in all (very popular) flow oriented methods like SA, SADT and others. These methods are not useful to gain object oriented software structures. Therefore they have to be eliminated from teaching, tools and practice.

1. Zum Selbstverständnis des Software Engineering

Software Engineering (SE) ist eines der wichtigsten Fächer der Informatik, wenn man unter Informatik die Wissenschaft der Erstellung von Hardware und Software versteht, die praktisch benutzbar ist. Dies ist sicher eine zulässige Sicht. Praktische Verwendbarkeit der Ergebnisse ist unbestrittener Anspruch der klassischen Ingenieurwissenschaften wie Bauwesen, Elektrotechnik und Maschinenbau, auf die sich die Informatik so gerne beruft.

Software Engineering ist andererseits ein "ungeliebtes Kind" der Informatik, wie die äußerst geringe Zahl empirischer Veröffentlichungen auf diesem Gebiet in Deutschland zeigt (s. etwa Informatik-Spektrum, Informatik F&E). Das Fach gilt bei einigen Hochschulvertretern als praxeologisch und unwissenschaftlich.

Eine Klärung des oben erwähnten Widerspruchs wird umgangen, indem man die wichtigsten Forschungsfragen des Software Engineering, die der Methoden, für gelöst erklärt:

"...die Entfaltung der Informatik als einer eigenständigen Wissenschaft mit einem sich immer mehr konsolidierenden Methodenvorrat." und: "...sich...eine solide Ingenieurdisziplin entwickelt hat." (Einladung zur GI-Jahrestagung 1990, S.4)

Ganz im Stil dieser etwas selbstgefälligen Beschreibung der Informatik als Ingenieurdisziplin geistern methodische Schlagworte wie "Top-Down-Entwurf", "Benutzerbeteiligung", "wissensbasiert", "Prototyping" u.a.m. durch die Tagungslandschaft, die Fachliteratur und vor allem durch die Werbung der DV-Industrie, speziell der Sparte Schulung.

Die Methoden sind deshalb die wichtigsten Forschungsfragen, weil Werkzeuge als die andere Seite des Software Engineering immer Methoden implizieren. Methoden sind gewissermaßen die Spezifikation der Werkzeuge. Eine falsche Methode verursacht ein falsches Werkzeug.

Der folgende Beitrag soll aufzeigen, daß

- Handlungsbedarf in der Entwicklung und Erprobung von Methoden besteht, mit denen man **Softwaresysteme**, nicht nur Programme entwickeln kann,

- eine **Methoden-Entsorgung** angesagt ist, durch die Methoden aus dem Lehrkanon entfallen, die nachweislich nicht praktisch verwendbar sind.

Als besonders wichtiges Thema der Methoden wird hier die Bildung und Abgrenzung von Systemen behandelt, nicht die Spezifikation von Programmen. Es soll eine erste Antwort gegeben werden auf die bisher kaum behandelte Frage:

Wie konstituiert man ein Softwaresystem?

Mit **Konstituierung** ist folgendes gemeint: Verschiedene Beteiligte, Auftraggeber und Auftragnehmer genannt, legen fest, was grob ein System leisten und wie es strukturiert sein soll. Dies geschieht auf Basis eines informalen Dokumentes, üblicherweise **Anforderungsdefinition** oder **Vorstudie** genannt. Dann jedoch muß ein konstruktiver Schritt folgen, der dem Softwareentwurf weit vorgelagert ist, die **Systembildung**. Über welches System spricht man? Wo grenzt es sich zu bereits existierenden Systemen ab? Was sind die Schnittstellen?

Dem Autor ist außer dem Verfahren von Jackson (83, JSD) kein Vorgehensmodell bekannt, das diesen Schritt explizit vorsieht. **Definition** (Balzert 82, Entwicklung) und **Anforderungsanalyse** (Hesse 84, Begriffssystem) sind eher intuitive Schritte, auf die unmittelbar Spezifikation und Entwurf folgen. Sprachlich wären die Begriffe **Systemdefinition** oder **Systemkonstruktion** statt "Konstituierung" zutreffender. Sie sind jedoch bereits anderweitig belegt, der eine i.S. von **Spezifikation**, der andere i.S. von **Softwareentwurf**.

Die Struktur eines Softwaresystems entsteht nicht erst beim Softwareentwurf, sondern vor Beginn der Spezifikation. Beide oben zitierten Darstellungen, stellvertretend für sehr viele andere, haben für die wichtigste Entwurfsentscheidung des Softwarentstehungsprozesses (wichtigste, weil früheste!) nicht viel mehr übrig als Nebensätze. Diese Auffassung von Software Engineering, hier "traditionell" genannt, ist die in Hochschule und Praxis noch immer vorherrschende. In der Hochschule ist sie nur ärgerlich, da sie gelehrt wird, in der Praxis ist sie jedoch exorbitant teuer.

Ein Fach Software Engineering, das sich als Konstruktionslehre für real einsetzbare und langfristig wartbare Software versteht, braucht zur Frage der Konstituierung von Systemen vieles nicht neu zu "erfinden". Es muß lediglich interdiszipinär vorgehen und auf Inhalte

- des Faches Datenbanken,
- der klassischen Ingenieurwissenschaften,
- der Betriebswirtschaftslehre

zurückgreifen und sie mit bestimmten Spezifikationsmethoden des Software Engineering kombinieren (vgl. auch Wassermann 79, Unified View):

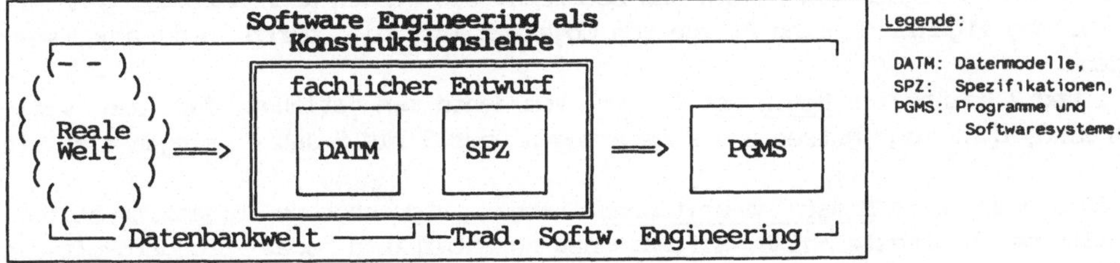

Abb.1: Software Engineering als einheitliche Konstruktionslehre

Dieser Beitrag handelt von administrativen, heute i.d.R. dialogorientierten Systemen mit nachgelagerten Batchprozessen, die in eine **Organisation** eingebettet sind. Die hier dargestellte Methode ist entstanden und wurde angewendet in über 5 Jahren Entwicklung von 12 Softwaresystemen, die alle in Betrieben eingesetzt sind oder sich in der Einführung befinden. Das Entwicklungsvolumen der letzten 4 Jahre ist in einer Datenbank abgelegt und nach vielen Kriterien auswertbar. Es betrug über 50.000 Stunden, das sind 44 MJ. Daneben sind über 30.000 Stunden Wartungstätigkeit sowohl an den Neuentwicklungen als auch an bis zu 20 Jahre alter Software belegt.

Die Konstituierung sog. Prozeßsoftware, die in Maschinensysteme eingebettet ist, wird hier nur gestreift.

Der Beitrag versteht sich als Ansatz zur **Methoden-Entsorgung**, indem sehr bekannte batch- und transformationsorientierte Methoden ausgeschlossen und für schädlich erklärt werden. Damit wird eine Hilfe gegeben, etwas gegen den schon 1983 von Schnupp ausgemachten **Methodenberg** des Software Engineering zu unternehmen, der nach wie vor nicht "abgeräumt" ist (Schnupp 83, Softwaretechnologie).

2. Anlässe zur Entwicklung von Software

Welcher Art sind die Anlässe, die zu einem Entwicklungsauftrag von Software führen? Es lassen sich fünf Fälle unterscheiden:

1. Ein manueller Prozeß ist zu langsam oder zu kostenintensiv. Eine Rationalisierung m.H. von Software ist gewünscht. Dieser Fall ist heute selten: Systeme wie Lohnabrechnung, Buchhaltung, Fakturierung u.ä. existieren in allen größeren Organisationen.
2. Prozesse sind manuell nicht abwickelbar. Es wird Software gebraucht, um eine Firma wettbewerbsfähiger zu machen, als sie ist. Diese Systeme erhalten zunehmende Bedeutung im Rahmen einer langfristigen Informationsstrategie.
3. Informationen sind nicht oder nur schwerfällig zu gewinnen, weil die Daten mit veralteten Systemen verwaltet werden. Eine Neuentwicklung auf der Basis von Datenbanken ist gefordert.
4. Ein ähnlicher Fall ist die Weiterentwicklung von Basissystemen, die getätigte Softwareinvestitionen obsolet machen.
5. Bestehende Systeme sollen verändert oder erweitert werden, weil die benutzende Organisation oder die Umwelt dieser Organisation (Kunden, politische Strukturen) sich verändert haben. Solche Erweiterungsinvestitionen verschlingen den größten Teil des Softwarebudgets von Firmen und Behörden. Sie werden auch **Wartung** genannt, obwohl Wartung eigentlich eine Pflege von Objekten ist, die durch Benutzung verschleißen.

Die Fälle 1 und 2 beinhalten Neuinvestitionen, von denen man verlangt, daß sie wirtschaftlich sind, d.h. mehr Nutzen und Einsparungen über 3 bis 5 Jahre bringen als sie kosten.

Die Fälle 3 und 4 sind Ersatzinvestitionen. Lange aufgeschobene Ersatzinvestitionen sind heute der häufigste Anlaß, Software neu zu entwickeln oder Standardsoftware zu installieren. Fall 5 soll hier nicht weiter betrachtet werden.

Den Fällen 1 bis 4 ist gemeinsam, daß

- o formalisierte Informationen verwaltet werden müssen; das sind **Daten**,
- o eine Softwarearchitektur entstehen soll, die diese Daten verwaltet; das sind Funktionen, die später als **Programme** ablaufen,
- o eine Organisation oder ein technisches Umfeld existiert, in das die Software eingebettet werden soll und die bei der Entwicklung berücksichtigt werden muß; das sind **Benutzer**.

Wir erhalten damit folgende **Grundelemente von Software:**

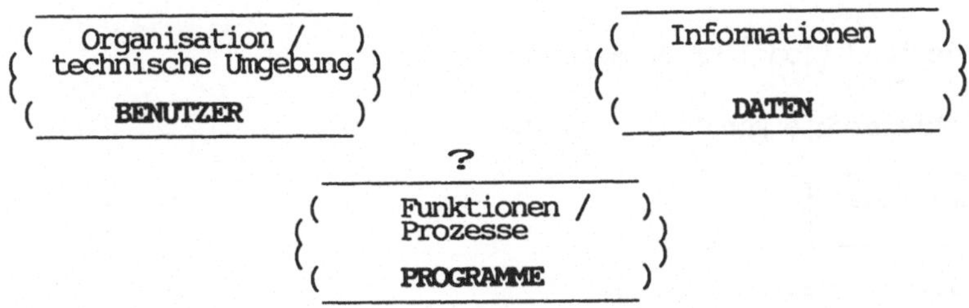

Abb.2: Grundelemente zur Konstituierung von Software

Aufgabe von SE-Methoden ist es, die Analyse und Strukturierung dieser Grundelemente so zu unterstützen, daß ein kostengünstiges und qualitativ hochwertiges Softwaresystem entsteht. Dies muß vor allem durch eine Betrachtung der Beziehungen der Elemente zueinander (s.o. '?') geleistet werden.

Im folgenden soll geprüft werden, ob und inwieweit die gängigen SE-Methoden dieser Forderung gerecht werden und ob sie überhaupt alle Grundelemente berücksichtigen. Danach werden die Grundelemente näher betrachtet, insbesondere die Annahme, daß der Benutzer konstituierend für ein Softwaresystem sei.

3. Traditionelle SE-Methoden

Alle gängigen Methoden des Software Engineering schlagen im Prinzip folgende Vorgehensweise vor:

Funktionen bzw. Prozesse werden gesammelt und geordnet. Die Ordnung erfolgt meist top down im Zuge einer schrittweisen Verfeinerung. Entweder werden die Daten beim Darstellen der Funktionen mitbetrachtet (man sieht die Funktionen als Transformationsprozesse für Daten) oder die Funktionen werden als Funktionshierarchie gesehen und die Daten als Datenhierarchie (in SADT oder in JSD). Ein Rückgriff auf die Methoden zur Datenmodellierung (Relationenmodell, Entity-Relationship-Methode) findet nicht statt.

Je nach Schwerpunkt einer Methode spricht man von datenbezogenen und von funktionsbezogenen Methoden. Ein Streit, was richtiger sei, ist müßig, da wir es mit einem typischen "Henne-Ei-Problem" zu tun haben: Funktionen erzeugen Daten, diese werden von Funktionen benutzt.

Zur Anschauung ein Beispiel, in dem eine Funktionshierarchie ohne die referenzierten Daten betrachtet wird:

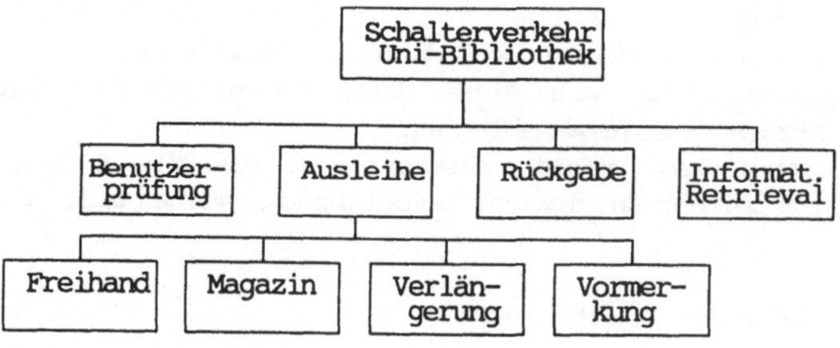

Abb.3a: Funktionshierarchie traditioneller SE-Methoden
(entnommen: Schulz 90, Entwurf, S.37)

Eine hierzu passende Datenhierarchie könnte so aussehen:

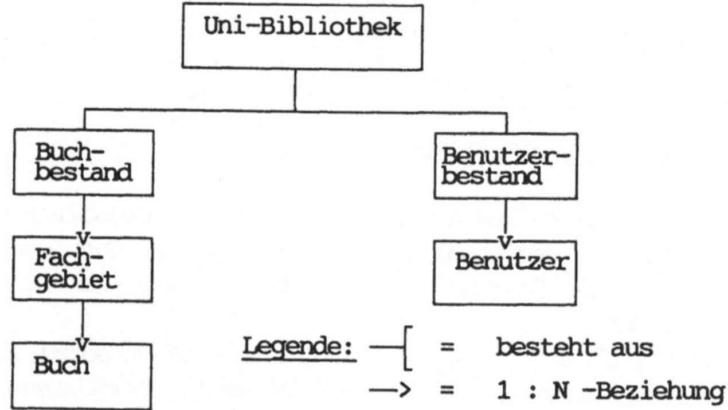

Abb.3b: Datenhierarchie

Die traditionellen Methoden des SE sind dargestellt in Balzert (81, Methoden), in neuerer Form in Schulz (90, Entwurf). Sie gehen allesamt auf Originalveröffentlichungen von 1976/77 zurück (IEEE-SE 3(1977) No.1). Ihnen ist folgendes gemeinsam:

- o Entweder sie trennen Funktionen und Daten (Funktionsmodell, Datenmodell), oder sie stellen Transformationen von Daten durch Funktionen dar nach dem Schema: Eingabe —> Verarbeitung —> Ausgabe.
- o Sie prüfen Konsistenz durch Input/Output-Abgleiche und verlangen damit methodisch absolute Vollständigkeit. Unbestimmtheiten sind nicht möglich.
- o Sie sind aufwendig und bei Anwendung auf reale Entwicklungen kaum überschaubar. Dem Verfasser sind Dokumente von weit mehr als 1000 Seiten zugänglich, die mit IEW (information engineering workbench) erzeugt wurden.

Nun ist Softwareentwicklung ein komplexes Unterfangen und großer Aufwand alleine noch kein Argument gegen eine Methode, wenn hinterher ein qualitativ hochwertiges Ergebnis entsteht. Dieses Ergebnis ist ein Softwaresystem, das aus (Programm-)Moduln, einer Datenbasis und einer Benutzeroberfläche besteht. Es muß geprüft werden, ob dieses Ergebnis auch mit weniger Aufwand entstehen kann, als traditionelle SE-Methoden dies ermöglichen.

4. Traditionelle SE-Methoden und Objektorientierung

Der Entwurf von Software folgt zwei prinzipiell möglichen Ansätzen:
- dem **funktions-**, **prozedural** oder **datenflußorientierten**,
- dem **datentyp-** oder auch -als Erweiterung- **objektorientierten**.

Die beiden grundlegenden Paradigmen Datenfluß oder Datentyp wurden schon 1972 von Parnas in ihren Auswirkungen auf die Modularisierung diskutiert (Parnas 72, Criteria). Parnas sprach zwar damals von Entwurfsentscheidungen, nicht nur von Daten, jedoch läßt sich der Ansatz, Entwurfsentscheidungen zum Gegenstand von Moduln zu machen, nur in Form von Datenstrukturen verwirklichen. Datentyp- und als Weiterentwicklung objektorientierte Ansätze beruhen auf Datenstrukturen als den Grundbausteinen von Software. Funktionen werden ihnen in Form von Operationen angegliedert.

4.1 Funktionale bzw. transformationsorientierte Methoden

Funktionsorientierte Modulstrukturen sind nach Parnas nicht wünschenswert, weil die Entwurfsentscheidungen über Modulgrenzen "verschmiert" werden. Die Systeme sind dann nur schwer und aufwendig wartbar. Weil funktionsorientiert modularisierte Systeme dem wichtigsten ökonomischen Kriterium für Softwareinvestitionen nicht genügen, einer kostengünstigen Wartbarkeit, ist diese weit verbreitete Entwurfstechnik abzulehnen. Sie findet sich nach den Beobachtungen des Autors noch überwiegend in industriell genutzten Systemen, da bei einem intuitiven, nicht explizit durchgeführten Softwareentwurf praktisch immer solche Strukturen entstehen. Explizit entstehen diese Strukturen bei Verwendung der Methode structured design (SD), die in vielen Derivaten existiert (Yourdon 76, SD).

Während die Verfechter von SD als Softwareentwurfstechnik weniger werden, feiern die funktionsorientierten "Spezifikations"-Methoden noch immer "fröhliche Urständ". Hierzu zählen structured analysis (SA), SADT, RSL, ISAC, um nur die bekanntesten zu nennen (vgl. hierzu Balzert 82, Entwicklung). Die Schulungsangebote in der Industrie sind voll von Lehrgängen, die Umschulungsinstitute verbreiten diese intuitiv eingängigen Darstellungstechniken auf breiter Front. Die Dozenten dieser Institute geben offenbar unreflektiert weiter, was sie auf Universitäten gelernt haben.

Diese Methoden modellieren allesamt einen **Daten-** oder Steuer**fluß** nach dem primitiven Schema einer erweiterten Wertzuweisung (E-V-A Prinzip). Bei SADT und bei ISAC ist ein Verfeinerungsmechanismus eingebaut , der die Darstellung bis etwa zur dritten Verfeinerungsebene besser handhabbar und übersichtlicher macht als bei SA oder RSL. Jedoch wehe dem, der zu tief verfeinert! 30 Diagramme auf Ebene 3 erzeugen 120 bis 200 Diagramme auf Ebene 4. Dem Autor ist noch niemand begegnet, der so etwas noch überblickte oder gar Änderungen durchführen konnte.

Die o.g. Methoden werden hier **transformationsorientierte Methoden** im Gegensatz zu objektorientierten genannt. Transformationsorientierte Methoden können niemals Anforderungen in einer Struktur liefern, die sich objektorientiert modularisieren läßt. Der Strukturbruch zwischen sog. Sachlogik und sog. DV-Technik, also zwischen Spezifikation und Softwareentwurf, ist zwingend.

Damit kein Mißverständnis entsteht: Als Darstellungstechnik ist eine Methode wie SADT hervorragend geeignet, nicht jedoch als Mittel für Entwurfstätigkeiten. Im Verantwortungsbereich des Verfassers wird SADT erfolgreich für die Nachdokumentation von Altsoftware eingesetzt.

Das Schema der transformationsorientierten Methoden ist:

(E)ingabe = Datum	——>	(V)erarbeitung = Transformation	——>	(A)usgabe = Datum

Abb.4: Schema transformationsorientierter Methoden

4.2 Objektorientierte Methoden

Objektorientierte Software besteht aus **Moduln**, die **Operationen auf Datenstrukturen** bereitstellen. Moduln interagieren durch Benutzung der Operationen anderer Moduln. Datenstrukturen repräsentieren Datenobjekte, die temporär im Hauptspeicher oder dauerhaft auf Datenträgern gehalten werden. Daher muß **objektorientiert** (genauer: objekttyporientiert) spezifiziert werden, wenn man ohne Strukturbruch zu einem objektorientierten Softwarentwurf kommen will.

Zur Beschreibung der Schemata objektorientierter Software kann man die Darstellung der Theoretiker der **abstrakten Datentypen** (Liskow 74, ADT; Guttag 77, Data Types) benutzen. Danach ist ein abstrakter Datentyp ADT, der algebraisch spezifiziert werden soll, definiert durch (vgl. Kreowski 81, Spezifikation):

ADT:= {Datentyp, Operationen, Axiome zur Benutzung}

Die Rolle der Axiome für Korrektheitsbeweise soll hier nicht weiter verfolgt werden. Die Klammerung von Datentyp und Operationen ist jedoch notwendig für eine Objektorientierung, wenn auch nicht hinreichend (Näheres s.u.). Sie liegt dem Ansatz von Parnas zugrunde und ist in der "Datenbankwelt" so selbstverständlich, daß reale Datenbanksysteme eigentlich nur nach diesem Prinzip konstruiert sind. Diese "Welt" verfügt über einen umfangreichen Methodenvorrat vom Relationenmodell über den Entity-Relationship-Ansatz bis zum Begriffskalkül (Codd, Chen, Wedekind/Ortner). Die Methoden der Datenanalyse sind hervorragend geeignet für eine objektorientierte Systemanalyse (vgl. z.B. Vetter 88, Strategie).

Die oben erwähnte hinreichende Bedingung für eine echte Objektorientierung ist ein **Vererbungsmechanismus**. Objektorientierung ist gut bekannt aus Programmiersprachen wie SIMULA 67, Smalltalk-80 und Eiffel (Meyer 90, SW-Entwicklung). Meyer spricht von **Klassen**, **Vererbung** und **Verweisen**. Hier die Analogien zu datentyporientierten Analysemethoden in knapper Form:

Begriffe der ... Programmiersprachen	datentyporientierten Analyse
Klassen	**Objekttype** mit Zugriffsoperationen
Vererbung	**Hierarchien** von Rollen eines Objekttyps
Verweise	erwünscht nur als **Operation**, nicht als direkter Zugriff ('references considered harmful')

Das Vererbungsprinzip ist in der Datenbankwelt von John und Diane Smith (77, Abstractions) in Form der Abstraktionsoperationen **Generalisierung** und **Aggregation** eingeführt und von Ortner (85, Begriffskalkul) wesentlich verfeinert worden. Die datenbankorientierten Methoden benutzen den Begriff **Vererbung** nicht oder wenig, da er den Kern des Problems in einer Analysephase nicht trifft: "Vererbung" suggeriert Hierarchie und top-down-Entwurf (s. Abb.3a). Der Entwurf von Datenmodellen geschieht jedoch fast immer bottom up durch Abstraktion. Dies ist das Gegenteil einer Verfeinerung. Der Verfasser hat ein Anfang 1989 veröffentlichtes Vorgehensmodell aus dieser Sicht "objektorientiert" genannt, obwohl das Wort Vererbung im gesamten Buch nicht vorkommt (Spitta 89, Engineering). Die Praktikabilität des Vererbungsprinzips wird weiter unten noch einmal aufgegriffen.

Objektorientierte SE-Methoden in diesem Sinne (Vererbung implizit in Datenmodellen) für die Analyse von Systemen beginnen sich erst langsam durchzusetzen (Coad 90, OOA; Spitta 89; Denert 91, (Engineering)) nachdem sie schon früh außerhalb des Einsatzbereiches realer Softwareentwicklung benutzt wurden (Ehrig 81, Stucklisten).

4.3 Bewertung

Transformationsorientierte Spezifikationsmethoden zwingen bei einer objektorientierten Modularisierung immer zu einer Umstrukturierung von Funktionen. In der **Sachlogik** sind **Daten** als Input oder Output an **Funktionen** gebunden, beim Softwareentwurf müssen Funktionen als Operationen den Datentypen zugewiesen werden. Dieser Strukturbruch führt zu

- Doppelaufwand
- Umsetzungsfehlern
- Unbestimmtheiten (mit dem Benutzer war etwas anderes abgestimmt als implementiert wird).

Daher muß objektorientiert analysiert und im Rahmen der dabei gefundenen Struktur spezifiziert werden, wenn man den Strukturbruch vermeiden will. Man muß vor der Spezifikation die zu entwickelnden Systeme von vornherein objektorientiert definieren. Dies wird in Kapitel 6 näher ausgeführt.

Die transformationsorientierten SE-Methoden haben noch weitere gravierende Mängel:

o sie berücksichtigen nur die Grundelemente Programme und Daten, nicht den Benutzer (vgl. z.B. Hesse 84, Begriffssystem),

o sie erhöhen durch das E-V-A - Prinzip die Komplexität der Spezifikation über das problembedingte Maß hinaus durch Erzeugung künstlicher Schnittstellen (Balzer 78, Informality).

Leider hat ein Paradigmenwechsel im Software Engineering (vgl. Floyd 83) bis heute nicht stattgefunden. Dies beweist die Aufnahme des Werkzeugs IEW in das strategische Softwarekonzept AD/cycle der Fa. IBM. Die Methodik von IEW ist transformationsorientiert. Die erschreckende Redundanz und der enorme Umfang der Grafiken lenkt den Leser vom Wesentlichen ab. Dies ist methodisch bedingt und keine Sache des Werkzeugs. Neueste Lehrgangsankündigungen von Yourdon Inc. lassen allerdings hoffen. Der "Vermarkter" von SA/SD hat eine radikale Kehrtwendung vollzogen. Die in diesem Papier geäußerten Kritikpunkte an SA/SD lassen sich inzwischen auch bei Coad/Yourdon nachlesen (Coad 90, OOA).

5. Grundelemente zur Konstituierung von Software

Wenn man objektorientierte Systeme erhalten will, müssen folgende Fragen zu den Grundelementen konstruktiv geklärt werden:

o wie entstehen (Daten-)Objekte?

o welche Operationen auf Objekten sind gemeint?

o wer führt diese Operationen aus; wer entscheidet, welche ausgeführt werden?

5.1 Primäre und sekundäre Daten

Daten und Funktionen/**Programme**/Operationen werden allgemein als Grundelemente von Software betrachtet, sind also unstrittig. Alle Methoden legen sie zugrunde. Auch der **Benutzer** kommt heute immer mehr ins Gespräch, insbesondere bei Dialogsoftware. Er wird jedoch an die traditionellen Methoden angehängt und mehr oder weniger als Auftraggeber und Gesprächspartner für Abstimmungen betrachtet. Neben dieser Rolle ist der **Benutzer** jedoch **konstituierendes Element** von Software. Um diese Behauptung zu belegen, muß man die Entstehung von Daten näher betrachten.
In einer Datenbasis finden sich immer zwei grundverschiedene Kategorien von Daten:

- **primäre** oder auch originäre **Daten**
- **sekundäre** oder auch abgeleitete **Daten**.

Keine dem Autor bekannte SE-Methode oder auch Datenmodellierungstechnik trifft diese elementare Unterscheidung, obwohl sie sich wirkungsvoll bei der Konstituierung von Softwaresystemen verwenden läßt.

Primäre Daten sind solche, die von außen in eine Datenbasis eingebracht werden. Sie repräsentieren Fachwissen der Benutzer oder Meßwerte aus Maschinensystemen und werden dauerhaft gespeichert. Primäre Daten bilden die Grundlage für alle Prozesse, die in Form von Programmen abgebildet werden und für alle durch Programme daraus abgeleiteten Daten.

Beispiel:

Teil#	Teil-Bezeichnung	MG-Basis	MG-Einheit
1324	Drehständer	1	Stück
2761	Mutter M6 Nirosta	1000	Stück

Alle logistischen Prozesse eines Unternehmens bauen auf solchen Teile-Stammdaten auf. Die Daten entstehen beim Benutzer.

Primäre Daten muß man dauerhaft speichern; sie sind gewissermaßen die "Wissensbasis" eines Softwaresystems.

Sekundäre Daten sind alle übrigen Daten, die durch Auswertung, Berechnung o.ä. aus primären entstehen. Im Prinzip bräuchte man gar keine sekundären Daten zu speichern, wenn man genügend Hardwareleistung zur Verfügung hätte, um sie jederzeit aktuell zu berechnen. Es ist sogar gefährlich, sekundäre Daten zu speichern, da immer die Gefahr der Inkonsistenz zu den primären besteht. Es ist jedoch offensichtlich nicht praktikabel, jederzeit alles neu zu berechnen, wenn man z.B. bedenkt, daß eine Vertriebsstatistik, abgeleitet aus 15 Mio Datensätzen, selbst auf sehr großen Rechnern mehrere Stunden Laufzeit beansprucht. Manchmal ist dies auch fachlich nicht erwünscht, z.B. wenn man mit der oben erwähnten Vertriebsstatistik Wochenwerte und nicht zufällige tägliche Schwankungen sehen will. In jedem Fall hat die Speicherung sekundärer, meist verdichteter Daten unerwünschte Nebeneffekte. Man kann z.B. eine fehlerhafte Buchung nach der Verdichtung nicht mehr korrigieren, ohne die Verdichtung zu wiederholen.

Ein großer Teil des Aufwandes in Softwaresystemen entsteht durch die Aufgabe, im Falle von Störungen die Konsistenz der sekundären zu den primären Daten sicher- oder wiederherzustellen.

Für die Konstituierung einer Datenbasis sind also nur die primären Daten relevant und zwar nur deren **Erzeugung**. Erzeugt werden Daten durch folgende vier Operationen:

- **anlegen** von Objekten (auf Schlüsselbasis),
- **ergänzen** von Attributen zu Objekten,
- **ändern** von Objekten und ihren Attributen,
- **löschen** von Attributen oder ganzen Objekten.

Alle **lesenden Operationen** sind für die Entstehung von Systemen irrelevant, da sie die Integrität der primären Daten nicht beeinflussen können.

5.2 Benutzer und Organisation

Nach der Differenzierung der Daten und der dazugehörenden Operationen muß auch "der Benutzer" genauer betrachtet werden.

Es ist nicht möglich, alle fachlichen Fehler, die ein Benutzer beim Erzeugen primärer Daten machen kann, durch Prüfungen in der Software zu verhindern. Gibt etwa ein Benutzer versehentlich für die Nirosta-Mutter im Beispiel die Mengenbasis 100 statt 1000 Stück ein, wird jede darauf aufbauende Berechnung falsch, etwa eine Nettobedarfsrechnung mit Stücklistenauflösung. Daher werden an den Benutzer Ansprüche bezüglich seiner Qualifikation und seiner Bereitschaft gestellt, verantwortlich zu handeln.

So wie **Software Engineering** nicht auf ein Einplatz-PC-System für ein single tasking Betriebssystem abzielt, ist hier mit Benutzer nicht der dazugehörige Individualanwender gemeint. Wenn dieser einen Fehler macht, hat er den Schaden selbst. Also wird er meist (?) versuchen, einmal gemachte und erkannte Fehler zu vermeiden, also im Eigeninteresse verantwortlich zu handeln.

Wenn ein Mitarbeiter in einem Unternehmen, etwa in der Entwicklung oder im Marketing, einen Teilestammsatz falsch anlegt, hat er keinen unmittelbaren Schaden, obwohl er möglicherweise eine logistische Katastrophe auslöst. Mit Benutzer meinen wir den in eine Organisation eingebundenen, verantwortlich und fachkundig handelnden Benutzer, kurz: den **organisierten Benutzer**. Datenerfasser früherer (?) Zeiten aus der Lochkartentechnik sind in unserem Sinne keine Benutzer.

5.3 Zusammenfassung

Grundelemente zur Konstituierung von Software sind:

- primäre Daten,
- erzeugende Operationen,
- organisierte Benutzer.

Die Wichtigkeit sog. **Erzeugungsprozesse** ist schon sehr lange bekannt in der sog. IBM-Verfahrenstechnik (IBM 76, VT). Sie lebt auch in neuesten Veröffentlichungen fort (Vetter 88, Strategie). Leider wurde die entscheidende Einschränkung auf primäre Daten und ihre Entstehung nicht gesehen und daher die Technologie sehr aufwendig. Nur ganz wenige Firmen treiben den damit verbundenen Aufwand, die extrem großen Tabellen für diese Erzeugungsprozesse zu erstellen und maschinell zu verwalten. Sie werden so groß, weil die Erzeugung primärer und sekundärer Daten nicht getrennt wird.

Durch die Beschränkung der Grundelemente auf das Wesentliche wird es möglich, einer der wichtigsten Forderungen des Software Engineering nachzukommen, nämlich der **Komplexitätsreduktion** durch Methoden.

Eine objektorientierte Technologie kann sich für die Konstituierung von Systemen, d.h. für das Strukturieren in Teilsysteme und das Minimieren von Schnittstellen zwischen ihnen, auf wenige Elemente beschränken, die sich **konstruktiv statt intuitiv** verknüpfen lassen.

6. Die Konstituierung von Softwaresystemen

Die **Konstituierung** von Softwaresystemen ist als **Phase Systemabgrenzung** vor der Spezifikation einzuordnen:

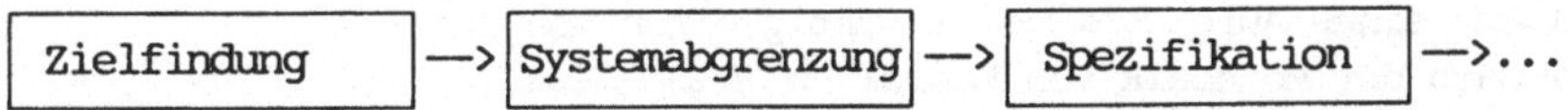

Abb.5: Konstituierung eines Systems als Phase Systemabgrenzung

Nach einer informalen Phase **Zielfindung**, in der ermittelt und abgestimmt wird, was man überhaupt will und ob man überhaupt Software braucht, muß in einer Phase **Systemabgrenzung**, früher Grobkonzept genannt, folgendes geleistet werden:

- o **Objekttypen für die relevanten primären Daten** finden,
- o **verantwortliche Benutzer** bzw. Organisationseinheiten (= Stellen) finden, die diese Daten erzeugen,
- o **je Stelle die erzeugenden Operationen** auf Typen und Attributen feststellen.

Es muß die Erzeugung aller primären Daten (= Objekttype mit Attributen) gefunden werden, damit das System keine Importschnittstellen primärer Daten aufweist. Daher wird der Name System*abgrenzung* der ebenfalls denkbaren Bezeichnung System*bildung* vorgezogen.

Wie man Objekttypen bzw. Relationen findet, kann hier nicht ausgeführt werden. Es gibt anerkannte und praktisch bewährte Darstellungen zur Datenmodellierung (vgl. Chen 76, Entity-Relationship; Codd 79, Extending RM; Wedekind 81, DB-Systeme I; Ortner 83, Konstruktionssprache), auf die verwiesen wird. Man beachte, daß Codd mit seiner Normalisierungslehre genau dieselben Ziele verfolgt (und auch konstruktiv erreicht!), die mit den softwaretechnischen Zielen **maximale Bindung** und **minimale Kopplung** (= minimale Schnittstellen) verfolgt werden: Objekte sind änderungsfreundlich und fernwirkungsarm. Ein ohne normalisiertes Datenmodell entworfenes Softwaresystem kann niemals objektorientiert werden, da helfen weder Smalltalk, noch -mit Einschränkungen- ADA, noch C++.

Ein objektorientiertes System besteht aus einem oder mehreren Objekttypen einer zentralen Datenbasis, die zunächst nur aus primären Daten besteht. Das System ist eingebettet in diejenige Organisationseinheit, die die Objekte der Objekttypen erzeugt. Da häufig einzelne Objekttype keine sinnvolle Basis für Anwendungen (= erzeugte Daten) ergeben, muß man zusammengehörende Objekttype zu **Teilsystemen** zusammenfassen. Diese werden **Vorgangsketten** genannt, weil bei vielen Objekttypen nach dem Anlegen eines Objekts durch die verantwortliche Stelle die übrigen Daten von anderen Stellen ergänzt werden, die für die Attribute verantwortlich sind. Das Objekt ist erst vollständig, wenn dieser *Vorgang* beendet ist. Vorgangsketten sind also Änderungsoperationen datenverantwortlicher Stellen auf sachlogisch zusammengehörenden Objekttypen. Eine differenzierte Behandlung von **Grundobjekttypen** (bekannt als "Stammdaten") und **Vorgangsobjekttypen** (bekannt als "Bewegungsdaten") kann hier nicht geleistet werden (vgl. Spitta 89, Engineering). Dort ist auch die praktische Handhabung von Datenmodellen dargestellt.

Die in dem zitierten Buch genauer dargelegte Methode zerfällt in einen groben Teil und einen detaillierten:

1. **Grobentwurf**: Finden von Objekttypen nach dem Entity-Relationship-Modell (**graphisch**) und nach dem Begriffskalkül. Er-

stellen eines Aufgabenmodells (Tätigkeiten von Stellen) nach der Methodik von Kosiol (62, Organisation).

2. Feinentwurf: Ergänzen der Attribute nach dem Relationenmodell mit Normalisierung (**verbal**). Notieren der erzeugenden Operationen (= Elementaraufgaben).

Man beachte, daß man bei der Bildung von Objekttypen immer wichtige Attribute wenigstens implizit mitbetrachtet, da Objekttype erst durch ihre Attribute definiert sind (Näheres in den zitierten Büchern von Wedekind und Ortner).

Ziel der Vorgehensweise ist eine Systembildung und -abgrenzung mit 1.) wenig Aufwand und 2.) so präzise wie nötig. Im Bild:

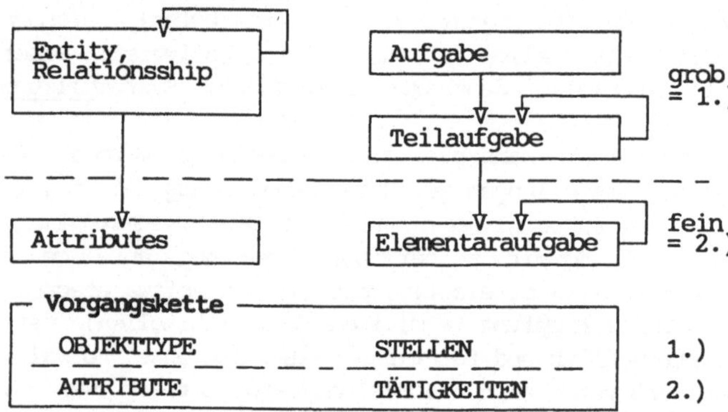

Abb.6: Schema der Systembildung mit Vorgangsketten

Diese Methode zur Konstituierung von Softwaresystemen bricht mit einem verbreiteten Paradigma des Software Engineering: Es wird n i c h t top down entworfen. Der Autor bezweifelt entschieden, daß es möglich ist, Datenmodelle top down zu entwerfen, wie dies auch in neuerer Zeit noch behauptet wird (vgl. Vetter 88, Strategie, S.239ff.; aber auch: Jackson 83, JSD). Vielmehr findet man höher in einer Hierarchie angesiedelte Objekttype eher bottom up. Sie werden durch den Konstruktionsschritt **Generalisierung** oder auch **Inklusion** gefunden (vgl. hierzu Ortner 85, Begriffskalkul, S.23f.).

Zur Erläuterung sei ein Teil des Beispiels aus Abb.3b als Relationenmodell notiert:

BUCHBESTAND (Wirtschaftsjahr#, Anzahl-Titel, Bestands-Wert)
FACHGEBIET (Wirtschaftsjahr#, Gebiets#, Gebietsname, Anzahl-Titel, Bestands-Wert)
BUCH (Inventar#, Gebiets#, Autor, Titel, Verlag, ..., Preis)

Der Leser beachte, daß in der Hierarchie des Abb.3b die wichtigste Relation fehlt, weil man sie bei einem top-down-Entwurf nicht findet:

AUSLEIHE (Inventar#, Benutzer#, Ausleih-Datum, Rückgabe-Datum, ...)

Die in der Hierarchie höher gelegenen Relationen enthalten nur abgeleitete Daten. Sie vererben nichts auf die Elementarrelation BUCH, im Gegenteil: sie erben (= bottom up) primäre Daten in verdichteter Form. Die hierzu erforderlichen Operationen (in Smalltalk **Methoden**) gehören zum hierarchisch höher gelegenen Objekt und nicht zum tiefer gelegenen.

7. Zusammenfassung

Der Beitrag hatte drei Ziele:

1. die Systembildung als wichtigste konstitutive Entscheidung des Software Engineering hervorzuheben und methodisch abzusichern,
2. die Durchgängigkeit objektorientierter Techniken zu untermauern und ihre Anwendung in Ansätzen zu zeigen,
3. die Notwendigkeit einer einheitlichen Sicht von Software und Data Engineering zu unterstreichen und damit deutlich zu machen, daß ein Paradigmenwechsel im Software Engineering überfällig ist.

Zur Verdeutlichung werden die wichtigsten Aussagen wiederholt:

1. **Systeme sind zu konstruieren**, sie "fallen nicht vom Himmel". Die Systembildung ist die folgenschwerste Entwurfsentscheidung bei der Softwareentwicklung.
2. Ein **top down-Entwurf** von Softwaresystemen ist **nicht möglich**. Wird er versucht, kann dies nur intuitiv statt konstruktiv erfolgen.
3. Eine **Spezifikation** kann **nur auf Basis eines konstruierten Systems** Grundlage einer gleich strukturierten Implementierung sein.
4. **Transformationsorientierte Spezifikationsmethoden** (SA, SADT, RSL, ISAC u.ä.) sind zu "**entsorgen**".
5. **Prototyping** (s. eig. Zitat) hat **in der Phase Systemabgrenzung** nichts zu suchen, wäre sogar **schädlich** (dies ist bei der Spezifikation völlig anders, jedoch hier nicht Thema!).

Für die Unterstützung und wichtige Hinweise sei Ernst Denert, München, und Peter Löhr, Berlin, gedankt. Zum Abschluß jedoch: Das Buch **Software Engineering und Prototyping** ist auf Anregung von Reinhold Franck geschrieben worden.

Literatur

Balzer 78, Informality: Balzer,R., Goldman,N., Wile,D.: Informality in Program Specifications, in: IEEE Trans. on SE 4(1978) No.2, pp.94-103.

Balzer 79, Specification: Balzer,R., Goldman,N.: Principles of Good Software Specification and Their Implications for Specification Language, in: IEEE Proc. Conf. on Specification of Reliable Software, pp.58-67. Cambridge/Mass. 1979

Balzert 81, Methoden: Balzert,H.: Methoden, Sprachen und Werkzeuge zur Definition, Dokumentation und Analyse von Anforderungen an Software-Produkte. In: Informatik-Spektrum 4 (1981) H.3, S.145-163 und H.4, S.246-260.

Balzert 82, Entwicklung: Balzert,H.: Die Entwicklung von Software-Systemen. Reihe Informatik Bd. 34. BI, Mannheim - Wien - Zürich 1982.

Chen 76, Entity-Relationship: Chen,P.P.-S.: The Entity-Relationship Model - Toward a Unified View of Data, in: ACM Trans. on Database Systems 1(1976) No.1, pp.9-36.

Coad 90, OOA: Coad, P., Yourdon,E.: Object-Oriented Analysis. Yourdon Press/Prentice Hall, Englewood Cliffs N.J. 1990.

Codd 70, Relational Model: Codd,E.F.: A Relational Model of Data for Large Shared Data Banks, in: CACM 13 (1970) No.6, pp.377-387.

Codd 79, Extending RM: Codd,E.F.: Extending the Database Relational Model to Capture More Meaning, in: ACM Trans. on Database Systems 4(1979) No.4, pp.397-434.

Denert 91, Engineering: Denert,E.: Software-Engineering. Springer, Berlin - Heidelberg - New York et.al. 1991.

Ehrig 81, Stücklisten: Ehrig,H., Fey,W., Kreowski,H.-J.: Algebraische Spezifikation eines Stücklistensystems - eine Fallstudie, in: Floyd 81, Spezifikation, S.75-90.

Floyd 81, Spezifikation: Floyd,C., Kopetz,H. (Hrsg.): Software Engineering - Entwurf und Spezifikation. Teubner, Stuttgart 1981.

Floyd 83, Paradigmenwechsel: Floyd,C.: Grundzuge eines Paradigmenwechsels in der Softwaretechnik. Kolloquium "Information, Organisations- und Informationstechnologie", 13.-15.12.83. Humboldt-Universitat Berlin/Ost 1983.

Floyd 84, Methoden: Floyd,C.: Eine Untersuchung von Softwareentwicklungsmethoden, in: Morgenbrod 84, Programmierumgebungen, S.248-274.

Guttag 77, Data Types: Guttag,J.: Abstract Data Types and the Development of Data Structures, in: CACM 20(1977) No.6, pp.396-404.

Hesse 81, Methoden: Hesse,W.: Methoden und Werkzeuge zur Software-Entwicklung - Ein Marsch durch die Technologie-Landschaft; in: Informatik-Spektrum 4(1981) H.4, S.229-245.

Hesse 84, Begriffssystem: Hesse,W., Keutgen,V., Luft,A.L., Rombach,H.D.: Ein Begriffssystem für die Softwaretechnik - Vorschlag zur Terminologie, in: Informatik-Spektrum 7(1984) H.4, S.200-213.

IBM 76, VT: IBM (Hrsg.): Verfahrenstechnik, div. Broschüren: IBM-Form SR 12-1675-0, SR 12-1657-0, F 12-008 (11/76), GL 20-1851, GQ 12-1049-0, IBM Corporation 1976 ff.

Jackson 83, JSD: Jackson,M.A.: System Development. Prentice Hall, Hempstead 1983.

Kosiol 62, Organisation: Kosiol,E.: Organisation der Unternehmung. Gabler, Wiesbaden 1962.

Kreowski 81, Spezifikation: Kreowski,H.-J.: Algebraische Spezifikation von Softwaresystemen, in: Floyd 81, Spezifikation, S.46-74.

Liskow 74, ADT: Liskow,B.H.; Zilles,S.N.: Programming with Abstract Data Types, in: SIGPLAN Notices 9(1974), No. 4, pp.50-59.

Lundeberg 80, ISAC: Lundeberg,M.: ISAC - Specification of Information Systems in Order to Support the Activities of Programme and Organizing Commettees for IFIP Working Conferences, Specialist Report TRITA-IBADB-4102, IFIP, Stockholm 1980.

Meyer 90, SW-Entwicklung: Meyer,B.: Objektorientierte Softwareentwicklung. Hanser, München - Wien und Prentice Hall, London 1990.

Morgenbrod 84, Programmierumgebungen: Morgenbrod,H., Sammer,W. (Hrsg.): Programmierumgebungen und Compiler. Teubner, Stuttgart 1984.

Orr 77, Design: Orr,K.T.: Structured Systems Development. Yourdon Inc., New York 1977.

Ortner 83, Konstruktionssprache: Ortner,E.: Aspekte einer Konstruktionssprache für den Datenbankentwurf. Toeche-Mittler, Darmstadt 1983.

Ortner 85, Begriffskalkül: Ortner,E.: Semantische Modellierung - Datenbankentwurf auf der Ebene der Benutzer, in: Informatik-Spektrum 8(1985) H.1, S.20-28.

Parnas 72, Criteria: Parnas,D.C.: On the Criteria to be Used in Decomposing Systems into Modules, in: CACM 15(1972) No.12, pp.1053-1058.

Parnas 84, Modular Structure: Parnas,D.L.: The Modular Structure of Complex Systems, in: 7th ICSE, pp.408-417. Orlando/Florida 1984.

Schelle 83, Software-Entwicklung: Schelle,H., Molzberger,P. (Hrsg.): Psychologische Aspekte der Software-Entwicklung. Oldenbourg, München 1983.

Schnupp 83, Softwaretechnologie: Schnupp,P.: Softwaretechnologie fur den kommerziellen Anwender - Bringen die 80er Jahre einen Paradigmenwechsel? in: Schelle 83, Software-Entwicklung, S.156-171.

Schulz 90, Entwurf: Schulz,A.: Software-Entwurf, 2.Aufl. Oldenbourg, München - Wien 1990.

Smith 77, Abstractions: Smith,J.M., Smith,D.C.P.: Database Abstractions: Aggregation and Generalization, in: ACM Trans. on Database Systems, 2(1977) No.2, pp.106-133.

Spitta 89, Engineering: Spitta,Th.: Software Engineering und Prototyping. Springer, Berlin - Heidelberg - New York - Tokyo 1989.

Vetter 88, Strategie: Vetter,M.: Strategie der Anwendungssoftware-Entwicklung. Teubner, Stuttgart 1988.

Wasserman 79, Engineering View: Wasserman,A.I.: A Software Engineering View of Data Base Management, in: Weber 79, DB-Management, pp.41-63.

Weber 79, DB-Management: Weber,H., Wasserman,A.I. (eds.): Issues in Database Management. North-Holland, Amsterdam - New York - Oxford 1979.

Wedekind 81, DB-Systeme I: Wedekind,H.: Datenbanksysteme I, 2.Aufl. Bibliographisches Institut, Mannheim - Wien - Zürich 1981.

Yourdon 76, SD: Yourdon,E., Constantine,L.L.: Structured Design. Prentice Hall, Englewood Cliffs/ N.J. 1976.

Beispiele zur Rekursion von Reinhold Franck und anderen Autoren

Jürgen F.H. Winkler
Siemens AG, Zentrale Forschung
und Entwicklung, München

"Theoria cum praxi"
G.W. Leibniz

Die Fakultätsfunktion wird häufig verwendet, um das Konzept der Rekursion bei der Programmierung zu erläutern. Die dabei typisch verwendete Formulierung liefert bei den typischen Ganzzahlbereichen auf Rechnern für fast alle Argumentwerte einen Programmfehler. In einem Beitrag im Informatik Spektrum Aug. 1989 wurden Versionen der Fakultätsfunktion vorgestellt, die "richtiger" und gleichzeitig effizienter sind. Da diese Versionen nicht rekursiv sind, wurde gleichzeitig nach guten Lehrbeispielen für die Rekursion gefragt.

Auf diesen kurzen Aufsatz hat Reinhold Franck mit einer ausführlichen Stellungnahme geantwortet, deren wesentlicher Inhalt hier dargestellt wird. Außerdem werden Beispiele aus anderen Zuschriften präsentiert.

Schlüsselwörter: Rekursion, Fakultätsfunktion, binäres Suchen, Reinhold Franck, endliche Zahlenbereiche, von Koch'sche Kurve

1 Einführung

Reinhold Franck äußerte sich in einer ausführlichen Stellungnahme im Herbst 1989 zu dem kleinen Beitrag im Informatik Spektrum "Wie soll die Fakultätsfunktion programmiert werden?" [NW 89]. Als Hochschullehrer ging es ihm dabei vor allem um didaktische Gesichtspunkte. Im vorliegenden Aufsatz werden der Anlaß zu [NW 89] erläutert und die Stellungnahmen von Reinhold Franck und weiteren Autoren, die sich ebenfalls geäußert haben, dargestellt.

Zwei Beobachtungen waren seitens des Autors Anlaß zu [NW 89]:

a) in einem Programmier-Kurs stellten A.Schleiermacher und der Autor Anfang der 80-er Jahre im Zusammenhang mit Rekursion die dafür typische Aufgabe, die Fakultätsfunktion zu implementieren, und erläuterten damit das Prinzip der Rekursion. Da in diesem Kurs auch darauf geachtet werden sollte, daß die Teilnehmer lernen, effizienten Code zu erstellen, behandelten wir auch die Schleifenlösung und ließen den Zeit-Speicher-Aufwand ermitteln. Während der Übungen stellten wir dann noch die Zusatzfrage, ob jemand noch eine effizientere Lösung wüßte (wir dachten an die Reihungslösung). Keiner der Teilnehmer erwähnte sie. Während der 80-er Jahre konnte der Autor noch mehrmals die Beobachtung machen, daß die Reihungslösung nicht genannt wurde.
b) eine genauere Betrachtung der Reihungslösung, bei welcher man ja überhaupt nicht auf die Idee kommt, den vordefinierten Typ INTEGER als Argumenttyp, d.h. hier als Indextyp, zu verwenden, zeigte, daß die Reihungslösung nicht nur effizienter ist, sondern auch "korrekter" oder zumindest wohldefinierter.

Betrachten wir die übliche Formulierung:

```
FUNCTION Fak_1 (N: Integer) Return Integer IS
BEGIN  IF N = 0
        THEN Return 1
        ELSE  Return N * Fak_1 (N-1);
        END IF;
END  Fak_1 ;
```

Man kann diese Lösung die Algol 60-Lösung nennen, da Algol 60 für ganze Zahlen nur INTEGER kannte, oder auch die naive Lösung, da so getan wird, als seien die Typen im Programm gleichwertig zu den entsprechenden mathematischen Zahlenmengen (für ein anderes Beispiel s. z.B. [Win 90]).

Fak_1 hat an zwei Stellen wesentliche Schwächen: (1) in der Spezifikation beim Argumentyp Integer und (2) im Rumpf bei der Abfrage "IF N = 0". Diese Abfrage führt dazu, daß Fak_1 für negative Werte in eine nichtabbrechende Rekursion geht, die in der Regel zu einem Programmabbruch führt.

Betrachtet man die Spezifikation

```
FUNCTION Fak_1 (N: Integer) Return Integer
```

von Fak_1 genauer und berücksichtigt dabei das eben geschilderte Verhalten, dann stellt man folgende Schwächen fest:

- Fak_1 liefert fast immer einen Fehler und keinen Wert vom Typ Integer. Wenn für die interne Darstellung 32 Bit verwendet werden, dann liefert Fak_1 nur für 13 von 4_294_967_296 (d.h. über 4 Milliarden) möglichen Argumentwerten ein richtiges Ergebnis, d.h. es arbeitet für fast alle Argumentwerte falsch.
- die Beschreibung der möglichen Ergebnisse durch den Typ Integer ist unvollständig, da das Ergebnis "Programmabbruch" nicht in dieser Menge liegt. Wenn das Wort "FUNCTION" suggerieren soll, daß Fak_1 ähnliche Eigenschaften wie eine math. Funktion haben sollte, dann sollten alle möglichen Ergebnisse durch die Ergebnisbeschreibung erfaßt werden. Außer den Werten des Typs Integer können aber noch die Fehler "Constraint_Error" und "Storage_Error" (in Ada-Terminologie) auftreten. Die meisten Sprachen bieten nun keine Möglichkeit, dies in der Spezifikation zu beschreiben. Eine der wenigen Sprachen, die das erlauben, ist CHILL [ITU 88]:

  ```
  Fak_1a: PROC (N Integer) RETURNS(Integer) EXCEPTIONS(OVERFLOW, SPACEFAIL);
  ```

  Hier ist klar dokumentiert, daß außer einem zahlenmäßigen Funktionsergebnis, auch andere Ergebnisse auftreten können. Mit den Mitteln der Ausnahmebehandlung könnte der Rumpf von Fak_1 anders formuliert werden; das soll hier aber nicht weiter verfolgt werden.

Diese nicht zu übersehenden Schwächen legen doch die Frage nahe, ob Fak_1 überhaupt jemals in der Lehre gezeigt werden sollte (oder nur als "Negativbeispiel"). Insbesondere wenn man bedenkt, daß Zuverlässigkeit das wohl drängenste Problem der Softwaretechnik ist [Neu 89].

Vom Standpunkt des SW-Ingenieurs sind vor allem technische Eigenschaften eines Programmes wichtig, wie z.B. Fehlerfreiheit [Red 89] und Wirtschaftlichkeit. Gibt es für eine Aufgabe verschiedene Realisierungsmöglichkeiten (wie z.B. Rekursion, Iteration und Reihung für die Fakultät), dann wird er die Möglichkeit wählen, welche sein Ziel, fehlerfreie und effiziente Programme, am besten unterstützt. Auch das, was oft als (mathematische)

Eleganz bezeichnet wird, wird im Zweifelsfalle hinter diese Ziele zurücktreten müssen [Mee 90: 83].

Rekursion ist eine von meist mehreren möglichen Implementierungstechniken, und sie wird generell als eine bedeutende Implementierungstechnik angesehen. Der vorliegende Aufsatz und [Nie 90] zeigen, daß es eine Reihe von weniger problematischen Beispielen zur Anwendung der Rekursion gibt.

2 Beispiele zur Rekursion von Reinhold Franck

Am 31. Oktober 1989 antwortete Reinhold Franck mit einer ausführlichen Stellungnahme unter dem Titel "Rekursion in der Wissenschaft oder die Ausbildung in rekusivem Denken" auf [NW 89]. Entsprechend seinem Engagement als Hochschullehrer beschäftigte sie sich wesentlich mit didaktischen Fragen, und zwar unter folgenden drei Gesichtspunkten:

- Die Programmierung der Fakultätsfunktion
- Didaktisch geeignetere Beispiele für rekursive Funktionen
- Das allgemeine Problem der Ausbildung in Rekursion

Im ersten Punkt verweist er kurz auf die Implementierung der Fakultätsfunktion in [KV 74: 77]. Diese Formulierung verwendet für große Argumente die Stirling'sche Näherungsformel, weist darüberhinaus aber auch einige Schwächen auf.

2.1 Didaktisch geeignetere Beispiele für rekursive Funktionen

Reinhold Franck gibt hier zwei Beispiele an, die er auch selbst in der Ausbildung verwendet hat. "Auswahlkriterium dafür war, daß es sich um möglichst einfach verstehbare Funktionen handelt, deren rekursive Fassung jedoch nicht so offensichtlich fragwürdig ist wie bei der Fakultätsfunktion." Das erste Beispiel betrifft die Spiegelung einer Folge von Zeichen:

Aufgabe: Spiegelung einer Folge von Eingabezeichen bis zu einem Stoppsymbol 'Φ'

```
proc  mirror
      int a;
      read(a);
      if a =/= 'Φ'
      then mirror
      fi;
      print(a)
```

Er hat dieses Beispiel aus den Lehrunterlagen von K.-P. Löhr (jetzt FU Berlin) übernommen. "Dieses Beispiel ist offensichtlich ein wenig künstlich und auch nur zur Erläuterung der Rekursion entstanden. ... Die Prozedur *mirror* ist sehr einfach und übersichtlich; sie verfügt über eine lokale Variable, so daß daran die Übersetzung rekursiver Funktionen sowie deren dynamische Abarbeitung und insbesondere die Funktionsweise eines Variablenkellers gut erklärbar sind."

Das zweite Beispiel ist die binäre Suche. Dafür gibt er zwei Formulierungen an, eine abstrakte und eine auf Reihungen bezogene:

```
proc binsearch = (Eingabe: list, key; Ausgabe: pos);
begin
    int median;
    if Liste leer
    then pos : = nichtgefunden
    else median : = Position in der Mitte der Liste;
         if list[median] = key
         then pos : = median
         else if key < list[median]
              then binsearch (unterer Teil, key, pos)
              else binsearch (oberer Teil, key, pos)
    fi   fi   fi
end;
```

```
proc binsearch = (int lwb, upb; item key; var int pos);
begin
    int median;
    if lwb > upb
    then pos : = nichtgefunden
    else median : = (lwb + upb) div 2;
         if list[median] = key
         then pos : = median
         else if key < list[median]
              then binsearch(lwb, median-1, key, pos)
              else  binsearch(median + 1, upb, key, pos)
    fi   fi   fi
end;
```

2.2 Das allgemeine Problem der Ausbildung in Rekursion

Um die Rekursion, die er für einen Schwerpunkt der "Algorithmen"-Säule in der Informatik-Grundausbildung hält, zu lehren und zu lernen, findet Reinhold Franck Lisp (und auch Prolog) sehr gut geeignet; insbesondere wenn man an nichtnumerische Übungsbeispiele denkt. Viele nichtnumerische Beispiele stammen aus der Listenverarbeitung. Wenn in prozeduralen Sprachen Listen durch Reihungen realisiert werden, dann stellt die richtige Bestimmung der Reihungsindizes oft ein Problem dar, welches dann von dem eigentlichen Lehrgegenstand, der Rekursion, ablenkt. Daher gab er auch für die binäre Suche zwei Fassungen an, eine mehr abstrakte und eine, bei welcher eine konkrete Repräsentation gewählt wurde (s. Abschnitt 2.1). Außerdem würde die Verwendung von Reihungen eher den Einsatz von iterativen Techniken und weniger den der Rekursion nahelegen.

Als Beispiele für die Eignung von Lisp gibt er zwei kurze Beispiele an:

Aufgabe: Invertierung einer Liste

```
(LABEL Invert (LAMBDA (P) (COND ((ATOM P) P)
                                 (T CONS( Invert(CDR P) (CAR P)))
)              )            )
```

Aufgabe: Verkettung zweier Listen

```
(LABEL Append (LAMBDA (L1 L2)
               (COND ((NULL L1) L2)
                     (T (CONS (CAR L1) (Append (CDR L1) L2)))
)              ))
```

3 Beispiele zur Rekursion von anderen Autoren

3.1 Berechnung von Polynomen

G.Lamprecht (Universität Bremen) verweist auf Kapitel 10 seines Buches [Lam 88], in welchem mehrere Beispiele für rekursive Programme angegeben sind. In seinem Brief meint er, "daß es kein Beispiel gibt, bei dem sich die Rekursion als "natürlich und effektiv" erweist". Dies ist natürlich eine weitere Herausforderung an die Leser.

Das erste Beispiel von Herrn Lamprecht ist die Berechnung des Tschebyschew-Polynoms

$$T_0(x) = 1$$
$$T_1(x) = x$$
$$T_n(x) = 2 \cdot x \cdot T_{n-1}(x) - T_{n-2}(x) \quad \text{für } n>1.$$

Dazu gibt er folgendes Programm an:

```
begin
    real x1, y;

    real procedure t(n,x);
        integer n; real x;
        t: = if n>1 then 2 * x * t(n-1, x) - t(n-2, x)
                     else  (if n = 1 then x else 1);

    for x1 : = -1 step 0.1 until 1 do
    begin
        y : = t(5, x1);
        outfix(x1, 2, 6); outfix(y, 3, 10); outimage;
    end;

end
```

Dies ist eine direkte Umsetzung der mathematischen Formel. Wegen der Verwendung von "integer" weicht sie etwas von der mathematischen "Spezifikation" ab, da z.B. auch der Aufruf t(-10, x) zulässig ist und dasselbe Ergebnis wie t(0, x) liefert.
Herr Lamprecht weist dann weiter darauf hin, daß bei dieser direkten Umsetzung viele Doppelberechnungen vorgenommen werden (ähnlich wie bei der rekursiven Berechnung der Fibonnacci-Zahlen; JW) und verweist auf eine iterative Lösung zur Berechnung der Tschebyschew-Polynome.

Weiter wird als Beispiel die Berechnung des Laguerrschen Polynoms

$$L_n(x) = 1/n\,((n-1-x) \cdot L_n\text{-}1(x) - (n-1) \cdot L_{n-2}(x)) \quad \text{für } n>1$$
$$L_0(x) = 1$$
$$L_1(x) = -x + 1$$

angegeben.

An diesem Beispiel zeigt sich also wieder der Einfluß von Effizienzüberlegungen, der für die Informatik charakteristisch ist ("The fundamental question underlying all of computing is, "What can be (efficiently) automated?" " [CDG 89: 12]).

3.2 Berechnung des Pascal'schen Dreiecks

Dieses Beispiel stammt ebenfalls aus dem Buch von G.Lamprecht. Das Pascal'sche Dreieck enthält bekanntermaßen die Binomialkoeffizienten, d.h. die Koeffizienten der Terme von $(a+b)^n$. Es hat die folgende Gestalt:

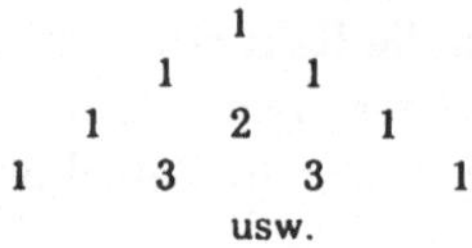

Es wird durch folgendes Programm berechnet:

```
begin
    integer array a(0:15);

    procedure pascal(n, a); integer n; integer array a;
    begin
        integer k; integer array b(0:n);
        a(0) : = a(n) : = 1;
        if n>0 then pascal (n-1, b);
        for k : = 1 step 1 until n-1 do
            a(k) : = b(k) + b(k-1);
        sysout.setpos((65 - n*4);
        for k : = 0 step 1 until n do
        begin
            outint(a(k), 5); sysout.setpos(sysout.pos + 3);
        end;
        outimage;
    end;

    spacing(3);
    pascal(15,a);
end
```

3.3 Die von Koch'sche Kurve

Herr Lamprecht weist bei diesem Beispiel daruf hin, daß hier eine iterative Lösung "recht unübersichtlich werden dürfte". Er schreibt weiter in seinem Buch :
"Die von Koch'sche Kurve wurde Anfang dieses Jahrhunderts als Beispiel für eine stetige Kurve angegeben, die nirgends eine Tangente besitzt. Sie wird folgendermaßen konstruiert:

> Man geht von einem Dreieck ABC aus und drittelt die dem Punkt C gegenüberliegende Seite. Die Teilungspunkte seien mit C_1 und C_2 bezeichnet. Die Strecke C_1C_2 wird entfernt. Mit den Dreiecken ACC_1 und BCC_2 verfährt man in derselben Weise bezüglich der Seiten AC und BC. Indem man die Dreiecke immer weiter unterteilt, ergibt sich im Grenzübergang die von Koch'sche Kurve."
> (Dieses Prinzip ist in Bild 1 dargestellt; JW)

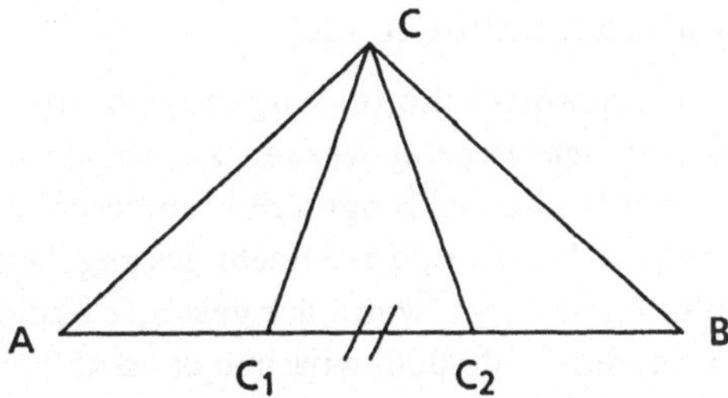

Bild 1. Konstruktionsprinzip der von Koch'schen Kurve

Das Programm zur grafischen Ausgabe der von Koch'schen Kurve 7.Ordnung sieht folgendermaßen aus:

```
begin
    ! Die Klasse graphic ist an dieser Stelle anzugeben
    ! wie sie oben (im Buch; JW) angelistet ist.

    graphic(0, 1, 0, 1);

        procedure koch(n, a, b, c);
            short integer n; ref(point) a, b, c;
        if n>0 then
        begin
            ref(point) c1, c2;
            c1 := new point(a.x + (b.x-a.x)/3, a.y + (b.y-a.y)/3);
            c2 := new point(b.x + (a.x-b.x)/3, b.y + (a.y-b.y)/3);
            koch(n-1, a, c, c1); koch(n-1, b, c, c2);
        end
        else
        begin
            new line(a, b).display;
            new line(b, c).display;
            new line(c, a).display;
        end;

        new legend(new point(0, 0.7),
                "von Koch'sche Kurve der Ordnung 7").display;

        koch(7, new point(0,0), new point(1,0), new point(0.5, 0.6));
    end;
end
```

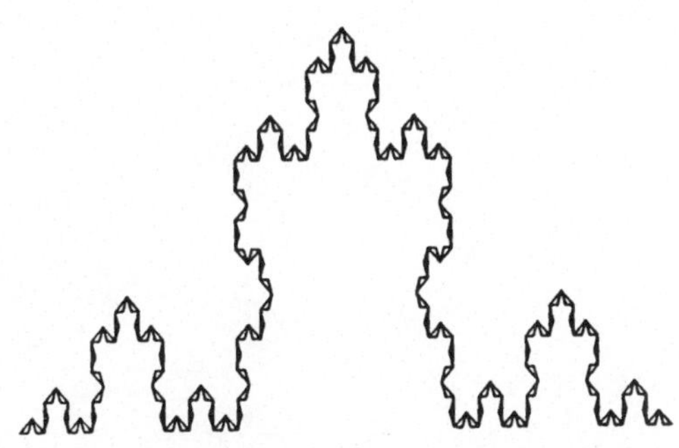

Bild 2. Von Koch'sche Kurve der Ordnung 7

3.4 Realisierung der Fakultätsfunktion in Lisp

Lothar Hotz aus Hamburg beantwortet die im August gestellte Frage mit "Mit Lisp" und meint, daß sie auch nur damit beantwortet werden könne. Er bezieht sich darauf, daß in Lisp-Systemen in der Regel mit "beliebig" langen Zahlen gerechnet werden kann und nicht nur mit den Zahlen, die durch die Wortlänge des Rechners gegeben sind. Die Grenze wird bei einem solchen Lisp-System dann erreicht, wenn der gesamte Speicher mit dem Funktionsergebnis gefüllt wird. Er gibt an, daß " 100 000! wirklich etwa 450 000 Stellen, etwa 86 Druckseiten und ca. 5 Seiten Nullen am Ende hat (berechnet auf RT 6150)".

Dem Problem, daß Argumentbereich und Resultatbereich nicht aneinander angepaßt sind, entgeht auch diese Implementierung nicht. Wegen n!/n = (n-1)! verschärft sich das Problem sogar noch.

Die Arithmetik von Lisp wird auch von Thomas Hemman (Infovation GmbH Bonn) erwähnt. Er teilt mit, daß er mit Allegro Common Lisp auf einem Macintosh SE/30 mit 5 MB Speicher 8429! berechnen kann.

3.5 Realisierung von Rekursion in Hardware

Prof. Liebig und Michael Sperling (beide TU Berlin) untersuchen in [LS 89] die Realisierung der Rekursion direkt durch geeignet konfigurierte Hardwarezellen. Unter den Beispielen, die sie heranziehen, befindet sich auch die Fakultätsfunktion, wobei sowohl die rekursive als auch die iterative Lösung untersucht werden. Es wird auch beobachtet, daß im Falle der Fakultät die Rekursion nur eine Art Zählfunktion hat und daher sehr leicht durch Iteration ersetzt werden kann. Für die Fibonnaccizahlen wird eine Anordnung angegeben, welche das mehrfache Berechnen von Zwischenergebnissen vermeidet.

Danksagung

Herrn Nievergelt bin ich zu Dank verpflichtet, dafür daß er das kleine Beispiel der Programmierung der Fakultätsfunktion in die Rubrik "Overflow" des Informatik-Spektrums aufgenommen hat. Reinhold Franck hat das darin steckende Problem auch erkannt und sich in seiner Stellungnahme engagiert damit auseinandergesetzt, wofür ich ihm posthum herzlich danke. Weiterhin danke ich den Autoren der anderen hier vorgestellten Beispiele für ihr Interesse an dieser Frage.

Literatur

CDG 89 Denning, Peter J; Comer, Douglas E; Gries, David; Mulder Michael C; Tucker, Allen, Turner, Joe A; Young, Paul R: Computing as a Discipline. CACM 32,1(1989) 9..23.

ITU 88 International Telecommunication Union (ed.): CCITT High Level Language (CHILL). Recommendation Z.200, Geneva 1988.

KV 74 van der Meulen, S. G.; Kühling, P.: Programmieren in ALGOL68 - Teil I, Einführung in die Sprache. Walter de Gruyter, Berlin usw., 1974.

Lam 88 Lamprecht, G.: Einführung in die Programmiersprache Simula, 3.Aufl. Vieweg 1988.

LS 89 Liebig, Hans; Sperling, Michael: Darstellung und Verwirklichung rekursiver Algorithmen durch Hardware. Techn. Universtität Berlin, FB 20, Informatik, Bericht 1989/1.

Mee 90 Meek, Brian: Failure is not just one value. SIGPLAN Notices 25,8 (1990) 80..83.

Neu 89 Neumann, P.G.: Risks to the Public in Computers and Related Systems. Software Engineering Notes 14,1 (1989) 6..26.

Nie 90 Nievergelt, J.: Schulbeispiele zur Rekursion. Informatik Spektrum 13,2 (1990) 106..108.

NW 89 Nievergelt, J.; Winkler, J.F.H.: Wie soll die Fakultätsfunktion programmiert werden? Informatik Spektrum 12,4 (1989) 220..221.

Red 89 Redmill, F. J.: Considering Quality in the Management of Software-Based Development Projects. In: Zalewski, Janusz; Ehrenberger, Wolfgang (Eds.): Hardware and Software for Real Time Process Control. North Holland, Amsterdam etc., 1989, 293..304.

Win 90 Winkler, J. F. H.: Functions not equivalent. Letter to the Editor. IEEE Software 7,3 (1990) 10.

Der Prozeß Verantwortung

Ute Bernhardt*, Helga Genrich*#, Ingo Ruhmann*

* Forum InformatikerInnen für Frieden und gesellschaftliche Verantwortung (FIFF) e.V., Reuterstr. 44, 5300 Bonn 1
# Gesellschaft für Mathematik und Datenverarbeitung GmbH (GMD), Schloß Birlinghoven, 5205 St. Augustin

> Der Blick vom Turm
>
> Als Frau Glü von dem höchsten Aussichtsturme aus in die Tiefe hinabblickte, da tauchte unten auf der Straße, einem winzigen Spielzeug gleich, aber an der Farbe seines Mantels unzweideutig erkennbar, ihr Sohn auf; und in der nächsten Sekunde war dieses Spielzeug von einem gleichfalls spielzeugartigen Lastwagen überfahren und ausgelöscht - aber das Ganze war doch nur eben die Sache eines unwirklich kurzen Augenblickes gewesen, und was da stattgefunden hatte, das hatte doch nur zwischen Spielzeugen stattgefunden.
>
> "Ich geh nicht hinunter!" schrie sie, sich dagegen sträubend, die Stufen hinabgeleitet zu werden, "ich geh nicht hinunter! Unten wäre ich verzweifelt!"
>
> Der Blick vom Turm, Fabeln von Günther Anders

Trotz zahlreicher Debatten und umfangreicher Literatur über Verantwortung in Wissenschaft und Technik (vgl. etwa [54]) gilt auch für die Informatik: "das 'Prinzip Verantwortung' rumpelt ... hohl" ([39], S. 68). Verschiedenste Diskussionsbeiträge (neben den im folgenden genannten sei auch verwiesen auf ([53] bes. S. 341ff, [9, 32]) und Bemühungen, Grenzen des verantwortbaren Handelns von InformatikerInnen zu bestimmen [2, 18] haben im alltäglichen Informatikbetrieb bisher kaum zu Veränderungen geführt. Der grundsätzliche Standpunkt, die Informatik als Wissenschaft sei neutral, und Verantwortung der in der Wissenschaft Arbeitenden bezöge sich allein auf die saubere wissenschaftlich-technische Lösung, ist nach wie vor verbreitet.

Obwohl Informatik gesellschaftliche Realität konstruiert und darauf gerichtet ist, soziale Organisation durch informationstechnische Einrichtungen zu ersetzen, werden von der Mehrzahl der InformatikerInnen die gesellschaftlichen Rahmenbedingungen ausgeblendet und die Verantwortung für die Wirkungen der Technik auf die Politik oder die AnwenderInnen abgeschoben.

Das Thema Verantwortung ist immer noch im wesentlichen Privatsache von Individuen und Vereinen ([18] S. 3). Es findet keinen verbindlichen Eingang in die

Lehrpläne der Hochschulen. "Verantwortung" bleibt oft nur Floskel in Werbeschriften, viele InformatikerInnen können oder wollen sie nicht in ihre tägliche Arbeit integrieren. So fristet sie auch in der Gesellschaft für Informatik (GI) immer noch ein isoliertes Dasein im Fachbereich 8 "Informatik und Gesellschaft", der bis heute von der Mehrzahl der GI-Mitglieder als nicht zur Disziplin Informatik gehörend und insofern als nicht- oder außerwissenschaftliche Veranstaltung begriffen wird.

Da die kritische Auseinandersetzung mit der Wechselwirkung von Informatik und Gesellschaft sowie der Verantwortung von WissenschaftlerInnen von vielen Leitfiguren der Disziplin bisher als technikbehindernd verstanden wird, beraubt sich die "Scientific Community" wichtiger Impulse. Sie übersieht Chancen, die in der Reflektion über verantwortbares Handeln von InformatikerInnen liegen: eine solche Reflektion ermöglichte eine Neubestimmung des Verhältnisses von Informatik und Gesellschaft, eine neue Positionsbestimmung der Informatik als Wissenschaft und ein neues Selbstbewußtsein von InformatikerInnen. Verantwortung erstreckt sich von der Erforschung theoretischer Grundlagen über die Entwicklung bis zur Anwendung; sie ist ohne Beachtung - und Beeinflussung - der gesellschaftlichen Rahmenbedingungen nicht denkbar. Verantwortung fordert individuelle und kollektive Handlungsmöglichkeiten und muß notwendig die Grenzen der Disziplin überschreiten. Sie ist täglich Arbeit und übergreifender Prozeß im - am Menschen und menschlicher Kultur orientierten - wissenschaftlich-technischen Entwicklungsprozeß. Dazu reicht es nicht allein, das Individuum und seine Handlungsmöglichkeiten zu betrachten. Notwendig ist die gesellschaftliche und wissenschaftstheoretische Analyse.

Verantwortung - Der individuell-fachliche Aspekt

Die bisher in der Informatik ausgetragene Verantwortungsdebatte stellt das Individuum und sein Tun in den Mittelpunkt (vgl. etwa [55]), wobei die Herangehensweisen stark differieren. Zum Beispiel geht Nake [38] bei seiner Betrachtung von den Produkten der Informatik und ihren Funktionen und Zwecken aus. Er zeigt über die gesellschaftlichen Entstehungsbedingungen der Produkte die ebenfalls gesellschaftlich bedingten Entstehungsbedingungen und daraus folgenden Verantwortungskonflikte der Wissenschaft auf. Rampacher [45] leitet aus der aus den Produkten der Informatik erwachsenden Macht eine besondere - ethischen Normen entsprechende - Verantwortung für diese Produkte ab. Der GI-Arbeitskreis [2] breitet die Probleme, die durch den Einsatz von Informatik-

Produkten hervorgerufen werden können, aus und stellt Leitlinien für Gestaltungsanforderungen an Informatik-Produkte vor. Hesse [25] stellt die Informatik in den Zusammenhang mit Hans Jonas' "Prinzip Verantwortung" und zeigt Möglichkeiten verantwortungsvollen Handelns für InformatikerInnen auf. Floyd [19] nennt Kriterien für verantwortungsvolles Handeln und formuliert darüber hinausgehend prinzipielle Grenzen eines verantwortbaren Computereinsatzes [18].

Alle genannten AutorInnen betonen, daß Informatik gesellschaftliche Folgen produziert und, daß InformatikerInnen dafür Verantwortung zu übernehmen haben. Sie stellen die Frage: Wie sieht verantwortliches Handeln aus und wie weit darf und muß es gehen?

In der Praxis überwiegt jedoch die Tendenz, die gesellschaftliche Verantwortung für das Tun als InformatikerIn von sich zu weisen. Dabei gibt es drei Argumentationsmuster: Die einfachste Form ist die Aussage "ich weiß gar nicht, woran ich arbeite und entwickle". Es ist zwar richtig, daß viele Produkte der Informatik stark arbeitsteilig hergestellt werden, dennoch ist es eher unwahrscheinlich, daß die wegen ihres besonderen Fachwissens beschäftigten ExpertInnen nicht wissen können, in welchem Zusammenhang ihre Arbeit steht. Auch aus kleinen Teilaufgaben eines Projekts kann dessen Zweck, wenn es von Interesse ist, zumindest grob abgeleitet werden. Darüberhinaus werden in den meisten Projekten Ziele und Resultate - lange vor der Projektfertigstellung - in den schönsten Farben publiziert.

Eine differenziertere Form ist die Aussage: "Ich weiß nicht, wofür dieses System letztlich genutzt wird; wenn es mißbraucht wird, ist es nicht meine Schuld". Es wird also durchaus erkannt, daß eine Beziehung zwischen dem eigenen Handeln und möglicherweise bedenklichen oder unerwünschten Folgen besteht. Die Verantwortung wird hier aber auf den unmittelbaren fachlichen Arbeitszusammenhang eingeengt.

Die dritte Form ist die Aussage "wenn ich es nicht tue, tut es ein(e) andere(r)". Hier werden negative Folgen gar nicht mehr geleugnet, aber nach einer Abschätzung möglicher Schäden gegenüber den persönlichen Vorteilen werden letztere eindeutig höher bewertet.

Alle drei Argumentationsmuster sind nicht allein auf InformatikerInnen beschränkt. Das Problem der realen oder unmittelbaren Einflußmöglichkeiten auf die weitere Verwendung der wissenschaftlichen Arbeitsergebnisse ist eine Ursache vieler Mißverständnisse zwischen Wissenschaft und Gesellschaft. Nicht gesehen wird, daß, wenn die direkte Einflußnahme auf - und damit die individuell-fachliche Verantwortung für - ein Arbeitsergebnis an Grenzen stößt, die an gesellschaftlichen Normen und Zielen orientierte gesellschaftliche Verantwortung einsetzen muß. Genausowenig, wie die Gesellschaft WissenschaftlerInnen für jedweden Mißbrauch ihrer Arbeitsergebnisse persönlich verantwortlich machen kann, können sich WissenschaftlerInnen als Teil der Gesellschaft aus ihrer gesellschaftlichen Verantwortung entziehen.

Während Individuen in ihrer Rolle als BürgerInnen zunehmend einsehen, daß eigenes verantwortliches Handeln - etwa als KonsumentIn - notwendig ist, um die Zerstörung von Umwelt, Mensch und Natur zumindest einzudämmen, stecken die oben charkterisierten InformatikerInnen den Kopf in den Sand. Wie so manche Visionen der Informatik-ProtagonistInnen zeigen (stellvertretend für ein ganze Gattung: [16]), hat dies weniger mit mangelnder Einsicht in die Veränderungspotentiale von Informatik-Entwicklungen für die Gesellschaft zu tun, sondern mehr mit dem Unvermögen oder Unwillen alle Wirkungen des Technikeinsatzes im jeweiligen Anwendungszusammenhang zu beachten und sich ihnen auch zu stellen - getreu dem Glauben, daß Forschung und Entwicklung wertneutral sei und wissenschaftlich-technischer Fortschritt dem Wohl der Menschheit diene. Sollten dabei auch negative Folgen eintreten, könnten diese durch Technik erzeugten Probleme ja wiederum technisch gelöst werden. Damit wirkt der technisch-wissenschaftliche Fortschritt - und darin besonders die Informatik - als unerschöpflicher Produzent neuer "Challenges" für WissenschaftlerInnen und TechnikerInnen.

Verantwortung - Der wissenschaftstheoretische Aspekt

Ein Grund für diese Haltung mag darin liegen, daß in der Informatik bisher grundlegende Erkenntnisse der modernen Wissenschaftstheorie ausgeblendet bleiben[1]. Selbstreflektion über Handlungen, Zwecke und Ziele sowie Einsichten über die Rahmenbedingungen gewonnener Erkenntnisse sind eher Ausnahmen. Die Frage nach Macht und Interessen, die sie leiten, bleibt Tabu. InformatikerInnen machen - obwohl sie in einer soziotechnischen Disziplin arbeiten - den "Fehler nämlich, die grundlegende Bedeutung menschlichen Handelns in der Technik zu vernachlässigen. Zugegebenermaßen fehlt uns noch immer eine umfassende Theorie der technischen Entwicklung. Aber soviel ist sicher: Erfindungen und

1 vgl. die Gegenüberstellung "traditioneller" Paradigmen und diskurstheoretischer Ansätze nach der paradigmatischen Wende bei [34] und deutlich in: [35], S. 225

Innovationen, Herstellung und Nutzung technischer Systeme setzen sich aus menschlichen Handlungen zusammen, und menschliches Handeln ist immer an Zielen orientiert, die letztenendes auf Werte Bezug nehmen" ([49] S. 15).

Die Interessengebundenheit jeglicher wissenschaftlicher Erkenntnis und darauf aufbauender Entwicklungen hat z.B. Habermas grundlegend untersucht. An die Adresse von Technik-WissenschaftlerInnen gewandt zieht er den Schluß : "Beide Momente zusammengenommen, der logische Aufbau der zulässigen Aussagesysteme und der Typus der Prüfungsbedingungen, legen die Deutung nahe: daß erfahrungswissenschaftliche Theorien die Wirklichkeit unter dem leitenden Interesse an der möglichen informativen Sicherung und Erweiterung erfolgskontrollierten Handelns erschließen. Dies ist das Erkenntnisinteresse an der technischen Verfügung über vergegenständlichte Prozesse" ([21] S. 156f). Und natürlich trifft das auf die Informatik zu. Ihr Interesse ist es, eine möglichst große Zahl verschiedenster Prozesse in regel- oder algorithmenbasierte Form zu bringen und so über diese ehedem nicht-technischen Prozesse technisch verfügen zu können.

Nun legen aber diese erkenntnisleitenden Interessen die "spezifischen Gesichtspunkte fest, unter denen wir Realität als solche erst auffassen" ([21] S. 160) und unter denen wir erst Wissenschaft und Forschung betreiben können. Für Habermas folgen diese erkenntnisleitenden Interessen aus der Naturgeschichte der Menschheit und "bilden sich im Medium von Arbeit, Sprache und Herrschaft" ([21] S. 163). Eine Maschine, ein System, wissenschaftliche Erkenntnis allgemein, entsteht also nicht für sich selbst und ist nie objektive Erkenntnis aus dem Nichts, sondern entsteht immer in einem Rahmen, der gegeben ist durch unsere gesellschaftlichen Vorerfahrungen, die bestimmt sind durch Arbeit, Sprache und Herrschaft.

In den vergegenständlichten Prozessen der Informatik - informationstechnologische Systeme in jedweder Form also - sind die von ihren EntwicklerInnen gemachten sozialen und gesellschaftlichen Vorerfahrungen mit Arbeit, Sprache und Herrschaft, deren Organisation und Umsetzung, abgebildet. Im Anwendungszusammenhang treffen die in diesen Systemen repräsentierten Arbeits-, Sprach- und Herrschaftsstrukturen auf die Arbeits-, Sprach- und Herrschaftsverhältnisse der "realen" Welt. Dieses Aufeinandertreffen führt nicht selten zu Friktionen, die beispielhaft im Bereich Software-Engineering sichtbar werden. Sollen diese vermindert werden, muß von den Arbeitsprozessen im Anwendungs- aber auch im Entwicklungsbereich ausgegangen werden und müssen die wichtigen Aspekte der Sprache und vor allem der Herrschaftsstrukturen einbezogen werden. Den Ansatz, eine Theorie der Informatik von den realen

Arbeitsprozessen her zu entwickeln, hat Nygaard [40] als anwendungsbezogen arbeitender Informatiker schon früh erkannt und gefordert, daß die mit der Systementwicklung hervorgerufenen Konflikte und Machtfragen nicht ausgeblendet, sondern als Teil des Entwicklungsprozesses gesehen werden sollten. Arbeit, Sprache und Herrschaft lassen sich nicht voneinander trennen, sondern bedingen einander.

Die moderne Wissenschaftstheorie hat diskurstheoretische Ansätze entwickelt, wobei die Fiktion objektiver Erkenntnis abgelöst wurde durch die wissenschaftliche Erkenntnis und Wahrheitsfindung auf der Basis von Prinzipien zur diskursiven, zur Selbstreflektion fähigen Konsensfindung[2]. Das Ende der Fiktion objektiver, empirischer Erkenntnis bedeutet auch für die Informatik die Notwendigkeit, ihre Begriffe, Metaphern und Vorstellungen in Frage zu stellen und zu ändern. Informatische Modelle sind nicht "wahr" oder "falsch", sondern haben sich erst in einem Diskurs zu "bewahrheiten", der technisches "Wissen und Können zu unserem praktischen Wissen und Wollen rational verbindlich in Beziehung setzt" ([22] S. 118), wo sich also die "Wahrheit" der Systemgestaltung in der adäquaten Einbeziehung der Interessen der AnwenderInnen zeigt. Und hier greift wiederum die Verantwortung von InformatikerInnen: "Technische Entwicklung ist also nicht eigengesetzlich, sondern gestaltungsfähig; und Technik ist nicht wertneutral, sondern beruht auf menschlichen Werten und berührt menschliche Werte" ([49] S. 15). InformatikerInnen schaffen also nach Maßgabe gesellschaftlicher Rahmenbedingungen neue, immer wert- und interessengebundene Erkenntnisse und Systeme, die sie verantworten müssen.

Verantwortung - Zur Theorie der Informatik

Dieser wissenschaftstheoretische Mangel wird zunehmend auch von InformatikerInnen erkannt. Während frühe Ansätze von Petri [6, 43] nicht beachtet wurden, werden heute Forderungen nach einer wissenschaftstheoretisch angemessenen Theorie der Informatik immer lauter. Coy [11] betrachtet ebenso wie Luft ([35] S. 219f) die Notwendigkeit einer Theorie der Informatik unter dem Blickwinkel der Angewandten Informatik. Steinmüller [52] bewertet die Informatik gleich als in der Hauptsache Angewandte Informatik, deren formale Teile von der Theoretischen Informatik erforscht werden.

2 Die diskursorientierte Konsensfindung wissenschaftlicher Erkenntnis findet sich in mehreren theoretischen Modellen, so vor allem bei [1, 23, 36]

Zu fragen ist, warum die Orientierung an der menschlichen Arbeit, der Versuch, die Technikzentrierung aufzuheben und den Menschen mit seinen Bedürfnissen in den Mittelpunkt zu stellen, außerhalb von Skandinavien erst so spät auf offene Ohren trifft. Eine naheliegende Antwort ist die enge Verknüpfung von Informatik und Militär von Anfang an. Es waren militärische Interessen und Denkweisen, die die Informatik-Entwicklung bestimmten. Dieser Einfluß ist bis heute prägend (so zum Beispiel [7, 14, 29, 46]). Softwarekrise und Rüstungsbarock [28] bleiben siamesische Zwillinge.

Die Orientierung der Theoriediskussion an der Angewandten Informatik, zum Teil noch spezieller auch an den Problemen des Software-Engineering, führt zur Orientierung an der Rolle der Informatik bei der Formalisierung von Arbeitsprozessen: dabei sind die Probleme und Defizite besonders offensichtlich. Nicht in Vergessenheit geraten sollte dabei, daß auch alle anderen Bereiche der Informatik - selbst die Theoretische Informatik - von Anfang an durch Interessen geleitet war [8].

Eine Aufarbeitung der Rolle der Mathematik in der Informatik und die fatalen Folgen des militärischen Einflusses auf beide befindet sich erst in den Anfängen. Bezogen auf die von der Informatik genutzte mathematische Modellierung ist es für Booß-Bavnbek "vielleicht nicht verwunderlich, daß Wissenschaftsbetrieb, Technik und Medizin die militärische Lehre verinnerlicht haben und aus dem *Handeln im Bereich des Nichtwissens* eine Tugend machen" ([8] S. 153). Das legt im Falle der Informatik den Schluß nahe, in vielen Bereichen von *programmierter Verantwortungslosigkeit* zu sprechen. In diesem Zusammenhang wird die Aufarbeitung der Geschichte der Informatik unabdingbar. Nötig und aufschlußreich wäre eine Rekonstruktion der Entwicklungspfade und deren nicht beschrittene - obwohl vielleicht bedachte - Alternativen. Die mangelnde Aufarbeitung der Geschichte der Informatik hilft, die Interessengebundenheit sowohl der Angewandten als auch der Theoretischen Informatik zu verdecken.

Wenn in den Überlegungen zur Theorie der Informatik die menschliche Arbeit in den Mittelpunkt gestellt wird, muß - orientiert man sich auch hier an Habermas' Rahmenbedingungen von Arbeit, Sprache und Herrschaft - einbezogen werden, wie über Erforschung und Einsatz von Informationstechnik diskutiert und entschieden wird und unter welchen Herrschaftsbedingungen dies stattfindet. Nur, wenn man reale Arbeitsprozesse, den Diskurs über die Informatik und die all dies prägenden Herrschaftsbedingungen zusammen betrachtet, läßt sich eine Theorie der Informatik entwickeln, in der Technikfolgenabschätzung und vor allem die Verantwortung von InformatikerInnen verankert ist. Dies alles muß aus der sich der

Verantwortung stellenden Selbstreflektion von InformatikerInnen erwachsen[3]. Geschieht dies nicht, muß sich die Informatik weiterhin eine Instrumentalisierung, Steuerung und Einengung von außen gefallen lassen.

Diese abstrakte Betrachtung läßt sich konkretisieren. Da auf die Frage nach dem Zusammenhang von Arbeit und Informatik bereits an anderer Stelle umfassend eingegangen wurde [11, 42], möchten wir hier auf Sprache als Diskurs über die Informatik eingehen und Anmerkungen über die diese prägenden Herrschaftsverhältnisse machen.

Der Diskurs über die Informatik, das heißt, die öffentliche Diskussion über Ziele und Zwecke von Forschung, Entwicklung und Einsatz von Informationstechnik, ist genauso unterentwickelt wie der Diskurs über Technik allgemein und die Abschätzung und Erforschung ihrer Folgen. Auf der einen Seite sieht sich unsere Gesellschaft einer immer größeren Zahl technisch hervorgerufener Risiken gegenüber, wobei auch die Informationstechnik als Risikofaktor erkannt wird (Technik allg.: [3], Informationstechnik: [50]), auf der anderen Seite ist die demokratische Konsensfindung über die Abwendung technischer Risiken und die Vereinbarkeit wissenschaftlicher Ergebnisse mit gesellschaftlichen Zielen stark unterentwickelt. Technikfolgen in Ansätzen zu untersuchen und in repräsentativer Form parlamentarisch zu institutionalisieren, zieht sich schon über Jahre hin, und muß sich gegen erhebliche Widerstände durchsetzen [15, 17, 37]. Zwar beteuert selbst der Bundesforschungsminister, Technikfolgenabschätzung sei für den verantwortbaren Einsatz der Informationstechnik notwendig [48], doch wird dies ausschließlich den ExpertInnen aus Wissenschaft, Politik und Wirtschaft überantwortet. Der offene Dialog mit, mehr noch eine Beteiligung von BürgerInnen ist nicht erwünscht. Stattdessen sollen wenige ExpertInnen mit ihrem Fachwissen und Interessen Verantwortung für die Gesellschaft übernehmen.

Doch das führt unmittelbar zu den Herrschaftsbedingungen, unter denen Informatik erforscht, entwickelt und eingesetzt wird. InformatikerInnen erleben diese Bedingungen, wenn sie Systeme herstellen, die in Betrieben, aber auch auf der Ebene des Staates zu einem größeren Maß an Kontrolle führen sollen. An sich selbst können sie diese Bedingungen erfahren, wenn sie in Forschung und Entwicklung tätig sind. Die Forschung und Entwicklung in der Informatik - vom BMFT als Schlüsseltechnologie klassifiziert - wird in weit größerem Maße als in anderen Disziplinen von staatlich geförderten und auf diese Weise bestimmten Zielen geprägt. Schon bei der Auswahl der Forschungsthemen ist der Weltmarkt oberster Sachzwang ([10] S.16ff, [12, 56]). Trotz höherer Komplexität der

3 dazu ließe sich auch Habermas mit den Worten zitieren: "In der Kraft der Selbstreflektion sind Erkenntnis und Interesse eins"; in: [21], S. 164

Problemstellungen werden den Forschungs- und Entwicklungsarbeiten immer kürzere Fristen gesetzt und die Wissenschaft wird - selbst als Grundlagenwissenschaft - zunehmend enger an die unmittelbare Verwertung gebunden (vgl. [27]). Der Umfang der freien, nicht an Anwendungszusammenhängen orientierten Grundlagenforschung nimmt ab, stattdessen nehmen die Forschungsprojekte auf staatlicher und zwischenstaatlicher Ebene zu. Staatliche Interessen wie etwa die Erhaltung der Wettbewerbsfähigkeit der heimischen Industrie, aber auch die Interessen des Militärs[4] bestimmen die Festlegung von Forschungsvorhaben und die Vergabe von Forschungsmitteln. Die Forschungsziele in der alten BRD unterscheiden sich kaum von denen in den meisten EG-Ländern, in Japan und den USA, obwohl die danach eingeschlagenen Entwicklungspfade durchaus voneinander abweichen. Militärische und zivile Forschungsagenturen setzen die gleichen Forschungsschwerpunkte ([56] S. 42f). Während staatliche und industrielle Interessen sich mit großem Kapitaleinsatz Geltung verschaffen, wird eine BürgerInnen- und ArbeitnehmerInnen-gerechte Informatik weder erforscht noch entwickelt, wenn man von akzeptanzfördernden Modifikationen an oft benutzerInnenfeindlichen Systemen - und von wenigen Nischenprojekten - absieht. Die einseitige militärische Prägung geschieht ungeachtet der Tatsache, daß die Informationstechnik im Verbund mit der Kommunikationstechnik die Lebens- und Arbeitsbedingungen grundlegend verändert und sich zunehmend zu einer Sozial- und Kulturtechnik entwickelt.

Informatik in der Gesellschaft

Durch die Herrschaftsbedingungen bleiben die Interessen, die auf die Informatik wirken, oft verschleiert. Dies erschwert es InformatikerInnen, ihren gesellschaftlichen Rahmen zu erkennen und ihre individuell-fachliche oder gar die - diese umfassende - gesellschaftliche Verantwortung wahrzunehmen. Beides beginnt mit der Reflektion über eigenes Handeln. Verantwortung heißt also zunächst, Ziele und Interessen eigenen Tuns zu bedenken, sie auf ihre gesellschaftlichen Voraussetzungen und Folgen hin zu analysieren und bewerten und sich in einem offenen Diskurs für diese Ziele gegenüber der Gesellschaft zu verantworten. Dasselbe gilt auch für Ziele und Interessen, denen ein Forschungsprojekt oder die Geschichte der Informatik als Ganzes unterworfen ist.

4 über 50% der Forschungsmittel im Bereich Informationstechnik werden nach konservativer Berechnung von der Bundesregierung für Rüstungsforschung vergeben, vgl. [26], S. 136f; die Hauptabteilung Rüstung des Verteidigungsministeriums wurde 1990 neu geordnet mit der Folge, daß allein für die Informatik als Technologie ein eigenes Führungsreferat geschaffen wurde. Siehe dazu: [24]

Gefordert ist Kritik im aufklärerischen Sinne, um Denk-Tabus abzubauen, die immer noch vorherrschen. So sind etwa Gruppen, die wie das Forum InformatikerInnen für Frieden und gesellschaftliche Verantwortung (FIFF) e.V. die sozialen und militärischen Aspekte der Informatik thematisieren, notwendig. Kritik an der Informatik ist keine Maschinenstürmerei, sondern Chance zu einer Auseinandersetzung mit dem Ziel der Entwicklung einer menschengerechteren Technik. Eine Technik, der sich der Mensch ausliefern muß, wird langfristig auf Widerstand stoßen und gerät unter Legitimationszwang; nur eine Technik, die die Interessen von Mensch und Gesellschaft berücksichtigt, kann sich entwickeln.

Abgesehen von den von außen an die Informatik herangetragenen Anforderungen ist die konkrete Verantwortung für ein Produkt im Beziehungsgeflecht von AuftraggeberIn, ArbeitgeberIn, EntwicklerIn, AnwenderIn, BenutzerIn und Betroffene schwer greifbar. Das heißt jedoch nicht, daß es ausreicht, sich der Verantwortung zu entledigen, nur weil niemand anders sie übernimmt und das Beziehungsgeflecht derart komplex ist. Es gibt durchaus Ansatzpunkte und Möglichkeiten verantwortlichen Handelns im jeweiligen eigenen Arbeitsbereich, die nur zu oft nicht genutzt werden. Darüberhinaus gehört es zur gesellschaftlichen Verantwortung, das eigene ExpertInnenwissen der öffentlichen Debatte zur Verfügung zu stellen, bzw. diese auch zu initiieren.

Diese öffentliche Debatte ist jedoch nicht allein eine Sache von ExpertInnen, sondern prinzipiell eine von allen BürgerInnen in ihrer Rolle als SteuerzahlerInnen und potentiell Betroffene. Ihr Wissen verpflichtet die ExpertInnen, die mit bestimmten Techniken verfolgten Ziele und Interessen offenzulegen und dies der Gesellschaft - gegebenenfalls unter Einbeziehung von anderen Fachleuten - in verständlicher Form zu vermitteln. Es ist die Allgemeinheit der BürgerInnen, die zu einem Konsens gelangen muß, ob eine Technik mit ihren gesellschaftlichen Zielen verträglich ist oder wie sie zu modifizieren ist. Eine Technik wie die Informatik, durch die alle Lebensbereiche derart nachhaltig verändert werden, stößt zwangsläufig an die Grenzen gesellschaftlich akzeptierbaren Einsatzes. Wenn die InformatikerInnen nicht gesellschaftlich verantwortlich handeln, so hat sich die Gesellschaft Aufklärung über die Folgen dieser Schlüsseltechnologie Informatik zu verschaffen und sich der Verantwortung dafür zu bemächtigen. Erste Tendenzen dieser Art lassen sich im Bereich der Computersicherheit erkennen, wo in einer auf Gedeih und Verderb von der Informationstechnik abhängig gemachten Gesellschaft InformatikerInnen aus Sicherungsgründen unter Überwachung gestellt werden sollen. Die Verletzlichkeit der Informationsgesellschaft verlangt geradezu die verschärfte Kontrolle der InformatikerInnen als ProduzentInnen potentieller Unsicherheit.

InformatikerInnen sind also - ob sie es wollen, oder nicht - verantwortlich für ihr Tun. Die Frage, wie verantwortliches Handeln aussieht und, wie weit es gehen darf und muß, läßt sich so beantworten, daß es zwar Unterschiede zwischen individuell-fachlicher und gesellschaftlicher Verantwortung gibt, doch gibt es auf den verschiedenen Ebenen unterschiedlichste Handlungsmöglichkeiten und -pflichten. In jeder, vor allem aber in einer das menschliche Zusammenleben so stark beeinflussenden Wissenschaft wie der Informatik, ist kein Raum für einen Rückzug aus dem politischen und gesellschaftlichen Bezugsrahmen. Es führt kein Weg daran vorbei, daß sich die Informatik von ihrer Theorie bis hin zur Praxis diesen Bezügen stellen muß.

Die Frage nach der Verantwortung von InformatikerInnen ist also keine Frage nach dem Ob, sondern nach dem Wie. Verantwortliches Handeln ist keine Sequenz einzelner abgeschlossener Handlungen, sondern ein Prozeß, bei dem ein Schritt auf dem anderen aufbaut und seine mögliche Rücknahme eingeplant sein muß, ein Prozeß, in den Anregungen aus den unterschiedlichsten Bereichen einfließen müssen. Dieser Prozeß Verantwortung umfaßt die eigenverantwortliche - Erkenntnis und Interesse vereinende - Selbstreflektion über Ziele und Interessen eigenen Tuns, die Beteiligung an der oder Offenheit für die Entwicklung einer angemessenen Theorie der Informatik und das Sich-Verantworten vor der Gesellschaft in einem offenen, von Tabus befreiten Diskurs.

Das FIFF, dessen Vorsitzender Reinhold Franck bis zu seinem Tode war, wurde gegründet als ein *offenes Forum* für InformatikerInnen, um eine Möglichkeit für einen solchen Diskurs zu bieten. Frieden und gesellschaftliche Verantwortung im Namen des FIFF stehen nicht nebeneinander, sondern sind in einem Zusammenhang zu sehen. Zusammen sind sie Handlungsperspektive für tägliche Praxis im Forschungs- und Entwicklungsbereich. Frieden ist in diesem Sinne kein Zustand sondern eher ein Prozeß, der nur vorankommen kann, wenn InformatikerInnen beginnen, sich der militärischen Verseuchung und dadurch bedingten Technikzentrierung ihrer Disziplin (vgl. [8]) - in Vergangenheit, Gegenwart und Zukunft - zu stellen. Frieden bedeutet, mit der vom Militär bestimmten Tradition zu brechen und setzt voraus, daß wissenschaftlich analysiert wird, wieweit das Militärische die Informations- und Kommunikationstechnik und die konkrete inhaltliche Ausformung des Umgangs mit diesen Techniken bis heute prägt. Eine friedliche Informatik kann sich erst dann entwickeln, wenn von InformatikerInnen ganz bewußt fachliche und gesellschaftliche Verantwortung übernommen wird. Gesellschaftlich verantwortliches Arbeiten beschränkt sich nicht auf pflichtbewußte Ausführung zugeteilter Arbeit sondern bedeutet, sich mit den fachlichen und gesellschaftlichen Rahmenbedingungen auseinanderzusetzen.

Es bedeutet, öffentlich Antwort geben zu können auf Fragen, ob und wie Ursachen sowie Folgen - in Raum und Zeit - von Entscheidungen und Handlungen bedacht wurden, und welche Modellvorstellungen und welches Menschenbild den eigenen Arbeiten zugrunde liegen. Gesellschaftliche Verantwortung wahrnehmen heißt für InformatikerInnen, sich selbst zu befreien von Fremdbestimmung durch - meist undurchschaute - Sachzwänge. Das heißt, vom Turm der vorgeblich wertneutralen wissenschaftlich-technischen Fachdisziplin herabzusteigen auf den Boden der interdisziplinären Auseinandersetzung über Macht, Interessen, über Werte, Ziele, Zwecke und Aufgaben. Dabei gilt es immer vor Augen zu haben, daß es bei Technikentwicklung nicht darauf ankommen kann, was "der Markt" verlangt, sondern was wir, alle Menschen - uns selbst beherrschend -, wollen.

Literatur

[1] **Karl Otto Apel**: Diskurs und Verantwortung. Das Problem des Übergangs zur postkonventionellen Moral, Frankfurt, 1988

[2] **Arbeitskreis 8.3.3.** "Grenzen eines verantwortbaren Einsatzes von Informationstechnik" der Gesellschaft für Informatik, erschienen als: Informatik und Verantwortung; in: Informatik-Spektrum, Band 12, Heft 5, 1989, S. 281-289

[3] **Ulrich Beck**: Risikogesellschaft. Auf dem Weg in eine andere Moderne, Frankfurt, 1986

[4] **Ute Bernhardt; Ingo Ruhmann (Hrsg.)**: Computer, Macht und Gegenwehr. InformatikerInnen für eine andere Informatik, Bonn, 1991

[5] **J. Bickenbach; R. Keil-Slawik; M. Löwe; R. Wilhelm (Hrsg.)**: Militarisierte Informatik, Marburg, 1985

[6] **W. Bolkart, H. Haug**: Die Utopie des beherrschten Mediums; in: Computer-Magazin, Nr. 5, 1986, S. 14-16

[7] **Bernhelm Booß-Bavnbek; Glen Pate**: Wie rein ist die Mathematik? 50 Jahre militärische Verschmutzung der Mathematik; in: Informationsdienst Wissenschaft und Frieden, Nr. 2, 1990, S. 44-49

[8] **Bernhelm Booß-Bavnbek**: Rationalität und Scheinrationalität durch computergestützte mathematische Modellierung; in: [47], S. 148-167

[9] **W. Brauer, W. Hesse**: Zur Verantwortung des Informatikers - Militärische Anwendungen der Informatik; in: Informatik-Spektrum, Nr. 1, 1987, S. 1-2

[10] **Der Bundesminister für Forschung und Technologie, Der Bundesminister für Wirtschaft**: Zukunftskonzept Informationstechnik, Bonn, 1989

[11] **Wolfgang Coy**: Brauchen wir eine Theorie der Informatik? in: Informatik-Spektrum, Heft 5, 1989, S. 256-266

[12] **Wolfgang Coy**: Stellungnahme zum "Zukunftskonzept Informationstechnik" der Bundesregierung. Gutachten für den Ausschuß für Forschung und Technologie des Deutschen Bundestages, Bremen, 1989

[13] **Daimler-Benz AG**: Technikfolgenabschätzung und Technikbewertung. Konzeption, Anwendungsfälle, Perspektiven, Düsseldorf, 1988

[14] **Manfred Domke**: Einflußnahme von Politik, Militär und Industrie auf die Informatik am Beispiel Supercomputer; in: [30], S. 136-163

[15] **Enquete-Kommission "Einschätzung und Bewertung von Technikfolgen**; Gestaltung von Rahmenbedingungen der technischen Entwicklung", Bundestags-Drucksache 10/5844

[16] **Edward Feigenbaum; Pamela McCorduck**: Die Fünfte Computer-Generation, Basel, 1984

[17] **Gert Fieguth**: Parlamentarier und Technik. Beobachtungen zu den Handlungsbedingungen von TechnologiepolitikerInnen; in: [4], S. 70-78

[18] **Christiane Floyd**: Wo sind die Grenzen des verantwortbaren Computereinsatzes? in: FiFF-Rundbrief, Heft 1, 1984, S. 4-13, gekürzt ebenfalls in: Informatik-Spektrum, Heft 8, 1985, S. 3-6

[19] **Christiane Floyd**: Umdenken in der Informatik; in: [33], S. 71-79

[20] **Jürgen Habermas**: Technik und Wissenschaft als 'Ideologie', Frankfurt, 1968
[21] **Jürgen Habermas**: Erkenntnis und Interesse; in: [20], S. 146-168
[22] **Jürgen Habermas**: Technischer Fortschritt und soziale Lebenswelt; in: [20], S. 104-119
[23] **Jürgen Habermas**: Theorie des kommunikativen Handelns, 2 Bände, Frankfurt, 1981
[24] **Hauptabteilung Rüstung im BMVg**; in: Wehrtechnik, Nr. 10, 1990, S. 45-46
[25] **Wolfgang Hesse**: Der Informatiker und das "Prinzip Verantwortung" - Was kann man tun? in: [33], S. 59-70
[26] **Karl-Heinz Hug**: Rüstungshaushalt 1990 und Informationstechnik; in: [51], S. 127-138
[27] **IEEE-Spectrum**, Heft 10, 1990
[28] **Mary Kaldor**: Rüstungsbarock. Das Arsenal der Zerstörung und das Ende der militärischen Techno-Logik, Berlin, 1981
[29] **Reinhard Keil-Slawik**: Von der Feuertafel zum Kampfroboter. Die Entwicklungsgeschichte des Computers; in: [5], S. 7-35
[30] **R. Kitzing; U. Linder-Kostka; F. Obermaier (Hrsg.)**: Schöne neue Computerwelt. Zur gesellschaftlichen Verantwortung der Informatiker, Berlin, 1988
[31] **H.-J. Kugler (Ed.)**: Information Processing, Amsterdam, 1986
[32] **Werner Langenheder**: Informationstechnik als Machtverstärker oder Demokratisierungspotential? in: [41], S. 910-923
[33] **M. Löwe; G. Schmidt; R. Wilhelm (Hrsg.)**: Umdenken in der Informatik, Berlin, 1987
[34] **A. L. Luft**: Informatik als Technikwissenschaft. Thesen zur Informatik-Entwicklung; in: Informatik-Spektrum, Heft 5, 1989, S. 267-273
[35] **A. L. Luft**: Die Konsenstheorie der Wahrheit als Fundament für eine Theorie der Informatik; in: [51], S. 216-233
[36] **Niklas Luhmann**: Soziale Systeme, Frankfurt, 1984
[37] **Rolf Meyer; Dieter Striebel**: Technikfolgen-Abschätzung und der Deutsche Bundestag; in: WSI-Mitteilungen, Nr. 1, 1988, S. 15-22
[38] **Frieder Nake**: Aussteigen, Sabotieren, oder was?; in: Computer Magazin, Heft 1/2, 1983, S. 12-15
[39] **Wolf-Dieter Narr**: Woran es am meisten gebricht: Politischer Phantasie (und ihren institutionellen Folgen); in: Wechselwirkung, Nr. 39, 1988, S. 65-68
[40] **Kristen Nygaard**: Program Developement as a Social Activity; in: [31], S. 189-198
[41] **Manfred Paul (Hrsg.)**: GI 17. Jahrestagung. Computerintegrierter Arbeitsplatz im Büro, Berlin, 1987
[42] **Glen Pate**: Arbeitsorientierte Informatik contra Computer Science; in: [44], S. 217-268
[43] **Carl Adam Petri**: Neue Konzepte und Anwendungen; 10. Sitzung des Ausschuß Futuristische Entwicklungen in der Datenverarbeitung, Rheinisch-Westfälisches Institut für Instrumentelle Mathematik, 22.5.1968; persönliches Manuskript
[44] **Gero von Randow (Hrsg.)**: Das kritische Computerbuch, Dortmund, 1990
[45] **Hermann Rampacher**: Ethik und Verantwortung in der Informatik; in: IBM Nachrichten, Heft 282, 1986, S. 7-13
[46] **Fanny-Michaela Reisin**: Softwaretechnik oder Die Geschichte einer unbewältigten Krise; in: [5], S. 37-50
[47] **A. Reuter (Hrsg.)**: GI 20. Jahrestagung. Proceedings, Berlin, 1990
[48] **Heinz Riesenhuber**: Presseerklärung des BMFT vom 24.11.1989
[49] **Günter Ropohl**: Konzeptionen der Technikbewertung; in: [13], S.15-26
[50] **Alexander Roßnagel, Peter Wedde, Volker Hammer, Ulrich Pordesch**: Die Verletzlichkeit der 'Informationsgesellschaft', Opladen, 1989
[51] **Jutta Schaaf**: Die Würde des Menschen ist unverNETZbar, Bonn, 1990
[52] **Wilhelm Steinmüller**: Thesen zu Informatik, Technikabschätzung und Ethik; in: [51], S. 255-262
[53] **Joseph Weizenbaum**: Die Macht der Computer und die Ohnmacht der Vernunft, Frankfurt, 1978
[54] **Ulrike Wendeling-Schröder**: Das "Prinzip Verantwortung" im Arbeitsleben, WSI- Arbeitsmaterialien Nr. 21, Düsseldorf, 1989
[55] **Terry Winograd**: Einige Gedanken zur finanziellen Förderung durch das Militär; in: [5], S. 169-173
[56] **Alexander Wittkowski**: Stellungnahme zur Anhörung über das "Zukunftskonzept Informationstechnik" im Ausschuß für Forschung und Technologie des Deutschen Bundestages, Bremen, 1989, zum Teil abgedruckt als ders.: Zum "Zukunftskonzept Informationstechnik"; in: F!FF-Kommunikation, Nr.2, 1990, S. 36-44

Der moderne Charakter des Computers

WOLFGANG COY
Universität Bremen Informatik

1. Die technische Multiplikation des Gedankens

„Die neuen Vorstellungen fanden ein Hauptmittel zu ihrer Verbreitung in der eben erfundenen Buchdruckerkunst, welche wie das Mittel des Schießpulvers dem modernen Charakter entspricht ..."[1] urteilt Hegel über die technischen Umwälzungen der Renaissance. Das Gutenbergsche System „Setzen—Drucken" mit seinen beweglichen Bleilettern in der Druckerpresse, die nach Stempelschnitten aus Hartmetall gegossen wurden, erlaubt erstmals die schnelle und flexible Herstellung von hunderten, ja tausenden Kopien des gleichen Textes. Bis dahin wurden Bücher kunstvoll abgeschrieben, von Schreibern, die in Italien von den *Kopisti* oder, sofern sie die griechische Schrift beherrschten, *Scrittori* hießen. Auch mit erstklassigen Scrittori verging über dem Kopieren eines Manuskriptexemplars fast ein halbes Jahr. So dauerte die Erstausstattung der Medicäischen Bibliothek in Florenz 22 Monate, in denen 45 Schreiber 200 Manuskripte kopierten[2].

Gutenbergs Erfindung war eine Potenzierung dieses Abschreibvorgangs. Gutenberg hatte die semi-manuelle Herstellung von Büchern im Sinn: Die neue Satz- und Drucktechnik sollte zu einem Halbfertigprodukt führen, das vor dem Binden mit der Hand individuell ausgeschmückt wurde. Buchstaben sollten gedruckt werden, Buchschmuck wie Initialen und Marginalien oder farbige Textabsetzungen sollten weiterhin für jedes gebundene Buchexemplar individuell gemalt werden. Nicht jedem gefiel diese Profanisierung des Textes. Mancher Bibliotheksherr, der sich eigene Kopisten leisten konnte, verharrte bei der tradi-

---

[1] G.W.F.Hegel, Vorlesungen über die Philosophie der Geschichte, 4.Teil, 3.Abschnitt, Frankfurt am Main: Suhrkamp (1970).

[2] Jacob Burckhardt, Die Kultur der Renaissance in Italien, Herrsching: Pawlak (1981).

tionellen Produktionsweise des Manuskriptes: „Federigo von Urbino «hätte sich geschämt», ein gedrucktes Buch zu besitzen"[1]. Doch Urbino besaß auch eine der berühmtesten Bibliotheken der Zeit. Wer ein Buch selber abschreiben mußte, um es wiederholt lesen zu können und es zu besitzen, beurteilte das durch den Druck maschinisierte Kopieren vermutlich anders.

Die explodierende Leselust und Lesegier der Renaissance wies dem gedruckten Buch eine völlig neue Rolle zu, die Rolle eines Mediums. Nicht mehr kostbares Einzelstück unvergänglicher und of unerreichbarer Weisheit war das Buch, sondern Dokument zur Vermittlung des geronnenen Wissens, Dokument zum wissenschaftlichen Gebrauch. Der Buchdruck wurde zur „gemeinsamen Mutter aller Wissenschaften"[2]. Aber auch zur Mutter des politischen Flugblatts — und auf diesem Wege zur Mutter, zumindest aber zur Hebamme der Reformation und der Aufklärung.

Man schätzt, daß am Ende des fünfzehnten Jahrhunderts bereits mehr als sechs Millionen Bücher gedruckt sind, die über dreißigtausend Titel umfassen. Die Buchherstellung mit beweglichen Metallettern hat die Kulturtechnik „Schreiben" zur Massenware werden lassen. Satz und Druck nach dem Gutenbergschen System ist die bedeutende Erfindung der Renaissance, die diese Zeit nach Hegels Satz perfekt charakterisiert.

Eine unmittelbare politische Folge der Gutenbergschen Maschine ist die präventive Zensur, die wir Papst Alexander VI. verdanken. Vor dem Gutenbergschen Buchdruck genügte die nachträgliche Vernichtung der wenigen geschriebenen oder mit Holzblock gedruckten Exemplare. Aber dies ist nur *eine* der Folgen, gesehen aus der Sicht der Herrschenden. Eine andere, ungleich wichtigere Folge ist die massenhafte Verbreitung der Bücher, die rasch zunehmende Vermittlung und Aneignung der Welt mittels Lesen und Schreiben und im Gefolge dieses Prozesses schließlich die Aneignung der Welt durch die Lesenden im reformatorischen und im aufklärenden Gestus. Die Druckerpresse ist eine politische und revolutionäre Maschine, die von der humanistischen Aneignung der Klassik in der Renaissance zum Flugblatt der Reformation führt und von der Enzyklopädie und den aufklärerischen Schriften zur französischen Revolution und darüberhinaus.

---

[1] Jacob Burckhardt, a.a.O.

[2] Die Phrase wird einem Druckereigründer aus Rostock um 1476 zugeschrieben (in J.R.Hale, Renaissance Europe 1480-1520, London: Fontana/Collins (1979)..

Frühe(ste?) Darstellung einer Druckerpresse (Signet des Jodocus Badius Ascensius 1507).

2. *In der Strafkolonie*

Mit der Revolution von 1789 wird die absolute Monarchie existentiell in Frage gestellt und schließlich, nach dem Hochverrat des Louis Capet abgeschafft. Der dritte Stand, der nichts ist, versucht zum ersten Male, etwas zu werden. Basis dieses Werdens soll die Vernunft sein, die revolutionäre Vernunft, die das bisherige unvernünftige und undurchschaubare Staatswesen durch eine transparente, egalitäre, vernünftige Ordnung ersetzen soll. Diese Ordnung soll den freien und solidarischen Umgang Aller mit Allen garantieren — auf wissenschaftlicher, aufgeklärter Grundlage. Charakteristisch für die neue Ordnung ist der massenhaft gedruckte Text: Zeitung, Flugblatt, Plakat.

Für die Feinde dieser neuen Ordnung, seien sie nun Feinde dieser Ordnung im Großen (also Konterrevolutionäre) oder Feinde der Ordnung im Kleinen (also Verbrecher) braucht der neue Staat geeignete Machtmittel. Auch diese sollen für alle durchschaubar, egalitär und vernünftig sein und auf wissenschaftlicher Basis entworfen werden. Sieht Hegel in der Renaissance das Schießpulver als charakteristisch neben dem Buchdruck, so wird in der französischen Revolution die Guillotine zur charakteristischen Maschine neben der Druckerpresse — obgleich das Schießpulver und überhaupt die militärische Technik ebenfalls gewaltige Weiterentwicklungen erfährt.

»Robespierre guillotinant le boureau après avoir fait guillot tous les Français«. Man beachte die alphabetisierte Indizierung der Fallbeile: Schrift als Verwaltungshilfsmittel. (»Robespierre guillotiniert den Henker, nachdem er alle Franzosen enthaupten ließ«, Musée Carnavalet, Paris).

Entspricht die Maschine Guillotine heute nicht mehr dem Stand der Technik, so werden doch auch im einundzwanzigsten Jahrhundert staatliche Organe auf wissenschaftlicher Grundlage Todesurteile vollstrecken. Der fatale körperliche Eingriff der Maschine Guillotine läßt sich in unterschiedlichster Weise variieren, dabei stets den Stand der Technik reflektierend: Elektrisch oder chemisch, mittels Hochspannung, Gas oder Spritzen. Im August 1890 wurde der verurteilte Mörder William Kemmler mit einem elektrischen Stuhl hingerichtet, der erst nach mehreren Stromstößen tödlich wirkte, »ein grauenvolles Spektakel, viel schlimmer als Hängen«, wie die New York Times zu dieser Premiere notierte[1].

In Kafkas Strafkolonie wird die Guillotine durch eine literarische Guillotine, eine Nadelschreibmaschine abgelöst, die die Kulturtechnik Schreiben an die politische Guillotine anpaßt: Dem Opfer der Hinrichtung wird seine Strafe auf den Leib geschrieben. Die charakteristischen Techniken der bürgerlichen Epoche,

---

[1] Edison, dessen Assistent den New Yorker Henkern den mit Wechselstrom betriebenen elektrischen Stuhl aufgeschwätzt hatte, nannte diese Art des Hinrichtens öffentlich »to Westinghouse«. Dies war Teil eines ungewöhnlich schmutzigen Werbefeldzugs im »Krieg der Ströme«: Gegen das von Nikola Tesla entwickelte und von Westingshouse vertriebene Wechselstromsystem, für das Edisonsche Gleichstromsystem, mit dem New York beleuchtet wurde.

Die Guillotine dient als die gesuchte politische Maschine, die die innere Ordnung des Staates massenhaft verfügbar macht und sie in transparenter Weise, weitgehend egalitär und auf wissenschaftlicher Grundlage durchsetzt: »Um Frankreich republikanisch zu machen, glücklich und blühend, hätte man nur ein wenig Tinte und eine eine einzige Guillotine benötigt« notiert Camille Desmoulins im Vieux Cordeliers[1]. Die Revolution war sich ihrer Macht unsicher und fiel mehrheitlich in der Frage der Todesstrafe hinter die russischen und österreichischen Monarchien zurück. Unter Katharina war die Todesstrafe in Rußland bereits 1754 abgeschafft; Joseph II. war diesem Beispiel 1787 gefolgt. Die Assemblée Nationale verhandelt Mai/Juni 1791 die Frage der Todesstrafe. Der Abgeordnete Maximilien Robespierre hält eine leidenschaftliche Rede — gegen diese barbarische Strafe. Doch nach kontroverser Debatte beschließt die Nationalversammlung am 3. Juni: »Jedem zum Tode Verurteilten wird der Kopf abgeschlagen.« Lichtenberg notiert am 14. Juni: «Es ist eine Frage, ob wir nicht, wenn wir einen Mörder rädern, gerade in den Fehler des Kindes verfallen, das den Stuhl schlägt an den es sich stößt.»[2].

Zum Abschlagen des Kopfes wird die Guillotine verwendet: »Die Konstruktion einer solchen Maschine ist sehr einfach, ihre Wirkung einwandfrei; die Enthauptung wird auf der Stelle vollzogen, was im Einklang mit Geist und Absicht des neuen Gesetzes steht; man kann die Wirkung leicht an Leichen oder auch an einem lebenden Schaf ausprobieren. ... Die Maschine würde, wenn man sie für zweckmäßig erachtet, keine Sensation bedeuten und kaum zur Kenntnis genommen werden.« schreibt Dr. Louis in einer Stellungnahme an die Nationalversammlung vom 7. März 1792. Schon am 25. April wird der wegen eines Raubüberfalls verurteilte Nicolas Jaques Pelletier als erster mit der revolutionären Maschine hingerichtet, am 21. Januar 93 wird der Bürger Louis Capet enthauptet — mit einer anderen Guillotine, denn die Revolution unterscheidet die politische Maschine auf dem Revolutionsplatz von der profanen Schwestermaschine auf dem Place de Grève. Ein Jahrhundert später, im April 1871 verbrennt die Pariser Commune die Guillotine vor dem Denkmal Voltaires, doch die kommenden Republiken führen die politische »Konsensmaschine« (Daniel Arras) wieder ein.

---

[1] Zitiert nach D.Arasse, Die Guillotine — Die Macht der Maschine und das Schauspiel der Gerechtigkeit, rde 496, Reinbek: Rowohlt (1988).

[2] Georg Lichtenberg, Schriften und Briefe: Sudelbücher, Heft J 706, W.Promies (Hrsg.), München: Hanser (1967ff.).

Buchdruck und Guillotine werden kunstvoll vereint. Und doch reflektiert Kafka nur ihre längst erfolgte praktische Vereinigung: In den Arbeitsmaschinen der Fabriken, deren verheerende Körperstrafen an ihren Bedienern der Versicherungssachbearbeiter K. genau kannte. Die literarische Guillotine Kafkas ist die profane Fabrikmaschine und die Opfer sind alle, die daran arbeiten müssen und im Laufe dieser Arbeit ihren Körper und letztlich ihr Leben verlieren »Der Grundsatz, nach dem ich entscheide, ist: Die Schuld ist immer zweifellos.« erklärt der Offizier dem nicht-teilnehmend beobachtenden Reisenden. Der Vizesekretär der Arbeiter-Unfall-Versicherungsanstalt schildert dem Freund Max Brod: »Wie bescheiden diese Menschen sind. Sie kommen zu uns bitten. Statt die Anstalt zu stürmen und alles kurz und klein zu schlagen, kommen sie bitten«.[1]

3. *Der technische Fortschritt im zwanzigsten Jahrhundert: Flexibilisierung und Individualisierung*

Kafkas Strafmaschine funktionierte nicht einwandfrei. Die Konstruktionsfehler sind aus heutiger Sicht klar: Die Steuermechanik war zu kompliziert engelegt, die Einstellung auf den jeweiligen Straftext zu umständlich, langwierig und fehlerhaft, die Wartung der Maschine war nicht gesichert. Kurz: Bei einer Neukonstruktion würde man auf den anfälligen mechanischen Teil weitgehend verzichten, die Steuerung wäre einem Computer zu übergeben, so daß die flexible Anpassung der Maschine an den Einzelfall per Programm erfolgte. Eine Neukonstruktion könnte als *Dual-Use*-Technik von der soliden zivilen Technik der Matrix- oder Nadeldrucker inspiriert werden.

Flexibilisierung und vorgebliche Individualisierung massenhafter Prozesse sind die wesentlichen Züge der Technik dieses Jahrhunderts. Auch die politische Maschine Guillotine mußte dieses Problem letzlich lösen: Individuelle Strafe für das massenhafte politische Verbrechen der Konterrevolution zu demonstrieren. Diese volkserzieherische Aufgabe war jedoch durch die einfache Konstruktion der Guillotine nicht lösbar — das Volk verlor das Interesse und begann ihrer Wirksamkeit zu mißtrauen.

Kafkas Maschine ist schon Ergebnis der Flexibilisierung: Die Maschine ist zugleich Guillotine und Druckerpresse, die das Urteil in schriftlicher Form verkündet. Diese Tendenz zur flexibleren Produktion ist der hervorragende Zug der derzeitigen Technikentwicklung in der Produktion. Ihre Mittel sind Computer,

---

1 Klaus Wagenbach, Kafka, Reinbek: Rowohlt (1964).

Roboter, programmierte Maschinensteuerungen, Informationsnetze; die Ziele heißen: Flexible Automation und *Computer Integrated Manufacturing* (CIM).

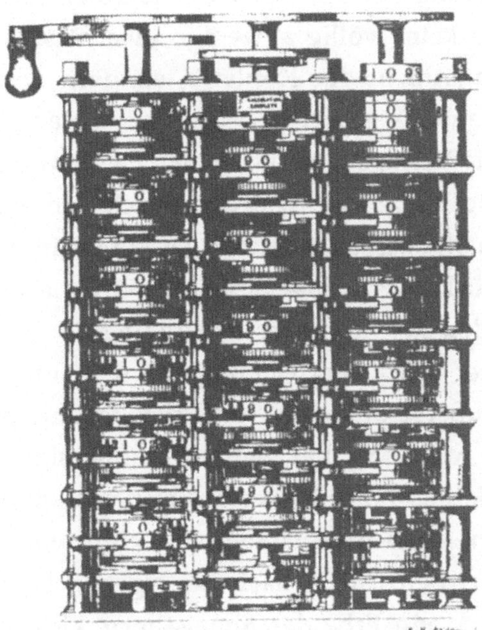

Teilezeichnung aus Charles Babbages erster Differential Engine, einer Vorläuferin aller modernen Computer (Das Teil wurde 1833 gebaut, die Abbildung 1889 erstmals gedruckt. South Kensington Museum, London).

Der Computer ist vorerst das technisch höchste Stadium einer flexiblen Gesellschaft, die politische Maschine, die sich für nahezu jeden Produktionsprozeß programmieren läßt. Sichtbar wird dieser Flexibilisierungsprozeß in der Auflösung des starren Fließbandes durch Transferstraßen mit flexibler *Just-in-Time* Produktion, bei der jeder Golf, der vom Band läuft eine von tausenden Varianten ist und bei der sich innerhalb einer Woche kaum zwei Autos auf dem gleichen Band gleichen — obwohl sie doch alle Golfs bleiben.
Doch nicht nur die Autoproduktion wird derart flexibilisiert, nahezu alle Produktionstechniken werden dieser neuen Herausforderung unterworfen. Selbst die Druckerpresse, Prototyp der massenhaften Herstellung des gleichen Produktes, wird der Idee des flexiblen »Publishing on Demand« ausgeliefert, der Vorstel-

lung, daß künftig Texte nicht mehr automatisch in Auflagen von einigen Hundert bis zu einigen Millionen hergestellt werden, sondern daß die Lesernachfrage die Produktion des Textes auf einem individualisierten (Laser-)Drucker steuern soll. Angesichts der Angebots- und Kostenlage bei der Produktion wissenschaftlicher Texte und der bereits herrschenden Praxis einer »Schattenproduktion mit dem Kopierer« ist dies keine völlig abwegige Idee. Basis dieses »Publishing on Demand« soll allerdings nicht der Kopierer, sondern der Computer sein: Der Text wird in einer Datenbank gespeichert und auf Verlangen ausgedruckt. Einfacher, wenngleich für die Verlage fatal, wäre die Übergabe des elektronisch gespeicherten Textes zum individuellen Ausdruck durch den anfragenden Leser, wie dies über electronic mailboxes oder mittels Disketten in einer technischen Subkultur schon geschieht. Das Potential der Produktivkräfte übersteigt die gesellschaftlich dominierenden Formen ihrer Aneignung.

Das Medium Computer wird vergleichbar mit dem universellen Tauschwert, dem Geld, das sich äußerst universell und flexibel mit jeder konkreten Ware austauschen läßt. Geld wie Computer werden so zum signalhaften Ausdruck der kapitalistischen Produktionsweise. Dieser abstrakten Vielseitigkeit, die Geld und Computer auszeichnen, steht die massenhafte kulturelle und politische Sehnsucht nach individueller Selbstsicht, nach der eigenen Person entgegen — auch dies, wie der Buchdruck, ein Erbe der Renaissance. Flexible Produktion könnte Basis flexibler Konsumtion werden und dies ist die eigentliche gesellschaftliche Triebfeder der technischen Flexibilisierungswelle. Doch Flexibilität der Konsumtion kann die Suche nach der eigenen Person nicht auflösen und deshalb ist jede materiell noch so zurückgebliebene politische Revolte eine unvergleichlich stärkere individuelle Erfahrung als der Kauf eines Autos. Die Gleichung „Flexibilität ≐ Individualität" geht in den Produkten nicht auf.

4. *Das technische Medium Computer*

Der Computer ist primär ein Produktionsmittel, nicht ein Konsumprodukt. Mit dem Computer kann man arbeiten, steuern, verwalten, regeln, kontrollieren, notieren, schreiben, kopieren — im Nah- wie im Fernbereich der Vernetzungen. Im Medium Computer fließen eine enorme Zahl von Arbeitsmaschinen zusammen, insbesondere die Arbeitsmaschinen des Büros, Schreibmaschine, Telefon, Fernschreiber, Aktenschrank und Kopiermaschine.

Kopiermaschinen sind eine Herausforderung an die Zensur, ein Schlag ins Gesicht der Bemühungen, Bürger vom Lesen unerfreulicher Wahrheiten und Lügen abzuhalten. Deshalb ist ihre Verbreitung in den vom stalinistischen Denken geprägten Gesellschaften auf die offiziellen Kanäle beschränkt. Eine Verlängerung der staatlichen Druckerlaubnis, sozusagen, die im Reich des großen Conductators durch das Verbot des privaten Besitzes einer Schreibmaschine auf diesen Punkt gebracht wurde. Doch Technik macht erfinderisch und so zog man vor einem Jahrzehnt Samisdat-Schriften wie Kochrezepte als Schnelldruckerkopie aus unzureichend bewachten Großrechnern. Mit der Verbreitung des Personal Computers ist der Damm innerhalb eines Jahrzehntes endgültig gebrochen: Jeder Text kann in Sekundenschnelle von einer Diskette auf eine andere kopiert werden oder über das Telefonnetz gesendet werden und in Kürze in fast beliebiger Auflage gedruckt werden: Kunstwerke im Zeitalter ihrer technischen Produzierbarkeit. Das politische Medium Computer zeigt demokratische Züge — auch mit der Kehrseite, daß Wahres wie Falsches und auch beliebiger Unsinn in großer Geschwindigkeit vervielfältigt und für nahezu alle Zeiten gespeichert werden kann.

Dabei ist der Computer eine Geburt des Krieges[1], zwingende Voraussetzung der H-Bombe wie der Interkontinentalraketen, entstanden aus den Dechiffriermaschinen in Bletchley Park[2], aus den Steuerrechnern der fliegenden Bomben von Henschel in Kassel[3] und aus den Rechenmaschinen, die Artillerietafeln und Navigationstabellen setzen sollten, um beim Druck die Übertragungsfehler des Setzers zu vermeiden. Im Kontext der strategischen oder „politischen" Massenvernichtungswaffen kann man den Computer als Teil einer gigantischen Steigerung der Tötungsmaschine des Dr. Guillotine sehen: »In der Tat ist die Informatik nicht nachträglich militarisiert worden. Sie hat sich von Anfang an im Kontext militärischer Anforderungen und militärischer Verwertung entwickelt.«[4].

Aber der Computer ist vor allem eine zeichenmanipulierende Maschine, in diesem Sinne eine symbolische Maschine, die die Gewalt der Waffen durch die Kodes der Funker und den Zahlentabellen der Navigation verstärkt oder abwehrt. Oder Texte speichert, verändert, überträgt oder ausdruckt. Der Compu-

---

1 Vgl. J.Bickenbach, R.Keil-Slawik, M.Löwe und R.Wilhelm, Militarisierte Informatik, Schriftenreihe Wissensnchaft und Frieden Nr.4 des BdWi, des FIFF und des Forum Naturwiss. für Frieden und Abrüstung, Marburg (1985) oder H.E.Goldstine, The Computer from Pascal to von Neumann, Princeton: Princeton Univ. Press, 2.Aufl. (1973).

2 Turings Arbeiten an der Ultra und den Colossi-Rechnern wird langsam enthüllt. Vgl. Andrew Hodges, Alan Turing — the enigma, New York: Simon&Schuster (1983) oder Alan Turing—Intel ligence Service (Hrsg. B.Dotzler und F.A.Kittler), Berlin: Brinkmann&Bose (1987).

3 K.Zuse, Der Computer -Mein Lebenswerk, 2. veränderte Aufl., Berlin—Heidelberg—New York:Springer (1984).

4 R.Keil-Slawik in J.Bickenbach u.a., a.a.O.

ter ist auch als Schreib- und Kopiermaschine nutzbar; sein Einsatz ist eine Frage der der Verfügbarkeit und der Kosten. Mit den massenhaft verfügbaren Mikroprozessoren eröffnet sich die Perspektive im technischen Medienverbund.

Der schnellen Zugriff auf den Text durch die technische Vervielfältigung teilt der elektronisch erstellte und gespeicherte Text mit der Massenware Buch. Computertexte unterliegen weniger technischen Beschränkungen als ihre drucktechnischen Äquivalente. Doch auch an diesen wird der Zug zur Flexibilisierung der Massenproduktion erkennbar: Das individuelle Buch wird möglich. Hat die Drucktechnik noch das Wunder vorgeführt ein individuell erscheinendes Geburtstagsbuch, also ein Gebinde aus 365 (oder 366?) einzelnen Bänden anzubieten: »Dein persönliches Geburtstagsbuch!«, so bietet die Computertechnik bereits »Your own love story«[1] in der ‚Du, liebe Sandra und Du, lieber Freitag' einige sehr persönliche und vielleicht gar intime Details in einem eigenen „Roman" mit der lasergedruckten Auflage 1 finden kannst.

Während dieser persönliche Roman im Ergebnis noch ein Buch ist, wenngleich es mit dem Computer gesetzt und dem Laserprinter gedruckt ist, so tauchen der Logik der technischen Entwicklung folgend, die ersten papierlosen „interaktiven Bücher" auf den Bildschirmen auf. Zuerst in Form von „adventure games", bei denen eine Schablonenhandlung zur Eröffnung angeboten wird: »Good morning. *Welcome to a nightmare come true!* You are waking from a stupor that feels like a chronic hangover after a week in Vegas. There is a throbbing bump on the back of your head, big enough to make your hat size look like an Olympic record. You notice your right palm is covered with dried blood, but you neither see nor feel any open wounds on your body. On your left forearm you feel a sharp pain under the shirt sleeve. Rolling up the sleeve, you discover what looks like a fresh needle mark. „Have I been injected with something?" you wonder. Then you realize, „I? Who am I?" YOU CAN'T REMEMBER!«[2]. Je nachdem, welche Schlüsselworte der Spieler am Bildschirm nun aus dem Angebot »Go, Open, Hit, Take the Revolver, Take the Garlic, Kiss, Kill, ...« auswählt, öffnet sich das Tor, erscheint ein Werwolf, fällt der Spieler in die Grube, küßt die Prinzessin oder den Frosch. Die neueren Versionen verzichten dabei zunehmend auf die geschriebene Sprache: Sie erwarten grafische Interaktionen am Bildschirm auf

---

1 Der Spiegel, 52/1989. Truffauts »Fahrenheit 451« kennt nur die schlichtere Form der massenhaften Ansprache aller Sandras von der Fernsehbildwand herunter. Die unmittelbare Produktivkraft Science überholt die Science Fiction reichlich schnell.

2 Eröffnung von »Déja Vue«, einem adventure game, das aus Versatzstücken der schwarzen Serie zusammengfügt ist. Hergestellt von ICOM Simulations, Wheeling, Illinois (USA), 1985.

Knopf- oder Mausdruck — Annäherung an den ikonophilen Spieltrieb bildschirmfixierter Ex-Leser. Der durchlaufene Handlungsfaden konstituiert jeweils eine neue Variante aus Millionen möglichen. Kaum einen dieser möglichen Pfade hat der programmierende Autor der Rahmenhandlung je durchlaufen; der Spieler/Leser des Adventure-Games wird zum Mittäter, zum Ko-Autor.
Das Adventure Game ist eine Variante des interaktiven „Hypertextes", einer rechnergestützten, interaktiven, de-linearisierten Textpräsentation.[1] Mit dem Einsatz von Grafik, von stehenden und bewegten Bildern, von Ton und Video wird der rechnergestützte Hyper-Text zu einem multimedialem Artefakt, dem „Hypermedium", das mit den Techniken der programmierten Simulation, die aus dem Flugsimulator und anderen militärischen Entwicklungen bekannt sind, zum wahrhaft neuen Medium entfaltet werden kann.

Wirklichkeit erweist sich derart als höchst unvolkommenes Substitut einer mit dem Computer simulierbaren Hyperwelt. Solche Simulation ist viel käuflicher und verkaufbarer als es die Wirklichkeit je sein kann und somit leichter produzierbar und leichter konsumierbar. Simulation erzeugt das Produkt, das die Wirklichkeit nicht werden kann. Hegels Diktum vom modernen, bürgerlichen Charakter erfüllt sich im »neuesten« Medium Computer.

---

1 Vgl. W.Coy, Après Gutenberg — Über Texte und Hypertexte, in Rammert (Hrsg.): Jahrbuch Technik&Gesellschaft. 5, Frankfurt/Main: Campus 1989.

DUAL-USE: Berücksichtigung militärischer Anforderungen bei der zivilen Entwicklung neuer Technologien

Manfred Domke
GMD - F1.P, Schloß Birlinghoven, Postfach 1240, 5205 Sankt Augustin 1

In der gegenwärtigen Abrüstungsphase werden zwar Soldaten und Waffensysteme wegverhandelt, Militärhaushalte gekürzt. Die Erforschung und Entwicklung (FuE) militärisch relevanter Technologien geht jedoch unvermindert weiter. Wenn künftig weniger Soldaten und weniger Waffensysteme die Verteidigungsbereitschaft sichern sollen, so müssen nach Meinung der Rüstungsstrategen Kommunikations-, Aufklärungs-, Führungs- und Waffen-Systeme intelligenter und wirksamer gemacht werden. Abrüstung im FuE-Bereich ist also nicht angesagt. FuE-Anstrengungen sollen eher verstärkt werden. Wie ist das bei reduzierten Haushalten zu schaffen? Eine Antwort auf diese Frage lautet: Noch mehr als bisher ist auf Dual-Use-Technologien zu setzen. Dahinter verbirgt sich eine zunehmende Integration militärischer und ziviler FuE-Prozesse sowie eine verstärkte zivile Nutzung neuer Technologien, die gewollt militärische Strukturelemente enthalten. Die Förderung von Dual-Use-Technologien bedeutet Förderung von Militarisierung ziviler Bereiche. Dieser Entwicklung kann nur entgegengetreten werden, wenn die Entstehungs- und Verwertungsbedingungen neuer Technologien analysiert, aufgedeckt und in Wissenschaft und Gesellschaft öffentlich debattiert werden.

1. Einführung

Das Militär stützt sich auf drei fundamental unterschiedliche Technologiearten:

a) Technologien, die auf militärische Anwendungen zugeschnitten sind, für die es schon aus Kostengründen keinen kommerziellen Markt gibt.
b) Technologien des zivilen Marktes, die auch militärisch genutzt werden.
c) Technologien, die im Interesse der Militärs und für das Militär zivil gefördert, zivil erforscht und entwickelt werden und aus Kostengründen auch zivil genutzt werden sollen.

Im folgenden werden nur die unter c) beschriebenen "Dual-Use-Technologien" betrachtet. Sie unterscheiden sich grundsätzlich von den unter b) genannten. Dual-Use-Technologien, die gemäß b) nur auf zivilen Bedarf zugeschnitten sind, aber dennoch vom Militär benutzt werden, sollen hier nicht weiter untersucht werden.

Die Bezeichnung "doppelt-verwendbare Technologien" gehört zu den Sprachregelungen, die bestehende Verhältnisse verschleiern. Mit "Dual-Use" wird abgelenkt von der Einflußnahme der Sicherheitspolitik auf die Forschungs-, Technologie- und Wirtschaftspolitik sowie vom Einsatz ziviler Ressourcen bei der Entwicklung von Technologien für das Militär. "Dual-Use" suggeriert Neutralität, Wert- und Zweckfreiheit von Wissenschaft und Technologie. Dem Steuerzahler wird darüberhinaus das Gefühl vermittelt, daß seine Steuern selbst in der Rüstung gut angelegt sind.

Der verdeckte Gebrauch ziviler Ressourcen für die Entwicklung neuer Informationstechnologien (IT) für das Militär und die damit einhergehende Deformierung des IT-Sektors können nur dann reduziert bzw. verhindert werden, wenn die Entstehungs- und Verwertungsbedingungen neuer IT analysiert, aufgedeckt und auch in den Bereichen von Wissenschaft und Gesellschaft öffentlich debattiert werden, die nicht am Entwicklungsprozeß beteiligt sind. Zentraler Untersuchungsgegenstand wäre also nicht die doppelte Verwendbarkeit neuer IT, sondern

- die Einflußnahme der Sicherheitspolitik auf die Forschungs-, Technologie- und Wirtschafts-Politik,
- die Unterschiede ziviler und militärischer Anforderungen an die IT,
- die Zusammenhänge zwischen den unterschiedlichen Anforderungen und den entsprechenden Forschungs-, Entwicklungs-, Produktions- und Vermarktungs-Prozessen,
- die Vorteile für Gesellschaft, Wissenschaft, Wirtschaft und Industrie bei Aufgabe der "Dual-Use-Politik".

Militärische und zivile Geschäftsbereiche unterscheiden sich erheblich. Deutlich wird dies bei Anforderungen, Fertigungsprozessen, Erfolgsfaktoren und Spielregeln. Die Zusammenarbeit beider Geschäftsbereiche in Industrieunternehmen zielt darauf ab, maßgeschneiderte militärische IT-Produkte mit zivilen Geldern zu finanzieren. So konnte der Siemens-Bereich "Sicherungstechnik", der sich im wesentlichen mit Verteidigungselektronik befaßt, in der Vergangenheit durch Nutzung von Synergien ca. 2/3 der Entwicklungskosten unter dem Titel "bezahlt" buchen.

"Dual-Use-IT" und sozialverträgliche IT stehen im Widerspruch (z.B. Reduzierung der menschlichen Rolle auf die Funktionstüchtigkeit vs. menschliche Entwicklungsfähigkeit). Ein Abgehen von der "Dual-Use-Politik" im Bereich IT wäre ein Beitrag zur Entflechtung militärischer und ziviler Forschung und Entwicklung, zur dringend notwendigen "Abrüstung in der FuE" von IT und damit zur strukturellen Abrüstung.

2. Dual-Use-Politik

Während über die Reduzierung von Raketen, sonstigen Waffensystemen und Kampftruppen verhandelt wird, soll die "Aufrüstung im FuE-Bereich" eher noch verstärkt werden. Wegverhandelte militärische Geräte und Soldaten sollen durch den Einsatz sehr teurer supermoderner Technik ausgeglichen werden. Die militärische Überlegenheit bleibt untrennbar mit der Überlegenheit auf dem IT-Gebiet verbunden. Selbst wenn die Rüstungshaushalte sinken sollten, werden die FuE-Aufwendungen vermutlich weiter steigen.

Im ressortübergreifenden Zukunftskonzept Informationstechnik (ZKI) der Bundesregierung (BMFT und BMWi, 1989, S.120 ff) wird die wachsende Rolle der Informationstechnik für das Militär beschrieben:

Die Verbesserung der Verteidigungsfähigkeit der Bundeswehr durch effektive Nutzung moderner Technologien sei politisch wünschenswert und als Ziel eine große Herausforderung für Forschung und Industrie. Der Informationstechnik komme dabei eine Schlüsselrolle zu. Ihr Anteil an den Entwicklungs-, Produktions- und Nutzungskosten würde steigen. Die Bundeswehr versuche, sich weitgehend auf Entwicklungen für den zivilen Bereich abzustützen. Dies gelte insbesondere für Führungs- und Informationssysteme und Mikroelektronik.

"In Zukunft wird auch verstärkt darauf hinzuwirken sein, sogenannte Dual-Use-Technologien intensiver zu nutzen, d.h. zu versuchen, militärische Forderungen bei zivilen Entwicklungen frühzeitig mitberücksichtigen zu lassen, beziehungsweise auf derartige Dual-Use-Technologien in Form von Add-On-Programmen aufzusetzen, um den militärischen Bedarf zu decken." (ZKI, S. 122)

Im Gegensatz zu den USA werden in der Bundesrepublik die Grundlagenarbeiten für Mikroelektronik und Informationstechnik nicht vom Bundesminister für Verteidigung (BMVg) gefördert. Diese Aufgabe liegt beim Bundesminister für Forschung und Technologie (BMFT). (Protokoll, 1983).

Bei der Vorstellung des Forschungs- und Technologie-Programms der Bundeswehr (Forndran, 1985) wurde darauf hingewiesen, daß es trotz der Abhängigkeit der Verteidigungstechnik von der Mikroelektronik kein BMVg-Programm für militärische Mikroelektronik geben würde.

Absprachen zwischen dem BMVg, dem BMFT und anderen Ressorts sorgen dafür, daß die militärischen Anforderungen in der Forschungspolitik und den FuE-Programmen Berücksichtigung finden.

" Zwischen dem BMFT und dem BMVg bestehen vielfältige, enge Verbindungen auf allen Ebenen. So werden beispielsweise zwischen den Staatssekretären die Grundsatzfragen zur Forschung und Zukunftstechnologie laufend abgestimmt. Dies gilt aber nicht nur für die ´große Linie`: In enger Zusammenarbeit der Fachleute beider Ressorts wird auch - und das ist notwendig - das Vorgehen im Detail koordiniert." (Rüstungsstaatssekretär Timmermann in Sadlowski (1984))

3. Dual-Use-Interessen

Die Anforderungen an die IT werden vom Militär, der Atomenergie- und der Luft- und Raumfahrtindustrie ständig erhöht. Diese Schubkraft des militärisch-industriellen Komplexes bietet der kommerzielle Markt nicht. Militärische und zivile Anforderungen unterscheiden sich erheblich.

Im Interesse der nationalen Sicherheit und einer gewissen Unabhängigkeit bei der Produktion von Militärtechnik greift der Staat in das Marktgeschehen ein und fördert zugleich Kooperation und Wettbewerb, die sich ergänzen. Der strategische Wert einer engen Kooperation bei der Entwicklung militärisch relevanter Technologien wiegt eventuelle Wettbewerbsnachteile im kommerziellen Bereich auf. Wettbewerb wird als treibende Kraft für ausgezeichnete Leistungen angesehen.

"Despite the commercial competition between Japan and the United States, many U.S. and Japanese experts believe that the strategic value of closer cooperation in defense and economics outweigh the drawbacks of competition." (Chen, 1989, p.29)

"E. Wong (OSTP)" (Office of Science and Technology Policy, TheWhite House) "presented the U.S. government view. He explained that the U.S. government officials at this meeting came as observers, not participants, and were attracted by the prominence of international cooperation on the agenda. He recognized many theoretical advantages of cooperation, such as economy in the use of R&D funds that could be used for other means of promoting economic growth in a time of world-wide capital shortage. But he pointed out that the excellence is driven by competition, that Japan has learned better than the U.S. that cooperation and competition can coexist, and praised MITI for fostering both successfully." (Kahaner, 1990, p.10)

Durch staatliche nationale und internationale FuE-Förderprogramme und erhöhten Wettbewerbsdruck soll die Leistungsfähigkeit von Industrie, Hochschulen und FuE-Einrichtungen erhöht werden. Nur so können nach Meinung von Regierung und Industrie die FuE- und Produkt-Märkte den militärischen Bedarf bei ständig steigenden Anforderungen decken. Bezahlbar ist die permanente hochtechnische Sicherheit jedoch nur dann, wenn militärisch unmittelbar relevante Technologien auch zivil vermarktet werden.

Eine offizielle Formulierung der dargestellten Zusammenhänge am Beispiel Luftfahrttechnologie (z.B Hyperschallflugzeuge) liest sich wie folgt:

"Die Luftfahrttechnologie ist durch einen außergewöhnlich raschen Fortschritt gekennzeichnet. Dieser Fortschritt wird nicht nur durch direkte Wettbewerbsanstöße seitens der weltgrößten Firmen und der regionalen Regierungen, sondern ebenso durch die gewaltigen staatlichen Investitionen in Forschung und Technologie beeinflußt. Dies trifft besonders auf die USA zu im Bereich Verteidigung, was wiederum einen beträchtlichen Nutzen durch "Dual Use" für Entwurf und Fertigung ziviler Produkte nach sich zieht." (EG, 1988, S.3)

Der doppelte Nutzen der Förderung militärisch relevanter Technologien ist in der Vergangenheit recht einseitig der militärischen Seite zugute gekommen. Daß dies auch so gewollt ist und auch so bleiben soll, zeigen jüngste Äußerungen aus der US-Rüstungslobby. Als die Reagan-Administration begann, die Rüstungshaushalte massiv zu erhöhen, empfahl Gansler (1982), die Rüstungsindustrie durch Integration militärischer und ziviler Produktionsmittel sowie durch verstärkten Wettbewerb wiederzubeleben (vgl. 4.1). In der Zeit reduzierter Rüstungshaushalte sollen vor allem militärisch orientierte FuE-Kapazitäten durch Dual-Use eine zivile Tarnkappe erhalten. Heute schlagen Gansler und Heilmeier (Texas Instruments Inc.) wieder die Integration des militärischen und zivilen Sektors vor, diesmal allerdings in der entgegengesetzten Richtung, um dem Department of Defense (DoD) Kosten zu sparen:

" The emphasis will be on mobility - that is, lighter equipment -, sustainability, strategic defense, special operations capability, intelligence capability, extended-range weapons, and strong R&D. ... Pursue commercial diversification, he says, with dual-use technology. ... The idea of looking at civilian markets is strongly backed by Jacques S. Gansler, president of Analytic Sciences Corp. of Arlington, Va. "Competitiveness could be improved by a conscious DoD effort to integrate the military and commercial sector," he says. "For the DoD, this would mean lower costs, increased competition, and a way to gain surge capability. For the commercial sector, it would mean government dollars and increased R&D skills."
To accomplish such a marriage, says Gansler, defense would have to be "less different". The defense department would have to move toward the civilian sector in three areas:

- The government should sponsor dual-use technology, not just fallout.
- Plants should be integrated.
- The government should use commercial specifications and standards, as well as buying practices." (Wolff, 1990)

"There needs to be much closer harmony and integration between the defense and commercial industrial bases. The DoD can no longer afford to maintain its own separate technology base. It must depend on, and leverage, the commercial industrial base more heavily than at any time in the past 50 years.

The barrier to closer integration is not technology, it is DoD´s business practices. These have fostered striking contrasts between the currently separate domains. Engineers and companies wishing to participate successfully in the more integrated environment that is inevitable must recognize and adapt to the differences between today´s defense and commercial worlds. ...

There are other contrasts - in the basic infrastructures and approaches to systems design and production - that also call for adaption ..." (Rosenblatt, 1990, p. 39-40)

In der Bundesrepublik und in der Europäischen Gemeinschaft (EG) wurden von Anfang an militärisch relevante Technologien mit zivilen Geldern gefördert (z.B. BMFT und IT-Förderprogramm ESPRIT der EG).

Obwohl EUREKA eine politisch griffige Alternative zu SDI sein sollte, wurde in der politischen Diskussion über die Aufgabenstellung sehr schnell das Dilemma zwischen ziviltechnologischer und militärischer Nutzung dieser europäischen Technologieinitiative deutlich. Auch in der Bundesrepublik waren einzelne Regierungsstellen sowie starke Gruppen in der CDU/CSU daran interessiert, das Verteidigungsmotiv zur Stärkung der Eureka-Initiative einzusetzen. "Ja, sie wollen den Eureka-Mantel auch zur Finanzierung neuer konventioneller Rüstungstechnologie für eine europäische Verteidigung nutzen." Die Betonung der zivilen Aufgabenstellung war nicht zuletzt deshalb wichtig, weil damit gleichzeitig der verbreiteten öffentlichen Ablehnung des Weltraumrüstens und dem Wunsch Rechnung getragen werden sollte, "daß öffentliche Forschungsmittel **direkt** zur Förderung wirtschaftlich nutzbarer Technologie eingesetzt werden." Diese Zitate stammen aus einer Lagenotiz (Deubner, 1985, S.21) der international hochangesehenen Stiftung für Wissenschaft und Politik in Ebenhausen, die vor allem dem Kanzleramt, Auswärtigem Amt und Verteidigungsministerium zuarbeitet, mit dem Privileg, auch Geheimdokumente auswerten zu dürfen.

Militärisch unmittelbar relevante Technologien, die über kommerzielle Märkte allein nicht finanzierbar sind, bringen den Unternehmen auch über den Export hohe Gewinne. Das ist selbst für Länder wie Japan interessant, in denen ein generelles Waffenexportverbot existiert. **Durch den Verkauf von Dual-Use-Technologien kann ein Exportverbot umgangen werden.** (Das generelle Waffenexportverbot Japans aus dem Jahr 1976 wurde 1983 durch eine Vereinbarung zwischen den USA und Japan eingeschränkt. Seitdem ist der Transfer von militärischem Know-How Japans ausschließlich in die USA gestattet.)

" Yielding in part to U.S. pressure and in part to its own feeling that it would be better off depending less on the United States, Japan has increased its military budget by 5-6 percent annually during the past decade to nurture domestic weapon systems and subsystems....
Another charge is that Japanese companies may be eyeing the export market in military weapons. But government reversal of the current ban on arms export is unlikely to happen in the near future because the issue is politically sensitive and the Liberal Democratic Party is already weak, Nishihara said. **What might happen , however, is circumvention of the export ban by selling dual-use subsystems,** he said....
In contrast to the U.S. technology, Japanese technology emphasizes commercial applications but even so has military applications of interest to the United States. R&D conducted at universities and industry is generally not carried out specifically with eventual military applications in mind, but may be dual-use in nature." (K.T. Chen, 1989, p. 28, 32)

4. Dual-Use-Beispiele

Im ZKI (S. 123) heißt es, daß Mikroelektronik, Bildverarbeitung, Computer Aided Engineering, Software-Engineering, Rechnerstrukturen, Kommunikationstechnik und Künstliche Intelligenz notwendige Grundlagen für die Bundeswehr definieren, "auf denen, aufbauend auf bestehenden zivilen Ergebnissen, ressortspezifische Ausprägungen notwendig sind." Es sei daran erinnert, daß diese zivilen Ergebnisse als Dual-Use-Technologien bereits bestimmte militärische Anforderungen erfüllen.

Die FuE-Schwerpunkte in der BRD, der EG, den USA und Japan unterscheiden sich nicht wesentlich. Es überrascht nicht, wenn die oben genannten Dual-Use-Technologien in der Liste der kritischen Technologien des DoD (1989) wieder zu finden sind, die langfristig die Überlegenheit der US-Waffensysteme sichern sollen. Dazu gehören u.a. auch Supraleiter, Antriebssysteme oder Biotechnologie.

Anhand von Beispielen soll im folgenden gezeigt werden, daß

- qualitative Anforderungen der Militärs durch technologiepolitische Initiativen der US-Militärs als allgemein verbindliche Standards durchgesetzt werden sollen,
- es gravierende Unterschiede zwischen militärischen und zivilen Technologie-Anforderungen gibt,
- die frühzeitige Berücksichtigung militärischer Anforderungen im Rahmen ziviler FuE sehr aufwendig sein kann, weil dazu spezifische Methoden und Fertigungstechniken erforderlich sind.

4.1 US-Initiativen

Die Förderung von CIM (Computer Integrated Manufacturing) in der BRD und EG hat seine Wurzeln in der US-Initiative zur Förderung der Modernisierung der Rüstungsindustrie. Ausgangspunkt war, daß die US-Industrie nicht in der Lage war, schnell genug auf die massiv erhöhten Rüstungshaushalte der Reagan-Administration zu reagieren. Mehr Wettbewerb (dual-sourcing), Investitionsanreize, Integration ziviler und militärischer Produktionsmittel, Einsatz neuer Technologien, Fähigkeit zu einer schnellen Umstellung in Krisen- oder Kriegssituationen waren wichtige Empfehlungen zur Wiederbelebung der Rüstungsindustrie. Sie sollte als wertvolle nationale Ressource begriffen werden. (Gansler, 1982)

Bei schrumpfenden Rüstungshaushalten wird allein die Fähigkeit zur Produktion von Rüstungsgütern zum wichtigen Abschreckungsfaktor. Wenn nicht mehr genug Geld vorhanden ist, alle möglichen modernen Waffensysteme real zu produzieren, dann wird man sich künftig auf die Realisierung computergestützter Fertigungs- und Produktionstechniken, die jederzeit auf neue Waffensysteme umgestellt werden können, und auf die Simulation von Waffensystemen beschränken. Produziert werden soll dann nur noch im Krisen- und Kriegsfall.

"Such cuts may alter the way the Pentagon arms its forces. 'The defense industry will have to be ready to produce, but not to make anything,' said Lieutenant Colonel Robert Latiff, a Harvard University National Security Fellow. A vigorous R&D program and the mere potential to build - 'shadow deployments' - will be a large factor in future deterrence, agreed Roger Hagengruber, vice president of Sandia National Laboratories, Albuquerque, N.M.
... With less money to develop prototypes, advanced simulation will become critical to the evaluation of alternatives early in the R&D cycle and to exploring the leverage of new technologies in war games, according to Eugene Gritton of the Rand Corp., Santa Monica, Calif." (Adam, 1990, p. 31)

Im Rahmen von Initiativen für die Verbesserung bei der Beschaffung von weltweiten Führungs- und Entscheidungssystemen (C3I-Systemen), die aus einer Mischung von rein militärischen und öffentlichen Systemen bestehen und einer permanenten Weiterentwicklung bedürfen, wurde das Einplanen von Veränderungen im Entwurf ("Preplanned Product Improvement") zum Prinzip erhoben. (Gilmore, 1984)

Die US Air Force (1987) Reliability and Maintenance 2000 Initiative fordert, die Kampfbereitschaft durch doppelte Zuverlässigkeit und halbe Wartung der militärischen IT zu erhöhen. Eine Berücksichtigung dieser Qualitätskriterien wirkt sich sowohl auf die FuE- und Produktions-Prozesse als auch auf den Produkteinsatz aus. Dabei ist zu beachten, daß die Ausprägungen der Zuverlässigkeits- und Wartbarkeitskriterien im SDI-Kontext von völlig anderer Art sind als im zivilen Bereich. SDI-Rechner müssen z.B. atombombensicher und mindestens 10 Jahre wartungsfrei sein; Verwaltungsrechner müssen das Recht auf informationelle Selbstbestimmung gewährleisten.

Derartige Militärinitiativen sind viel zu wenig bekannt, sie werden nicht ausgewertet und ihre Wirkungen auf die FuE-Arbeit im Bereich IT werden nicht untersucht. So kann die Militarisierung der Informatik, der IT, des ZKI und letztlich auch der Gesellschaft nahezu unbemerkt erfolgen.

4.2 Supraleiter

Laut OTA (1988) gibt es heute auf dem Gebiet der Hochtemperatur-Supraleitung, nach dem entscheidenden Durchbruch von 1986 und dem Nobelpreis von 1987, zwar weltweit rege FuE-Aktivitäten, aber so gut wie keine ernstzunehmenden zivilen Entwicklungen, jedenfalls nicht in den USA. Bedingungen für eine erfolgreiche Vermarktung sind nicht gegeben. Der kritische Punkt dabei ist der enge Zusammenhang zwischen Verarbeitungs- und Fertigungsmethoden einerseits und vermarktbaren Anwendungen andrerseits. Die zunehmende Divergenz zwischen militärischen und kommerziellen Technologien zeigt sich vor allem in den Anforderungen, Fertigungsprozessen und Märkten. Dabei liegen die Unterschiede nicht so sehr im Konzeptionellen, sondern bei den unterschiedlichen Anforderungen auf den Komponenten-, Geräte-, Konfigurationsebenen und im Preis/Leistungsverhältnis. Die Rüstungsindustrie, die im Gegensatz zu früher permanent present ist, geht abgesondert von kommerziellen Märkten ihren eigenen Weg. Divergierende militärische und zivile Zielrichtungen führen zu divergierenden Technologien.

In den USA fließen etwa 70% der Fördergelder für Supraleiter in militärische Anwendungen. Supraleiter sollen elektronische Geräte härten und störsicher machen. Supraleitende Sensoren sollen die Jagd auf gegnerische U-Boote erleichtern und im Weltraum anfliegende Raketen entdecken. Elektrische Generatoren für Schiffe oder Fahrzeuge, für die Stromerzeugung unter Kampfbedingungen sollen durch Supraleiter verbessert werden. Vorschläge im Rahmen von SDI reichen von Dünnfilmen für Mikroelektronik bis zu großen Magneten für ausgeklügelte Waffensysteme. Supraleitung soll im Weltraum endlich eine Signalverarbeitung in Realzeit durch Supercomputer ermöglichen, die wesentlich geringere Energie- und Kühlanforderungen haben.

"...possible defense applications of superconductivity range from shielding against nuclear blasts to high-speed computers and motor-generators for ships. Conceptually, there may be little difference between military and commercial applications. But in practice, differences will be pervasive at levels all the way from devices and components (e.g. radiation hardening) to the system configuration itself (cost-performance tradeoffs much different than for commercial markets). Computing requirements for smart weapons - for example, real-time signal processing - tend to be quite different from those important in the civilian economy. **Thus, as development proceeds, military uses of superconductivity will diverge in many respects from civilian applications.**
Some of the military applications could be compelling. Submarine detection with SQUID-based sensors, ...electric generators for shipboard or vehicle use, or for producing electric power under battlefield conditions... Superconducting coil or rail guns promise increases in projectile velocities ...

For SDI, HTS shielding, waveguides, and sensors (for use in space) hold obvious attractions ... in 1988 ... began an SDI-funded design competition on LTS magnetic energy storage for powering ground-based free-electron lasers. SDI has also targeted very high-frequency communication systems, ...
DoD has also renewed its attention to two of the prospective high-field, high-power applications - ship propulsion, and coil/rail guns. ... With the advent of SDI, much of the DoD work has been redirected toward higher velocity systems, capable of launching a projectile into space. ..." (OTA, 1988, p. 162-163)

" Superconducting applications ... include more compact, higher-efficiency electric drive systems for ships (and possibly land vehicles and aircraft), electric generators, electric energy storage systems for direct energy weapons, superconducting cavity particle accelerator directed energy weapons, electromagnetic guns, magnetic and electromagnetic shields, supermagnets for microwave and millimeter-wave generating tubes, magnetic and electromagnetic sensors from dc through infrared, infrared focal plane arrays, ultra-high-speed, ultra-compact signal processors and computers, high-performance low-noise communications and surveillance systems, superconducting antennas, and superconducting gyroscopes, inertial sensors, and gravimeters. ... Many of this systems are unique with no normal-conductor counterparts, e.g. superconducting magnetic storage systems. In other instances new capabilities can be brought to platforms incapable of supporting conventional semiconductor counterparts, e.g., with superconducting electronics technology it should be feasible to place ultra-high speed supercomputing capabilities on-board aircraft and spacecraft, a capability not feasible with semiconductor technology because of its large input power requirements (200 kilowatts) and associated massive cooling system reqirements." (DoD, 1989, p.A85-A86)

Im ZKI (S. 96) werden den neuen supraleitenden Materialien auch in der Mikroelektronik langfristige bis mittelfristige Chancen eingeräumt. Während der OTA-Bericht die wachsende Spezialisierung militärisch unmittelbar relevanter Technologien sowie die Divergenz militärischer und ziviler Technologien unterstreicht, abstrahiert das BMFT bei der Darstellung der Zielrichtung von Hochtemperatur-Supraleitern vom speziellen Anwendungskontext. Wer denkt schon an militärische Anwendungen, wenn im BMFT-Journal (1987, S.8) nahezu die gleichen Anwendungen wie oben folgendermaßen "dual-use-neutral" beschrieben werden:

- Energie (Generatoren, Transformatoren, Kabelnetze, Speicher)
- Transport und Verkehr (Magnetbahn, Antriebe, Energiespeicher)
- Informationsverarbeitung (Schnelle Schaltkreise)
- Forschung und Entwicklung (Beschleuniger, Speicherringe, Meßtechnik)
- Gesundheit (Kernspintomographie, Diagnostik)
- Weltraum-, Meeresforschung (Sensortechnik)

Im Juni 1986 erhielt die Siemens-Tochter Interatom in Bergisch-Gladbach einen SDI-Auftrag für Komponenten eines Teilchenbeschleunigers (Röntgenlaser) im Wert von ca. 1.6 Millionen $. Mit der Verpflichtung zur Geheimhaltung schienen dem Interatom-Management "die Chancen zur Vermarktung vertan." Nur über ein trickreiches Geschäft gelang es, die Komponenten im Unterauftrag auch an den US-Konzern TRW zu liefern, der ebenfalls an SDI-Projekten beteiligt war. (Dahlem, 1990, S.108-109)

4.3 Mikroelektronik

Mikroelektronik wird nicht nur für die Unterhaltungselektronik weiterentwickelt. Die Maßstäbe und Dimensionen werden von Weltraum-, Raketen- und Waffensystem-Anwendungen gesetzt. Radikal neue Waffenkonzepte (z.B. "brilliant" weapons) wurden auf der Basis von Mikroelektronik entwickelt. Anforderungen für diese Art von Elektronik sind: geringes Gewicht, wenig Raumbedarf und Energieverbrauch, gutes Zeitverhalten, Unempfindlichkeit gegen Strahlung und extreme Temperaturschwankungen, hohe Zuverlässigkeit, leichte Änderbar- und Wartbarkeit.

Vor 25 Jahren wurden noch 95 % aller in den USA produzierten integrierten Schaltkreise vom Militär aufgekauft. Heute sind es noch gerade 7-10 % (Santo and Wollard, 1988, p.30; DoD, 1989, p.A-5). Dieser Verlust an Marktanteilen kommt den Militärs sehr gelegen, weil er den Verteidigungsetat entlastet. Die Einflußnahme der Sicherheitspolitik auf die Mikroelektronik ist jedoch geblieben.

Wenn im Zusammenhang mit dem EUREKA-Projekt JESSI (Joint European Submicron Silicon), eine Acht-Milliarden-Initiative der Länder Frankreich, England, Italien, Niederlande und Bundesrepublik, herausgestellt wird, daß Chips Energie sparen, da sie z.B. in Verbrennungsprozessen von Heizungen und in Automotoren zur drastischen Senkung des Kraftstoffverbrauchs und des Schadstoffausstoßes beitragen (Riesenhuber, 1990), so ist zuerst zu fragen, ob dazu unbedingt 64 Mega-Chips (Mega = Millionen) oder gar Giga-Chips (Giga = Milliarden) benötigt werden, ob dafür nicht auch schon 1, 2, 4, 8, 16, 32 Mega-Chips ausreichen würden.

Im Jahr 1988 verwies Barrett von der Firma Intel auf eine brandneue komplexe Motorsteuerung auf der Basis von 16 Bit-Prozessoren, die mit 4 Bit-Prozessoren nicht realisierbar gewesen wäre (Santo and Wollard, 1988, p.32). In JANEWS (Vol.3, Nr.49, 20.12.1990, S.2) wird berichtet, daß Toshiba und Motorola in Kooperation für den Autohersteller Toyota Motor eine Motorsteuerung entwickeln, die ebenfalls mit 16 Bit-Prozessoren (16 bit engine controlling microcontroller) auskommen. Mit einem16 Bit-Prozessor läßt sich in der Regel aber nur ein Speichervolumen von 64 Kilo-Wörtern, also von etwas mehr als 1Mega-Bit (64 K x 16), direkt adressieren. Für 16 Bit-Mikroprozessoren sind also schon 2 Mega-Speicher-Chips überdimensioniert. Aber bei der Entwicklung neuer Kampfflugzeuge (z.B. Advanced Tactical Fighter (ATF) der USA oder Rafale Fighter der Franzosen) ist das Militär gerade dabei, vom 1750A Chip (Common Avionics Processor 16), dem Cadillac der 16 Bit-Prozessoren, auf den 32 Bit-Prozessor 68020 von Motorola überzugehen. Ergebnisse der vom Pentagon finanzierten VHSIC (Very High Speed Integrated Circuits) - Forschung haben zu einer Leistungssteigerung dieses Motorola-Prozessors beigetragen. Die Tartan Laboratories Inc., Pittsburgh, arbeiten seit langem im Auftrag des Ada Joint Program Office an einer 32 Bit-Architektur. Dabei orientieren sie sich am Motorola -Prozessor 68000.

"A prime example of commercial fallout is Motorola Inc.´s 32-bit 68020 microprocessor. VHSIC research in Motorola´s Semiconductor Products Sector led to significantly increased performance, says a Motorola executive." (Waller, 1987, p. 85)

"Tartan´s proposed architecture, dubbed the V32, used the Army´s MIL-STD-1862B 32-bit ISA " (instruction-set architecture) "as a starting point. MIL-STD-1862B was intended to be implemented as a chip set for the Army´s Military Computer Family program, but the hardware never got off the ground, reportedly because of its complexity and expense." (Wolfe, 1986, p. 24)

Für neue Waffensysteme, so wird behauptet, ist der Übergang zu einer einheitlichen militärischen 32 Bit-Architektur notwendig. Das wird 6-7 Jahre dauern. Dann werden die Mega- und Giga-Speicher-Chips beim Militär zum Einsatz kommen.

"The U.S. military now has no standard 32-bit microprocessor architecture. But the lengthy, complex code needed to provide the many capabilities built into new weapons and aircraft demands far more than 64K words of directly addressable memory - the limit for 16-bit chips. Thus 32-bit architecture is a virtual necessity for new weapon systems whose mission-critical software is written in the high-level language ADA, mandated by the DoD in June 1983. ...

To develop a unique military 32-bit architecture, said Boggess, would probably take six to seven years: three to fund a development proposal, one to let the contract, and two or three to develop it. Commercial processor companies, meanwhile, introduce a new generation of processors every two or three years. Boggess acknowledged that the ATF will need 32-bit processing as well as the 16-bit 1750A; it has been estimated to require 5 million line of source code, versus perhaps 50000 in today´s F-16. He even wondered whether the military should already be looking at 64-bit architectures." (Voelcker, 1988, p. 57)

Es ist nützlich, wenn JESSI-Chips die Sicherheit technischer Produkte, z.B. in der Flugsicherung, erhöhen und Zeit und Material sparen helfen, indem sie Simulationen hochkomplizierter Prozesse ermöglichen. Leider sind keine Studien bekannt, die einen Zusammenhang zwischen den genannten Anwendungen und der Notwendigkeit dieser 64 Mega-Initiative herstellen. Der zivile Bedarf wird im Gegensatz zum militärischen nicht erhoben und auch nicht als Zielsetzung formuliert. Der Markt soll diesen Bedarf bestimmen.

Gigantische Speicheranforderungen von 10 Giga-Wörtern für die Zeit nach 1996 sind nur von Supercomputer-Herstellern bekannt, die von den Militärs, der Luft- und Raumfahrt-Industrie (Domke, 1988) und von den Genomanalyse-Projekten in den Teraflop-Bereich (Trillionen Gleitkomma-Operationen pro Sekunde) getrieben werden. IBM setzt dabei auf die eigene Mikrotechnologie (, die inzwischen auch aus JESSI gespeist wird,) und Steve Chens SSI-Maschine aus 64 Prozessoren, die mit Silicon-Chips ausgestattet werden sollen (Sanders and Mitchel, 1990). 10 Giga-Wörter aufgeteilt auf 64 Prozessoren ergäbe 156 Mega-Wörter pro Prozessor. Ein 32 Bit-Prozessor wäre dann gerade mit der Verwaltung von 320 16 Mega-Bit-Chips beschäftigt. Warum lassen sich nicht auch schon auf der Basis von 16 Mega-Chips massiv parallele Supercomputer bauen, die im gewünschten Gigaflop- und Teraflop-Leistungsbereich liegen?

Bei der Mikroelektronik gibt es wie bei der Supraleitung sehr enge Abhängigkeiten zwischen den Anwendungsanforderungen und der Fertigungstechnologie. Das gilt sowohl für die Silizium- als auch für die Gallium-Arsenid-Technologie. Militärische Forderungen bezüglich Temperaturschwankungen und Härtung erfordern beispielsweise spezielle Fertigungstechniken.

Die Zuverlässigkeit von Geräten mit Halbleiter-Komponenten hängt sehr von den thermischen Eigenschaften dieser Komponenten ab. Im Einsatz verändern sich wichtige elektrische Parameter bis zu 40%. Mit steigenden Temperaturen wächst die Unzuverlässigkeit dieser Geräte. Während im zivilen Bereich die Kunden eine Zuverlässigkeit elektronischen Geräts im Temperaturbereich von etwa 0 Grad C bis +70 Grad C verlangen, fordert das Militär Zuverlässigkeit im Temperaturintervall von -55 Grad C bis + 125 Grad C. Zur Fertigung hochintegrierter (Very Large Scale Integration, d.h. 20 000 oder mehr Schaltungen) Gallium-Arsenid-Chips wird die spezielle Technologie DCFL (direct-coupled FET logic) benötigt. Der Nachteil dieser Technik liegt darin, daß es während der Fertigung für militärisch zuverlässige Chips sehr große Probleme mit der Steuerung der Schwellwertspannungen von Transistoren gibt. Die Ursache liegt an der Verwendung von Gold als Gattermaterial. Die Chiphersteller, die das Militär beliefern wollen, müssen zusätzlich ein teures und aufwendiges Verfahren zur Lösung dieses Problems haben. Bei den geringeren Temperaturanforderungen ziviler Kunden treten diese Probleme nicht auf. Weil Chip-Hersteller in der Regel aus Kostengründen den zivilen und militärischen Markt bedienen wollen, scheiden Produzenten ohne die erforderliche Fertigungstechnik aus diesem Produktionssektor aus. (Cates, 1990)

Temperaturen beeinflussen auch das Zeitverhalten der Signale. Ein digitaler Schaltkreis arbeitet nur dann korrekt, wenn Zeitverzögerungen nicht von einem vorgegebenen Wert abweichen. Transistoren, die in einem Fertigungsschritt hergestellt werden, haben meist ein gleichmäßiges Verhalten, die aus verschiedenen Schritten aber nicht. Problematisch wird das bei anwendungsspezifischen integrierten Schaltkreisen (ASIC), weil da Transistoren aus verschiedenen Fertigungsprozeß-Schritten kombiniert werden. Über Simulation läßt sich zwar das funktionale Verhalten von Chips recht gut überprüfen, Zeitprobleme sind jedoch extrem schwer zu erkennen. (Lathrop et al., 1990)

Die Fertigungstechnologie für ASIC´s, die auch im Rahmen von JESSI entwickelt wird, ist für das Militär ideal. Sie soll in relativ kurzer Zeit kleine Chipmengen zu günstigen Kosten produzieren. (Domke, 1990)

Die Härtungsanforderungen im zivilen Bereich unterscheiden sich gravierend von den militärischen. Bestimmte militärische Geräte, Kommunikationsverbindungen und Computer müssen auch nach Atombomben-Explosionen noch zuverlässig arbeiten, fordern die Abschreckungsstrategen. Mikroelektronik wird gegen Hochenergie-Elektronen, Neutronen, Protonen, Röntgen- und Gammastrahlen gehärtet. Wegen der komplexen Beziehungen zwischen den charakteristischen Eigenschaften des Halbleitermaterials und dem Schaltkreisentwurf liegen auch hier die großen Probleme wieder bei der Fertigung.

"Many special manufacturing problems remain from a military point of view, however. The most important of them involves microcircuit reliability in hostile (i.e., combat) environments. Reliability problems caused by hostile environments often demand specialized manufacturing solutions that may not be available from US industry." (DoD,1989, p.A3)

Gehärtete Chips müssen einer Kombination von 4 Parametern standhalten:

- maximale Dosis, die permanent ohne Schaden ertragen werden kann,
- maximale Dosis, die über eine bestimmte Zeit ohne Schaden bleibt,
- maximaler Neutronen-Beschuß, den die Chip-Oberfläche ohne Schaden überstehen kann,
- Unempfindlichkeit gegenüber einer plötzlich auftretenden Strahlung, z.B. Gammastrahlung der Sonne.

Unterschiedliche Anwendungen (je nach Auftrag, Weltraumbahn, Lebensdauer, erwartete Strahlungsstärke) erfordern unterschiedliche Parameterwerte.

Gewöhnliche CMOS-Chips (Silizium) haben bereits eine gewisse Härtung. In Fällen geringer Anforderungen reicht es dem Militär auch schon aus, über Stress Screening (Temperatur, Vibration), d.h. über eine Realisierung von Einsatzbedingungen in der Fabrik, eine Auswahl zu treffen. Aber nukleare Waffen und SDI-Waffen erfordern höhere Toleranzen. Deshalb wurde in den letzten Jahren im Rahmen von SDI viel Geld für Härtungstechnologien ausgegeben (vom Pentagon ca. 300 Mio.$). Es gibt keine genaue Aufstellung darüber, wieviele gehärtete Chips das Militär kauft. Die Schätzungen liegen bei 5% des militärischen Chip-Marktes von ca. drei Milliarden $ pro Jahr oder 150 Mio $ pro Jahr.

Im Rahmen von SDI wurde wegen der guten Härtungseigenschaften primär Gallium-Arsenid gefördert. Die MOS-Silizium-Chips waren für Weltraum und Raketenanwendungen nicht geeignet. Bei Silizium führten jedoch die **Übergänge** von MOS zu CMOS und **zu immer kleineren Geometrien** inzwischen zu **gut gehärteten Silicon-Chips.** Konsequenterweise gehört Gallium-Arsenid in SDI inzwischen zu den großen

Verlierern. Auch die Europäer setzen mit JESSI auf Silizium mit sehr kleinen Geometrien. IBM und Honeywell sehen in CMOS eine Lösung für die drängensten Härtungsprobleme. Zwei wichtige Härtungstechnologien von heute sind SOI (silicon-on-insulator) und SOS (silicon-on-sapphire). SOS hat sich als einzige Silizium-Technologie in militärischen Systemen bewährt, hat aber ein miserables Preis/Leistungsverhältnis und daher keine Zukunft. SOI soll dagegen auch für den kommerziellen Markt geeignet sein.

Die ganz große Hoffnung setzt man allerdings auf Diamanten-Chips. Sie wären härter, schneller und für Temperaturen bis 600 Grad C geeignet. Gedacht sind sie für Nuklear- und Weltraumanwendungen, zur Leistungskontrolle in Atomraketen und Flugzeugmotoren. Naturdiamant steht nur für Forschungszwecke zur Verfügung. Um zu synthetischen Diamanten zu kommen, ist noch viel Materialforschung nötig. Bis 1989 wurden in SDI bereits 13 Mio $ in diese neue Härtungstechnologie investiert. (Naegele, 1989)

Wenn die Öffentlichkeit über die Ergebnisse dieser Forschungsarbeiten informiert wird, ist ein militärischer Bezug nicht mehr zu erkennen:

"Diamant: Die US-Firma General Electrics hat gestern in New York einen "perfekten" synthetischen Diamanten vorgestellt. Er soll wegen seiner extremen Hitzeleitfähigkeit entscheidende Fortschritte in der Industrie bringen." (dpa-Meldung aus dem Generalanzeiger - Kurz notiert - vom 12.7.1990)

5. Zusammenfassung

Technischer Fortschritt, orientiert am alten Prinzip, daß der Krieg der Vater aller Dinge sei, dominiert weiterhin den sozialen und menschlichen Fortschritt. Die Entstehungsprozesse neuer Technologien werden in ihrer politischen, wirtschaftlichen, wissenschaftlichen und technischen Dimension nicht transparent gemacht. Die dahinterliegenden Interessen- und Machtstrukturen, die allenfalls exemplarisch erkennbar sind, müssen aufgedeckt werden. Deshalb sollten alternative Projekte vorrangig die Zusammenhänge zwischen Sicherheits-, Forschungs-, Technologie- und Wirtschaftspolitik einerseits und den Forschungs- und Entwicklungsprozessen andrerseits zum Untersuchungsgegenstand machen. Dabei sind insbesondere die Beziehungen zwischen militärischen und zivilen Anforderungen an die IT und den Fertigungsmethoden, Fertigungstechniken und Fertigungsprozessen zu untersuchen. Dringend erforderlich sind Analysen zur Dimensionierung der neuen IT. Es ist zu fragen, ob und inwieweit die Mega- und Giga-Dimensionen im Chipbereich oder die Teraflop-Dimension im Supercomputerbereich zur Lösung der drängenden gesellschaftlichen Probleme, wie z.B. Klima, Luft, Wasser, Boden, Nahrung, Abfall, Drogen, Arbeitslosigkeit, Grundrechte und Demokratie, beitragen. Umfassende Anforderungsanalysen an eine IT, die orientiert ist an der Wiederherstellung, am Erhalt und an der Verbesserung menschlicher Lebensgrundlagen, müssen erarbeitet werden. Vom Dual-Use-Konzept ist radikal Abschied zù nehmen. Ziel muß es sein, über eine Abrüstung im FuE-Bereich zu einer Richtungsänderung in der Forschungs- und Technologiepolitik zu gelangen. Statt IT, die militärisch sehr relevant ist, muß eine sozialförderliche IT erforscht und entwickelt werden. Ohne eine in der Öffentlichkeit geführte Diskussion wird dieses Ziel nicht erreicht werden können. Die Technologiedebatte muß über den Kreis technikorientierter Experten hinausgehen.

6. Literatur

Adam, J.A. (1990) Toward smaller, more deployable forces, as lethal as can be, in: Special Report DEFENSE: How much is enough?, IEEE Spectrum, November, pp. 30-41.

BMFT-Journal (1987) Durchbruch bei der Supraleitung, Nr.4/August, S.8.

Cates, R. (1990) Gallium arsenide finds a new niche, IEEE Spectrum, April, pp.25-28.

Chen, K.T. (1989) The state of Japan's military art, IEEE Spectrum, September, pp.28-33.

Dahlem, P. (1990) Aufträge in den Sternen, high-Tech 4/90, S.106-109.

Deubner, C. (1985) Kritische Überlegungen zu Eureka, Stiftung Wissenschaft und Politik, Ebenhausen, SWP-LN 2446, August.

DOD (1989) The Department of Defense Critical Technologies Plan for the Committees on Armed Services United States Congress, 15 March.

Domke, M. (1988) Einflußnahme von Politik, Militär und Industrie auf die Informatik am Beispiel Supercomputer, in: Rudolf Kitzing u.a. (Hrsg.) Schöne neue Computerwelt, Zur gesellschaftlichen Verantwortung der Informatiker, Verlag für Ausbildung und Studium in der Elefantenpress Berlin, S. 136-163.

Domke, M. (1990) Janusgesicht der zivilen Forschung (JESSI und Dual-Use), die computer zeitung, 11. Juli, S. 21-22.

Domke, M. (1990) JESSI und Dual-Use, Beispiel für Großindustrie-Subventionen und verdeckte Rüstungs-Haushalte, Informatik Forum, 4. Jahrgang, Heft 3, September, S. 147-151.

EG (1988) Strategisches Forschungs- und Technologieprogramm im Bereich Luftfahrt, Mitteilung der Kommission an den Rat und an das Europäische Parlament, Technologie-Nachrichten, Programm-Informationen, Nr. 434-2.November, S.1-16.

Forndran, D. (1985) Das Forschungs- und Technologiekonzept der Bundeswehr, 58. Arbeitstagung der Deutschen Gesellschaft für Wehrtechnik e.V., 24.-25. April, Bonn-Bad Godesberg.

Gansler, J.S. (1982) Can the Defense Industry Respond to the Reagan Initiatives? International Security, Spring, Vol.6, No.4, pp.102-121.

Gilmore, H.L. (1984) R&M Implications of the DoD Acquisition Improvement Program, IEEE Transactions on Reliability, Vol.R-33, No.2, June, pp.138-144.

Kahaner, D.K. (1990) New Information Processing Technology (NIPT) Workshop, held in Hakone / Japan, 1-2 December, e-mail report 26 Dec, gmd-news vom 15.1.1991.

Lathrop, R.H. et al. (1990) "Functional abstraction" anticipates timing glitches, IEEE Spectrum, April, pp.41-42.

Naegele, T. (1989) Hard Times in Rad-Hard, Electronics/May, pp.82-87.

OTA (1988) Commercializing High-Temperature Superconductivity, Congress of the United States, Office of Technology Assessment, OTA-ITE-388, Washington, U.S. Printing Office, June.

Protokoll (1983) Über ein Gespräch von BMFT und BMVg mit Vertretern aus Wissenschaft und Industrie über verteidigungsrelevante Informationstechnik am 17./18. November 1983, Bonn, BMFT/413, 1. Dezember.

Riesenhuber, H. (1990) Zum Stand der Durchführungsphase des Eureka-Programms für Mikroelektronik JESSI (Joint European Submicron Silicon), Pressemitteilung Nr.43/90, BMFT-Pressereferat Bonn, 19. April.

Rosenblatt, A. (1990) Expert observers: defining national technology options, IEEE Spectrum, Volume 27, Number 11, November, pp.37-41.

Sadlowski, M. (1984) Innovationsfreundliche Beschaffungspolitik, wt-Gespräch mit dem Rüstungsstaatssekretär, wt 11/84, S.14-16.

Sanders, J. and Mitchel, A. (1990) Dateline 1995!, Parallelogram, November, pp. 8-9.

Santo, B. and Wollard, K. (1988) The world of silicon: it's dog eat dog, IEEE Spectrum, September, pp.30-39.

US Air Force (1987) The US Air Force R&M 2000 Initiative, IEEE Transactions on Reliability, Vol.R-36, No.3, August, pp.277-381.

Voelcker, J. (1988) Flex in specs: A license to innovate?, IEEE Spectrum, Volume 25, Number 12, November, pp. 55-60.

Waller, L. (1987) VHSIC finally builds a head of steam, Electronics, April 16, pp.84-86.

Wolfe, A. (1986) DoD seeks a standard 32-bit instruction set, Electronics, February 24, p. 24.

Wolff, H. (1990) As defense costs face the ax, the scenarios fly thick and fast, How to get by in hard times, letter from the Pentagon, Electronics June, pp. 8-13.

ZKI (1989) Zukunftskonzept Informationstechnik, BMFT und BMWi, Bonn, August.

Können Maschinen denken - eine kritische Auseinandersetzung mit der harten These der KI

Wolfgang Hesse, Universität Marburg

Zusammenfassung:

Gegenstand dieses Vortrags ist die sogenannte *harte These* der Künstlichen Intelligenz, die in ihrem Kern darauf hinausläuft, Maschinen menschliche Attribute wie "Geist" und "Verstand" und Fähigkeiten wie "denken", "planen", "wahrnehmen", "verstehen", "wissen" oder "lernen" zuzusprechen. Es soll deutlich gemacht werden, daß die dabei angesprochenen Fragen weniger die Leistungsfähigkeit heutiger oder künftiger Computer betreffen als vielmehr die Art und Weise, wie Menschen über sich selbst denken. Diese findet ihren Ausdruck in den Worten, mit denen wir unsere eigenen Eigenschaften und Fähigkeiten sowie die der Computer belegen.

Von unserer Fähigkeit, natürliche Denkleistungen von ihren künstlichen Reproduktionen zu unterscheiden hängt nicht nur ab, wie wir in Zukunft mit manchen überzogenen Werbesprüchen umgehen, sondern auch und vor allem wie wir *miteinander* umgehen: ob wir uns z.B. gegenseitig als Menschen oder als Maschinen ansehen oder ob dieser Unterschied verschwindet. Die Frage der "intelligenten Computer" wird damit zu einer der Kernfragen der *gesellschaftlichen Auswirkungen* der Informatik.

1 Drei Thesen der "Künstlichen Intelligenz"

Die nun bereits über drei Jahrzehnte währende Auseinandersetzung über das Wesen und die Möglichkeiten der sogenannten "Künstlichen Intelligenz" (KI) läßt sich knapp in den folgenden drei Thesen zusammenfassen:

(W) Der Computer ist ein nützliches Denk-*Werkzeug*, d.h. ein Instrument zur *Unterstützung* menschlicher Denkleistungen.

(S) Der Computer kann nutzbringend als *Simulator* genutzt werden, d.h. als Instrument zur *Untersuchung* menschlicher Denkleistungen.

(H) Der Computer verkörpert selbst *Geist*, d.h. er *vollzieht selbst* menschenähnliche *Denktätigkeiten*.

Gemeinhin werden (W) als die *weiche* und (H) als die *harte These der KI* bezeichnet. Die mittlere These (S) wollen wir die *Simulations-These* nennen. Während These (W) kaum umstritten und als relativ unkritisch einzustufen ist, kann man über die Nützlichkeit der Computer-Simulation menschlicher kognitiver Leistungen geteilter Meinung sein, muß sie aber als einen von verschiedenen möglichen Erklärungsversuchen auf jeden Fall akzeptieren.

Umso heißer entbrennt um die These (H) der Streit immer wieder aufs Neue. Als prominente Befürworter seien E. Feigenbaum und M. Minsky genannt, als Kritiker J. Searle und J. Weizenbaum. Die folgenden Betrachtungen beziehen sich ausschließlich auf die These (H).

Um eine Vorstellung von den Denkmodellen der harten KI zu vermitteln, möchte ich aus einer jüngeren Veröffentlichung mit dem Titel "The 21st century artilect" zitieren (vgl. /GAR 89/). Als "artilect" bezeichnet der Autor den Geist verkörpernden Computer der Zukunft und charakterisiert diesen durch Sätze wie:

- "We will have *conversations* with computers ... "

- "We will have *relationships* with computers ..."

- "Man will build a machine *smarter* than its creator ..."

- "Man will create a creature *more intelligent* than we are ..."

Daß von solchen Gebilden nicht nur Segen, sondern auch mögliches Ungemach über die Menschen kommen könnte, ist auch dem Autor klar:

- "We cannot be sure that artilects *would treat* human beings with the *same level of respect* as we would like...

- "Perhaps they will *decide* that human beings are *pests* and *extermine* us ...

Spätestens hier wird Künstliche Intelligenz nicht nur zum technischen, sondern zum *gesellschaftlichen* Problemfeld:

- "The Cosmists (i.e. those believing in artilects) will create a *new religion* ...

- "This is .. an issue which will dominate the *global politics* of the period ...

- " .. an issue that ranks with those concerning the possibility of a *nuclear holocaust* or an *ecological breakdown* ...

- " .. an issue which is concerned with the *destiny of human beings* as a species ...

Selbst wenn man all dies für die Verirrungen eines überdrehten Utopisten hält, so sollte man sich mit Aussagen etablierter und ernstzunehmender Wissenschaftler wie der folgenden auseinandersetzen /HAU 87/:

- " ... Künstliche Intelligenz, jene aufregende und neuartige Anstrengung, Computern *das Denken beizubringen*. Das grundlegende Ziel dieser Forschung ist nicht etwa nur, Intelligenz zu simulieren oder irgendeine raffinierte Imitation hervorzubringen. Nein, KI *will die Sache selbst, Maschinen mit Verstand* im vollen und wörtlichen Sinne ... "

Deutlicher kann man es nicht ausdrücken, daß zumindest für einen Teil der KI-Forschung das Ziel nicht nur Simulation im Sinne der These (S), sondern tatsächlich der "verständige" Computer im Sinne der These (H) ist.

2 Die harte These als Problem unseres Sprachverständnisses

Wollen wir eine Antwort darauf finden, ob die harte These zu bejahen ist oder nicht, so müssen wir uns zwangsläufig mit Begriffen wie "Geist" oder "Verstand" auseinandersetzen. Unsere angeschnittene Frage wird damit zum philosophischen Thema. Wir wollen uns jedoch nicht mit diesem Hinweis begnügen, sondern versuchen, die fraglichen Begriffe näher zu charakterisieren und zu konkretisieren, um damit einer Antwort auf unsere Frage zumindest näher zu kommen.

Einen ersten Ansatzpunkt dafür liefern drei Pioniere der KI-Forschung selbst, die schon in den frühesten Tagen der KI deren Wesen anhand von Voraussagen zu verdeutlichen versuchten (vgl. /NSS 63/ und folgender Kasten).

Vier Vorausagen (Newell, Shaw und Simon 1957)

(NS 1) Innerhalb der nächsten 10 Jahre wird ein Computer Schach-Weltmeister sein.

(NS 2) Innerhalb der nächsten 10 Jahre wird ein Computer ein wichtiges und neues mathematisches Theorem entdecken und beweisen.

(NS 3) Innerhalb der nächsten 10 Jahre wird ein Computer Musik von hohem ästhetischen Wert komponieren.

(NS 4) Innerhalb der nächsten 10 Jahre wird ein Großteil der psychologischen Theorien in Form von Computer-Programmen bzw. qualitativen Aussagen über bestimmte Merkmale von Computer-Programmen formuliert werden.

Die Voraussagen (NS 1) und (NS 2) beziehen sich auf rein kognitive Leistungen, die auf einen genau abgegrenzten, mit formalen Mitteln beschreibbaren Bereich ("closed world") beschränkt sind. Während das Schachspielen (NS 1) "nur" das Abarbeiten eines Satzes fest vorgegebener Regeln (mit einer allerdings exponentiell wachsenden Anzahl von Alternativen) erfordert, sind beim Auffinden mathematischer Theoreme (NS 2) weitere kreative Fähigkeiten vonnöten, um z.B. den Weizen sinnvoller, nützlicher Theoreme von der Spreu zwar richtiger, aber nutzloser und überflüssiger Theoreme abzusondern. Noch einen Schritt weiter geht die Aussage (NS 3), da hier neben kognitiven (d.h. formal abprüfbaren) Leistungen solche von ästhetischem Wert eingefordert werden. Über die kann man bekanntermaßen trefflich streiten, was eine formale Bewertung des Erfolgs von vornherein ausschließt.

Die genannten drei Voraussagen unterscheiden sich zwar graduell voneinander, sind aber insofern von der gleichen Art, als sie alle direkt auf die möglichen Fähigkeiten und Leistungen von Computern abzielen. Von ganz anderer Art ist dagegen die vierte Voraussage (NS 4). Hier stehen nicht die Leistungen der Computer zur Debatte, sondern die Denk- und Ausdrucksweise einer Gruppe von Menschen - genauer einer wissenschaftlichen Disziplin, die sich gerade der Erforschung der menschlichen Psyche verschrieben hat.

Bezeichnenderweise ist es gerade diese vierte Voraussage, von der man am ehesten behaupten kann, daß sie eingetroffen ist. Dies wäre eine eigene Betrachtung wert. Wir wollen hier jedoch lediglich als erstes Zwischenergebnis festhalten:

= = > Eine Annäherung von Mensch und Maschine kann sich in beiden Richtungen vollziehen:

(a) Anpassung der Maschinen an die Menschen (z.B. durch Steigerung ihrer Fähigkeiten und durch "menschenähnlichere" Eigenschaften) oder

(b) Anpassung der Menschen an die Vorgehens- und Arbeitsweise der Computer.

Versuchen wir, ausgehend von den Newell/Shaw/Simon'schen Voraussagen, Computer-Leistungen bezüglich ihrer "Intelligenz" zu bewerten, so heißt das, das Wesen verstandesmäßigen, intelligenten Handelns näher zu ergründen. Im besonderen heißt das, Antworten darauf zu finden, ob Computer solcher Leistungen wie "rechnen", "denken", "nachdenken", "planen", "entscheiden", "wahrnehmen", "empfinden", "verstehen", "lernen" etc. fähig sind.

Antworten auf diese Fragen zu finden fällt besonders schwer, da sie nicht nur von der Leistungsfähigkeit unserer Maschinen abhängen, sondern ebenso von unserer Definition von "rechnen", "denken" etc., d.h. von unserem Sprachverständnis. Beide Kriterien sind kontinuierlichen Änderungen unterworfen, wobei die Leistungsfähigkeit der Computer formal faßbar und quantitativ bestimmbar ist, das Sprachverständnis als gemeinsames, inneres Gut einer Gemeinschaft vieler Individuen dagegen nicht.

Dies wollen wir als zweites Zwischenergebnis festhalten:

= = > Eine Entscheidung darüber, ob die harte These der KI gilt oder nicht, hängt wesentlich von unserem Sprachverständnis und damit von einer unscharfen, nicht quantifizierbaren Größe ab. Die Frage kann damit - wenn überhaupt - nur im gesellschaftlichen Diskurs (und Konsens) beantwortet werden.

3 Beispiele und Problemfelder

Im folgenden Abschnitt soll an einigen einfachen Beispielen illustriert werden, welche grundsätzlichen Unterschiede in der Arbeitsweise von Menschen und Computern bestehen und welche Schwierigkeiten sich der Übertragung menschlichen Denkens auf Maschinen allein im sprachlichen Bereich entgegenstellen.

Repräsentationsprobleme

Abb. 1 illustriert die Arbeitsweise von Mensch und Maschine bei der Lösung einer einfachen arithmetischen Aufgabe. Der Mensch multipliziert "im Kopf" oder anhand eines (z.B. in der Schule gelernten) Algorithmus. Die Maschine dagegen manipuliert Symbole anhand eines vorgegebenen Programms, das den menschlichen Algorithmus widerspiegelt. Der Mensch, der den Computer "bedient" (oder besser ausgedrückt: "benutzt") sorgt für eine geeignete *symbolische Repräsentation* seines Problems und des Algorithmus, die Maschine gewinnt daraus (durch Manipulation) neue Folgen von Symbolen, die das Ergebnis repräsentieren und vom Menschen in geeigneter Weise *interpretiert* werden müssen, um zur Lösung seines ursprünglichen Problems zu gelangen.

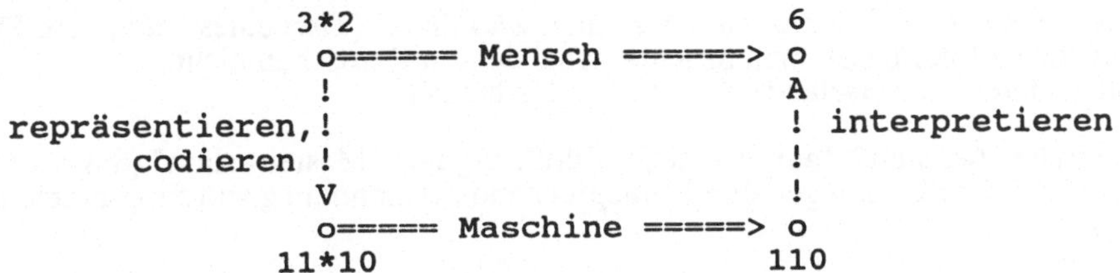

Abb.1: Menschliche und maschinelle Lösung einer arithmetischen Aufgabe

John Searle hat diesen Sachverhalt sehr anschaulich anhand seines "chinesischen Zimmers" beschrieben: Der "Benutzer" reicht sein Problem - repräsentiert durch chinesische Symbole - in das chinesische Zimmer herein, der darin sitzende "Rechner" manipuliert die Symbole (ohne chinesische Sprachkenntnisse und damit ohne Kenntnis des Inhalts) nach vorgegebenen Vorschriften und der Benutzer interpretiert die resultierenden Symbole in geeigneter Weise, um damit zur Lösung seines ursprünglichen Problems zu gelangen.

Im Gegensatz zu anderen, handwerklichen Maschinen - wie etwa einer Mühle, die "die Dinge an sich" (nämlich Weizenkörner) verarbeitet - hat es ein Computer immer mit Repräsentationen zu tun. Wenn wir z.B. auf den Bildschirm deuten und sagen: "Dort ist Kunde Meier!", dann meinen wir natürlich nicht Meier selbst (den wir möglicherweise nicht einmal kennen), sondern die Bildschirmdarstellung des Datensatzes, der Meier in unserer Kundendatei repräsentiert. Sind aber Repräsentierendes und Repräsentiertes immer so einfach auseinanderzuhalten, etwa wenn es sich beim Repräsentierten um so abstrakte Dinge wie Klassen, Mengen oder Begriffe handelt?

Identifikationsprobleme

In unserem täglichen Sprachgebrauch identifizieren wir dauernd:

- die Repräsentation mit den Repräsentierten ("Das bin ich" - beim Betrachten eines Fotos oder eines Spiegelbildes)
- das Eigentum mit dem Besitzer ("Ich stehe unten an der Ecke" - gemeint ist natürlich mein Auto)
- Teile mit dem Ganzen, Elemente mit Klassen, Produkte mit dem Material, aus dem sie hergestellt sind: ("Bonn spricht mit Warschau", "Die Frau von Welt trägt wieder Hut!", "Er trat das runde Leder" etc.)

Kontext, Sprachgefühl und Erfahrung reichen beim erwachsenen Hörer in der Regel aus, um automatisch den richtigen Inhalt zu erschließen, obwohl die empfangenen Nachrichten wörtlich genommen Unfug, falsch, mißverständlich oder unscharf sind.

Metaphern

Eng benachbart damit ist das Gebiet der Metaphern. Unsere Alltags- und Literatursprache ist voll davon ("das Kind mit dem Bade ausschütten", "Eulen nach Athen tragen", "ein Herz erweichen", "Sein Blick hat mich durchlöchert", "Sie kosteten vom süßen Wein der Liebe" etc.). Wir wollen uns hier auf Metaphern konzentrieren, die auf der Identifikation von Mensch und Maschine beruhen:

- "Ich bin nur ein Rad im Getriebe." (Mensch als Teil einer Maschine),
- "Ich kann Ihr Suchwort nicht finden." (sich als Mensch gebärdendes Textverarbeitungsprogramm),
- "lernende, verstehende Maschinen", "Machines *who* think" (Titel eines bekannten Buches über Künstliche Intelligenz, man beachte dabei den im Deutschen nicht nachvollziehbaren Unterschied von "who" und "which"!),
- "elektronischer Assistent", "automatischer Pilot", "Agent", "Master - slave" (Suggestion menschenähnlicher Leistungen durch entsprechende Benennnung von Programmen oder Systemen)
- "Mensch-Maschine-Kommunikation": eine Metapher, an die wir uns schon fast gewöhnt haben. Aber eigentlich kommunizieren wir (noch?) nicht *mit Maschinen* sondern *miteinander mit Hilfe von* Maschinen, oder?

Natürlich nehmen wir Metaphern nicht wörtlich. Wir versuchen nicht, mit den Bindfäden, die es regnet, Säcke zuzuschnüren oder in die Luftschlöser einzuziehen, die wir gebaut haben. Wie aber ist es mit den Metaphern der KI? Verbirgt sich hinter der starken These der KI nicht einfach eine wörtlich genommene Metapher?

Simulation

Das bringt uns zum nächsten Fragenkomplex:

Ist die *Simulation* einer handwerklichen oder geistigen Tätigkeit identisch mit deren *Durchführung*?

Im ersten Falle (handwerkliche Tätigkeit) ist das einfach zu entscheiden: Baut ein Architekt ein Modellhaus oder legt er gar nur einen Bauplan vor. so können wir das Haus noch nicht nutzen, es verstellt aber auch noch nicht die Landschaft. Ähnlich verhält es sich mit dem simulierten Flugzeugabsturz, Bombenabwurf, Erdbeben etc.

Schwieriger ist es mit einer geistigen Tätigkeit. Nehmen wir an, ein Computer hat einen komplizierten Beweis für einen mathematischen Satz geliefert. Hat der Computer eine *Denkleistung* selbst vollbracht? Oder hat er uns (im Sinne eines Werkzeugs) eine *Anregung* gegeben, wie der Beweis laufen könnte, die aber erst ein Mensch *nachvollziehen* muß, ehe man von einer geistigen Leistung sprechen kann?

4 Haben Maschinen eine Semantik?

Das Begriffspaar Syntax/Semantik (manchmal durch Hinzunahme der "Pragmatik" zu einem Tripel erweitert) ist älter als die Computer. Es hilft uns dabei, bei der Beschreibung einer (natürlichen oder artifiziellen) Sprache Form und Inhalt voneinander zu trennen; eine Trennung, die zwar im Einzelfall sehr schwierig sein kann und sich nicht immer eindeutig vollziehen läßt, aber trotzdem für wichtige Disziplinen wie Sprachdidaktik, Sprachverstehen oder Sprachübersetzung äußerst hilfreich ist.

Es ist klar, daß die in der Überschrift gestellte Frage nur eine andere Formulierung unseres alten Problems ist: Beschränkt sich die Leistung der Computer auf die Bearbeitung von Formen (=Symbolen) oder verfügen die Computer über inhaltliches Verständnis der hinter den Symbolen stehenden Sachverhalte?

Betrachten wir dazu zunächst den klassischen Ansatz der Programmiersprachen. Mit Hilfe einer *Syntax* (meist gegeben in Form eines grammatikalischen Regelwerks) wird aus der Menge A* aller möglichen Zeichenreihen über einem vorgegebenen Alphabet A eine Menge P *syntaktisch richtiger Programme* ausgezeichnet. Die *Semantik* der Sprache ordnet jedem Programm p aus P eine *Bedeutung* B(p) zu:

$$p \dashrightarrow B(p) = rel\,(S_v, p, S_n)$$

Dabei ist (nach einem von verschiedenen möglichen allgemeinen Ansätzen) rel eine Relation über den Mengen S_v und S_n möglicher Speicherzustände einer hypothetischen Maschine vor bzw. nach Ausführung von p.

Analog könnte man für ein "wissensverarbeitendes" Programm p definieren:

$$p \dashrightarrow B(p) = rel\,(W_v, p, W_n),$$

wobei W_v und W_n *Repräsentationen von Wissen* vor bzw. nach Ausführung von p sind.

Was unterscheidet dabei KI-Programme von herkömmlichen PASCAL-, COBOL- oder Assembler-Programmen? Nach dem Anspruch der KI

(1) ein grundsätzlich anderes, "regelbasiertes" Vorgehen bei der Programmausführung,

(2) ein grundsätzlicher Unterschied zwischen den Speicherzuständen S_i herkömmlicher Maschinen und den *Wissensrepräsentationen* W_i einer KI betreibenden Maschine. Jedes W_i repräsentiert ein Stück "Weltwissen" für einen gegebenen Weltausschnitt.

Das heißt: Wir haben die Semantik eines Programms zurückgeführt auf einen *semantischen Formalismus* - gegeben in Form einer *hypothetischen Maschine* HM, die Speicherzustände bzw. Wissensrepräsentations-Zustände ineinander überführt.

$$B: p \in P \dashrightarrow t \in T_{HM} \text{ mit}$$

$$t: Z_v \Longrightarrow Z_n \text{ (Zustands-Transformator)}$$

Wollen wir von der Maschine sinnvollen Gebrauch machen, so müssen wir:

(a) unser zu lösendes Problem angemessen *repräsentieren*, so daß es den syntaktischen Regeln für die Maschinen-Eingabe genügt und einem Anfangszustand im Sinne von HM entspricht,

(b) die Maschine "rechnen" lassen,

(c) das Ergebnis (=Zustand von HM) angemessen *interpretieren*, um damit (im Erfolgsfalle) eine Lösung des gegebenen Problems zu erhalten oder ihr näher zu kommen.

Welche Folgerungen ergeben sich aus dieser Betrachtungsweise für unsere Fragestellung?

- Die *"Semantik der Maschine"* steckt in dem Zustands-Transformator t, der dem gegebenen Programm p entspricht sowie in möglicherweise weiteren zu dessen Ausführung benötigten Programmen und Daten.

- Der *Semantik-Formalismus*, gegeben durch die hypothetische Maschine HM, ist ein Vehikel, das dazu dient, die Programmausführung modellhaft zu erklären. Die Maschine "versteht" diesen Formalismus (den man, falls er vollständig ist, selbst wieder in eine Syntax gießen könnte) genau so gut oder schlecht wie die ihr eingegebenen Programme und Daten.

- Der *Benutzer* des Programms p gewinnt *seine* Semantik (d.h. den Bezug zu *seiner* Lebenswelt) durch seine Interpretation, mittels derer er sein gegebenes Problem auf Elemente des Semantik-Formalismus *reduziert* und die gewonnen Ergebnisse angemessen auf seinen Problembereich *überträgt*.

- *Regelbasierte* Programme entsprechen Formeln der mathematischen Logik, ihre Ausführung entspricht (rein syntaktisch beschreibbaren) Herleitungsprozessen. Ein Blick auf die Prolog-Semantik zeigt das besonders anschaulich.

- Die sogenannten *"semantischen Maschinen"* tragen eine (syntaktische) Repräsentation eines gewählten Weltausschnitts in sich. Ihre Bedeutung für den Anwender ist so gut oder schlecht, wie diese Repräsentation dem zu bearbeitenden Problem entspricht.

Aus dem Gesagten können wir nunmehr das folgende Fazit ziehen:

"Semantik" wird in der Informatik fast ausschließlich unter *formalen* Gesichtspunkten verstanden.

Nehmen wir dagegen eine *pragmatische* Sichtweise ein, so umfaßt die Bedeutung einer Nachricht deren Einordnung in den *gesamten persönlichen, sozialen und historischen Kontext des Senders und des Empfängers*. Dieser ist aber niemals *vollständig* formalisierbar.

5 Begriffsverschiebungen und die Grenzen der Berechenbarkeit

Die Trennung von Syntax und Semantik ist kein Tick weltfremder Linguisten oder Sprachtheoretiker, sondern entspricht einem wohlbegründeten menschlichen Bedürfnis, zwischen Form und Inhalt, zwischen Verpackung und Verpacktem zu unterscheiden. Eigens zu diesem Zwecke dienende Worte wie "Zeichen", "Symbol" oder "Bedeutung", "Sinn" belegen das. Auf der anderen Seite läßt sich eine gewisse Nachlässigkeit im alltäglichen Sprachgebrauch nicht leugnen, wo Worte doppeldeutig verwendet werden und die richtige Deutung dem Kontextverständnis des Empfängers überlassen bleibt. Beispiele dafür sind Worte wie "Nachricht", "Begriff" oder "Wort" selbst.

Besonders beklagenswert (aber offenbar nicht zu verhindern) ist die Tendenz, selbst dann, wenn verschiedene Begriffe mit unterschiedlichem Bedeutungs-Schwerpunkt in der Sprache vorhanden sind, durch quasi-synonyme Verwendung die Bedeutungs-Unterschiede zu verwischen. Ein besonders bezeichnendes Bespiel dafür ist das Begriffspaar Information/Daten, zu dem wir wegen seiner Aktualität den Wissensbegriff gleich hinzunehmen können. Unsere Sprache bietet uns eine gute Möglichkeit, zwischen (umfassendem, universalem, semantischem) "Wissen", (punktueller, subjektiver, semantischer) "Information" und (synaktischen) "Daten" zu unterscheiden. In einem Begriffsvorschlag des GI-Arbeitskreises "Grundbegriffe für die frühen Phasen der Software-Entwicklung" haben wir versucht, diese Unterschiede deutlich zu machen (vgl. /BHK 89/):

Wissen:	Gesamtheit der Wahrnehmungen, Erfahrungen und Kenntnisse eines Menschen oder einer Gruppe von Menschen über sich und seine bzw. ihre Umwelt.
Information:	Gewonnene Kenntnis eines Menschen über Gegenstände oder Sachverhalte der realen oder gedanklichen Welt.
Daten:	Symbolische Repräsentation von Nachrichten, aus denen aufgrund von bekannten oder unterstellten Abmachungen Informationen gewonnen werden können.

Leider herrscht, wie gesagt, eine ungebrochene Tendenz zur Vermischung dieser Begriffe bis hin zur synonymen Verwendung vor. Die Gründe dafür sind vielfältig. Ein wichtiger Grund scheint mir ein simples Verkaufsargument zu sein. So wie in den USA allen grammatikalischen Regeln zum Trotz eine Restaurant-Kette *Der Wienerschnitzel* heißt, weil das offenbar in amerikanischen Ohren so schön deutsch klingt, müssen Computer-Programme und -Systeme sich heute so "semantisch" wie möglich geben. Die gute alte *Datenverarbeitung* fällt damit der (in nichts besseren) *Informationsverarbeitung* zum Opfer und diese ist soeben dabei, von der noch moderner klingenden *Wissensverarbeitung* geschluckt zu werden.

Walter Volpert (vgl. /VOL 85/) spricht in diesem Zusammenhang vom (sprachlichen) Imperialismus der KI: Begriffe wie "rechnen", "Texte verarbeiten", "Daten aufnehmen/verändern/ löschen" reichen nicht mehr aus, KI will "die Sache an sich" (vgl. Abschnitt 1), Computer die "denken", "wahrnehmen", "verstehen", kurzum "intelligent" sind.

Bereits in den dreißiger Jahren - also um einiges vor der Erfindung und Verbreitung unserer heutigen Computer - haben große Denker wie Kurt Gödel, Alan Turing und Alonzo Church die Grenzen der Berechenbarkeit nachgewiesen und aufgezeigt. Für unsere Betrachtung hier ist es nicht so wichtig, *wo* diese genau liegen, sondern vielmehr die Tatsache, daß es sie *überhaupt gibt*. Die heutige Entwicklung der Computer-Technologie zielt mit atemberaubender Dynamik darauf, die Leistungsfähigkeit der Computer immer näher an die genannten Grenzen heranzuschieben. So ist es prinzipiell möglich (wenn auch aus Komplexitätsgründen selbst mit heutigen Super-Computern noch undenkbar) beliebige allgemein-rekursive Funtionen zu berechnen oder - etwas anschaulicher - das Schachproblem zu lösen.

Bestimmte menschliche Verstandesleistungen lassen sich jedoch - zumindest wenn man dem Berechenbarkeitsbegriff der Church'schen These folgt und Computer als "Rechenmaschinen" einstuft, prinzipiell nicht auf Computer übertragen. Diese Leistungen beruhen nach meiner Einschätzung im wesentlichen auf der untrennbaren Verbindung von kognitivem und affektivem Handeln, der unbegrenzten Assoziationsfähigkeit sowie auf der Fähigkeit zur metasprachlichen Betrachtung und zur Verknüpfung beliebiger (Meta-) Ebenen beim Menschen. In diesem Sinne sind (nach meinem persönlichen Sprachverständnis und zumindest heute noch) Begriffe wie "empfinden", "wahrnehmen", "verstehen", "denken" und "intelligent handeln" jenseits der Berechenbarkeits-Grenze anzusiedeln.

Beweisen läßt sich so etwas natürlich nicht, ist doch das Sprachverständnis jedes einzelnen zu einem nicht unbeträchtlichen Teil subjektiv geprägt und zudem Änderungen unterworfen. Meine These lautet denn auch:

> Wo die prinzipiellen Grenzen der Computer-Leistungsfähigkeit erreicht oder nahe sind, wird (bewußt oder unbewußt, zu Werbezwecken, aus Opportunität oder sonstigen Gründen) versucht, unser Verständnis wichtiger Schlüsselbegriffe wie "verstehen", "denken", "Intelligenz" so weit zu beeinflussen, bis der veränderte Wortsinn wieder in den Leistungsbereich der Computer fällt.

6 Gesellschaftliche Konsequenzen

Spätestens an dieser Stelle wird klar, daß die eingangs gestellte Frage nach der harten These der KI kein technisches, sondern ein gesellschaftliches (um nicht das so häufig mißbrauchte Wort "politisch" zu gebrauchen) Problem ist.

Nun könnte man argumentieren, daß Worte "nur Schall und Rauch" seien und man sich am besten überhaupt nicht um flotte Werbesprüche und die Utopien verdrehter Spinner kümmern solle. Ganz so einfach scheinen mir jedoch die Dinge nicht zu liegen. Die Geschichte hat uns gelehrt und lehrt uns immer wieder, daß Worte einen großen Einfluß auf die Gesellschaft haben können und wie sich mit Wortverdrehungen Politik machen läßt. Ich bin zwar überzeugt davon, daß (in dem oben erklärten Sinne) Computer nicht "smarter", intelligenter, mächtiger sein werden als Menschen. Ich bin mir aber nicht sicher, daß es nicht Menschen geben könnte, die ein großes Interesse an willen- und gewissenlosen, zu allem programmierbaren Sklaven hätten, *mit deren Hilfe* man smarter, intelligenter, mächtiger als andere Menschen wäre. Voraussetzung dazu ist es jedoch, daß diese anderen Menschen an die Smartheit, Intelligenz, Macht dieser Sklaven - eben der Computer - glauben.

In diesem Lichte besehen, erhalten die Visionen unseres eingangs zitierten Utopisten eine beklemmende Aktualität: *Respektloses Vorgehen* gegen andere oder gar deren *Auslöschung "als Ungeziefer"* ließe sich hinter der Maske des "intelligenten" Computers natürlich viel leichter praktizieren als in der direkten Auseinandersetzung von Mensch zu Mensch. Vorstufen davon (die zum Glück noch vergleichsweise harmlos sind) erleben wir schon heute, wenn Computer uns den Zutritt zu gesperrten Zonen verwehren oder man uns Hilfestellung in Ausnahmesituationen, Sonderkonditionen, das Umgehen bürokratischer Hindernisse etc. mit der (womöglich durchaus zutreffenden) Begründung verweigert: "Das kann der Computer leider nicht!"

Ebenso recht muß man unserem Science fiction-Autor geben, wenn er die eigentlich entscheidenen Konsequenzen seiner Visionen nicht auf dem technischen, sondern auf dem *politischen* Sektor ausmalt: So kann man sich lebhaft vorstellen, wie die *Cosmists* mit religiösem Eifer (und massiver Computer-Unterstützung) unbelehrbare, non-konformistische *Non-cosmists* verfolgen, die als einzige noch deren totalen computer-gestützten Herrschaftsanspruch in Frage stellen könnten. Daß die politischen Folgen dramatisch sein und die Bestimmung der Menschheit selbst berühren könnten, wie es der Autor prophezeit, versteht sich dann fast von selbst.

Wie steht es nun mit dem Einwand, daß all das maßlos übertrieben und schwarzmalerisch ist? Natürlich kommt uns einiges an dieser Vision drastisch, überspitzt und zur Zeit total unrealistisch vor. Trotzdem, meine ich, sollten wir uns nicht zu sicher fühlen, daß wir vor solchen Gefahren absolut gefeit sind und schon rechtzeitig merken werden, was mit uns gespielt wird. Zu einer solchen Skepsis gibt mir zum einen wiederum die Geschichte Anlaß, zum anderen die Leichtgläubigkeit und Kritiklosigkeit vieler Menschen, manchmal sogar ganzer Wissenschaftszweige.

Wie aber können wir uns vor Gefahren wie den aufgezeigten schützen? Ich meine, indem wir die Augen offenhalten und versuchen, uns trotz massiver Vernebelungsversuche einen klaren Blick zu bewahren den Anfängen zu wehren. Und zu diesen Anfängen gehört nach meiner Auffassung die Aufweichung unseres Sprachverständnisses, die uns auf die Annahme der harten These der KI vorbereiten soll.

Roger Penrose spielt mit dem Titel seines neuen Buches "The Emperor's New Mind" (/PEN 89/) in diesem Zusammenhang scharfsinnig auf ein uns allen bekanntes lehrreiches Märchen an. Vielleicht sollten wir einfach einmal sagen: "Aber er kann ja gar nicht denken, der Computer!"

> *So ging der Kaiser in der Prozession unter dem prächtigen Thronhimmel, und alle Menschen auf der Straße und in den Fenstern riefen: "Gott, wie sind des Kaisers neue Kleider unvergleichlich; welch herrliche Schleppe hat er am Rocke, wie schön das sitzt!"*
>
> *Keiner wollte es sich merken lassen, daß er nichts sah, denn dann hätte er ja nicht zu seinem Amte getaugt oder wäre sehr dumm gewesen. Keine Kleider des Kaisers hatten solches Glück gemacht wie diese.*
>
> *"Aber er hat ja gar nichts an!" sagte plötzlich ein kleines Kind. ...*
>
> *(H.C. Andersen: Des Kaisers neue Kleider)*

Literaturhinweise:

/BHK 89/ BARKOW, G., HESSE, W., KITTLAUS, H.-B., LUFT, A.L., SCHESCHONK, G., v. STÜLPNAGEL, A.: Begriffliche Grundlagen für die frühen Phasen der Software Entwicklung, Information Management 4/89, pp. 54-60 (1989) und: Softwaretechnik-Trends, Bd. 9, Heft 3, Okt. 1989

/GAR 89/ de GARIS, H.: The 21st century artilect, AI magazine, Summer 1989

/HAU 87/ HAUGELAND, J.: Künstliche Intelligenz - Programmierte Vernunft, Mc Graw Hill 1987

/NSS 63/ NEWELL, A., SHAW, J.C., SIMON, H.A.: GPS: A program that simulates human thought, in: FEIGENBAUM, E.A., FELDMAN, J.: Computers and Thought, Mc Graw Hill 1963

/PEN 89/ PENROSE, R.: The emperor's new mind - Concerning computers, minds, and the laws of physics, Oxford University Press 1989

/SEA 90/ SEARLE, J. R.: Ist der menschliche Geist ein Computerprogramm?, Spektrum der Wissenschaft, März 1990

/VOL 85/ VOLPERT, W.: Zauberlehrlinge - Die gefährliche Liebe zum Computer, Beltz Verlag 1985

Zur sozialen Relevanz von Büro- und Telekommunikationsstandards

von
Heinzpeter Höller

Universität Bremen
Fachbereich Mathematik/Informatik

1. Einleitung

In den letzten Jahren hat die Diskussion um Folgen der Informations- und Kommunikationstechnik zu einem Konsens über die Notwendigkeit der Technikfolgenabschätzung und sozialverträglichen Technikgestaltung geführt. Die Bedingungen für diese gesellschaftlich gewollten Maßnahmen verändern sich insbesondere aus der Sicht der Betroffenen jedoch zunehmend.

Standen früher gemäß der vorherrschenden Technikstruktur isolierter Großrechner die Eigenentwicklung von Software im Unternehmen oder der Behörde im Vordergrund, so war die Einflußnahme etwa der betrieblichen Interessenvertretung auf die Systementwicklung m.E. möglich.
Heute nehmen andere Akteure der Systemgestaltung eine zunehmend wichtigerer Rolle ein. Besonders im Bereich vernetzter Systeme haben wir es mit zumindest drei Gestaltungsebenen zu tun:
In **Normungs- bzw. Standardisierungsgremien** werden Festlegungen getroffen, die die Kommunikation zwischen verschiedenen Computersystemen und den darin angesiedelten Anwendungsprogrammen ermöglichen. Teilweise handelt es sich hierbei um offizielle, national und international agierende Normungsgremien, teilweise aber auch um betriebs- und branchenübergreifende Institutionen und Organisationen, die erst auf den zweiten Blick als Standardisierungsgremien zu erkennen sind.
Großen Anteil an der letztlichen Gestalt von Anwendungssystemen haben des weiteren **Softwareunternehmen.** Sie entwickeln auf der Grundlage der bestehenden Normen Softwareprodukte, die über die reinen Kommunikationsfunktionen hinaus weitere Leistungsmerkmale aufweisen und in Unternehmen und Behörden eingesetzt werden.
Die Rolle der **betriebseigenen EDV-Abteilung** für den Systementwicklungsprozeß geht dagegen sukzessive zurück. Ihre Aufgabe reduziert sich oft darauf, die passenden Einzelkomponenten, die auf dem von Softwarehäusern bestückten Markt angeboten werden, mit Sachkenntnis auszuwählen und das so entstehende Gesamtsystem entsprechend zu

konfigurieren (Höller & Kubicek, 1989). Die Eigenentwicklung beschränkt sich oft auf Anpassungsarbeiten.

Für die Betroffenen ist der Anspruch auf Beteiligung und sozialverträgliche Gestaltung solcher Systeme immer schwieriger durchzusetzen.
Die derzeit diskutierten Beteiligungsverfahren gehen noch immer davon aus, daß sich der Systementwicklungsprozeß hauptsächlich im Betrieb vollzieht (vgl. Koslowski, 1988, Mambrey, Oppermann & Tepper, 1986). Als beteiligte Akteure gelten noch immer allein die Anwender als bestimmende Auftraggeber, die Entwickler, die im Auftrag der Anwender arbeiten und Betroffene, die es gilt in den Entwicklungsprozeß einzubeziehen.

Für die Entwicklung vernetzter Systeme gibt es derzeit keine adäquaten Verfahren zur Beteiligung der Betroffenen oder zumindest deren Interessenvertretungen. Dafür sind eine Reihe von Faktoren verantwortlich:
Die grundsätzliche Konstellation der Akteure ist derzeit nur unzureichend bekannt. Insbesondere wird die Rolle von Normen und Standards bisher generell wenig verstanden. Hierzu ist es notwendig, sich einerseits das Feld der Normung und Standardisierung zu vergegenwärtigen und andererseits die Reichweite der dort getroffenen Entscheidungen, d.h. den Einfluß den diese auf die letztliche Gestalt eines Anwendungssystems haben, herauszuarbeiten.

2. Normung von Telekommunikationsanwendungen

2.1. OSI auf dem Weg zur Anwendung

Die gängige, zugleich aus der Sicht der Technik bzw. der Datenkommunikation formulierte Erklärung für die derzeitigen Tendenzen in der Telekommunikationsnormung sagt aus, daß, nachdem über Jahre die Netzfragen im Mittelpunkt der Normung standen, nunmehr das Augenmerk stärker auf die Anwendungen der Netze, die eigentlichen Telekommunikationsdienste und -anwendungen, zu richten ist. Diese Sicht orientiert sich sehr stark am OSI-Referenzmodell, einer Strukturvorgabe für die Normung und Implementierung von technischen Kommunikationssystemen.

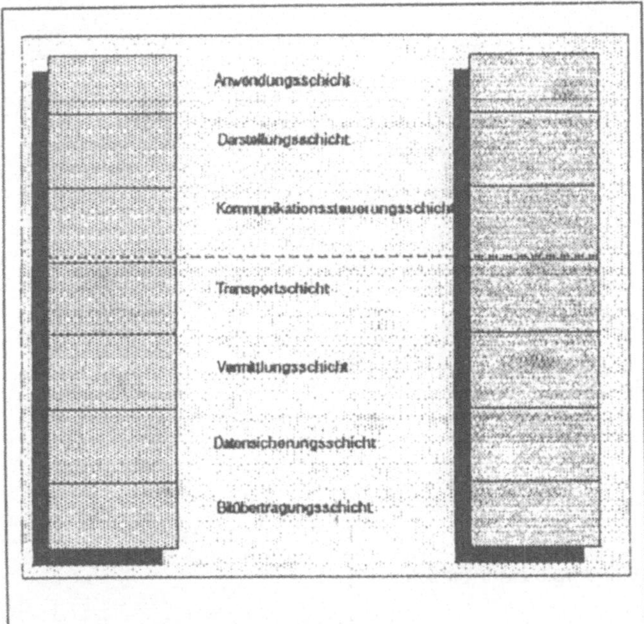

Abb.1: Schichten des OSI-Referenzmodells

2.1.1. Das OSI-Referenzmodell

Das OSI-Referenzmodell zerlegt die notwendigen Funktionen in sieben übereinanderliegende Schichten (vgl. Abb. 1).

Die vier unteren Schichten (Bitübertragungs-, Sicherungs-, Vermittlungs- und Transportschicht) stellen insgesamt sicher, daß zwei Kommunikationssysteme miteinander eine Verbindung aufnehmen und Daten miteinander austauschen können. Sie lösen i. W. die netzwerkabhängigen Probleme und werden als transportorientierte Schichten bezeichnet (vgl. Görgen u.a., 1985; Blumann, 1985).
Darüber liegen die Kommunikationssteuerungs-, die Darstellungs- und die Anwendungsschicht, die als anwendungsorientierte Schichten bezeichnet werden. Sie dienen der eigentlichen Anwendung, in Form der Anwendungsprozesse, als Zugang zu der "OSI-Welt" (vgl. Görgen u.a., 1985). Über die Dienste der Anwendungsschicht kommunizieren die Anwendungsprozesse, um gemeinsam eine durch den Anwendungskontext inhaltlich bestimmte Aufgabe zu erledigen.

Eines der wesentlichen Prinzipien bei der Schichtenbildung ist folgende Vorstellung (vgl. Abb. 2): In jeder Schicht ist eine bestimmte Kommunikationsleistung zu erbringen. Diese Leistung wird nach oben, zur übergeordneten Schicht, als Dienst angeboten. Die Kommunikationsleistung wird innerhalb der Schicht dadurch erbracht, daß die Instanzen (die Programme, die auf der Schicht arbeiten) der jeweils gleichen Schicht in den beteiligten kommunizierenden Systemen untereinander Protokolle abwickeln. Diese genormten Protokolle legen fest, welche Steuerdaten zwischen den Instanzen auszutauschen sind und wie die Instanzen jeweils darauf zu reagieren haben. Über den Kooperationsmechanismus, definiert durch die Protokolle, erbringen die Schichten ihre Leistung. Sie bedienen sich dabei des Dienstes, der ihnen von der unterlagerten Schicht zur Verfügung gestellt wird.
Wesentlich dabei ist ein weiterer Gedanke. Die zwischen den Schichtinstanzen ausgetauschten Daten können als Steuer- und Nutzdaten bezeichnet werden. Erstere dienen der Abstimmung zwischen den Instanzen und sind genormt. Die letzteren sind der eigentliche Inhalt der Kommunikation. Sie werden in der jeweiligen Schicht nicht betrachtet und transparent (d.h. ohne daß sie zur Kenntnis genommen werden bzw. ohne daß sie für diese Schicht Bedeutung tragen) weitergereicht.

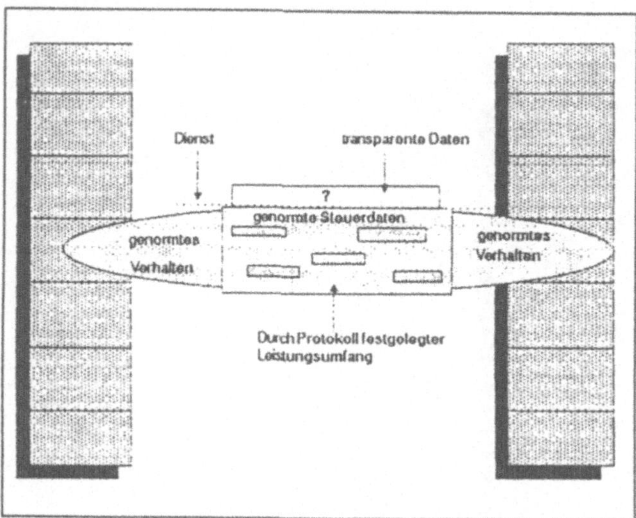

Abb. 2: Modell der Beziehungen innerhalb einer Schicht.

2.1.2 Derzeitige Normungsfelder

Nimmt man die Sichtweise ein, wonach sich Normung und Standardisierung von den transport- hin zu den anwendungsorientierten Fragestellungen entwickeln, so kann die derzeitige Situation etwa so skizziert werden.
Die transportorientierten Schichten sind für die wesentlichen Netztechnologien stabil. Dies dokumentiert sich in der Bundesrepublik in den Telekommunikationsnetzen Datex-P, Datex-L und ISDN, die allesamt auf internationalen Normen aufbauen. Neue Normen sind nur noch dann zu erwarten, wenn eine neue Netztechnik angewendet werden soll[1].

Die weitaus größere Dynamik allerdings ist im Bereich der anwendungsorientierten Normung zu beobachten. Wenn dies auch der gerade durch die ISO verabschiedeten Strukturvorstellung (vgl. ISO 9545) für die Anwendungsebene widerspricht, so ist es doch hilfreich, die Anwendungsebene in zwei Teilschichten zu zerlegen. Die untere Teilschicht umfaßt mehr oder weniger Hilfsfunktionen, solche Funktionen, die einerseits in den darüberliegenden Normen, andererseits auch direkt von Anwendungsprogrammen zur Realisierung von verteilten Anwendungen genutzt werden können. Beispiele hierfür sind Remote Operation Service Element (ROSE), Reliable Transfer Service Element (RTSE) und Association Control Service Element (ACSE). Zusammen werden diese als Common Application Service Elements (CASE) bezeichnet.
Die darüberliegende Teilschicht umfaßt die "eigentlichen" Anwendungsdienste, die derzeit genormt sind oder sich in der Normung befinden. Es handelt sich i.W. um:

Message Handling System (MHS): Dieser auch als elektronische Post bezeichnete Dienst ist am besten mit der Briefpost zu vergleichen. Er ermöglicht es einem Teilnehmer über sein Endgerät, das mit der entsprechenden, normkonformen Software (User Agent (UA)) ausgestattet ist, Briefe an das Postsystem (Message Transfer System (MTS)) zu übergeben. Innerhalb dieses MTS wird der Brief im Store-and-Forward-Verfahren von einem "elektronischen Postamt" (Message Transfer Agent (MTA)) zum nächsten weitergereicht und von dem für den Empfänger zuständigen MTA zugestellt.
Dieser Dienst ist in den Dokumenten CCITT X.400 ff und ISO 10021-1 bis 10021-7 genormt.

File Transfer, Access and Management (FTAM): Dieser Dienst wird oft als Dateiübertragungsdienst bezeichnet. Tatsächlich bietet er über die Dateiübertragung hinaus auch die Möglichkeit, auf entfernte Dateien zuzugreifen und Struktur und Inhalt von Dateien zu verändern. Zwischen den beteiligten Systemen besteht jedoch, anders als bei X.400, jeweils eine direkte Verbindung.
FTAM ist in den Dokumenten ISO 8571-1 bis 8571-5 genormt.

Directory System: Das Directory System legt eine - zukünftig - weltweite Datenbank zur Speicherung von Adressdaten fest. In ihm sollen alle relevanten Daten über Teilnehmer an beliebigem Telekommunikationsdienst - einschließlich des Telefons und des Briefdienstes - gespeichert werden. Die Norm legt hierzu im einzelnen die zu speichernden Datenobjekte und dazugehörige Attribute fest. Weiterhin wird bestimmt, mit welchen Operationen auf diese zugegriffen und wie diese verändert werden können.
Der Directory Service ist in den Dokumenten CCITT X.500 ff und ISO 9594-1 bis 9594-10 genormt.

Des weiteren bestehen (bzw. sind in Vorbereitung) derzeit folgende Normen:

Network Management: Betrieb, Verwaltung und Kontrolle von Netzwerken
Virtual Terminal: Abstraktes Terminal
Job Transfer and Manipulation: Versenden und Fernausführen von Programmaufträgen
Remote Database Access: Zugriff auf entfernte Datenbanken
Transaction Processing: Transaktionsorientierte Datenkommunikation

1 Für breitbandige Netze ist die Normung bereits im Gange

2.2 Die Anwendung auf dem Weg zu OSI

Besinnt man sich nun wieder auf das OSI-Referenzmodell und die ihm zugrundeliegenden Vorstellungen, so zeigt sich, daß aus dem Modell und damit aus der technischen Sicht heraus die derzeitigen Standardisierungsprozesse für Telekommunikationsanwendungen nicht vollständig erklärt werden können.

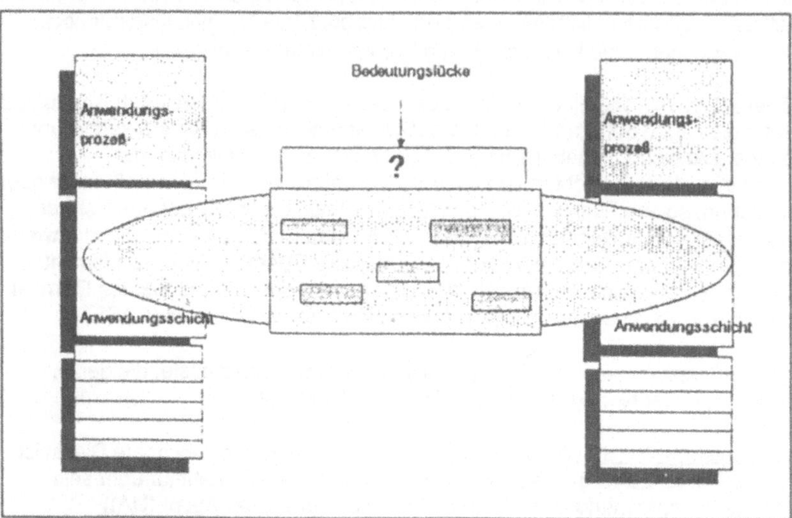

Abb.3: "Bedeutungslücke"

Aus OSI-Sicht nämlich sind die Daten, die Anwendungsprozesse miteinander austauschen, transparent, d.h. die inhaltlich vom konkreten Anwendungskontext bestimmten Daten werden von den OSI-Diensten nur durchgereicht und haben für diese keinerlei Bedeutung. Des weiteren stehen die Anwendungsprozesse, oder einfacher: die Programme, die die eigentliche Aufgabe lösen sollen, außerhalb des OSI Modells. OSI - so zumindest die "reine Lehre" - betrachtet nur die kommunikationsrelevanten Aspekte, läßt dagegen die tatsächlichen Anwendungsgesichtspunkte außer acht.
Tatsächlich aber vollzieht sich ein Großteil der Standardisierungsaktivitäten derzeit in einem Feld, das gerade nicht mehr innerhalb des Referenzmodell verortet werden kann, für die Entwicklung von Telekommunikationsanwendungen jedoch von entscheidender Bedeutung ist. Es handelt sich um die Normung von Datenaustauschformaten.
Datenaustauschformate legen genau das fest, was für OSI transparent, d.h. bedeutungslos ist. Sie definieren die Syntax und die Semantik der Daten, die über die OSI-Kommunikationsdienste zwischen Anwendungsprozessen ausgetauscht werden. Sie schließen damit die "Bedeutungslücke", die die Festlegungen der OSI-Dienste bzgl. der Anwendung offen lassen (vgl. Abb. 3).

Um sich die Bedeutung der Standardisierung von Datenaustauschformaten für die weitere Entwicklung von Telekommunikationsdiensten und -anwendungen zu verdeutlichen, muß man die Perspektive der Anwender einnehmen und fragen, wo eigentlich ihre Interessen liegen und welche Standards hierfür welche Rolle spielen.

2.2.1 Verteilte Anwendung als Zielperspektive der Anwender

Aus der Sicht einer Anwenderorganisation dient die Datenverarbeitungsanlage dazu, bestimmte Arbeiten zu automatisieren. Hierfür setzt sie spezielle Programme ein. Wenn man diese Programme (bzw. die sie repräsentierenden Prozesse) als die eigentliche Anwendung auffaßt, so erwartet ein Anwender, daß er in diese Anwendung gewisse Daten hineingibt, diese verarbeitet werden und er bestimmte Daten als Ausgabe bekommt (vgl. Abb. 4). Die

Anwendung besteht dabei aus der Verarbeitungskomponente (das Programm als die Verarbeitungslogik und die syntaktische wie semantische Bestimmung der Daten) sowie den erforderlichen Daten.

Die Anwendung läuft auf einem Rechner und das Programm kontrolliert die ebenfalls lokal vorhandenen Daten. Ein typisches Beispiel hierfür wäre etwa ein Lohnbuchhaltungsprogramm.

Bei einer verteilten Anwendung stellt sich die Grundsituation anders dar. Wiederum ist es das Anliegen des Anwenders, eine spezifische Anwendungsaufgabe zu lösen. Allerdings liegen das Programm und die notwendigen Daten nun nicht mehr auf einem Rechner vor, sondern sind auf unterschiedliche Rechner verteilt. (vgl. Abb. 4)

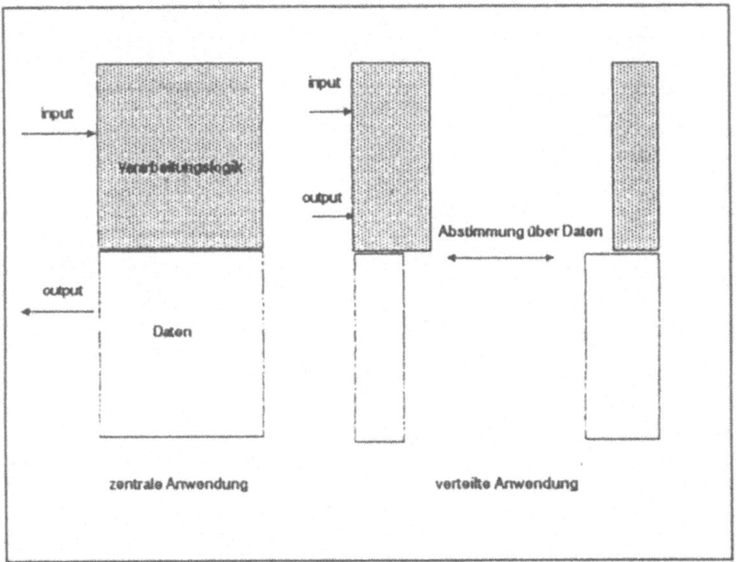

Abb.4: Zentrale und verteilte Anwendung

Nehmen wir das Beispiel der Abwicklung eines Wertpapierkaufes in einer Bankzweigstelle. In der Zweigstelle steht ein Programm zur Verfügung, das über die notwendigen Informationen (Wertpapier, Laufzeit, Zinssatz etc.) verfügt und im Gespräch mit dem Interessenten dazu dient, ein passendes Angebot zu unterbreiten. Die Entscheidung des Kunden führt dann dazu, daß ein Kauf abgeschlossen wird. Das System in der Zweigstelle nimmt Verbindung mit dem zentralen System auf, instruiert dieses, eine bestimmte Menge eines Wertpapieres fest zu ordern und die Kaufbestätigung zum Ausdruck vor Ort zurückzusenden. Die Abwicklung eines Wertpapierkaufs können wir als verteilte Anwendung ansehen. Sowohl die Einzelprogramme als auch die erforderlichen Daten sind dabei verteilt. Zusammen aber stellen sie die Anwendung dar.

An diesem Beispiel kann deutlich gemacht werden, welche Probleme für eine solche Anwendung gelöst werden müssen.
Es muß zwischen beiden Systeme vereinbart werden, welche Funktionen auf welchem System realisiert werden. Danach muß geklärt werden, welche Daten beide miteinander austauschen müssen und wie das jeweilige System hierauf zu reagieren hat. In unserem Beispiel übernimmt das System in der Zweigstelle die für die Beratung notwendigen Funktionen und löst eine konkrete Kaufabwicklung aus. Die Zentrale wickelt den Kauf ab. Zwischen beiden wird der Kaufauftrag ausgetauscht und die Zentrale hat zu bestätigen, daß der Auftrag angenommen werden konnte oder hat ihn zurückzuweisen

Wenn die Inhalte geklärt sind, stellt sich die Frage, wie diese technisch übertragen werden können. Dann erst fragt ein Anwender nach einem OSI-Dienst, der diese Aufgabe zuverlässig übernimmt. In der Vergangenheit, sind für diese technischen Aspekte inter-organisatorische oder bilaterale Vereinbarungen getroffen worden oder es wurde auf Herstellerstandards zurückgegriffen. Genau hier aber setzen die OSI-Normen an, die einen Datenaustausch ermöglichen, aber keine Festlegungen bzgl. der Anwendungsaspekte treffen.

2.2.2 Verbundstrukturen und Standardsetzung

Es ist festzuhalten, daß aus Sicht der Anwender ein wesentliches Problem darin besteht, die Daten und erforderlichen Funktionen, die die Anwendung konstituieren, inhaltlich festzulegen. Nur dies versetzt die Anwendung in die Lage, die ausgetauschten Daten auch zu verstehen und sie automatisch weiterzuverarbeiten. Aus der Sicht der Anwender ist also auch und gerade eine Standardisierung der inhaltlichen Aspekte notwendig.

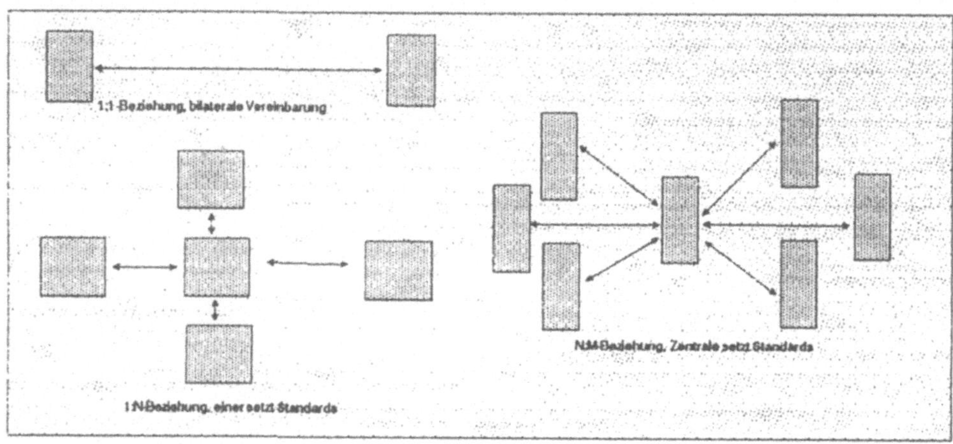

Abb. 5: Verbundstrukturen

Diese Standardisierung findet an vielen Stellen statt und führt zu unterschiedlichen Verbundstrukturen. (vgl. Abb. 5).

Im obigen Beispiel würde die notwendige Standardisierung von den Verantwortlichen der EDV-Abteilung oder im Auftrag des Unternehmens von einem Softwarehaus vorgenommen worden sein. Die Verbundstruktur stellt sich als Stern dar, bei dem viele Teilnehmer mit einer Zentrale (1:n-Beziehung) kommunizieren. Die Zentrale setzt den Standard.
Verbreitet sind auch bilaterale Vereinbarungen, in denen sich zwei Unternehmen auf gemeinsame Regeln einigen (1:1-Beziehung).
Oft aber werden Standards aus Machtpositionen heraus gesetzt. So ist es in bestimmten Industriezweigen üblich, daß große Unternehmen etwa ihren Zulieferern die einzuhaltenden inhaltlichen Standards vorschreiben. Die Verbundstruktur gleicht hier der Sternstruktur im Bankbeispiel.
Ein weiteres Modell überträgt die Standardisierungsfunktion auf eine zentrale Institution. Die findet sich oft dort, wo viele Kommunikationspartner mit vielen anderen kommunizieren wollen (n:m-Beziehung). Beispiele hierfür sind etwa das START-System, bei dem viele Reisebüros mit vielen Veranstaltern kommunizieren wollen und das SEDAS System, über das viele Markenartikelhersteller mit vielen Handelsunternehmen zusammenarbeiten wollen. Die Standardisierung geht hier zwar ebenfalls von einer Zentrale aus. Typisch für diese Verbundstruktur ist es jedoch, daß sich hier Interessengruppen auf beiden Seiten gegenüber stehen. Dies führt dann oft dazu, daß der Interessenausgleich über eine Zentrale hergestellt wird.

2.2.3 Genormte Datenaustauschformate als Schritt zur genormten verteilten Anwendung?

Die Situation hinsichtlich der Festlegung inhaltlicher Standards ist derjenigen in der Datenkommunikation vor einigen Jahren sehr ähnlich:
Zum einen wird von einem starken Akteur ein Standard gesetzt, an den sich alle anderen halten müssen[2].
Zum anderen muß sich jeder, der mit einem Partner außerhalb des durch den Standard begrenzten Kreises inhaltlich kooperieren will, an weitere Standards halten.

In der Datenkommunikation ist man hier den bekannten Weg gegangen. Man hat den Datenkommunikationsdienst festgelegt und über die Protokolle präzise bestimmt, wie die beteiligten Systeme über den Austausch von Daten und vorbestimmtes Verhalten, diesen Dienst zu erbringen haben.

Im Bereich der inhaltlichen Kooperation geht man nun grundsätzlich den gleichen Weg, wobei derzeit nur der erste Schritt deutlich ist. Zunächst wird nämlich aus den notwendigen Festlegungen der Datenaspekt herausgelöst. Es werden Datenaustauschformate standardisiert, in denen die semantische Lücke, die durch die OSI-Dienste bleibt, verringert wird, mit der Zielperspektive diese ganz zu schließen. Die Grundvorstellung, nämlich potentiell mit einem "anonymen Partner" (ZVEI, 1987) inhaltlich bestimmt kooperieren zu können, wird dabei ganz selbstverständlich als weiterer Beitrag zu der mit OSI verbundenen offenen Kommunikation verstanden (Christann, 1989). Schon diese Maßnahme dürfte einen erheblichen Einfluß auf die bisher gewachsenen Verbundstrukturen haben[3] .

Derzeit sind folgende Datenaustauschformate genormt oder befinden sich im Normungsprozeß:

Bei EDIFACT (Electronic Data Interchange For Administration, Commerce and Transport) handelt es sich um Daten für die betrieblich/organisatorische Kooperation. Es werden kommerzielle Dokumente festgelegt, wie Rechnung, Lieferschein, Angebot etc.

In ODA/ODIF (Office Document Architecture/Office Document Interchange Format) wird festgelegt, wie sich Textdokumente strukturell aufbauen und wie das Layout der Dokumente aussieht. Dokumente können hier sein: ein Buch, ein Bericht, ein Artikel, etc.

IGES und STEP normen graphische Schnittstellen im Konstruktions- und Produktionsbereich.

In X.420 wird die Struktur von Geschäftsbriefen im sogenannten P2-Protokoll genormt.

2.4 OSI und verteilte Anwendungen

Normung ist stets das Festschreiben eines erreichten Standes. Sie geht immer einher mit der Einschränkung von Vielfalt. Dies gilt so auch für die OSI-Normung, bei der über die Festlegung von genormten Steuerdaten und Prozeduren bestimmte Funktionen realisiert, andere ausgeschlossen werden. Die Frage die sich stellt ist, ob die Normung an den Grenzen des Kommunikationssystems zwingend halt machen muß, wie es im Rahmen der OSI-Diskussion immer wieder betont wird, oder, ob die Normung sich auch in die Anwendungen hinein fortsetzen wird, da es keinen grundsätzlichen Unterschied zwischen der Normung der Kommunikationssystems und der Normung bestimmter Anwendungen gibt.

---

2 Dies ist keine grundsätzliche Aussage darüber, ob und durch welchen Aushandlungsprozeß dieser Standard entstanden ist. Dies kann durch ein mächtiges Unternehmen geschehen. Es kann allerdings auch einvernehmlich auf eine zentrale Stelle übertragen werden.

3 Es muß allerdings darauf hingewiesen werden, daß die bisherigen Netzzentralen neben der inhaltlichen Anpassung der Daten auch die technischen Anpassungen vornehmen, die durch unterschiedliche Netzanschlüsse notwendig sind. So erfordert die nunmehr direkte Kommunikation auch einen unterlagerten OSI-Dienst. Besonders X.400 MHS spielt hier eine entscheidende Rolle, da hier der Dienstebetreiber die technische Kompatibilität sicherstellt.

Die hier vertreten These lautet: Es gibt diesen Unterschied nicht und die zum Leitbild gewordene "offene Kommunikation" ist auf dem Wege, inhaltlich (ab)geschlossene Transaktionsprozesse zu schaffen, die damit den grundsätzlichen Veränderungen, denen gesellschaftliche Transaktionen unterliegen, entzogen werden.

Dies kann durch einige Parallelen zwischen beiden Richtungen belegt werden.

Das mit dem OSI-Referenzmodell verfolgte Ziel ist es, Kommunikationsdienste durch Festlegung von Protokollen zu realisieren. Dazu werden auf jeder OSI-Schicht Steuerdaten und Systemverhalten standardisiert. Jede Schicht betrachtet die Nutzdaten als für sich bedeutungslos und für die jeweils obere Schicht bestimmt.

Ziel der inhaltlichen Kooperation ist es, gemeinsam eine verteilte Anwendung zu realisieren. Hierzu werden die auszutauschenden Daten und - zukünftig - auch die für die Anwendung adäquaten Abläufe festgelegt. Die verteilte Anwendung nimmt die für sie bestimmten Daten von der obersten Schicht des OSI-Modells entgegen und reicht sie, wenn sie nicht abschließend inhaltlich bestimmt sind, nach oben weiter.
Verteilte Anwendungen stellen sich dann grundsätzlich als weitere, höhere Schichten des Modells dar, in denen über die Kommunikation hinausgehende Anwendungsaufgaben (inhaltliche Dienste) erfüllt werden.

Genau in diese Richtung weist Mertens, wenn er kritisiert, man solle die Anwendungsebene des Modells nicht für "rein kommunikationstechnische Aufgaben verschwenden, sondern sie für Anwendungsprobleme reservieren" (Mertens, 1985).

Die Festlegung der Datenaustauschformate zielt ab auf die vollständige semantische Bestimmung von auszutauschenden Daten. Hierbei geht die EDIFACT Normung am weitesten. Bei ihr wird bis auf die Feldebene sowohl der Datentyp als auch der mögliche Wertebereich weitgehend festgelegt.

Datenaustauschformate sind nur als erster Schritt zu verstehen, letztlich präzise bestimmte verteilte Anwendungen zu standardisieren. Dies schließt neben den Datenaustauschformaten auch die Festlegung "firmenübergreifender elektronischer Kommunikationsketten" (vgl. ZVEI, 1987) und damit das standardisierte Verhalten der beteiligten Systeme ein. Damit werden überbetrieblich/organisatorische Abläufe standardisiert werden, wie dies bisher nur in engen Systemverbünden geschehen ist.
Eine detaillierte Vorstellung über eine verallgemeinerte verteilte Anwendung liegt bisher für eine "zwischenbetriebliche Auftragsabwicklung" (Frankl, 1984) vor.

3.0 Anwendungsnormen und Wirkungen

Die bisherigen Erörterungen haben gezeigt, daß es sich bei der Standardisierung von OSI-Anwendungsschichtdiensten und Datenaustauschformaten um ein sehr komplexes Feld handelt. Begrifflich soll diese zumindest dadurch reduziert werden, daß fortan nur noch von Anwendungsnormen gesprochen wird, wenn es um eine Norm aus einem dieser Bereiche geht.

Bisher fehlen Untersuchungen, die die Bedeutung der Normung für soziale Wirkungen aufzeigen, so daß im folgenden keine erschöpfenden Aussagen zu den möglichen Wirkungen aller hier angesiedelter Standards gemacht werden können.

Zunächst kann man am Beispiel von ISDN zeigen, daß und in welcher Weise Normfestlegungen zu sozialen Folgen geführt haben.
Die Kritik an ISDN beziehen sich u.a. auf zwei datenschutzrechtliche Fragen. Einerseits geht es um die Speicherung der Kommunikationsdaten, andererseits um die Übertragung der Rufnummer des Anrufers an das Endgerät des Angerufenen.

Betrachtet man sich die Problemstellungen genauer, so stellt man fest, daß die Speicherung von Kommunikationsdaten in keiner Weise durch die spezifische Gestalt der ISDN-Norm determiniert ist (vgl. Höller, 1991). Die Kenntnis der Vermittlungsstelle und damit des Betreibers über die Kommunikationsverbindungen eines Anschlusses sind ein rein lokales Phänomen. Jeder Teilnehmer ist an eine Vermittlungsstelle angeschlossen und dort eindeutig bekannt. Will er eine Verbindung aufnehmen, so muß er die Nummer, mit der er telefonieren möchte der Vermittlungsstelle mitteilen. Allein aufgrund dieser beiden technischen Notwendigkeiten, die unabhängig von jeder Norm immer gegeben sind, kann der Netzbetreiber diese Daten erfassen und dann - wie dies geschieht - zentral speichern und auswerten.

Anders verhält sich dies bei der Anzeige der Rufnummer. Keineswegs ist die Übertragung der Rufnummer zur Vermittlung eines Gespräches technisch notwendig (vgl. ebenda). Die ISDN-Norm aber hat folgende Festlegung getroffen: Wenn ein Endgerät einer Vermittlungsstelle einen Verbindungsaufbauwunsch mitteilt, so übergibt es ihr ein Protokollelement SETUP. In diesem ist ein Datenelement ORIGINATION ADDRESS vorgesehen. Dieses Datenelement wird durch das ganze Netz geführt und an das Endgerät des Angerufenen übertragen. Diese Normungsentscheidung ist direkt für die Möglichkeit der Rufnummernanzeige und den damit diskutierten Folgen für den Vertrauensschutz in viele gesellschaftlichen Bereichen verantwortlich.

Die hier vertretene These, daß weitreichende Wirkungen von Anwendungsnormen ausgehen werden, wird zunächst durch eine Reihe von Hinweisen gestützt.

Datenschutz- und Datensicherheitsfragen werden derzeit für den Bereich der Telekommunikation sehr stark diskutiert. Im ISO/CCITT Dokument zum Message Handling Standard werden umfangreiche Datensicherheitsmechanismen definiert (vgl. ISO 10021-1; Schneider, 1990).
Datenschutzfragen des EDIFACT-Komplexes werden im TEDIS-Factsheet (Kommission der Europäischen Gemeinschaften, 1989) aufgegriffen.
Datenschutzfragen des X.500 Directory Services wurden von Rihaczek (1988) dargestellt.

Eine OTA Studie (OTA, 1982) weist auf die enormen Rationalisierungspotentiale von Message Handling Systemen für die Amerikanische Post hin. Die mit EDIFACT verbundenen Rationalisierungserwartungen werden sehr eindrucksvoll in (ZVEI, 1987) beschrieben.

Fragen des Verbraucherschutzes werden bisher nicht explizit diskutiert. Allerdings wird aus der Sicht der Anwender[4] auf Probleme hinsichtlich Unterschrift, Papierform, Vertragsabschlüsse, Gerichtsstand- und Haftungsfragen hingewiesen (vgl. Kommission der Europäischen Gemeinschaften, 1989). Natürlich sind diese auch für Verbraucher mithin für Privatpersonen gültig, wenn diese die neuen Dienste nutzen werden.

Es existiert bisher keine Untersuchung zur Technikfolgenabschätzung speziell bezogen auf die Rolle von Normen in der Telekommunikation. Hier soll daher anhand einiger Beispiele auf ausgewählte Normen und Wirkungen eingegangen werden.

Rationalisierung: Die Rationalisierungsfolgen der Normen zum Message Handling betreffen auf den ersten Blick die "gelbe" Post (vgl. Abb. 6). Wenn in umfassender Weise der von der Post demnächst angebotene MHS-Dienst genutzt werden sollte, so wird ein großes Briefaufkommen der gelben Post entzogen und auf die elektronischen Medien verlagert.

Auf den zweiten Blick allerdings sind auch Folgen im betrieblichen Bereich zu sehen. Die X.400 Norm nämlich macht keinen grundsätzlichen Unterschied zwischen einem öffentlich betriebenen MHS und dem in einem Betrieb eingesetzten. D.H. die X.400 Norm bindet betriebliche Message Handling Systeme kompatibel in öffentliche ein. Die Rationalisierungseffekte treten dann auch im Betrieb und hier bei allen mit der internen Post Beschäftigten auf.
Nimmt man nun zum MHS auch die EDIFACT Standards hinzu, so weitet sich das Rationalisierungsfeld erneut und erheblich aus. Mit EDIFACT entfallen zunächst auch die Datenerfassungsarbeiten, wenn jetzt auch die Inhalte der über MHS eingetroffenen Briefe

---

[4] Hierunter werden durchgängig nur Großanwender verstanden, etwa Behörden und Unternehmen.

verstanden werden. Damit einher gehen auch Folgen für die Sachbearbeitung, da die Daten automatisch weiterverarbeitbar den Anwendungsprogrammen zugeführt werden können.

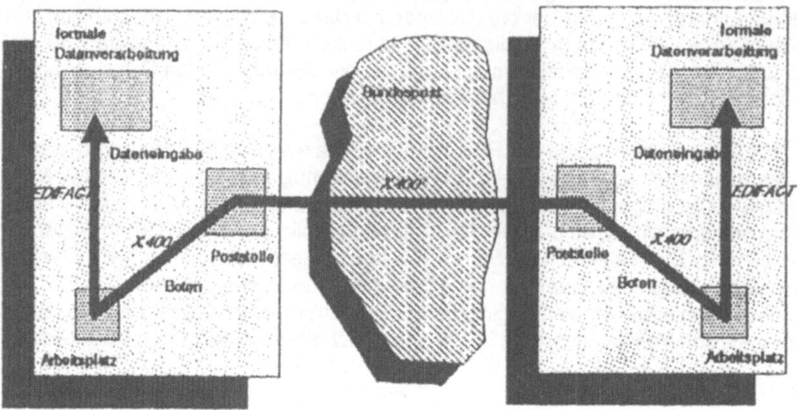

Abb. 6: Rationalisierungspfad X.400/EDIFACT

Datenschutz und Datensicherung: Wiederum beim MHS liegen die Datenschutz- und Datensicherheitsprobleme auf der Hand. Dem MHS werden Briefe übergeben und deren Inhalte lagern in verschiedenen elektronischen Postämtern (MTAs), bis sie endgültig dem Empfänger übergeben werden. Über die Nutzdaten hinaus werden eine Reihe von personenbezogenen Daten festgelegt, die mit der Abwicklung von Kommunikationsbeziehungen einhergehen. Der direkte und eindeutige Bezug wird über den sogenannten O/R-Namen (Originator/Receiver) hergestellt. Jede Mitteilung ist eindeutig mit Versender und Empfänger verbunden und diese werden dem Dienstbetreiber und den beteiligten Personen offenbart. Mit jeder Meldung sind Datum und Uhrzeit der Absendung und des Empfangs verbunden. Meldungen werden nach ihrer Wichtigkeit und ihrer Eilbedürftigkeit klassifiziert. Meldungen können umgeleitet werden, wobei der ursprüngliche Versender als Urheber erkennbar bleibt. Es können Blindkopien versandt werden, bei denen der eigentliche Empfänger nicht über die weiteren unterrichtet wird. Wiederum EDIFACT hinzugenommen werden weitere personenbezogene Daten möglich. Etwa eine Rechnung, an eine Privatperson verschickt, gibt Aufschluß über die gekauften Artikel, den Preis, die Zahlungsbedingungen etc.

Der X.500 Standard letztlich legt eine - zukünftig - weltweit verteilte Datenbank fest. In ihr sind für Telekommunikationsteilnehmer hauptsächlich Adressdaten gespeichert. Sie ist jedoch hierauf nicht beschränkt. Die verteilten Datenbestände können bei öffentlichen Betreibern, aber ebenfalls bei Unternehmen und Behörden liegen. Im Directory werden unter anderem Daten über Personen als residential person[5] und als organisational person[6] gespeichert. Zwischen den verschiedenen Rollen, die eine Person einnehmen kann, bestehen Querverweise. Die Datenbank kann von Teilnehmern abgefragt und verändert werden.

Verbraucherschutz: Verbraucherschutzfragen sind selten hinreichend ohne Kenntnis der an einer Transaktion Beteiligten und deren Interessen diskutierbar. Grundsätzlich werden hier Fragen der Transparenz der Systeme, die damit einhergenden Folgen für den Einzelnen und die Konsequenzen im Falle des Mißbrauchs oder bei Systemfehlern im Vordergrund stehen. X.400 bspw. verfügt über eine Reihe von Mechanismen (Delivery Report, Submission Report), die die Nachweisbarkeit von getätigten Transaktionen sicherstellen sollen. Diese aus der Sicht

---

[5] Die Person ist hier über ihren Wohnort, die Straße, Hausnummer etc. bestimmt.

[6] Die Person wird hier in eine organisatorische Struktur eingepaßt. Es ist bspw. ersichtlich, in welcher Organisation und in welcher Abteilung jemand beschäftigt ist.

des jeweils einen Beteiligten begrüßenswerten Möglichkeiten, können für den jeweils anderen nachteilig sein. So kann man oft, wenn man eine Mitteilung in Empfang nimmt, nicht wissen, ob dies dem anderen mitgeteilt wird. Die Festlegungen gehen soweit, daß dem Absender auch der Zeitpunkt, zu dem eine Mitteilung - nach der Übersendung - zum Lesen aufgerufen wird, mitgeteilt werden kann. Aus Verbrauchersicht ist natürlich auch wichtig, daß er und nur er das System unter seinem Namen nutzen kann, um nicht für Transaktionen verantwortlich gemacht zu werden, die er nicht ausgeführt hat.
Bei der Abwicklung von Geschäften unter Zuhilfenahme von EDIFACT-Dokumenten stellen sich grundsätzlich die oben erwähnten Probleme der Unterschrift, der Rechtsverbindlichkeit von Vertragsabschlüssen, die Frage des Gerichtsstandes, der Haftung etc.

4.0 Ausblick

Derzeit liegen keine hinreichenden Untersuchungen zu den Wirkungen von durch Normen festgelegten Kommunikationsdiensten und -anwendungen vor. Um hier zu klareren Vorstellungen zu kommen, die dann auch von den Betroffenen bzw. deren Interessenvertretungen genutzt werden können, um ihrerseits Handlungsstrategien zu entwickeln, bedarf es einer Reihe von Arbeitsschritten.

Zunächst ist darauf hinzuweisen, daß in der obigen Skizze der Problemfelder nicht explizit zwischen den Systemen an sich und den ihnen zugrunde liegenden Normen unterschieden wurde. Tatsächlich gilt es vorrangig zu untersuchen, welchen Anteil an der tatsächlichen Gestalt von Telekommunikationsdiensten und entsprechenden Softwareprodukten die Normen haben.

Dann sind in dem kaum überschaubaren Geflecht von ineinandergreifenden Anwendungsnormen diejenigen zu identifizieren, die tatsächlich im Hinblick auf bestimmte Wirkungsfelder relevant sind. Dieses Selektionsproblem gilt es anzugehen, indem zunächst Relevanzkriterien entwickelt werden. Sie könnten dazu dienen in einer ersten Prüfung nachzuweisen, daß bestimmte Normen auch tatsächlich Wirkungen der späteren Dienste und Anwendungen determinieren.

Danach gilt es, als relevant erachtete Normen genauer zu untersuchen. Dabei muß stets zwischen reinen Existenz- und speziellen Gestaltungsaspekten einer Norm bzw. eines Standards unterschieden werden. Manche Normen nämlich entfalten ihre Wirkungen allein durch ihre bloße Existenz. Eine Vielzahl der Rationalisierungsfolgen etwa ist allein darauf zurückzuführen.
Andere Folgen, vornehmlich die des Datenschutzes, gründen sich auf die konkreten Festlegungen, die in einer Norm getroffen werden.

Letztlich sind die so gewonnenen Erkenntnisse zu nutzen, um Strategien für den Umgang von Betroffenen mit den Problemen der Normung zu entwickeln. Dabei soll nicht der Eindruck erweckt werden, daß allein mit dem Einfluß auf die Normung die gesellschaftlich relevanten Probleme der Telekommunikationsentwicklung gelöst seien. Tatsächlich muß die Frage der Normentwicklung eingearbeitet werden in eine generelle Regulierung der Telekommunikation. Hierfür liegen mit Vorschlägen zu einem Telekommunikationsplanungsgesetz und einem Telekommunikationsverkehrsgesetz (GRVI, 1988) bereits erste Ansätze vor.

Literatur

Blumann, W.: Eine Einführung in das ISO-Referenzmodell für offene Rechnernetze und einige seiner Anwendungen. In: Elektronische Rechenanlagen, 27.Jg.,Heft 6, 1985, S.323-333.

Christiann, H.-J.: EDI und EDIFACT - Heute: Die Lösung für Wirtschaft und Verwaltung? Anstrengungen der Europäischen Kommission zur Befruchtung von EDI. IN: Online'89, Hamburg, 1989.

Frankl, Doris: Entwicklungsstand der höheren Schichten von Architekturmodellen und deren Anwendungsmöglichkeiten im Bereich zwischenbetrieblicher Integration. Diplomarbeit an der Universität Erlangen-Nürnberg, 1984.

Gesellschaft für Rechts- und Verwaltungsinformatik: Stellungnahme der Gesellschaft für Rechts- und Verwaltungsinformatik e.V.(GRVI) zum Entwurf eines Gesetzes zur Neustrukturierung des Post- und Fernmeldewesens und der Deutschen Bundespost, Kassel, 1988

Görgen, Klaus, Herbert Koch, Günther Schulze, Bruno Struif, Klaus Truöl: Kommunikations-Technologie. ISO-Architektur offener Systeme. Springer, Berlin (u.a), 1985.

Hermes, Hartmut: Syntax-Regeln für den elektronischen Datenaustausch. In: Deutsches Institut für Normung(Hrsg.): EDIFACT - Elektronischer Datenaustausch für Verwaltung, Wirtschaft und Transport, Berlin, 1989

Höller, Heinzpeter, Herbert Kubicek: Angemessener Technikeinsatz zur Unterstützung selbststeuernder Arbeitsgruppen in der öffentlichen Verwaltung. In: Bürokommunikationssysteme in der öffentlichen Verwaltung, Tagungsbericht, Karlsruhe, 1990,

Höller, Heinzpeter. Gestaltungsfreiräume trotz Normfestlegungen. Datenschutz und Datensicherung (DuD), S. 9-14, 1/1991.

ISO DIS 10021-1: Message Oriented Text Interchange Format (MOTIS). Message Handling, Part 1: System and Service Overview. September 1988.

ISO DIS 9545: Application Layer Structure, März 1989.

Koslowski, Knut: Partizipative Systemgestaltung und Software Engineering. Westdeutscher Verlag,Opladen,1988

Kommission der Europäischen Gemeinschaft: TEDIS - Rechtliche Aspekte. Brüssel 1989.

Mambrey, Peter, Reinhard Oppermann, August Tepper: Computer und Partizipation. Ergebnisse zu Handlungs- und Gestaltungspotentialen. Westdeutscher Verlag, Opladen, 1986

Mertens, Peter: Zwischenbetriebliche Integration der EDV. In: Informatik-Spektrum, 8.Jg., 1985, S.81-90.

Office of Technologie Assessment: Implications of Electronic Mail and Message Systems for the U.S. Postal Office. Washington, August 1982.

Rihaczek, Karl: Fernmelde-Directory und Distinguished Name: Neue Herausforderung für den Datenschutz? In: Datenschutz und Datensicherung, Juli 1988, S.336-344.

Schneider, Wolfgang: Sicherheit in X.400. In: Datenschutz und Datensicherung, Januar 1990.

ZVEI, Firmenübergreifender elektronischer Geschäftsverkehr. Grundlagen und aktueller Stand. Frankfurt, 1987.

Der kartengesteuerte Zahlungsverkehr in der Bundesrepublik Deutschland unter besonderer Berücksichtigung des Daten- und Verbraucherschutzes

Stephan Klein und Herbert Kubicek
Forschungsgruppe Telekommunikation, Universität Bremen

1. Einführung

Die sozialwissenschaftliche Technikforschung hat in jüngster Zeit verstärkt erkannt, was die Informatik immer schon wußte. Die Entwicklung informationstechnischer Systeme ist ein Prozeß, in dem vielfältige Auswahlentscheidungen im Hinblick auf die zu erfüllenden Funktionen und die Art und Weise der Funktionserfüllung zu treffen sind. Wenn nun von der Technikentwicklung als sozialem Prozeß gesprochen wird[1], ist allerdings noch etwas mehr gemeint, was nur ein vergleichsweiser kleiner Teil der Informatiker erkannt und beherzigt hat: Die Auswahl bestimmter Funktionen und Formen der Funktionserfüllung ist kein abstrakter logischer Prozeß. Durch seine Ergebnisse werden Handlungsmöglichkeiten von Menschen beeinflußt. Die Entscheidungen haben Folgen und die Entscheidungs- oder Gestaltungsprozesse sind geleitet von Interessen und werden maßgeblich geprägt durch die Machtpositionen der unterschiedlichen Akteure. Nicht alle legitimen Interessen finden gleichen Eingang in die Systementwicklung, weil sie nicht mit gleicher Macht ausgestattet sind und weil es auch keine rechtlichen Regelungen gibt, die ihnen zur Durchsetzung verhelfen. Soziale Sensitivität von Informatikerinnen und Informatikern, Aufklärung und Bündnisse von Gruppen von Betroffenen können dies graduell ändern. Dies war eine der Überzeugungen von Reinhold Franck. An einem Beispiel, zu dem er sich auf der letzten FIFF-Jahrestagung, an der er teilnehmen konnte, geäußert hat[2], wollen wir diese These belegen.

Bei diesem Beispiel handelt es sich um sogenannte EFTPOS-Systeme (Electronic Funds Transfer at Point of Sale), auch als POS-Banking oder kartengesteuerte Zahlungssysteme bezeichnet und aktuell unter Systemnamen wie "electronic cash" oder "Telecash" im Einsatz. Obwohl diese Systeme Kreditwirtschaft, Handel und Verbraucher/-innen gleichermaßen tangieren, haben interne Konflikte der Kreditwirtschaft und Konflikte zwischen Handel bzw. Kreditkarten-

---

1 Lutz, B.: Das Ende des Technikdeterminismus und die Folgen - soziologische Technikforschung vor neuen Aufgaben und Problemen. In: Lutz, B. (Hrsg.): Technik und sozialer Wandel. Verhandlungen des 23. Deutschen Soziologentages in Hamburg 1986. Frankfurt und New York 1987, S. 42

2 Franck, R., Kubicek, H.: Die Automatisierung des Zahlungsverkehrs unter besonderer Berücksichtigung des POS-Banking. Zusammenfassung der Referate und des Diskussionsergebnisses der Arbeitsgruppe 3:"Zahlungs- und Geldverkehr im Bankennetz: POS-Netze". In: Schaaf, J. (Hrsg.): Die Würde des Menschen ist unverNETZbar. Bonn 1990, S. 118 - 125 sowie Franck, R., Kubicek, H.: Bescheren uns die Kreditkarten den gläsernen Verbraucher? In: FIFF-Kommunikation 1/1990, S. 27 - 30

unternehmen und Kreditwirtschaft die Form der nun eingeführten Systeme maßgeblich geprägt, während Aspekte des Daten- und Verbraucherschutzes keine Rolle gespielt haben. Die Verbraucher und Verbraucherinnen können die Bequemlichkeit des Bezahlens mit einer Karte nur um den Preis von Datenschutz- und Verbraucherschutzrisiken erlangen, auf die sie von den Betreibern nicht hingewiesen werden. Technische Alternativen, die diese Nachteile vermeiden, sind denkbar, werden jedoch bisher nicht verfolgt, weil sie im Konflikt mit Interessen der Kreditwirtschaft stehen und keine starke Lobby haben.

Im folgenden sollen zunächst die von einem EFTPOS-System zu erfüllenden Funktionen als Gestaltungsvariablen dargestellt werden. Anhand der historischen Entwicklung in der Bundesrepublik wird dann aufgezeigt, welche Interessen und Interessenkonflikte zu den aktuell eingeführten Systemformen geführt haben. Nach einer Auflistung der Daten- und Verbraucherschutzprobleme dieser Systemvarianten wird eine sozialverträglichere technische Alternative mit einigen flankierenden Anforderungen an Rahmenbedingungen skizziert. Die Konkretisierung dieser Alternative wäre eine lohnende Aufgabe für Informatiker und Informatikerinnen in gesellschaftlicher Verantwortung und ein Beitrag zur sozialverträglichen Technikgestaltung.

2. Funktionen und Gestaltungsvariablen eines kartengesteuerten Zahlungssystems

Seit langem gibt es in Form der Kreditkarten kartenbezogene
Zahlungssysteme, die mit Kugelschreiber, Papier und Briefpost abgewickelt werden. Auch das Euroschecksystem ist mittels der ec-Karte ein kartenbasiertes Zahlungssystem. Wenn man über eine elektronische Abwicklung nachdenkt, wird man angesichts der schon lange existierenden Abrechnungsverfahren innerhalb der Kreditwirtschaft die Automatisierungslücke im Zahlungsverhalten der Verbraucher und Verbraucherinnen lokalisieren. Sie holen sich am Bankschalter oder am Geldausgabeautomaten (GAA) Bargeld und bringen es in die Geschäfte des Handels, der es dann wieder zur Bank transportiert. Wenn mit Schecks bezahlt wird, muß der Handel diese mit einer Liste einreichen, die Banken müssen die Schecks prüfen, codieren und in das elektronische Verrechnungssystem einlesen. Da liegt der Gedanke nahe, daß die Verbraucher und Verbraucherinnen ihre Karte statt in den Geldautomaten gleich in eine Datenkasse im Geschäft stecken, wo sie etwas kaufen, und damit die elektronische Überweisung von ihrem Konto auf das des Händlers auslösen. Dies ist in einfachen Worten die Überlegung, die hinter der etwas umständlichen Bezeichnung EFTPOS steht. Der Electronic Funds Transfer soll am Point of Sale ausgelöst werden.

Ein entsprechendes technisches System muß zwei Hauptfunktionen erfüllen:

Genehmigung/Autorisierung und
Abrechnung/Clearing.

Und es muß auf einem Datenträger aufbauen, der aktuell die Gestalt einer Plastikkarte hat. Diese kann allerdings sehr unterschiedlich gestaltet werden.

Für eine Systematisierung von im Zahlungsverkehr einsetzbaren Plastikkarten bietet sich eine Differenzierung nach der Liquiditätswirkung für den/die Kartennutzer/-in an. Kreditkarten entziehen für einen Zeitraum von bis zu sechs Wochen keinerlei Liquidität. Debitkarten entziehen - aufgrund der (angestrebten) taggleichen Umbuchung - kurz nach der Transaktion Liquidität. Wertkarten speichern eine im voraus erworbene Kaufkraft, sie entziehen bereits beim Erwerb oder beim Nachladen Liquidität.

Eine aus Datenschutzgesichtspunkten relevante Differenzierung der Kartenarten ist die Personenbezogenheit. Diese Unterscheidung trennt die Kredit- und Debitkarten auf der einen Seite von den Wertkarten auf der anderen Seite. Solange traditionelle Girokonten bei Banken oder Kreditkartengesellschaften angesprochen werden müssen, können die Karten nicht anonym sein. Erst wenn die Verfügungsmöglichkeit mit der Karte vorausbezahlt ist, ist eine solche personenbezogene Zuordnung entbehrlich. Die Telefonkarten der Bundespost Telecom sind ein Beispiel für anonyme - aber spezielle - Wertkarten.

Alle im elektronischen Zahlungsverkehr eingesetzten Plastikkarten sind mit einem Medium zur Speicherung der kundenbezogenen Bankdaten versehen. Als Speichermedium sind Magnetstreifen, optoelektronische Gravuren und Halbleiterchips in Gebrauch. Die Karten mit Magnetstreifen und optoelektronischer Speicherung - letztere werden mittels Laserstrahlen gelesen - reagieren rein schematisch auf Abfragen von außen und verfügen über keine eigene Steuerlogik. Deshalb werden sie auch als passive Speicherkarten bezeichnet. Aktive Speicherkarten hingegen besitzen auf Grund eines integrierten "Mikrocomputers" (Chip) ein gewisses Maß an "Eigenintelligenz"[3], mit deren Hilfe sie den Datenverkehr mit der Außenwelt sowie den Speicherzugriff regeln. Hybridkarten enthalten mehrere Speichermedien, i.d.R. einen Magnetstreifen und einen Mikrochip.

Um Betrug und endlose Kontoüberziehungen zu verhindern, werden Plastikgeldtransaktionen autorisiert. Vier Autorisierungsteilschritte sind möglich:

1. Vergleich mit einer Liste aller gesperrten Kartennummern,
2. Verifizierung der eingegebenen Identifikation,
3. Vergleich des Kaufbetrages mit dem noch freien Verfügungsrahmen,
4. Überprüfen der Kartenechtheit.

3 An dieser Stelle sei kurz angemerkt, daß der Intelligenzbegriff Menschen vorbehalten sein sollte. Technik kann im eigentlichen Sinne niemals intelligent sein. Da sich diese Begrifflichkeit aber im Zusammenhang mit Technik eingeschlichen hat, soll der erkannten Problematik zumindest durch die Verwendung von Hochkommas Rechnung getragen werden.

Erst wenn mindestens einer dieser möglichen Autorisierungsschritte elektronisch erfolgt, handelt es sich - im Gegensatz zu herkömmlichen Kreditkartensystemen - um ein EFTPOS-System. Die elektronisch durchgeführte Autorisierung kann - und dies ist eine entscheidende Systemvariante - in einem online angebundenen Rechner des Kartenherausgebers oder offline vor Ort (im EFTPOS-Terminal) durchgeführt werden. Online-Autorisierungen erfordern ein ausreichendes Telekommunikations-Netzwerk, das erträgliche Antwortzeiten garantiert.

Unter Clearing wird das Übermitteln der Umsatzdaten vom Händler/Vertragsunternehmen ins Bankensystem verstanden. Bei online-Autorisierung können die Clearingdaten gemeinsam mit den Autorisierungsdaten übermittelt werden oder von diesen getrennt. Bei offline-Autorisierung erfolgt in jedem Fall eine getrennte Übermittlung der Umsatzdaten. Bei von der Autorisierung getrenntem Clearing ist zwar ein Umsatzdatenspeicher im EFTPOS-Terminal erforderlich, dafür können aber die vorhandenen Bankabrechnungswege genutzt werden (Lastschrifteinzug), und es müssen keine neuen Abrechnungsmodalitäten mit zumeist sehr aufwendiger Software eingeführt werden.

Aus diesen Gestaltungsvariablen kann eine Fülle unterschiedlicher EFTPOS-Systeme konstruiert werden. In den vergangenen zehn Jahren ist auch eine ganze Reihe von Konzepten entwickelt, verabschiedet, probeweise realisiert und zum Teil wieder verworfen oder modifiziert worden. Alle diese Konzepte orientieren sich nicht, wie das eingangs geschilderte Beispiel mit dem Geldautomaten suggerieren könnte, am Vorbild des Bargeldes, sondern an der elektronischen Abbildung des Scheckverkehrs, d.h. sie basieren auf personenbezogenen Daten. Welche Varianten innerhalb dieser grundsätzlichen Selektionsentscheidung von wem mit welchen Begründungen in die Debatte gebracht wurden und wie darauf reagiert wurde, soll im folgenden historisch nachgezeichnet werden.

3. Konflikte bei der Aushandlung eines nationales EFTPOS-Systems

3.1 Aushandlungsprozesse innerhalb der Kreditwirtschaft

Rationalisierungsmaßnahmenen erfolgen in der Kreditbranche üblicherweise nicht im Kampf mit den Wettbewerbern, sondern - mit Verweis auf eine Ausnahmeregelung des Gesetzes gegen Wettbewerbsbeschränkungen (GWB) - im Einvernehmen. Seit Ende der 50er Jahre wird diese Zusammenarbeit bei Zahlungsverkehrsfragen vom Zentralen Kreditausschuß (ZKA) koordiniert. Ein zentraler Ausgangspunkt für die Entwicklung kartengesteuerter Zahlungssysteme war 1981 als die "POS-Rahmenvereinbarung" von den drei im ZKA vertretenen Spitzenverbänden der Universalbanksektoren und der Bundespost getroffen wurde. Diese Vereinbarung, die die ec-

Karte als Zugangsmedium festlegte, bildete den internen Rahmen für alle weiteren EFTPOS-Aushandlungen und Pilotprojekte.

Neue technische Systeme setzen oftmals an den Defiziten ihrer Vorgängersysteme an. Darunter fallen bei der Abwicklung des Zahlungsverkehrs aus der Sicht der Kreditwirtschaft vor allem sog. Medienbrüche zwischen Papier und EDV. Kartengesteuerte Zahlungsverkehrssysteme zielen daher folgerichtig auf eine durchgehend elektronische Abwicklung.

Die Überlegungen zum ersten offiziellen POS-Feldversuch in München in den Jahren 1983/84 setzten auch an einem bestehenden System, dem offline GAA-Netz, an. Eine solche offline-Struktur ist jedoch mit erheblichen Sicherheitsmängeln behaftet, so daß eine Kartenausgabe nur an Kundinnen und Kunden mit einwandfreier Bonität vertretbar wäre. Dies liefe aber der Bestrebung, das Kundengeschäft möglichst weitgehend zu automatisieren, entgegen. Es gab nur zwei Alternativen, die damals auch schon benannt wurden[4]: erstens den online-Verbund aller GAA- und POS-Terminals mit dem Ziel, möglichst nah am aktuellen Kontostand zu autorisieren; zweitens die Ausgabe von vorausbezahlten Wertkarten (elektronische Geldbörse).

Für ein bundesweites EFTPOS-System wurden in der Kreditwirtschaft schon sehr früh nur online-Lösungen diskutiert. In diesen online-Konzepten läßt sich grob eine Entwicklungstendenz von einem geschlossenen hin zu einem offenen System erkennen. Hauptakteur auf der Seite der Kreditwirtschaft war die 1982 gegündete Gesellschaft für Zahlungssysteme (GZS).

In einem nie veröffentlichten, aber allgemein als Vorläufer angesehenen <u>ersten Konzept</u> soll eine <u>zentrale Lösung</u> verfolgt worden sein. Eine zentrale Autorisierungs- und Clearingstelle, realisiert in einem einzigen Großcomputer hätte aber, angesichts der riesigen Datenmengen, technisch niemals funktioniert. Realistischerweise konnte von Anfang an nur von einer auf vielen Netzknoten basierenden verteilten Anwendung ausgegangen werden. Die Netzknotenrechner (der GZS) sollten dann aber nicht weiterrouten in die Sektoren der Kreditwirtschaft, sondern die Autorisierung an Limits vornehmen.

Vor allem die Sparkassen mit ihren ausgebauten regionalen Rechenzentren waren mit einer solchen "logisch zentralen" Autorisierung nicht einverstanden. Sie erweiterten das, von den Großbanken favorisierte, zentralistische GZS-Modell um eine Autorisierung in den Sektoren der Kreditwirtschaft. Die einzelne Bank sollte die Bonität ihrer Kundin bzw. ihres Kunden selbst überprüfen können. Dieses <u>zweite Konzept</u> erhielt dann auch den Namen <u>Kundenbank-Modell</u>. Die GZS sollte über ihre Netzwerkrechner zu den jeweiligen Institutsgrüppen vermitteln. Das hierzu notwendige Datennetz ist einzig im Sparkassensektor entsprechend ausgebaut. Die Autorisierung am Konto war damit zumindest möglich. Die Clearing-Daten sollten gemeinsam mit der Autorisierung übermittelt werden. Nach diesem Modell wurde jedoch kein Pilot-Projekt

---

4 Slevogt, H.: Wie soll es mit der Zahlungsverkehrsautomation weitergehen? In: Betriebswirtschaftliche Blätter 6/1984, S. 246

konzipiert. Die dezentrale Autorisierung durch die Bank des Kunden setzte sich aber gegenüber der zentralen Autorisierung weitgehend durch.

Die GZS reagierte hierauf Mitte 1984 mit der Vorstellung eines Mischkonzeptes, das auf zentraler und dezentraler Autorisierung basierte (wiederum mit gleichzeitiger Umsatzübermittlung). Das Konzept sollte in München, Berlin und im Rhein-Main-Gebiet erprobt werden. Getestet wurde dann aber nur in Berlin und München und auch nur die zentrale Autorisierungsvariante.

Ebenfalls 1984 beauftragte der Deutsche Sparkassen- und Giroverband (DSGV) das Software- und Serviceunternehmen IKOSS mit der Erstellung eines eigenständigen EFTPOS-Netzes. Dieses auf Vorrechnern basierende Netz wurde 1985 fertiggestellt. Die Sparkassen wollten mit POS durchstarten, wozu es dann aber doch nicht kam.

Eine Trennung von Autorisierung und Clearing schlug schließlich der Bundesverband der Deutschen Volks- und Raiffeisenbanken (BVR) vor. Die Genossenschaftsbanken wollten damit den Weg ebnen für einen Chipkarteneinsatz (Chipkarten ermöglichen offline-Autorisierungen). Ein Konzept, in dem Autorisierung und Clearing zwingend zusammen erfolgen, macht offline-Autorisierungen jedoch unmöglich. Zudem sanken zu dieser Zeit die Preise für wichtige Elektronikbausteine in den Kassensystemen. Die Umsätze in der Kasse zu speichern, verteuerte die Terminals jetzt nur noch unwesentlich. Diese dritte Modellvariante, das sog. Händlerbank-Modell, stand bereits 1985. Händlerbank-Modell deshalb, weil die Händler die Umsatzdaten ihrer Bank zum Inkasso einreichen sollten. Damit konnten auch die bestehenden Clearingwege genutzt werden. Neue Clearingwege, parallel zur Autorisierung, hätten eine sehr aufwendige Software erfordert.

Die GZS gab noch 1985 ein EFTPOS-Netz in Auftrag, das auf dezentraler Autorisierung und getrenntem Clearing basierte. 200 "intelligente" Netzknoten, deren Netzwerkmanagement zentral erfolgen sollte, verbanden die Terminals - die trotz internem Datenspeicher fast reine Datenübertragungseinrichtungen waren - mit den jeweiligen Autorisierungssystemen.

Damit waren bereits Mitte der 80er Jahre die zentralen internen Konflikte der Kreditwirtschaft ausgetragen. Die folgenden Jahre waren dann primär durch externe Konflikte geprägt. Externe Konfliktpartner der Kreditwirtschaft sind zum einen die Kreditkartengesellschaften, andererseits der Handel, mit dem vor allem über die Frage der Kostenverteilung gestritten wurde und wird.

3.2 Externe Konfliktfelder

Beim offline-POS-Feldversuch in München (1983/84) übernahmen die Banken sämtliche Kosten, bis auf die Finanzierung der Kassen. Im Pilotprojekt Berlin/München (seit 1984/85) wurde den Händlern erstmals eine an die Kreditwirtschaft zu zahlende Autorisierungsgebühr aufgebürdet. Pro Transaktion werden dem Händler 7 Pfennige plus 0,2% vom jeweiligen Umsatz berechnet. Hinzu kommen dann noch die Kosten für die Datenfernübertragung, die nur anfänglich in Berlin von den Banken getragen wurden.

Bereits 1985 hat die Rationalisierungsgemeinschaft des Handels (RGH), die heute zum Deutschen Handelsinstitut (DHI) gehört, eine derartige Kostenbelastung des Handels abgelehnt und ein alternatives Modell vorgestellt, das weitgehend offline funktioniert und so nicht nur Übertragungskosten spart, sondern auch ein aufwendiges Autorisierungssystem überflüssig macht.

1986 änderte die GZS ihr bis dahin verfolgtes Konzept, das auf "dummen" Kassenterminals und ca. 200 "intelligenten" Netzknoten basierte. Obwohl in die Realisierung dieses Systems bereits investiert wurde, bevorzugte die Kreditwirtschaft überraschend Netzknoten, die nur Routing-Aufgaben erfüllen, und Terminals, die technisch aufgerüstet werden sollten. Allein wegen der bis dahin hohen Preise für Mikroelektronikbausteine konnte ein solches Konzept vor 1986 nicht ernsthaft erwogen werden. Die GZS wollte nun einen Standard für Kassen durchsetzen. Ein denkbares Motiv für ein solches Vorgehen könnte die beabsichtigte Ausgrenzung von anderen Kartenanbietern sein.

Ein Jahr später (1987) vereinbarten die europäischen Banken, die im Europäischen Rat für Zahlungssysteme (European Council for Payment Systems; ECPS) organisiert sind, ihre Karten kompatibel zu gestalten und Netzübergänge zwischen dem Netz von Visa und dem von EEM (Eurocard, Eurocheque und Mastercard) zu schaffen. Das erklärte Ziel war der freie Zugang von Eurocard-, Mastercard-, Visa- und ec-Karten-Inhabern/-Inhaberinnen zu sämtlichen GAAs und EFTPOS-Terminals.

Etwa zur gleichen Zeit äußerte das Bundeskartellamt, daß es ein POS-System, das nur auf der ec-Karte basiere, nicht zulassen werde, denn sonst könnten Händler, die verschiedene Karten akzeptieren möchten, gezwungen sein, sich den Verkaufsraum mit mehreren Terminals vollzustellen.

Anfang 1989 veröffentlichte die GZS ein neues Konzept, das sie unter der Bezeichnung "electronic-cash (POS-Kassen-System)" vorstellte. In dieser Variante des dritten Modells (Händlerbank-Modell), blieb es bei der dezentralen Autorisierung und beim getrennten Clearing. Immer noch sah sich die GZS als einziger Netzbetreiber und verlangte den Anschluß der

Kassenterminals an einen ihrer ca. 200 Netzknoten. Das Anfang 1989 vorgestellte electronic-cash-Konzept war dann auch für alle Karten offen gestaltet. Wesentlicher Bestandteil der Kasse sollte aber ein kartenspezifisches Zahlungssicherungsmodul (ZSM) sein, das ein hohes Sicherheitsniveau für die Datenübertragung garantieren sollte. Ein ec-ZSM hätte der Handel über die Hausbank beantragen sollen. Nach Personalisierung (mit den Händlerdaten) durch die GZS hätte der Einzelhändler es in sein zuvor gekauftes Terminal einsetzen können. Ein solches ZSM als notwendige Systemkomponente für jeden einzelnen Kartentyp hätte wiederum die Markteintrittsschranke für andere Kartenanbieter höher gehängt. Das Kartellamt untersagte schließlich die Lösung mit dem ZSM, u.a. auch, weil das ZSM als Pflichtbestandteil zu erheblichen Mehrkosten bei den Terminals geführt hätte und es nur ganz wenige Hersteller solcher Module gab.

Dieses Konzept war Grundlage des Regensburger Hybridkartentests. Als der Feldversuch am 5. Oktober 1989 nach mehreren Verzögerungen schließlich starten konnte, stand jedoch schon fest, daß das zugrundeliegende Konzept so nicht auf ein bundesweites EFTPOS-System übertragen werden konnte. Insbesondere Verhandlungserfolge der Mineralölwirtschaft haben die in Regensburg erprobte Modellvariante hinfällig werden lassen.

In der Mineralölbranche sind geschlossene Warenwirtschaftssysteme relativ weit verbreitet. Als ein Vorreiter hat die Shell AG ihr gesamtes Filialnetz bereits seit längerem zu einem online-Verbund ausgebaut. Damit sind alle Kassen in den Tankstellen an einen zentralen Computer angeschlossen. Diese für EFTPOS günstige Struktur war 1989 Gegenstand von Verhandlungen zwischen der Mineralölbranche und der Kreditwirtschaft. Ihren damaligen Plänen zufolge (s.o.) wollten die Banken, daß alle EFTPOS-Kassen an einen ihrer ca. 200 Netzknoten angeschlossen werden. Da aber die Kassen bereits vernetzt waren und die Mineralölbranche zudem sehr stark an den geldwirtschaftlichen Daten interessiert war und ist, setzte sie sich für ein Autorisierungs-Routing über ihre zentralen Rechner ein.

Als die Kreditwirtschaft in diesem Punkt eingelenkt hatte und nun sämtliche Autorisierungsanfragen über die zumeist in Hamburg angesiedelten Zentralen der einzelnen Mineralölgesellschaften laufen sollten, wurde klar, daß dies den GZS-Netzknotenrechner in Hamburg überfordert hätte. Aufgrund dieser Tatsache willigte die Kreditwirtschaft in ein Autorisierungs-Routing von einem privaten Netzknoten über X.25 (Datex-P) direkt ins Autorisierungssystem der einzelnen Bankengruppen ein.

Dies war die Stunde, in der private Netzbetreiber von der Kreditwirtschaft akzeptiert wurden. Schließlich bewirkte die Mineralölbranche, daß die beabsichtigte Aufrüstung aller POS-Kassen mit einem ZSM wieder rückgängig gemacht wurde, da man nicht bereit war, die gerade erst installierten automatischen Kassen in den Verkaufsräumen der Tankstellen gegen neue zu ersetzen.

Die vom Kartellamt im Laufe des Jahres 1989 getroffene Entscheidung, daß aus Wettbewerbsgründen ein ZSM als Pflichtbestandteil unzulässig sei und der Netzbetrieb nicht nur von der GZS angeboten werden dürfe, mußte der Kreditwirtschaft zumindest insoweit entgegengekommen sein, als sie in ihrer Außendarstellung nun nicht als Verhandlungsunterlegene erschien, sondern auf die staatliche Stelle verweisen konnte.

Im Rahmen des Widerspruchsverfahrens für das Anfang 1990 beantragte electronic-cash-System meldeten sich auch die Kreditkartengesellschaften, die Zweifel hegten bzgl. der Offenheit des Systems für ihre Karten. In diesem Zusammenhang ging es insbesondere um die Spurbelegung der Karten. Die ec-Karte benutzt die ISO-Spur 3; alle Autorisierungsprozeduren sind darauf abgestellt. Die Kreditkarten und Handelskarten verfügen i.d.R. nur über einen Magnetstreifen mit Daten auf der ISO-Spur 2.

Der Konflikt zwischen Kreditwirtschaft und Kreditkartenunternehmen wird ganz anders ausgetragen als der Konflikt der Banken mit dem Handel. Zum einen werden die gegensätzlichen Interessen selten offengelegt. Zum anderen bedient sich die Kreditwirtschaft in ihren (letztlich erfolglosen) Bemühungen, Markteintrittsbarrieren aufzubauen, vor allem der Technik als Medium.

Inzwischen hat sich auch die Kostenverteilung geändert. Durch das Auftreten weiterer Netzbetreiber wird der Handel nun auch noch deren Dienstleistung bezahlen müssen, sofern nicht handelseigene Netze benutzt werden. Die Kreditwirtschaft berechnet jetzt eine Umsatzprovision von 0,3% (mindestens 0,15 DM). Die neue Berechnungsmethode führt zu meist höheren Gebühren (bei Beträgen bis 40 DM sowie über 70 DM). Daß dem Tankstellengewerbe Sonderkonditionen von 0,2% bei Beträgen bis 100 DM eingeräumt werden, interpretiert das Deutsche Handelsinstitut als ein Signal der Verhandlungselastizität der Kreditwirtschaft.[5]

Insgesamt hat sich die anfängliche Situation, in der das System auf der Grundlage eines Netzes und unter Verwendung nur der ec-Karte betrieben werden sollte, gewandelt zu einem System, das verschiedene Karten akzeptieren soll und über mehrere Netzwerke verfügen darf. Dies setzt schon rein technisch eine Einigung auf einheitliche Anwendungsstandards voraus. Für die Schnittstelle Netzwerkbetreiber - Autorisierungsstelle liegt bereits eine ISO-Norm vor (ISO 8583). Technische Standardisierungen sind indessen noch für die Schnittstellen Kundenbedieneinheit - Terminal und Terminal - Netzanschluß zu erarbeiten. Als Datensatzformat setzt sich auch hier die ISO-Norm 8583 durch. Damit wäre der Autorisierungsweg weitgehend nach internationalen Normen konzipiert. Ganz anders sieht es bei der Übermittlung der Umsatzdaten ins Bankensystem aus. Für den Austausch der Clearingdaten zwischen Terminal und Netzbetreiber gibt es bislang nur individuelle Lösungen. Da ein internationaler Standard nicht in Sicht ist, kann damit gerechnet werden, daß große Hersteller - wie bspw. IBM - faktisch einen Standard setzen, der dann auch von anderen Herstellern übernommen werden muß.

---

5 Zellekens, H.-J.: Schmilzt der Widerstand? In: A la Card Aktuell, Ausgabe 16/1990, S. 19

4. Aspekte des Daten- und Verbraucherschutzes

Während sich die vorangegangenen Ausführungen mit Konfliktfeldern im Prozeß der Technikgenese beschäftigt haben, die bereits akut sind, stellen die in diesem Abschnitt vorgestellten Daten- und Verbraucherschutzaspekte noch keine aktuellen Konfliktfelder dar, könnten aber jederzeit dazu werden.

Der historische Überblick der Entstehung eines EFTPOS-Systems in der Bundesrepublik hat gezeigt, daß vor allem die Interessen der Kreditwirtschaft Triebfeder in diesem Prozeß waren und auch noch sind. Konflikte mit den Interessen des Handels und der Kreditkartenorganisationen konnten nicht über das freie Spiel der Marktkräfte gelöst werden. Für diese Konflikte existiert mit dem Wettbewerbsrecht jedoch ein normativer und institutionalisierter Regulierungsrahmen, mit dessen Hilfe ein Interessenausgleich herbeigeführt werden konnte. Dementsprechend hat das Kartellamt regulierend eingegriffen.

Die Verbraucher und Verbraucherinnen, die das System nutzen sollen, spielten in dem Aushandlungskonzept keine Rolle. Werden ihre Interessen aber bereits hinreichend berücksichtigt, wenn es Wettbewerb zwischen den Systemanbietern gibt? Nach unserer Auffassung gibt es bei EFTPOS-Systemen eine Reihe von Daten- und Verbraucherschutzproblemen, die nicht marktvermittelt in den Technikentstehungsprozessen Lösungen zugeführt werden. Hier gibt es keine dem Kartellamt vergleichbaren Institutionen, die kraft Gesetzes Weisungen erlassen können. Dabei sind Gleichheits- und Selbstbestimmungsgrundsätze, die als Maßstäbe des Daten- und Verbraucherschutzes gelten können, bereits im Grundgesetz verankert, im Gegensatz zur Erhaltung eines marktwirtschaftlichen Wettbewerbsniveaus.

Im folgenden soll anhand eines Kriterienkataloges das electronic-cash-System der Kreditwirtschaft auf daten- und verbraucherschutzrelevante Risiken untersucht werden. Zunächst werden vier materielle, danach fünf immaterielle Aspekte des Daten- und Verbraucherschutzes aufgegriffen. Es sollen jeweils die mit dem Sachverhalt verbundenen *Risiken* erläutert und die dazu passenden ***Anforderungen*** an eine sozialverträglichere Technikgestaltung formuliert werden. Ausgangspunkt für die Benennung der im folgenden abzuhandelnden Kriterien oder Sachverhalte sind zum einen bestehende gesetzliche Regelungen, zum anderen Analysen der konkreten Situation am point of sale.

4.1 Materielle Aspekte des Daten- und Verbraucherschutzes

Eine Reihe von Auswirkungen für Verbraucher und Verbraucherinnen, die das electronic-cash-System der deutschen Kreditwirtschaft nutzen, tangieren direkt oder indirekt deren finanzielle Position.

(1) Systemverletzlichkeit, Haftungs- und Beweislastverteilung[6]

Schon von der Benutzung von Geldautomaten sind Probleme bekannt, die zu finanziellen Belastungen führen: Karten werden gestohlen oder gefälscht, technische Fehler führen zu Fehlbuchungen oder es kommt weniger Geld aus dem Automaten als abgebucht wird. Bei der sehr viel größeren Komplexität von EFTPOS-Systemen dürften technische Fehlbuchungen sehr viel wahrscheinlicher werden. Damit stellt sich die Frage nach der Haftung und Beweispflicht.

Der zwischen Kunde und Kreditinstitut bestehende "Girovertrag" wird von der Rechtsprechung als Geschäftsbesorgungsvertrag nach §675 BGB eingestuft. Der unter Eingabe einer Plasikkarte plus PIN erteilte Auftrag an einem GAA oder einem POS-Terminal wird als geschäftsbesorgungsrechtliche Weisung angesehen. Zusätzlich gelten die Allgemeinen Geschäftsbedingungen (AGB) für das Vertragsverhältnis zwischen Kunde und Bank. Einige Rechte aus dem BGB werden jedoch durch die AGB im Interesse der Banken abgeändert.

So übernehmen die Banken nach ihren AGB bis zum Eingang einer Verlustmeldung generell (nur) 90% des durch die verlorene oder gestohlene ec-Karte entstandenen Schadens. Dabei ist es die Bank selbst, die entschieden hat, daß sie ihre Kunden nicht mehr persönlich identifizieren möchte, sondern - im Zuge von Rationalisierungen - anhand einer vierstelligen PIN. Nach § 254 BGB hängt die Haftung für einen Schaden von den Umständen ab. Warum soll aber der Mitverschuldensanteil der Bank ständig bei 90% aufhören bzw. eine Mindestschuld von 10% beim Kunden liegen?

Eine generelle Haftungsbegrenzug auf 90% ist auch deshalb bedenklich, weil bei electronic-cash bislang keine Echtheitsprüfung der Karte vorgenommen wird. Ein Echtheitsnachweis ist aber erforderlich zur Begründung einer geschäftsbesorgungsrechtlichen Weisung. Wenn somit eine Prüfungspflichtverletzung der Banken bei jeder Transaktion unterstellt werden kann, ist eine generelle Weigerung, auch vor der Meldung 100% des Schadens zu tragen, eine ungerechtfertigte *Haftungsabwälzung*. Da selbst bei Durchführung einer Echtheitsprüfung diese völlig automatisiert abläuft, sind die Kunden darauf angewiesen, daß das technische System der Kreditwirtschaft einwandfrei und zuverlässig arbeitet.

---

6 Vgl: Reifner, U. (Institut für Finanzdienstleistungen): Die Rechte der Bankkunden beim Mißbrauch von Schecks und Bankkarte durch Dritte. Rechtsgutachten für die Arbeitsgemeinschaft der Verbraucherverbände. Hamburg, 19.5.1987

Die Sparkassen verlangen im Verlustfall von ihren Kunden, daß sie glaubhaft darlegen, daß sich die Geheimzahl nicht auf oder bei der Karte befand. Diese Geschäftsbedingung ist weniger als eine Regelung zur Haftungsverteilung, als vielmehr zur *Beweislastumkehr* einzustufen. Eine Beweislaständerung zum Nachteil des Kunden wird aber im § 11 Nr. 15 des AGB-Gesetzes verboten.

So wie jede Haftungsabwälzung ist auch jede Beweislastverdrehung nicht im Verbraucherinteresse. Auch wenn die Kreditinstitute Schadensfälle seit Jahren sehr kulant regeln und die neuen AGB bereits ein Fortschritt in Richtung Rechtssicherheit sind, bleibt zu fordern, daß die Betreiber technischer Systeme alle damit verbundenen Risiken übernehmen (***Haftung und Beweispflicht bei der Kreditwirtschaft***).

Werden Geldtransaktionen überwiegend über EFTPOS-Netze abgewickelt, ist zu befürchten, daß bei einem größeren (*Software-*) *Fehler* im System oder einem *Systemausfall*, bspw. aufgrund eines Sabotageaktes, nachher nicht mehr nachvollziehbar ist, wer wem noch wieviel Geld schuldet, wo welche elektronischen Transaktionen gelandet sind, oder ob bestimmte Belastungen/Gutschriften überhaupt gerechtfertigt sind etc. Wer würde tagsdrauf noch elektronisch zahlen wollen? Zu fordern ist nicht nur eine möglichst ***hohe Systemsicherheit***, sondern auch die ***Haftung und Beweispflicht der Betreiber*** in einem solchen Falle. Allerdings ist auch zu beachten, daß eine hohe Systemsicherheit (Parallelrechner etc.) die Kosten des Systems erheblich erhöht.

(2) Kosten

Das Bezahlen mit Karte ist für viele Verbraucher und Verbraucherinnen ein Gewinn an Bequemlichkeit. Während bei Kreditkarten noch Zinsgewinne hinzukommen, ändert sich bei electronic-cash in dieser Hinsicht nichts gegenüber dem Bezahlen mit Schecks. Die Verbraucher und Verbraucherinnen bezahlen dafür nicht nur eine jährliche Kartengebühr. Sie tragen auch die dem Handel entstehenden Kosten, sei es durch einen speziellen Aufschlag pro Zahlung oder über die Preise der Waren und Dienstleistungen. Der vom Kartellamt bewirkte Wettbewerb zwischen Karten- und Netzanbietern wirkt grundsätzlich kostenmindernd. Dennoch verbleiben im Handel zusätzliche Kosten für die Technikausstattung, Autorisierungs- und Übertragungsgebühren, denen dort keine Kosteneinsparungen gegenüberstehen und die der Handel daher abzuwälzen versucht.[7] Die Rationalisierungsvorteile entstehen insbesondere bei der Kreditwirtschaft, die diese jedoch an die Karteninhaber und -inhaberinnen bisher nicht weitergeben will.

Die Kreditwirtschaft wendet sich dagegen, daß der Handel Preisaufschläge auf das Bezahlen mit Karten erhebt. Dann werden aber die *Zusatzkosten des Handels auf alle Verbraucher und Verbraucherinnen abgewälzt.* Aus Verbrauchersicht sind somit die Kosten des Gesamtsystems

---

7 Das dänische Einkaufskartengesetz von 1984 verbietet jegliche Gebühren für den Handel, damit dieser seine Kosten nicht an alle Konsumenten und damit auch die barzahlenden weitergibt.

und die Kostenverteilung zwischen Kreditwirtschaft und Handel nicht gleichgültig. Im Hinblick auf die **verbleibenden Kosten des Handels** ist zu fordern, daß diese **nur auf diejenigen abgewälzt werden, die mit Karten bezahlen.** Diesen Kunden und Kundinnen sollte die Kreditwirtschaft durch günstigere Konditionen im Vergleich zum Bezahlen mit Schecks einen Ausgleich für diese Zusatzkosten anbieten und damit einen Teil der Rationalisierungsgewinne weitergeben.

(3) Budgetkontrolle

Der Umsatzsteigerung für den Einzelhandel durch (a) Spontankäufe und (b) ein gestiegenes Ausgabevolumen steht auf der Seite der Konsumenten eine höhere, vielfach *ungewollte Verschuldung* gegenüber.[8] Soweit das System nicht erlaubt, in den jeweiligen Geschäften den ***aktuellen Kontostand bzw. das Restlimit abzufragen***, kann es leicht passieren, daß der Überblick über die getätigten Ausgaben verloren geht, weil die Knappheit des Zahlungsmittels Geld vordergründig aufgehoben wird.[9]

(4) Daten(eingabe)sicherheit bei Identifizierung mittels PIN

Ein weiters Problemfeld betrifft die Sicherheit der PIN gegen *Ausspionieren.* Eine ausspionierte PIN birgt nicht nur Risiken für das bargeldlose Bezahlen an den Kassen des Handels sondern auch für das Abheben von Bargeld an Geldausgabeautomaten. In vielen Fällen gibt es keine Möglichkeit, die PIN vor der Kasse so einzutippen, daß dies von anderen, ebenfalls an der Kasse wartenden Personen nicht beobachtet werden kann.

Zudem kann die Kundin/ der Kunde nicht nachvollziehen, ob die Eingabe ihrer/ seiner PIN nicht vom Händler "*abgezapft*" wird. Nach dem Start des Regensburger Feldversuchs haben die Geschäftsführer einer in Regensburg ansässigen EDV-Firma gegen das EFTPOS-System folgende Einwände erhoben: Wenn ein krimineller Händler anstelle seiner Kasse einen PC installiert, ist er in der Lage, alle Daten der Karte sowie die eingegebene PIN für alle electronic-cash-Kunden zu sammeln. Aus den Datensätzen werden Kartenkopien angefertigt, die zunächst dazu benutzt werden, den Einkauf an der echten POS-Kasse nachzuholen. Mit den Doubletten kann der Händler dann an anderen POS-Kassen bezahlen oder am GAA die Konten der Besitzer plündern, sofern der Automat nicht über eine ***Einrichtung zur Kartenechtheitsüberprüfung*** verfügt.[10]

---

8 Besonders im ansteigenden Kreditvolumen sehen nach Meinung der Verfasser die Banken eine Attraktivität des EFT-POS. Aber nicht nur die Banken, auch große Handelshäuser und natürlich die Kreditkartengesellschaften wollen durch zunehmende Konsumentenkredite ihre Erträge erhöhen. Die hier erzielbaren Gewinne werden als langfristig sogar noch attraktiver als die erwarteten Rationalisierungseinsparungen eingeschätzt.

9 Kundinnen und Kunden der schweizer Migros-Bank, die ein eigenes EFTPOS-System betreibt, können vor einem Einkauf im Migros-Warenhaus ihren Kontostand an speziellen Terminals abfragen. Im dänischen EFTPOS-System kann der Kunde bzw. die Kundin an einem solchen Gerät sogar eine Quittung erhalten, mit der an der Kasse bezahlt werden kann.

10 Ziegler, W.: BANKomatenRAUB - Fällt das Kartenhaus zusammen? Regensburg 1990, S. 26ff

Verbesserungen verspricht man sich von sog. ***hand-held-Terminals***, das sind Kundenbedieneinheiten, die der Kunde bzw. die Kundin in die Hand nehmen kann und mit denen er/sie sich vor neugieren Blicken besser schützen können soll als bei fest installierten PIN-Tastaturen. Zukünftige Karten mit integrierter Tastatur (sog. Super Smart Cards) ermöglichen die Eingabe der korrekten PIN schon einige Meter vor der Kasse, wo einem kein Mensch über die Schulter sieht. Auch ein Anzapfen der PIN wäre dann nicht mehr möglich. Schwachstelle ist die PIN selbst, die nicht nur ausspioniert werden kann, sondern die für manchen auch schwer zu behalten sein mag.

4.2 Immaterielle Aspekte des Daten- und Verbraucherschutzes

EFTPOS-Systeme berühren nicht nur materielle Interessen der Verbraucherinnen und Verbraucher, sondern stellen auch Anforderungen an die "Meisterung" neuer Stuationen und betreffen Selbstbestimmungsinteressen. Fünf solcher immateriellen Aspekte werden im folgenden kurz benannt.

(5) Zahlungsmittelvielfalt

Sofern nicht Kunden jeglicher Bonität eine Zahlungskarte erhalten, besteht die Gefahr der Diskriminierung bestimmter Bevölkerungsgruppen an etwaigen "Sonderkassen" für Barzahler (*Ausgrenzung*). Hier ist die ***freie Wahlmöglichkeit der Zahlungsart*** - und zwar durch den Kunden und nicht durch dessen Bank - zu fordern. Die Forderung heißt nicht Kreditkarten für alle, sondern Plastikgeld (u.U. vorausbezahlt) für alle, die mit Karte zahlen möchten.

Die Erfahrungen mit der bargeldlosen Gehaltszahlung führen zu Befürchtungen, daß das Bargeld als "Grundzahlungsmittel" im Wettbewerb der Zahlungsarten verdrängt werden könnte, weil es bspw. künstlich verteuert wird oder Barzahlung nicht mehr akzeptiert wird (*Barzahlungsdiskriminierung*). Der Kunde/die Kundin muß generell die Wahlfreiheit zwischen den verschiedenen Zahlungsarten behalten, d.h. neue und alte Systeme müssen parallel angeboten werden, wobei das Bargeld als Grundzahlungsmittel nicht teurer sein darf als andere Zahlungsarten (***Barzahlungsgarantie***).

(6) Benutzungsfreundlichkeit und Systemtransparenz

Durch die Verbreitung eines technischen Systems, wie es das EFTPOS-System darstellt, werden von den Benutzern und Benutzerinnen Fähigkeiten zum Umgang mit dieser Technik verlangt, die vordem nicht verlangt wurden. Es besteht die Gefahr, daß einzelne Bevölkerungsgruppen sich von dieser neuen Technik *überfordert* fühlen. Dies gilt insbesondere angesichts des steigenden Anteils älterer Menschen an der Gesamtbevölkerung. Deshalb ist zu fordern, daß die Handhabung der Kartenzahlung für jedermann/jede Frau ***leicht erlernbar*** ist, bspw. weil die Systeme selbsterklärend gestaltet sind.

Geldsache ist Vertrauenssache. Wenn der Verbraucher/die Verbraucherin dieses Vertrauen verliert, weil er/sie die bargeld- und beleglose Zahlung mittels Plastikkarte nicht durchschaut, wird das EFTPOS-System nicht nur nicht akzeptiert, der Kunde/ die Kundin wird sich darüberhinaus *ausgeliefert* fühlen. Deshalb ist zu fordern, daß das System für alle Verbraucher ***verstehbar und transparent*** ist. Dies betrifft die Struktur des Systems ebenso wie die Möglichkeit, sich über die eigenen Daten und deren Verarbeitung zu informieren. Daher sind u.a. die Grundsätze ergonomischer Dialoggestaltung (DIN-Norm 66234, Teil 8) auch für EFTPOS-Systeme anzuwenden und weiterzuentwickeln.

(7) Datenauswertung

Kartengesteuerte Zahlungssysteme dienen der Auslösung des elektronischen Zahlungsverkehrs und überprüfen jede einzelne Kartentransaktion. Entsprechend dem Zweckbindungsprinzip des Datenschutzrechts dürfen die dazu erhobenen Daten auch nur zur Autorisierung und Abwicklung des Zahlungsverkehrs verwendet werden. An den Kassen des Handels treffen jedoch Daten über Waren- und Geldströme aufeinander. Die Informatisierung dieser Kundenschnittstelle erlaubt den Aufbau eines Kundeninformationssystems durch das Kreuzen der Kundendaten mit den Daten über die gekauften Produkte. *Detaillierte Kunden-, Bewegungs- und Warenprofile* können erstellt werden, die Rückschlüsse auf Kaufrhythmen, Konsumspektrum und typische Kombinationskäufe ermöglichen.

> "Auf der Basis dieser Daten versuchen Marketingstrategen, das Verbraucherverhalten zeitstabil und zielgenau zu beeinflussen. Entsprechend den vorhandenen Daten über Finanzkraft, Interessen, Neigungen, bisherige Konsumgewohnheiten oder bereits erworbene Ausstattung werden dem Kunden gezielte Angebote unterbreitet. Die Daten werden jedoch nicht in dem Unternehmen bleiben, das sie erhoben hat. Sie stellen einen hohen wirtschaftlichen Wert dar. Daher besteht ein großes Interesse, sie ökonomisch zu nutzen und anderen Unternehmen anonymisiert oder personenbezogen zugänglich zu machen".[11]

Um die Kundinnen und Kunden im electronic-cash-System vor Mißbrauch oder Systemfehlern zu schützen, müssen eine Vielzahl von Daten verarbeitet und gespeichert werden. Hieraus resultiert ein Konflikt zwischen Sicherheit des Systems und Datenschutzanspruch des Konsumenten. Möglichkeiten, diese Daten auszuwerten, bestehen zunächst beim Handel, aber auch innerhalb der Kreditwirtschaft bzw. bei den Kreditkartengesellschaften und schließlich bei den Betreibern der POS-Netzwerke. Das Interesse dieser Akteure an einer solchen Datenauswertung ist jedoch unterschiedlich. Während der Handel (und die Konsumgüterindustrie) vor al-

---

11 Roßnagel, A.: Richtschnur Grundgesetz. Verfassungsverträglichkeit als Kriterium der Technikgestaltung. In: Wechselwirkung Nr. 44, 2/1990, S. 42

lem unter Marketinggesichtspunkten Kundendaten sammeln könnte[12], könnten die Kreditinstitute sozusagen laufend die Bonität ihrer Kundinnen und Kunden mithilfe aller im elektronischen Zahlungsverkehr anfallenden Daten überprüfen. Das primäre Interesse der Kreditkartengesellschaften ist wieder anders gelagert; sie versuchen durch die Erstellung von Konsum- und Bewegungsprofilen Kartenmißbräuchen auf die Spur zu kommen.[13] Hierzu führt Friedrich Weil aus:

> "Auch werden regelrechte Bewegungsprofile über Reiseländer und -gewohnheiten der Karteninhaber erstellt, um beim Kartenmißbrauch schnell zugreifen zu können. Hat die Kartenorganisation aufgrund der Kartenverwendung Anlaß zur Annahme, daß der Karteninhaber sich im Land X befindet, plötzlich aber die Karte im Land Y präsentiert wird, ohne daß ein Flugscheinkauf registriert wurde, dann wird sie sofort alamiert reagieren."[14]

Die Netzbetreiber/Mehrwertdienstanbieter könnten durch den Verkauf von Daten aus ihren umfangreichen Datenspeichern ein zusätzliches Geschäft schlagen. Schließlich ist noch die DBP Telekom mit ihrem X.25 Dienst beteiligt. Da auch hier Daten zwischengespeichert werden, muß zumindest nach dem Verbleib zwischengespeicherter Datex-P-Datenpakete gefragt werden.

Die ***Zweckbindung der Daten*** ist durch technische Abschottung und klare organisatorische und technische Regelungen sicherzustellen. Der beste Datenschutz ist jedoch die ***Minimierung der Erfassung personenbezogener Daten***. Gesetzliche Regelungen, wie es sie z.B. in den USA gibt, sind dringend erforderlich.

(8) Systemrückmeldungen am POS-Terminal

Datenschutzrechtliche Bedenken sind auch bei den Rückmeldungen der Autorisierungsstelle angebracht. Erscheinen an der POS-Kasse differenzierte Negativmeldungen über die Nicht-Akzeptanz einer Geldkarte, berührt dies die Privatsphäre des Kunden bzw. der Kundin und wirkt diskriminierend (*Verletzung der Privatsphäre*). Warum eine Karte abgelehnt wird, muß das Kassenpersonal nicht wissen, sondern nur ob es zu einer Verbuchung kommt oder nicht.[15] In §23 des BDSG wird eine Speicherung personenbezogener Daten "im Rahmen der Zweckbe-

---

12 Hierzu aus einer Veröffentlichung von Forschungsergebnissen der Universität Münster: "Sind erst einmal mit Hilfe eines computergestützten Warenwirtschaftssystems (CWWS) die Warenkörbe der Kunden gespeichert, kann die Kundenkarte eine Zuordnung der Wartenkörbe zu ganz bestimmten Kunden gewährleisten. Dadurch ist es möglich, vollständige Kundenprofile aufzubauen und so den Verbraucher direkt am Standort besser kennenzulernen. ... Die Daten aus den Warenkörben, die über den Hintergrund-PC mit den Daten der Kunden verbunden werden, werden so ausgewertet, daß genau erkannt werden kann, wer was wann in welchem Verbund und wo gekauft hat. Sind die technischen Voraussetzungen für eine solch umfangreiche Datenauswertung erst einmal geschaffen, sind der Phantasie der Auswertungen ganz nach dem Bedarf des jeweiligen Handelsmanagers keine Grenzen mehr gesetzt." (Mohme, J.: Kundenkarten: Möglichkeiten im Rahmen des strategischen Handelscontrolling. In: A la Card, Ausgabe 21/1990, S. 8 u. 14)

13 Hier wird der Zielkonflikt zwischen Sicherheit und informationeller Selbstbestimmung besonders deutlich.

14 Weil, F.: Kreditkarten: Nicht nur Zahlungsmittel. In: Betriebswirtschaftsmagazin 5/1986, S. 36

15 Vgl.: Berlin, Bremen, Hamburg und Nordrhein-Westfalen: Erste Empfehlungen zum Datenschutz bei der Automatisierung des Zahlungsverkehrs. In: Datenschutz und Datensicherung 2/1988, S. 75f

stimmung eines Vertragsverhältnisses" erlaubt.[16] Hierunter kann aber nicht mehr die Speicherung von Autorisierungsantworten beim Handel fallen, da diese für die vertragsgemäße Abwicklung der POS-Transaktion nicht erforderlich sind.

Das Problem der Systemrückmeldung bezieht sich konkret auf das Datenfeld 039 der Autorisierungsantwort nach ISO-8583. Für die Kundenbedieneinheit werden in der electronic-cash-Vereinbarung von 1990 genaue Vorgaben gemacht, wann welcher Text erscheinen muß.[17] Für das Händlerdisplay soll es zwar eine Detailinformation als Ergänzung zur electronic-cash Vereinbarung geben, die vorschreibt, daß an der Kasse dieselben Texte erscheinen müssen wie auf dem Display der Kundenbedieneinheit. Da dem Händler aber zumindest auf dem Journalstreifen seiner Kasse - z.T. auch auf dem Kassendisplay - der genaue Antwortcode des Datenfeldes 039 angezeigt wird, wird der Händler bei Kenntnis der nicht geheimen electronic-cash Vereinbarung in die Lage versetzt, zu erkennen, wenn ein Kunde seinen Verfügungsrahmen überzieht. Bei Autorisierung am Konto erfährt der Händler somit, daß das Bankkonto seines Kunden/seiner Kundin durch den jetzt abgelehnten Umsatz überzogen würde. Dies widerspricht nicht nur dem Erforderlichkeitsprinzip des Datenschutzes sondern auch dem Bankgeheimnis.

Technisch ist es jedenfalls kein Problem, die Anzeige für das Kundendisplay spätestens beim Netzbetreiber, besser noch im Autorisierungssystem, zu generieren und verschlüsselt an die Kundenbedieneinheit zu senden. So könnten auch differenziertere Meldungen nicht in fremde Hände geraten. Am Händlerterminal reicht die Meldung, ob die Autorisierung positiv oder negativ verlaufen ist.

Bleibt das Problem, wie die Kundin/ der Kunde mit der Negativmeldung umgeht. Nicht jede(r) wird cool "Systemfehler" sagen, auch wenn das überzogene Konto Ursache der Negativmeldung war. ***Undifferenzierte Meldungen*** (ja/nein wie sie ***für die Kasse*** wünschenswert sind), ließen alles offen, führten aber auch zu Unsicherheiten bei den Konsumenten, denn diese wollen schon wissen, warum ihre Zahlung nicht per Karte erfolgen kann.

(9) Durchsetzbarkeit von Datenschutzrechten

Im Volkszählungsurteil hat das Bundesverfassungsgericht aus den Grundrechten der Artikel 1 und 2 des Grundgesetzes das informationelle Selbstbestimmungsrecht abgeleitet. Hiernach hat jeder Bürger das Recht, "selbst über die Preisgabe und Verwendung seiner Daten zu bestimmen", zumindest soweit wie keine Einschränkungen durch andere Rechtsvorschriften bestehen.[18]

---

16 Vgl.: Schaffland, H.-J., Wiltfang, N.: Bundesdatenschutzgesetz (BDSG) - Ergänzbarer Kommentar nebst einschlägigen Rechtsvorschriften, Berlin 1977; lfd. Nr. 5000 §23, S. 1f

17 BDVR, BdB, DSGV, DBP Postbank: Vereinbarung über ein institutsübergreifendes System zur bargeldlosen Zahlung an automatisierten Kassen (electronic-cash-System). Köln, Bonn 1990, Anlage 4 zur Anlage 4, S. 20

18 BVerfGE 65, 1ff, vom 15.12.1983

Der Verbraucher/die Verbraucherin als Träger/in des Rechtes auf informationelle Selbstbestimmung kann dieses Recht sinnvoll nur dann ausüben, wenn er/sie nachvollziehen kann, welche Stelle welche Daten über ihn/sie speichert. Nach den Worten des Bundesverfassungsgerichtes gilt es zu verhindern, daß die "Bürger nicht mehr wissen können, wer was wann bei welcher Gelegenheit über sie weiß".[19] Dementsprechend ist das im Bundesdatenschutzgesetz verankerte Auskunftsrecht gegenüber speichernden Stellen ein Schlüssel für die Wahrnehmung eines Grundrechts.

In einem offenen EFTPOS-Netz, wie es das electronic-cash-System der deutschen Kreditwirtschaft darstellt, ist es für die Verbraucherinnen und Verbraucher aber nahezu unmöglich, das komplexe Netzgeflecht mit seinen verschiedenen zwischenspeichernden und weiterverarbeitenden Stellen zu durchschauen. Hieraus resultiert das konkrete Problem, daß ein Konsument, der von seinem Auskunftsrecht Gebrauch machen möchte, nicht weiß, wer alles "speichernde Stelle" und damit Adressat einer Anfrage ist (*Rechtsunsicherheit*). Es ist deshalb vor allem zu fordern, daß bspw. die Kreditinstiute ihre am electronic-cash-System teilnehmenden Kunden und Kundinnen darüber unterrichten, wer welche Daten über sie speichert oder speichern könnte. Nur wenn die Konsumenten die ***Datenflüsse überblicken***, sind sie in der Lage, ihr Grundrecht auf informationelle Selbstbestimmung auch auszuüben. Es kann nicht sein, daß Menschen allein aufgrund der komplexen Struktur technischer Netze daran gehindert werden, eines ihrer Grundrechte auszuüben.[20]

Damit verbunden ist das Problem, wie bspw. Netzwerkbetreiber sowie Autorisierungs- und Clearingstellen in die datenschutzrechtliche Terminologie einzuordnen sind. Hier geht es nicht nur um die klare Identifizierung aller "speichernden Stellen", sondern auch darum, festzulegen, wer "Auftraggeber" und wer "Auftragnehmer" ist und wann genau eine "Auftragsdatenverarbeitung" vorliegt.[21]

5. Forderungen und Optionen

Daß die zunehmende Verbreitung moderner Technologien auch mit negativen Folgen verbunden ist, wird zunehmend erkannt. Technikfolgenabschätzung und sozialverträgliche

---

19 ebenda

20 Besonders gravierend sind hier grenzüberschreitende Datentransfers. Inhaber/-innen einer Visa-Karte, bspw. im Cobranding mit der Berliner Bank herausgegeben, ahnen vermutlich nicht einmal, daß ein Einkauf in Berlin über Frankfurt nach London und von dort aus an die Berliner Bank zur Autorisierung geleitet wird. Für die in London zwischengespeicherten Daten gilt jedoch das bundesdeutsche Datenschutzrecht nicht mehr.

21 Heibey, H.-W.: Datenschutz bei POS. In: Schaaf, J. (Hrsg.): Die Würde des Menschen ist unverNETZbar. Bonn 1990, S. 103 - 114

Technikgestaltung haben als Schlagwörter Hochkonjunktur in Politik und Wissenschaft. In der Praxis der Systementwicklung merkt man davon noch nicht viel. Die Betreiber von EFTPOS-Systemen stellen für die Verbraucher und Verbraucherinnen vor allem die Bequemlichkeit der neuen Zahlungsart in den Vordergrund. Daß es - wie gezeigt - aber auch hier Schattenseiten gibt, bleibt unbeachtet, was vor allem an der Struktur der Entwicklungsprozesse liegt. Zwar gibt es Verbraucherorganisationen und Datenschutzbeauftragte, die sich grundsätzlich um Fragen des Verbraucher- und Datenschutzes kümmern sollen. Sie haben jedoch im Planungsstadium keine Auskunftsrechte gegenüber denjenigen, die neue technische Systeme planen. Und sie haben keine Interventionsrechte bei der Einführung.

Das Bundesdatenschutzgesetz sieht für den nicht-öffentlichen Bereich nur eine anlaßbedingte Kontrolle durch die Landesaufsichtsbehörden vor. Die wenigen Rechte haben ausschließlich reaktiven Charakter. Wenn sich aber Kreditwirtschaft und Handel nach Jahren erst einmal auf ein System geeinigt haben, sind nachträgliche Modifikationen im Interesse des Daten- und Verbraucherschutzes kaum durchsetzbar. Daher ist zu fordern, daß der Gesetzgeber Voraussetzungen dafür schafft, daß diese Aspekte in die Systementwicklungsprozesse eingebracht werden können.[22] Dafür kommen drei Ansätze in Frage:

(a) Schließen von Lücken in den vorhandenen Gesetzen,
(b) Einführung eines speziellen Kartengesetzes wie es in den USA und in Dänemark existiert,
(c) Zulassungsregelung für Mehrwertdienste.

Der erste Weg scheint zu kompliziert, wogegen die Zusammenfassung aller relevanten Aspekte in einem besonderen Gesetzeswerk handhabbarer zu sein verspricht. Allerdings treten Probleme des Daten- und Verbraucherschutzes, wie sie hier skizziert wurden, nicht nur bei kartengesteuerten Zahlungssystemen auf, sondern in prinzipiell ähnlicher Weise auch bei Buchungs- und Reservierungssystemen, beim Informationsabruf aus Datenbanken u.a.m. In all diesen Fällen geht es um Telekommunikation. In der ordnungspolitischen Debatte spricht man von Mehrwertdiensten (Value Added Services). Nach dem 1989 verabschiedeten Poststrukturgesetz handelt es sich um sog. freie Dienstleistungen, die ohne Zulassung eingeführt und betrieben werden dürfen. Nach einer Richtlinie der EG gilt dies in Zukunft EG-weit.

Es erscheint jedoch nicht vertretbar, daß bei der Telekommunikation im Gegensatz zu fast allen anderen Technikbereichen auf Regelungen zum Schutz der Betroffenen und auf entsprechende Zulassungs- und Kontrollverfahren verzichtet wird. Denn der Markt kann, wie gezeigt, den Daten- und Verbraucherschutz nicht allein sicherstellen. Erforderlich erscheint vielmehr eine gesetzliche Zulassung für diese sog. Mehrwertdienste, bei der Aspekte des Daten-, Verbraucher-, Wettbewerbs- und Arbeitnehmerschutzes zu berücksichtigen sind. Das Gesetz selbst sollte nur allgemeine inhaltliche Grundsätze vorgeben und einen organisatorischen Rahmen

---

22 Roßnagel, A. u.a.: Digitalisierung der Grundrechte? Zur Verfassungsverträglichkeit der Informations- und Kommunikationstechnik. Opladen 1990

festlegen, innerhalb dessen eine Konkretisierung im Einzelfall erfolgt. Die Gesellschaft für Rechts- und Verwaltungsinformatik hat dafür den Begriff "Telekommunikationsverkehrsgesetz" geprägt und auf die Analogie zwischen Straßenverkehr und Telekommunikationsverkehr angespielt.[23] Bei der Ausgestaltung erscheint es wichtig, daß die heute für Teilaspekte zuständigen Stellen in koordinierter Weise an der Zulassung beteiligt werden. Sinnvoll erscheint es auch, Analogien zu der kürzlich eingeführten Umweltverträglichkeitsprüfung auszuloten. So könnten in einem ersten Schritt unabhängige interdisziplinäre Forschungsinstitute in Verbindung mit Betroffenenvertretungen Sozialverträglichkeitsexpertisen erstellen.[24]

Diese Arbeit sollte jedoch nicht nur auf die von Betreibern vorgelegten Konzepte beschränkt werden. Ebenso wichtig ist es, das Spektrum der Alternativen zu erweitern, um so die Chancen für sozialverträgliche Lösungen z verbessern. Im Hinblick auf EFTPOS-Systeme könnte man sich bei der Gestaltung sozialverträglicher Lösungen an folgenden Vorüberlegungen orientieren[25]: Eine Reduzierung der im Terminal anfallenden und über Netze übertragbaren Daten kann durch den Gebrauch von Chipkarten ermöglicht werden. Die Prüfung der (individuellen, d.h. veränderbaren) PIN sowie die Autorisierung kann allein durch Chip und Terminal erfolgen. Dies allein ändert an der bisherigen Systemauslegung jedoch noch nichts. Erst wenn die Chipkarte als vorausbezahlter Geldspeicher eingesetzt wird - also ein grundsätzlich anderes EFT-POS-Konzept (zusätzlich) realisiert würde, das sich nicht am Scheck, sondern an dem für die Mehrzahl der Käufe typischen Bargeld orientiert - entfielen sämtliche personenbezogenen Daten, da weder Autorisierung noch ein girokontobezogenes Clearing notwendig sind.

Da diese Karten vorausbezahlt werden müßten, wäre zugleich die Gefahr einer ungewollten Verschuldung umgangen. Der Handel erhielte durch Übertragung des elektronischen Geldes in sein Terminal einen Anspruch gegenüber dem Kreditinstitut, das die Chipkarte aufgeladen hat. Diese muß nur noch auf das ausstellende Kreditinstitut, nicht aber auf die kaufende Person bezogen sein. Unter Angabe der Kartennummer könnte die Forderung ohne Kontodaten dem jeweiligen Kreditinstitut zugeordnet werden, so daß der Geldfluß zwar kontrolliert werden kann, nicht jedoch, wer wo eingekauft hat. Dies allerdings nur unter der Voraussetzung, daß die Bank die Karten anonym verkauft, bzw. auflädt, ohne die Kartennummer einer Girokontonummer zuzuordnen. Der interne Speicher könnte auch alle Zahlungsvorgänge zu Kontrollzwecken festhalten, wobei der Zugriff auf diese Daten allein dem Karteninhaber bzw. der Karteninhaberin vorbehalten sein muß.

Eingewandt wird gegen dieses System, daß ein Anreiz zur elektronischen Geldfälschung entstehen könnte und daß die Verbraucher/-innen nicht bereit wären, Geldbeträge vorzu-

---

23 Brinckmann, H., u.a.: Stellungnahme der Gesellschaft für Rechts- und Verwltungsinformatik e.V. (GRVI) zum Entwurf eines Gesetzes zur Neustrukturierung des Post- und Fernmeldewesens und der Deutschen Bundespost. Kassel 1988

24 Kubicek, H.: Neue Risiken - Neue Regulierungsaufgaben. Vortrag beim 3. Bremer Universitätsgespräch mit dem Thema Auf dem Wege zur Informationsgesellschaft - Nutzen und Risiken neuer Kommunikationstechniken am 9. November 1990 in Bremen (Im Druck).

25 Vgl.: Franck, R., Kubicek, H.: Die Automatisierung des Zahlungsverkehrs unter besonderer Berücksichtigung des POS-Banking. In: Schaaf, J. (Hrsg): Die Würde des Menschen ist unverNETZbar. Bonn 1990, S. 118 - 125

strecken. Dem ist zu entgegnen, daß Mikrochips sicherlich nicht leichter zu fälschen sind als Banknoten. Und unverzinste Giralgelder werden sowieso quasi vorgestreckt.[26] Lediglich bei der Ausschöpfung von Kontokorrentkrediten fallen Zinsen früher an (im Vergleich zur Debit- und Kreditkarte, nicht beim Vergleich mit Bargeld). Dann muß im Einzelfall der Wert der Anonymität gegen die Zinsbelastung abgewogen werden. Zu fordern ist aber zumindest das Angebot einer anonymen Geldkarte neben anderen Zahlungskarten, damit die Verbraucherinnen und Verbraucher überhaupt wählen können.

Einer Reihe der oben formulierten Anforderungen könnte mit einer anonymen Wertkarte genüge getan werden. Daß es sich dabei um eine elektronische Geldbörse mit echtem electronic cash handeln wird, ist eher unwahrscheinlich. Wahrscheinlicher ist ist die Schaffung einer vorausbezahlten Chipkarte, ähnlich der Telefonkarte, die für eine oder mehrere Dienstleistungen sozusagenelektronische Gutscheine enthält. Ein Anwendungsgebiet könnte im kommunalen Gebiet liegen, wo insbesondere im öffentlichen Personennahverkehr Kleingeldautomaten bargeldlos arbeiten könnten. Auch an den Kassen von Musee, Bibliotheken oder Schwimmbädern könnten solche prepaid cards akzeptiert werden. Da eine solche Karte aber nicht mit der Interessenlage der Machthabenden im EFTPOS-Entwicklungsprozeß vereinbar zu sein scheint, wird eine solche Systemvariante auch nicht gefördert.

Zumindest hinsichtlich einiger Aspekte geht das sog. PartCard-Projekt einer Hamburgischen Elektronikfirma in die Richtung unserer Forderungen. Mit ihrem auf einer kontaktlosen Chipkarte basierenden offline-EFTPOS-System will das Unternehmen versuchen über die fünf neuen Bundesländer den Markt des kartengesteuerten Zahlungsverkehrs zu erobern. In dem System kann der Kunde wählen zwischen Vorausbezahlen und Abbuchen, der Händler hat die Wahlfreiheit zwischen Autorisierung am internen Limit und Verzicht hierauf bei bekannten Kunden. Der Verbraucher bzw. die Verbraucherin identifiziert sich per Unterschrift und durch ein in die Karte einlaminiertes Photo. Eine PIN-Eingabe ist nur bei Limit-Autorisierungen - für die das jeweilige Kreditinstitut garantieren soll - erforderlich.

Die in den Terminals vorzuhaltenden Sperren sollen über den Cityruf-Dienst der DBP-Telekom aktualisiert werden. Das Clearing erfolgt über die traditionellen Bankwege im Lastschrifteinzugsverfahren. Zu Marketingzwecken soll die Speicherung von personenbezogenen Einkaufsdaten möglich sein, wenn der Kunde/die Kundin bei dem speziellen Händler hiermit einverstanden ist. An der zur Durchführung des Projektes gegründeten "PartCart Chipkarten Beteiligungs GmbH" sollen sich neben Banken und Händlern auch Organisationen der Verbraucher beteiligen können. Das Unternehmen finanziert sich durch eine Umsatzprovision in Höhe von 1% auf alle PartCard-Transaktionen sowie durch die Herausgabe der kontaktlosen Chipkarten für 30,- DM.

26 Kubicek, H.: Soziale Beherrschbarkeit technisch offener Netze - Dargestellt an Beispielen aus dem privatwirtschaftlichen und öffentlichen Bereich. In: Valk, R. (Hrsg.): GI - 18. Jahrestagung; Vernetzte und komplexe Informatik-Systeme. Berlin, Heidelberg 1988, S. 129

Dieses Projekt ist zumindest ein Ansatzpunkt, um die Diskussion über weitere Varianten von EFTPOS-Systemen aufzugreifen. Hier liegt zum einen ein Forschungsfeld für Informatiker und Informatikerinnen mit gesellschatlicher Verantwortung. Hinzukommen muß jedoch eine breitere politische Artikulation von Verbraucherorganisationen, Datenschützern, Rechts- und Sozialwissenschaftlern sowie Bürgerrechtsgruppen, damit nicht nur Kreditwirtschaft und Handel heute festlegen, wie wir und unsere Kinder in Zukunft zu bezahlen haben.

Informationstechnische Vernetzung und Kriegsunfähigkeit in hochentwickelten Industriegesellschaften

Ralf Klischewski, Arno Rolf
Fachbereich Informatik, Universität Hamburg
Rothenbaumchaussee 67-69, 2000 Hamburg 13

Die Durchdringung unserer Industriellen Zivilisation mit Informations- und Kommunikationstechniken (IuK-Techniken) wird täglich vorangetrieben, es werden Systeme entwickelt und implementiert, die die Kommunikations- und Austauschprozesse zwischen Personen und zwischen Institutionen (Fabriken, Banken, Behörden, Haushalte usw.) organisieren, automatisieren und rationalisieren. Diese Tatsache und die dadurch entstehenden Abhängigkeiten werden uns häufig erst dann bewußt, wenn unser Alltag durch "Systemstörungen" beeinträchtigt wird.

Solche Störungen können schon bei relativ kleinen Anlässen empfindliche Folgen haben: Am 16. November 1984 z.B. unterbrach ein Kabelbrand für 3-10 Tage 89.000 Fernsprechteilnehmerverbindungen in einem Stadtteil Tokyos und 3.000 Verbindungen für Datenfernübertragung. Obwohl sich der Schaden übers Wochenende erstreckte, hat er im Geschäftsbereich (insbesondere bei Banken und Mehrwertdiensten) den Arbeitsalltag außer Kraft gesetzt und zu Verlusten in Milliardenhöhe geführt. Zwar konnte das im Stadtteil befürchtete Chaos durch umfangreiche Maßnahmen vermieden werden, aber die Auswirkungen waren im Privat- und Geschäftsleben des ganzen Landes zu spüren (TAKANASHI u.a. 1988).

Der Ausfall von Computersystemen entwickelt sich zunehmend zum "schlimmstmöglichen Schadensfall" und wird damit zum Geschäft für Back-Up-Zentren, indem sie ein Ausweichrechenzentrum für ihre 'verunsicherten' Kunden bereithalten. Die Ursachen von Computerzusammenbrüchen müssen dabei gar nicht spektakulärer Art sein (Feuer, Elektrizitätsausfall o.ä.) - es reicht z.B. schon ein nicht wieder zu beschaffendes Ersatzteil für die Klimaanlage, um dem Computer- und damit auch den Geschäftsbetrieb bis auf weiteres lahmzulegen.

Die Folgen von Computerausfällen sind dagegen weitreichend. Neuere amerikanische Risikoanalysen gehen davon aus, daß ein Ausfall von 20% der Behördencomputer zu einem "langandauernden Wirtschaftschaos" führen würde, bei 40%igem Ausfall von mehr als drei Wochen wären die Folgen sogar mit denen eines "massiven Nuklearangriffs" vergleichbar (KARGERSHEIMER 1989). Wären die Computern der 500 wichtigsten Behörden und Industrieunternehmen gleichzeitig geschädigt, würde die USA "über Nacht zum Entwicklungsland degenerieren" (ebd.).

Durch die Verwundbarkeit von computerbasierten Informations- und Kommunikationssystemen und die steigende Abhängigkeit der 'Informationsgesellschaft' von diesen Techniksystemen scheinen somit ganz neue Gefahrenpotentiale für unsere Industrielle Zivilisation entstanden zu sein - eine Verletzlichkeit, die schon in Friedenszeiten eine enorme gesellschaftliche Bedrohung darstellt (vgl. ROßNAGEL u.a. 1989). Die Führbarkeit eines konventionellen Krieges - so wie es die gegenwärtige Abschreckung als Teil der sogenannten Sicherheitspolitik beinhaltet - muß vor diesem Hintergrund deshalb grundlegend anders eingeschätzt werden als z.B. zu Zeiten des 2. Weltkrieges.

Zwar haben Entwicklungen in Mikroelektronik und IuK-Techniken wesentlich zu einer 'Perfektionierung' (Optimierung, Rationalisierung) gerade der konventionellen Kriegführung beigetragen. Gleichzeitig aber - das ist die These dieses Beitrags - hat die Verbreitung und Anwendung dieser Techniken die Führbarkeit konventioneller Kriege in hochentwickelten Industriegesellschaften praktisch ausgeschlossen. Zumindest, wenn man unter Kriegführungsfähigkeit die "Fähigkeit eines Volkes versteht, einen Krieg mit militärischen Mitteln zu bestehen *und* - auch im Falle einer militärischen Niederlage - als Staat und Gesellschaft zu überleben" (SCHMÄHLING 1989).

Der Golfkrieg 1991 hat gezeigt, wie schnell eine Zivilisation durch gezielte Angriffe und Flächenbombardements in einen desolaten Zustand versetzt werden kann. Doch trotz aller Zerstörung, das wirtschaftliche und gesellschaftliche Leben in Ländern wie Irak oder Kuwait ist längst nicht so abhängig von IuK-Techniksystemen wie in westlichen Industriegesellschaften. Würde z.B. die BRD durch vergleichbare konventionelle Angriffe erschüttert werden (die ja wesentlich die Zerstörung der elektronischen Kommunikation zum Ziel hatten!), das Überleben der Menschen und der Industriellen Zivilisation insgesamt wäre in vielfach größerem Maß bedroht.

Weil die Fragen nach dem gesellschaftlichen Überleben bis heute außer acht gelassen werden, sieht Flottenadmiral E.Schmähling auch die konventionelle Abschreckung als nicht mehr glaubwürdig an und fordert ein sicherheitspolitisches Umdenken in Richtung auf Vertrauen und Zusammenarbeit: "Wenn Krieg gleichbedeutend mit Vernichtung der Existenz wird, ist Krieg keine Möglichkeit mehr zur Verteidigung der Freiheit." (ebd.)

In diesem Aufsatz wird argumentiert, daß wegen der zunehmenden Nutzung und Abhängigkeit von IuK-Techniken ein Kriegsfall die von Schmähling angesprochene Existenzvernichtung unserer Industriellen Zivilisation zur Folge hätte. Nach einer kurzen Übersicht über die derzeit verfolgten informationstechnischen Projekte in Unternehmen werden wir Entwicklung und Auswirkungen des deutlich erkennbaren Trends zur zwischenbetrieblichen Vernetzung darstellen und auf die daraus entspringenden Abhängigkeiten unserer Industriellen Zivilisation hinweisen. Vor diesem Hintergrund gehen wir auf die hohe Anfälligkeit der IuK-Techniksysteme ein und begründen abschließend, warum damit - insbesondere im Kriegsfall - eine neue Qualität gesellschaftlicher Verletzlichkeit verbunden ist.

"Die Vernetzung vorantreiben!" - Orientierungen der Nutzung von IuK-Techniken

Die Entwicklung, Verbreitung und Anwendung von IuK-Techniken ist ein sozialer Prozeß. Der in der Praxis beobachtbare Einsatz dieser Techniken ist deshalb entsprechend diversifiziert und keineswegs gradlinig in seiner Entstehungsgeschichte. Im wesentlichen sind es drei Projekte oder Leitbilder, an denen sich Technikhersteller, Wissenschaft und Anwender in der Entwicklung und Anwendung von IuK-Techniken heute orientieren und die die Nutzung dieser Techniken entscheidend prägen:

1. Projekt: Der Aufbau von betrieblichen Informationssystemen

Um Steuerung und Kontrolle stärker zu zentralisieren, um Produktivität und Rationalisierung durch Automatisierung zu steigern und um die Konkurrenzfähigkeit durch Leistungsausweitung zu verbessern, werden betriebliche Informationssysteme (realisiert auf Datenbanken und Dialogverarbeitung) aufgebaut. Dafür werden betriebliche Teilrealitäten definiert (z.B. Personalwirtschaft, Auftragsabwicklung, Materialfluß) und in informationstechnischen Systemen repräsentiert (Beispiele für diese 'systemische Repräsentation' sind Personalinformationssysteme, Produktionsplanungssysteme usw.). Das Leitbild besteht darin, die Organisation der betrieblichen Abläufe und die betriebliche Hierarchie in Informationsystemen abzubilden, wobei nicht nur einzelne Teile, sondern der ganze Betrieb ins Blickfeld gerät. Gleichzeitig kann die Gesamtheit der internen Abläufe abteilungsübergreifend und systemgerecht neu gestaltet werden (systemische Rationalisierung). Die Ziele sind verbesserte Marktflexibilität, Rationalisierung und (Teil-)Automatisierung der innerbetrieblichen Wertschöpfungs- und Logistikketten und ihre betriebswirtschaftlich optimale Steuerung.

2. Projekt: Zugriff auf die Formalisierungslücke

Die Formalisierung von Aufgaben und ihre Integration in Informationssysteme hat von sich aus keine Beschränkung. Vielmehr findet die damit verbundene Umwandlung betrieblicher Realität ihre Grenzen in betriebswirtschaftlichen Kalkülen; die Grenze ist dort, wo Verluste (z.B. von Flexibilität, Kundenfreundlichkeit) insbesondere unter marktökonomischen Aspekten das Unternehmensergebnis beeinträchtigen. Gerade bei sogenannten 'kreativen' Tätigkeiten oder bei auf persönlichem Kontakt beruhenden Vorgängen wird deshalb keine Automatisierung oder Systemsteuerung angestrebt, stattdessen aber eine Computerunterstützung in Form von Bürokommunikationssystemen, Expertensystemen, Koordinationstechnologien u.a. angeboten. Während Datenbanken und Dialogsysteme in der Regel auf zentralisierten Systemen laufen, kommen in diesem Projekt hauptsächlich (vernetzte) PC und Workstations mit entsprechender Software zum Einsatz. Sie sollen der Benutzerin oder dem Benutzer als "Bürowerkzeug" zur Verfügung stehen, wobei fast immer auch ein Anschluß an zentrale Systeme besteht, um auch deren Leistungsangebote dezentral bereitzustellen bzw. um die Systemintegration auch bei wenig formalisierbaren Tätigkeiten voranzutreiben. Durch die Dezentralisierung soll einerseits die eigenständige Produktivität von einzelnen oder kleinen Gruppen gesteigert werden, andererseits wird durch die übergreifende Vernetzung und zentrale Anbindung die gesamtbetriebliche Integration der insgesamt ablaufenden (Kommunikations-)Vorgänge angestrebt.

3. Projekt: Durch Telekommunikation und zwischenbetriebliche Computervernetzung zum "Global-Marketplace"

Sobald die beiden ersten Projekte bis zu einem gewissen Grad in einer informationstechnischen Architektur realisiert sind, gibt es für die einzelnen Unternehmen eine Reihe von Motiven, den Blick über die Betriebsgrenzen hinauszulenken und eine zwischenbetriebliche Computervernetzung und elektronische Telekommunikation anzustreben; es können dafür sprechen:

- die betriebswirtschaftlich optimale Ausnutzung national und global verschiedener Rahmenbedingungen (entsprechende räumliche Verteilung von Entwicklung Produktion, Vertrieb, Verwaltung usw.),
- die (gegenseitige) Rationalisierung von logistischen Abläufen und Kommunikationsprozessen durch informationstechnische Einbindung von Marktpartnern (z.B. Zulieferer, Kunden, Speditionen),
- die Stärkung zentraler Organisationsmacht durch übergreifende, integrierte Informations- und Steuerungssysteme,
- die Beherrschung von Marktentwicklung und Konkurrenz bzw. Marktbehauptung (in den jeweiligen Märkten wird die Beteiligung an der zwischenbetrieblichen Vernetzung zum entscheidenden Instrument der Marktbeherrschung bzw. zur Überlebensfrage).

Die Vision besteht darin, durch Telekommunikation und Computervernetzung den Marktbereich eines Unternehmens unabhängig von Raum und Zeit auf den ganzen Globus auszudehnen ("Global-Marketplace"). Dieses Vorgehen erfordert allerdings eine Reihe von technisch-organisatorischen Vorleistungen und Aktivitäten auch von anderen gesellschaftlichen Akteuren.

Wichtigste Voraussetzung für die informationstechnische Vernetzung der Gesellschaft ist die Bereitstellung einer geeigneten Infrastruktur. In der BRD leistet dies die Deutsche Bundespost mit Milliardenaufwand. Die Poststrategie besteht dabei in der Diversifizierung des Angebots an Datenübertragung und Telekommunikation bei gleichzeitiger Integration aller Diesnste auf *ein* digitales Netz (Abb. 1 und 2). Dahinter steht das Bemühen, die technisch vermittelte Kommunikation zwischen Menschen (z.B. Telefon) und die technische Datenübertragung für Geschäftszwecke (DATEX-P/-L, Breitbanddatenübertragung) zu vermischen. Die derzeit von der Post vorangetriebene Ausbaustufe ist die Einführung des ISDN (dienstintegriertes, schmalbandiges, digitales Vermittlungsnetz), das bereits alle wirtschaftlich bedeutsamen Dienste umfaßt. Vergleichbare Entwicklungen finden auch in anderen Industriestaaten statt.

Neben Vorleistungen in bezug auf die informationstechnische Infrastruktur ist auch die Bereitstellung von Technologien zu ihrer Benutzung von Bedeutung. Informationstechnikhersteller und Wissenschaft bemühen sich deshalb vor allem um die Entwicklung von effizienten Netzarchitekturen und Netzwerkmanagementsystemen, von verteilten Datenbanken/Informationssystemen und von (Büro-)Kommunikationssystemen für die überregionale Anwendung. Den potentiellen Kunden soll damit die (Teil-)Automatisierung von zwischen-

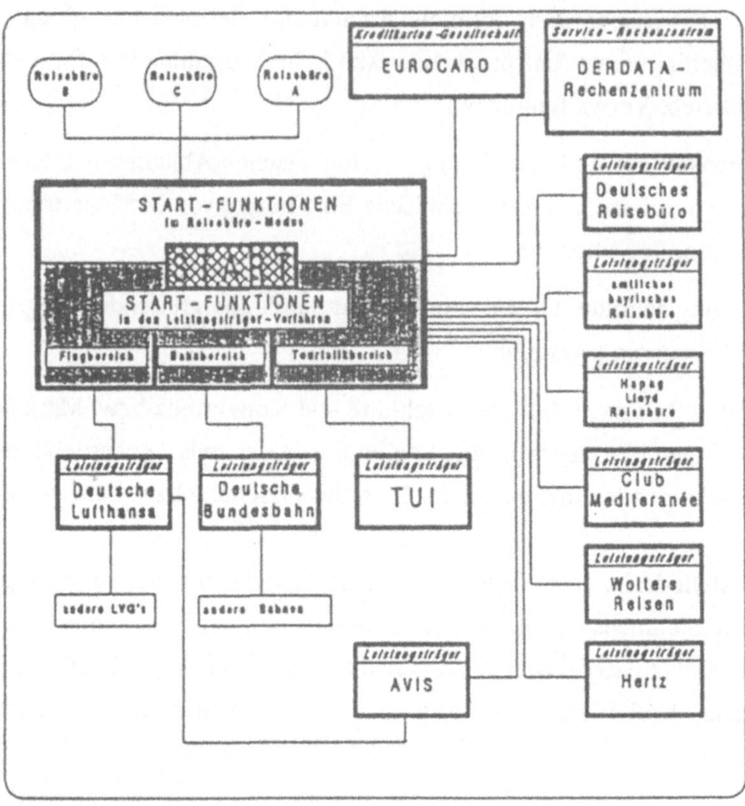

Abb. 3: Übersicht über die Vernetzung der Branche Reise und Touristik durch START

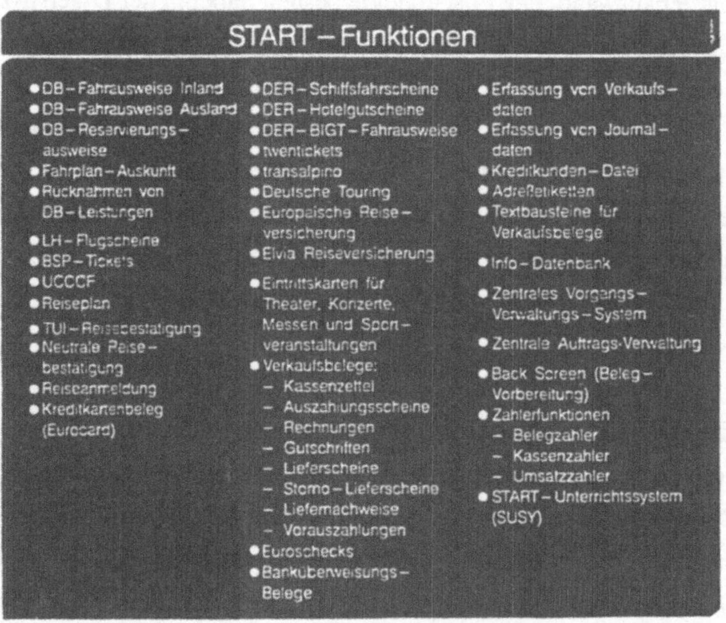

Abb. 4: START-Funktionen

betrieblichen Austauschprozessen ermöglicht werden. Außerdem werden sogenannte Mehrwertdienste entwickelt und vor allem von Privatunternehmen angeboten, die zusätzlich zur Netzvermittlung zwischen mehreren Betrieben gleichzeitig auch spezielle, meist branchenbezogene Dienstleistungen anbieten (z.B. das Bankennetz SWIFT).

Eine weitere wichtige Vorleistung für die Vernetzung der Gesellschaft ist die Schaffung von einheitlichen Standards für den elektronischen Datenverkehr. Damit waren und sind nicht nur national (z.B. DIN), sondern zunehmend auch international eine Reihe von Kommissionen beschäftigt (IEEE, ISO, CCITT), in der Technikhersteller, Technikanwender und verschiedene staatliche Institutionen um Standards verhandeln. Dabei werden meist erst nach zähem Ringen gemeinsame Regelungen getroffen - nicht nur auf der Ebene der Bits und Bytes (Definition von Schnittstellen, Übertragungsraten/Bandbreite für ISDN o.ä.), sondern auch zur Form von einzelnen Büroobjekten wie Dokumenten oder Formularen, so z.B. bei der EDIFACT-Kommission. Eine der umfassendsten und international anerkanntesten Standards ist das Kommunikationsprotokoll "Open Systems Interconnection" (OSI), bei dessen Anerkennung praktisch beliebige Unternehmen auf dem ganzen Globus in informationstechnischen Austausch treten können. Je umfassender die Anerkennung gemeinsamer Normen ist desto einfacher bzw. effektiver kann die zwischenbetriebliche Vernetzung gestaltet werden. Aus diesem von der gesamten beteiligten Wirtschaft getragenen Interesse kommt es deshalb in mehr und mehr Branchen und Märkten zur Festlegung von Kommunikationsstandards und zur Normierung von Austauschprozessen.

Zusammenfassend läßt sich feststellen: Die Ausbreitung von Telekommunikation und zwischenbetrieblicher Computervernetzung hängt zwar einerseits vom Aufbau von Informationssystemen und der Verfügbarkeit von Bürokommunikationssystemen in den einzelnen Betrieben ab. Andererseits aber ist eine solche Entwicklung wesentlich auf die Kooperation verschiedener wirtschaftlicher und gesellschaftlicher Akteure und deren organisierte Vorarbeit angewiesen.

'Systemische Marktrationalisierung' - Technikanwender schaffen neue ökonomische Strukturen in der Industriegesellschaft

"Wer nicht kommt zur JUST IN TIME ..." - heißt es heute für die Zulieferer in der Automobilindustrie: "Wer heute noch im Zuliefergeschäft (...) mithalten will, muß sich längst der Just-in-time-Produktion der Kunden anpassen und für den eigenen Betrieb entsprechend flexible Logistikkonzepte und eine Just-in-time-Fertigung verwirklichen. Die Maximen der Kfz-Hersteller sind damit auch die der Zulieferer und der gesamten Lieferantenkette geworden." (CM 8/89)

Tagtäglich trifft per Datenfernübertragung der Feinabruf der großen Kfz-Hersteller ein, der die mittelfristige Rahmenplanung aktualisiert und die Produktionsplanungssysteme der Zulieferer in Gang hält. Auf diese Weise werden Lagerbestände reduziert, Durchlaufzeiten verkürzt und Kundenwünsche flexibel befriedigt.

Diese Anforderungen haben inzwischen bei allen beteiligten Unternehmen zu einer ganzheitlichen Logistik und entsprechenden Informationsbeschaffung und -verarbeitung geführt. Die gesamte Branche ist von einem informationstechnischen Netz überzogen, dessen Knotenpunkte die Planungssysteme für die Endfertigung bilden. So lange alles reibungslos funktioniert ist die Produktion sehr effektiv. Fällt jedoch eine Zulieferung aus (z.B. durch Streik, Computerausfall, Transportprobleme), kann schon nach kurzer Zeit die gesamte Produktion stillstehen.

Die Automobilindustrie ist ein besonders ausgeprägtes Beispiel für die informationstechnische Vernetzung und darauf aufbauende Austauschbeziehungen. Der Trend zu vergleichbaren zwischenbetrieblichen Vernetzungen läßt sich allerdings in der gesamten Industrieproduktion und auch im Dienstleistungsbereich beobachten. Dieser Trend wurde von uns an anderer Stelle als 'systemische Marktrationalisierung' bezeichnet (ROLF u.a. 1990). Damit ist die Orientierung von Unternehmen auf eine über den Einzelbetrieb hinausgehende Integrations- und Systemebene gemeint. Jetzt ist der Markt die angemessene Systemperspektive für den Einzelbetrieb.

Ein weiteres Beispiel für die systemische Marktrationalisierung finden wir in der Branche Reise und Touristik. Dort haben wenige große Leistungsträger (Lufthansa, Bundesbahn, TUI und drei große Reisebüros) durch die Einführung des Reservierungssystems START den gesamten nationalen Markt neu strukturiert. Während START zu Beginn lediglich zwischen den Reservierungs- und Informationsystemen der einzelnen Reisebüros und Leistungsträger vermittelte, wurde es in den letzten Jahren zum Leistungsanbieter ausgebaut. Für Reisebüros z.B. sind alle wesentlichen, zum Verkauf notwendigen Funktionen abrufbar: Informationen über Angebote der Leistungsträger, Reservierung und Buchung, Druck von Dokumenten (Tickets, Versicherungsscheine, aber auch Verkaufsbelege), Buchhaltung und Abrechnung (on-line über Srevicerechenzentrum), Speicherung und Auswertung von Verkaufsdaten (vgl. Abb. 3 und 4).

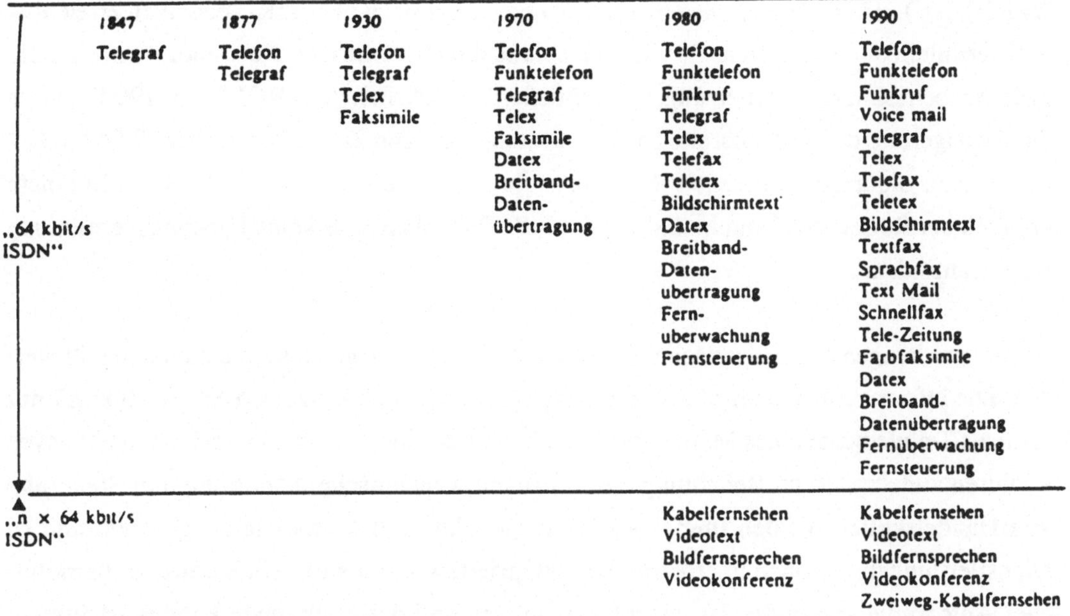

Abb. 1: Dienstintegration im ISDN

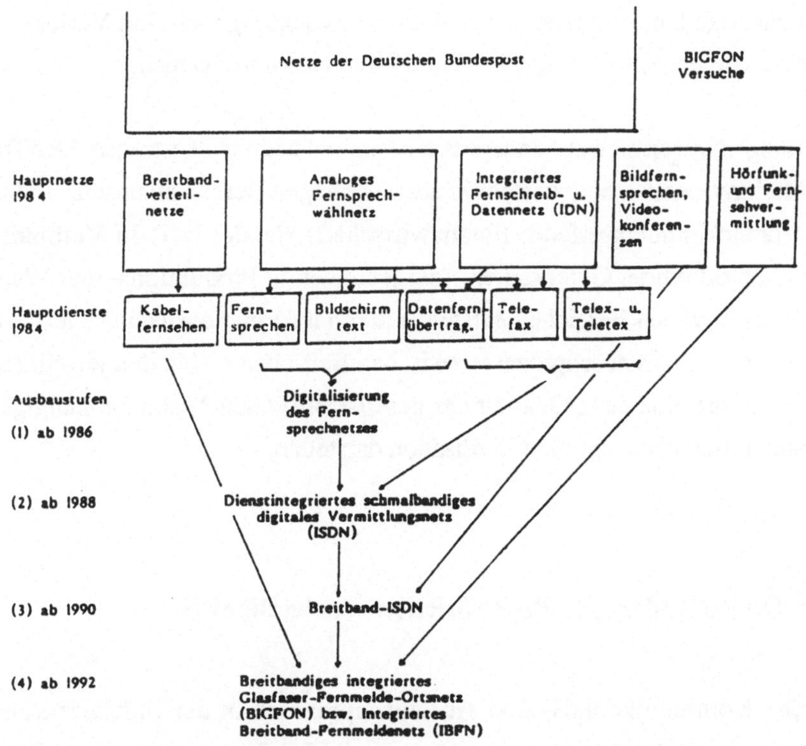

Abb. 2: Pläne der Bundespost für den Ausbau des Fernsprechnetzes (Stand 1984)

Da wichtige Leistungsträger wie etwa Reiseanbieter nur noch über IuK-Techniken erreichbar und vermittelbar sind, besteht für die Reisebüros die ökonomische Notwendigkeit, sich der zwischenbetrieblichen Vernetzung anzuschließen (ausführlich dazu ROLF u.a. 1990). Durch die Auslagerung der verkaufsrelevanten Funktionen auf den Zentralrechner der START-Betreiber sind die angeschlossenen Reisebüros ihrer Autonomie praktisch beraubt. In einem Großteil der Reisebüros kann im Falle eines IuK-Technikausfalls keine Leistungsvermittlung mehr stattfinden.

Die Auswirkungen der systemischen Marktrationalisierung können so zusammengefaßt werden: Die informationstechnische Vernetzung führt dazu, daß Einzelbetriebe in Zukunft nur noch als Teilelemente eines Marktsystems zu begreifen sind, Betriebs- und Branchengrenzen verlieren zunehmend an Bedeutung. Die iformationstechnische Abbildung und Steuerung von Handelsketten werden immer weiter ausgedehnt und oftmals bislang eigenständige Dienstleistungsfunktionen überbetrieblich integriert, womit häufig ein Verlust an betrieblicher Autonomie verbunden ist. Marktbeziehungen und darin wirkende Kräfteverhältnisse werden in übergreifenden Systemen vergegenständlicht - sowohl in den informationstechnischen Systemen als auch in den darüber ablaufenden Austauschprozessen. Für einzelne, nicht branchenmächtige Unternehmen ist mit dieser Entwicklung meist ein Verlust an Flexibilität und eine zunehmende Abhängigkeit von IuK-Techniken verbunden.

Diese Beobachtungen lassen sich auf andere Branchen und Märkte übertragen. Der Trend zur systemischen Marktrationalisierung besteht in allen wichtigen Bereichen unserer Industriegesellschaft, z.T. branchenübergreifend: Finanzwirtschaft, Handel (z.T. in Verbindung mit Banken), Industrieproduktion, Güterverkehr (eingebunden in Produktions- und Warenwirtschaftslogistik) u.a. In vielen Bereichen entstehen durch informationstechnische Vernetzungen neue Strukturen und Austauschprozesse zwischen Betrieben und in den jeweiligen Branchen bzw. Märkten, die eine neue Qualität der gesellschaftlichen Technikabhängigkeit und der Verletzlichkeit unserer Industriellen Zivilisation darstellen.

Neue Qualität der gesellschaftlichen Verletzlichkeit

Gesellschaftliche Kommunikations- und Austauschprozesse in der Industriegesellschaft werden zunehmend durch Systeme organisiert, die zentral auf informationstechnischer Vernetzung beruhen. Eine (Zer-)Störung einzelner informationstechnischer Systeme bzw. Vernetzungen - z.B. im Rahmen eines konventionellen Krieges - kann ganze Branchen und Märkte treffen und zu ihrem Zusammenbruch führen.

Auch die Militärs sehen "die in manchen militärischen Bereichen bald bestehende totale Abhängigkeit von Computerprogrammen" als schwerwiegendes, "kampfentscheidendes" Problem an (HAAK 1989). Vor allem die elektronische Kommunikation ist inzwischen zum unverzichtbaren Bestandteil fast aller Militäroperationen geworden (bei Aufklärung, Frühwarnung, Navigation, Fernlenkung, Logistik u.v.m.).

Die Beherrschbarkeit und Zuverlässigkeit komplexer Iuk-Techniksysteme ist bereits im zivilen Betrieb ein immenses Problem. Private Unternehmen und öffentliche Verwaltungen, die ihre starke Computerabhängigkeit erkennen, versuchen deshalb mit hohem Aufwand das Ausfallrisiko zu mindern. Die Verwundbarkeit dieser Systeme hat viele Dimensionen, ihre Störanfälligkeit erhöht die Verletzlichkeit der technikabhängigen Industriegesellschaften. Scheinbar geringe oder nebensächliche Ursachen können große Wirkungen nach sich ziehen - erst recht in Kriegssituationen, die sich von den 'normalen' (vorausgeplanten) Anwendungssituationen unterscheiden dürften.

Bundeswehr und NATO verlassen sich auf dem Gebiet der BRD sowohl auf das Fernmeldenetz der Bundespost als auch auf in eigener Regie betriebene Netze, die zu einem großen Teil aus angemieteten oder reservierten Erdkabeln und Richtfunkstrecken der Post bestehen. Diese Netze zeichnen sich durch hohen Vermaschungsgrad, Flexibilität in der Schaltorganisation und (zumindest bei den Bundeswehrnetzen) durch erhebliche Kapazitätsreserven aus.

"Die Kabelführung der festen Netze verläuft ausnahmslos unterirdisch und ist somit gegen Waffenwirkung gut geschützt. Gefährdet sind jedoch die oberirdischen Schalt-, Verstärker- und Vermittlungseinrichtungen." (FREUNDL 1984, 173) Deshalb sind die 46 Grundnetzschalt- und Vermittlungsstellen der Bundeswehr verbunkert, auch die Bundespost mauert ihre Dienststellen zunehmend ein (1986 wurden z.B. über 23 Mio. DM für "Maßnahmen zur Sicherung der Fernmeldedienste der Deutschen Bundespost" aufgewendet; SCHMIDT-EENBOOM/ANGERER 1989).

Beim Aufbau des ISDN-Netzes, das Bundeswehr und NATO ebenfalls nutzen wollen, wird auf militärischen Sicherheitsbedarf geachtet: Ein hoher Vermaschungsgrad und flexible Schaltorganisation - z.B. kann der Ausfall eines Netzknotens von den übrigen automatisch aufgefangen werden - also eine hohe Redundanz in Hard- und Software soll auch hier das Ausfallrisiko im Kriegsfall möglichst ausschließen. Geplant ist darüberhinaus ein Overlay-

Netz aus Glasfaserkabeln, das gegen den bei einer Atomexplosion frei werdenden elektromagnetischen Impuls gesichert ist.

Für die militärischen IuK-Techniksysteme scheint also im Kriegsfall Vorsorge getroffen zu sein. Davon profitiert auch der zivile Bereich, da die kommunikationstechnischen Übertragungsein-richtungen teilweise gemeinsam genutzt werden. Im übrigen bestehen Pläne, den Übertragungsbedarf von kriegswirtschaftlich bedeutsamen Unternehmen gegebenenfalls durch die noch stärker abgesicherten Bundeswehrnetze abzudecken. Doch der Golfkrieg hat gezeigt, daß gerade elektronische Kommunikationseinrichtungen aufgrund ihrer strategischen Bedeutung Kriegsziele ersten Ranges sind und daß gegnerische Angriffe mit aller Macht auf ihre schrittweise Zerstörung drängen.

Für die Masse der Postkunden bedeutet dies im Kriegsfall zunächst Beeinträchtigungen durch Kapazitätseinschränkungen: Zum einen wird das zivile Leistungsangebot der Post planmäßig drastisch eingeschränkt, um es militärischen Interessen zur Verfügung stellen zu können, andererseits wird mit jedem Leitungs- oder Netzknotenausfall die Gesamtübertragungsleistung reduziert. Dabei kann es zu regional sehr unterschiedlichen Folgen kommen - fällt z.B. Frankfurt als Netzknoten aus, dann ist auf einen Schlag praktisch die gesamte Finanzwirtschaft betroffen. Auch andere Branchen bzw. Unternehmen haben dort ihre Zentralen, die fehlende Verbindung zu elektronischen Kommunikationsnetzen würde überregionale und internationale Folgen haben.

Die technisch vermittelte Kommunikation (Übertragung und Vermittlung) ist aber nur eine Komponente des zivilen Betriebs von IuK-Techniksystemen; die zweite ist die Speicherung und Verarbeitung von Daten und der Betrieb von In-House-Netzen und Dialogsystemen sowie ihre Verbindung nach außen. Dies wird in den meisten Unternehmen weitgehend zentralisiert über Rechenzentren abgewickelt die inzwischen auch zum Gegenstand unternehmerischer Sicherheitspolitik geworden sind: Die entscheidenden Räumlichkeiten werden dem Stand der Technik entsprechend gegen Feuer, Wasser und mechanische Gewalt (z.B. terroristische Anschläge) ausgelegt und mit personenbezogener Zugangskontrolle ausgestattet. Allerdings berücksichtigen diese Maßnahmen zur Sicherung von Rechenzentren nicht die Möglichkeit bzw. die Gefahren eines konventionellen Krieges (vgl. ROßNAGEL u.a. 1989, 168). Dies ist auch in Zukunft nicht zu erwarten, da der Aufwand für den Zivilbetrieb schon sehr hohe betriebs- und volkswirtschaftliche Kosten verursacht.

Dies gilt auch für die immateriellen Fremdeinwirkungen auf Rechenzentren (durch Viren, 'Hacks' usw.). Zwar sind z.Z. vielfältige Bemühungen erkennbar, die Sicherheit gegenüber solchen unerwünschten Eingriffen zu erhöhen, aber die Möglichkeit einer systematischen Kriegführung z.B. durch Computerviren (vgl. HAAK 1989) wird auch hier nicht miteinbezogen.

Die Ausfallsicherung über ein Back-Up-Zentrum erweist sich im Kriegsfall ebenfalls als trügerisch: Zum einen werden die Reparaturarbeiten in Kriegssituationen erschwert, zum anderen rechnen diese Zentren mit einer sehr geringen Ausfallwahrscheinlichkeit und sind deshalb kaum darauf eingerichtet, daß mehrere Kunden gleichzeitig ihre Dienste in Anspruch nehmen. Schließlich nützt die Auslagerung natürlich dann wenig, wenn die technische Kommunikation mit den Anwendungsstandorten nicht zustande kommt oder dort die Nutzung und Bedienung von IuK-Techniksystemen nicht möglich ist (etwa aufgrund von Gebäudezerstörung).

Auf den ersten Blick scheint der Ausfall von Rechenzentren nur einzelne Betriebe oder Unternehmen mit ihren Zweigstellen zu schädigen. Doch von einem Ausfall eines Zentralrechners sind aufgrund der fortgeschrittenen zwischenbetrieblichen Vernetzung zunehmend z.B. die Zulieferbetriebe wie in der Automobilindustrie oder ganze Branchen wie Reise und Touristik betroffen. Dies gilt ebenso für klein- und mittelständische Unternehmen, die regionale Rechenzentren oder Mehrwertdienste in Anspruch nehmen.

Die Verletzlichkeit der Industriegesellschaft in bezug auf IuK-Techniksysteme liegt also nicht nur in Störungen der flächendeckenden Übertragung und Vermittlung, sondern auch im Ausfall von Rechenzentren, die als Netzknoten in einem System fungieren oder deren Leistung zentral für eine Vielzahl von überbetrieblichen Austauschprozessen ist. Eine strategische Ausschaltung von zivilen Rechenzentren ist im Falle eines konventionellen Krieges relativ einfach, aber auch ohne eine gezielte Enwirkung muß mit technischen Ausfällen gerechnet werden (durch Zufallstreffer, Stromausfall, Leitungsdefekte u.a.).

Das oft benutzte Schlagwort 'High-Tech' deutet an, daß die hochentwickelten, hochintegrierten und damit störempfindlichen IuK-Techniksysteme besondere Anforderungen an ihren alltäglichen Betrieb stellen: die Aufrechterhaltung einer konstanten Raumtemperatur, ständige Präsenz bzw. Bereitschaft eines entsprechend spezialisierten hard- und softwaretechnischen Wartungsdienstes, eine darauf abgestimmte Ersatzteillogistik (die in kürzester Zeit die zu ersetzenden Komponenten bereitstellen kann), dazu die Mitarbeit einer Reihe von Spezialisten, die tagtäglich für eine sinnvolle und korrekte Nutzung im jeweiligen Anwendungskontext sorgen.

Der Betrieb von IuK-Techniksystemen ist abhängig von der Verfügbarkeit von hochqualifizierten und erfahrenen Fachkräften und von einer reibungslosen, schnell reagierenden Ersatzteillogistik. Die Aufrechterhaltung dieser Betriebsbedingungen ist im 'Normalfall' schon problematisch: Weil die Anforderungen an den Systembetrieb eine arbeitsteilige Spezialisierung in Ausbildung und Erfahrung verlangen, kann im Schadensfall die Abhängigkeit von Einzelpersonen zum Engpaßfaktor werden. Gerade dies kann sich im Kriegsfall schnell zur Ausfallursache entwickeln, weil Einzelpersonen nicht erreichbar oder präsent sind (Kommunikation oder Personenverkehr gestört, Flucht aus Krisengebiet u.v.m.). Mit der Zahl der notwendigen, nicht austauschbaren Spezialisten wächst somit auch das Ausfallrisiko. Entsprechendes gilt für die Ersatzteillogistik, die ebenfalls auf reibungslose Kommunikation und Transport sowie auf qualifizierte Arbeit angewiesen ist.

Die "Betriebsbedingung Frieden" ist somit materielle und soziale Voraussetzung für den reibunglosen Betrieb von IuK-Techniksystemen: Nicht nur die Zerstörung der Technik selbst ist eine Gefahr, sondern auch die Störungen im (Arbeits-)Alltag von Fachkräften (neben materiellen sind auch ideelle Veränderungen in bezug auf Arbeitsmoral, Sinnhaftigkeit, Gültigkeit sozialer Abmachungen u.a. zu erwarten) und Unterbrechungen in den normal üblichen Transportbeziehungen.

Eine Verletzung der "Betriebsbedingung Frieden" muß nicht mit einem Schlag spektakuläre Folgen für den Betrieb von IuK-Techniksystemen haben. Allerdings ist dieser Betrieb aufgrund seiner engen technischen, wirtschaftlichen und sozialen Verflechtungen so anfällig gegen Störungen, daß eine Kriegssituation wahrscheinlich eine Vielzahl von lokalen Systemstörungen bewirken wird - einige sofort oder innerhalb von Stunden, viele andere innerhalb von Tagen und Wochen.

In Zukunft werden einzelne Systemausfälle nicht mehr nur lokal begrenzte Wirkungen haben, sondern durch globale zwischenbetriebliche Vernetzungen können gravierende Schäden für Branchen bzw. Märkte auftreten, die das Funktionieren der Industriegesellschaft insgesamt in Frage stellen werden. Wie schnell es in einer Kriegssituation zu Systemausfällen kommen wird, hängt von vielen Faktoren ab. Eine quantitative Folgenabschätzung müßte deshalb zunächst ein detailiertes Szenario erarbeiten.

Die Verletzlichkeit einer Industriegesellschaft bemißt sich auch daran, wie sie sich vorbeugend auf Systemstörungen einstellt. In der jetzigen Phase der Technikeuphorie werden massenhaft soziale Informations- und Kommunikationsprozesse auf Techniksysteme übertragen, es wird allerdings kaum darauf Wert gelegt, die Voraussetzungen für die vorher unabhängigen und weniger technisierten Vorgänge zu erhalten: Mit der Einführung von IuK-Technik werden die materiellen Bedingungen verändert; Aktenordner, Botendienste, Formulare u.a. verschwinden aus dem Arbeitsalltag. Schrittweise gerät Wissen und die Übung in traditionellen Verfahren verloren und entfällt schließlich auch als Teil der (Berufs-)Ausbildung.

Nur in wenigen Unternehmen und Verwaltungen gibt es Notfallübungen oder detailierte Anweisungen, wie mit Ausfallsituationen umzugehen ist. In vielen Fällen wird damit die Arbeitsgrundlage zerstört. Dies mag mancherorts noch verschmerzbar sein, an anderer Stelle kann die fehlende Vorsorge katastrophale Folgen haben: Die Wasserversorgung einer Großstadt z.B. läuft heute ebenfalls computergestützt bzw. computergesteuert - Planung, Messung, Steuerung und Kontrolle in bezug auf Wassermengen und Qualität sind abhängig von IuK-Technik. Die Bedeutung eines totalen Systemausfalls läßt sich erahnen, wenn man sich zum Vergleich vorstellt, die Bundesbahn muß mit einem Schlag ihre gesamten Weichen wieder per Hand und auf Sicht schalten... Allerdings sind durch eine ausfallende Grundversorgung Millionen von Menschen in ihrer Existenz bedroht - auch dies hat der Golfkrieg in grausamer Weise bestätigt.

Die massenhafte Einführung von IuK-Techniksystemen als Grundlage von wirtschaftlichen und sozialen Austausch- und Kommunikationsprozessen in unserer Industriegesellschaft wird zuweilen als Entwicklung hin zu einer neuen Kulturstufe gedeutet. Das bedeutet aber auch, daß die Wege für eine mögliche Rückkehr zu vorherigen gesellschaftlichen Praktiken verbaut und abgebrochen werden. Hierin liegt die neue Qualität der gesellschaftlichen Verletzlichkeit: Zu der ständig steigenden Abhängigkeit von IuK-Techniksystemen gibt es keine funktionierende Alternative mehr. Diese neue Qualität führt den Gedanken an eine konventionelle Kriegführung ad absurdum: Störende Einwirkungen auf IuK-Techniksysteme sind im Kriegsfall nicht auszuschließen, eher wahrscheinlich. Systemausfälle treffen den Lebensnerv der Industriegesellschaft und können schon nach kurzer Zeit ihren Zusammenbruch herbeiführen. Konventionelle Kriege könnten zwar noch stattfinden, sie bedeuten aber - ob Sieg oder Niederlage - in jedem Fall die Vernichtung unserer Industriellen Zivilisation.

Literatur

CM 8/89
"Wer nicht kommt zur JUST IN TIME...", Computer Magazin 8/1989, S. 26-27

Freundl 1984
Freundl, S.: Überlegungen zu einem Informations- und Führungsnetz für eine rein defensive Verteidigung, Hameln 1984, S. 167-178

Haak 1989
Haak, E.: Computerviren - ein Kampfmittel der Zukunft? Soldat und Technik 1/1989, S. 34-35

Kargersheimer 1989
Kargersheimer, E.: Wenn Mäuse an Kabeln knabbern, Computer Magazin 9/1989, S. 30-32

Rolf u.a. 1990
Rolf, A., Berger, P., Klischewski, R., Kühn, M., Maßen, A., Winter, R.: Technikleitbilder und Büroarbeit, Opladen 1990

Roßnagel u.a. 1989
Roßnagel, A., Wedde, P., Hammer, V., Pordesch, U.: Die Verletzlichkeit der 'Informationsgesellschaft', Opladen 1989

Schmähling 1989
Schmähling, E.: Abkehr vom Irrglauben der letzten 40 Jahre, Deutsche Volkszeitung/die tat, 21.7.1989, S. 3

Schmidt-Eenboom/Angerer
Schmidt-Eenboom, E., Angerer, J.: Der gute Draht zur NATO, Mediatus 5/1989, S. 3 u. 7

Takanashi u.a. 1988
Takanashi, N., Tanaka, A. Yoshii, H., Wada, Y.: The Achilles' Heel of the Information Society: Socioeconomic Impacts of the Telecommunication Cable Fire in the Setagaya Telephone Office, Tokyo, Technological Forecasting and Social Change #34, 1988, S. 27-52

Z.B. REINHOLD FRANCK

- Anmerkungen zum Thema "Wissenschaftler und Leben" -

Johannes Schnepel
FB Mathematik/Informatik
Universität Bremen

"Er haderte mit sich, bis er sich schließlich sagte, es sei eigentlich ganz normal, daß er nicht wisse, was er wolle. Man kann nie wissen, was man wollen soll, weil man nur ein Leben hat, das man weder mit früheren Leben vergleichen noch in späteren korrigieren kann.
Ist es besser, mit Teresa zu leben oder allein zu bleiben? Es ist unmöglich zu überprüfen, welche Entscheidung die richtige ist, weil es keine Vergleiche gibt. Man erlebt alles unmittelbar, zum ersten Mal und ohne Vorbereitung. Wie ein Schauspieler, der auf die Bühne kommt, ohne vorher je geprobt zu haben. Was aber kann das Leben wert sein, wenn die erste Probe für das Leben schon das Leben selber ist? Aus diesem Grunde gleicht das Leben immer einer Skizze. Auch "Skizze" ist nicht das richtige Wort, weil Skizze immer ein Entwurf zu etwas ist, die Vorbereitung eines Bildes, während die Skizze unseres Lebens eine Skizze von nichts ist, ein Entwurf ohne Bild.
Einmal ist keinmal, sagt sich Tomas. Wenn man ohnehin nur einmal leben darf, so ist es, als lebe man überhaupt nicht."
(Aus Milan Kundera, "Die unerträgliche Leichtigkeit des Seins")

"Nur wenige Menschen leben in der Gegenwart; die meisten bereiten sich vor, demnächst zu leben"
(Jonathan Swift, Text auf der Platte "Jetzt" von Maria Bill)

Montag morgen, 12.03.1990, Anruf aus der Universität. Es geht um Projektkram. Am Schluß des Gesprächs: "Hast Du gehört, Reinhold Franck ist tödlich verunglückt?"
Auf einmal sind all'die zahlreichen Projektprobleme ganz weit weg. Das Gefühl ist: haarscharf neben dir hat der Blitz eingeschlagen. Da unser Projekt aus der Universität ausgelagert ist, rufe ich Max an. Ich möchte an Aktivitäten des Fachbereichs für Reinhold beteiligt werden oder ehrlicher: ich will in meiner erschreckten Traurigkeit nicht alleine sein.

Max sagt: "Ich gehe nach Hause Blumen pflanzen." Max bekommt von mir im Geiste einen Preis für "Vorschläge auf der Seite des Lebens". Nein, ich will jetzt nicht einfach weiter funktionieren und mich krampfhaft an der Schreibtischkante festhalten als wäre nichts passiert. So nehme ich eine Auszeit vom sozialverträglichen Informtionstechnikgestalten und gehe an die Weser Luft holen.

Meine Betroffenheit hat auch mit dem Gefühl zu tun, da hat es jemand getroffen, mit dem dich gewisse Rollenkonflikte als Mensch und Wissenschaftler verbinden. Sofort als ich die Todesnachricht erhielt, fiel mir eine Widmung aus Reinholds Buch "Rechnernetze und Datenkommunikation" ein.

1986 hatten die wissenschaftlichen Mitarbeiter im Informatikstudiengang eine Veranstaltung zum Thema "Tschernobyl und Wissenschaft" durchgeführt. Ich hatte mich in einem Beitrag mit der Frage auseinandergesetzt, warum Wissenschaftler so verfügbar sind für die Entwicklung von lebensfeindlichen Technologien. Woher dieser eigenartige Widerspruch kommt zwischen hoher Fachkompetenz, technische Konzepte zur Realisierung zu bringen einerseits und der offensichtlich fehlenden Vorstellung,was die Realisierung von manchen Konzepten für die Lebenschancen von Menschen bedeutet, andererseits. Eine Haltung, die Otto Ullrich mit "beschränkt im Wissen über das eigene Tun, trotz eines hohen Wissensniveaus für dieses Tun" beschrieben hat. Bei der Vorbereitung für die Tschernobyl-Veranstaltung war mir die Berichterstattung über den Physiker von Klitzing, der einige Monate zuvor den Nobelpreis erhalten hatte, eingefallen. In dieser Berichterstattung wurde als besondere Leistung von Klitzings hervorgehoben, daß dieser monatelang Tag und Nacht in einer französischen Forschungseinrichtung, teilweise auf einem Feldbett neben einem Rechner übernachtend, seine Forschung vorangetrieben hatte. Seine Frau lebte mit zwei Kindern zu dieser Zeit in München.

Am Beispiel von von Klitzing und anderen Wissenschaftlern entwickelte ich meine These, daß ein im landläufigen Sinne "erfolgreicher" Wissenschaftler sozial defizitär ist. Da seine Wissenschaft anscheinend nur um den Preis der Abtrennung vom sozialen Leben funktioniert, gibt es für ihn keine Rückkopplung und praktische Erfahrung, was seine Produkte für dieses soziale Leben bedeuten.

Kurz darauf schenkte mir Reinhold sein Rechnernetze-Buch, und ich stieß auf folgendes Vorwort zu den Produktionsbedingungen dieser Veröffentlichung: "Angesichts der skizzierten Situation ist eine Arbeit an einem Buchmanuskript jedoch nahezu unvermeidlich mit einem zeitweiligen Verzicht auf persönliche Freizeit und Erholung verbunden. Ich möchte mich deshalb an dieser Stelle bei meiner Familie dafür entschuldigen, daß sie meinen "Besucherstatus" zuhause für mindestens ein halbes Jahr zu ertragen hatte. Gleichzeitig bedanke ich mich für ihre Unterstützung, ohne die dieses Buch nicht hätte entstehen können."
Quod errat demonstrandum (was zu beweisen war), habe ich gedacht.

Ich glaube, viele Wissenschaftler - und das meine ich so geschlechtsspezifisch wie es klingt - haben das Gefühl für die Härte, die in solchen Vorworten steckt, verloren. Diese und ähnliche "Danksagungen" bedeuten ja nicht "ich brauchte mal Ruhe vor der Menschheit im allgemeinen, damit ich ein paar klare Gedanken auf Papier bringen konnte", sondern "ich mußte mir für eine recht lange Zeit die mir allernächsten und liebsten Menschen vom Leibe halten, damit ich dieses Wissenschaftsprodukt vorlegen konnte."
Kann man aber wirklich erwarten, daß eine Wissenschaft, die meint, nur unter sozial unverträglichen Bedingungen produzieren zu können, daß diese Wissenschaft als Ergebnis z.B. sozialverträgliche Informationstechnik vorlegt?
Bernd Lutterbeck stellt in einem Beitrag zu den "Wirkungen der Informationstechnologie auf die Arbeits- und Lebenswelt" fest: "Allen lebenszerstörenden Formen liegt das Prinzip der Trennung von Wirkungszusammenhängen zugrunde - der Trennung von Kopf und Körper, Gefühlen und Rationalitäten, Arbeit und Leben."
Der Umgang vieler Wissenschaftler mit sich selbst und anderen Menschen aber beruht genau auf der Trennung dieser Wirkungszusammenhänge. Eine der grundlegenden Lebenslügen, auf der die Abtrennung vom sozialen Leben zum Zwecke der wissenschaftlichen Produktion beruht, ist die Annahme, Leben sei terminierbar. Im Vorwort zu seinem Rowohlt-Computer-Lexikon hat Hans Herbert Schulze, Professor an der TU Berlin, in besonders brutaler Offenheit formuliert, was viele Wissenschaftler glauben und praktizieren, daß das Leben mit Partnern, Kindern, Freunden usw. ein Tagesordnungspunkt ist, der bei Bedarf ab- oder wieder angesetzt werden kann. Er schreibt:
"Zum Schluß möchte ich an dieser Stelle auch meiner Familie, vor allem meiner Frau, ganz herzlich danken, daß sie mir durch Abschirmung von aller Unbill des täglichen Lebens die Ruhe und Muße verschafft haben, ein solches Werk als

Einzelkämpfer zu erarbeiten. Meine Familie hat in den letzten 30 Monaten herzlich wenig von mir gehabt. Das soll jetzt wieder anders werden!"
Angesichts dieses Vorworts kommt mir Reinholds Einleitung im Nachhinein schon eher wie eine selbstkritische Problemanzeige vor, die immerhin artikuliert, was für andere weder zum Thema, geschweige denn zur Druckerschwärze wird. Und sicher war Reinhold einer, der um die widersprüchlichen Folgen seines Tuns wußte. In meinem Karteikasten steht die Mitschrift einer Vorlesung vom 06.12.83 zum Thema "Militär und Informatik", die er wie folgt gliederte: 1. Informatik ist auf Draht. 2. Krieg macht erfinderisch. 3. Im Auftrag der Militärs. 4. Informatik-Beiträge zur Pershing II. 5. Was tun?

Das Erschrecken über Reinholds jähen Tod ist doch auch das Erschrecken über uns, weil der Tod uns wiedermal dabei erwischt hat, wie wir zum x-ten Mal die Balance zwischen Arbeit und Leben zu Lasten von letzterem verloren haben. Wissenschaftlerleben kommen mir häufig vor wie eine endlose Kette nie eingelöster guter Vorsätze: wenn das Examen geschafft ist, die Dissertation im Kasten, die Habilitation fertig, der Ruf erfolgt ist, das Buch auf dem Markt ist, der Sonderforschungsbereich etabliert ist, kurz: wenn es zu spät ist, werde ich leben.

Am 21.03.90 ist Reinholds Beerdigung. Ich gehe hin. Abschied nehmen ist wichtig. Bei der Feier wird "Vegetaciones", ein Lied, aus dem Canto General von Mikis Theodorakis gespielt. Den Text hat Pablo Neruda geschrieben. Mir fallen Nerudas Lebenserinnerungen ein. Ihr Titel lautet: "Ich bekenne, ich habe gelebt."

Für Wissenschaftler Ohren müßte das eigentlich eine Provokation sein!